Marcus Schießer · Martin Schmollinger

Workshop Java EE 7

**Ein praktischer Einstieg in die
Java Enterprise Edition mit dem Web Profile**

2., aktualisierte und erweiterte Auflage

Marcus Schießer
marcus.schiesser@javaee7.de

Martin Schmollinger
martin.schmollinger@javaee7.de

Lektorat: René Schönfeldt
Copy-Editing: Annette Schwarz, Ditzingen
Satz: Birgit Bäuerlein
Herstellung: Susanne Bröckelmann
Umschlaggestaltung: Helmut Kraus, www.exclam.de
Druck und Bindung: M.P. Media-Print Informationstechnologie GmbH, 33100 Paderborn

Bibliografische Information der Deutschen Nationalbibliothek
Die Deutsche Nationalbibliothek verzeichnet diese Publikation in der Deutschen Nationalbibliografie;
detaillierte bibliografische Daten sind im Internet über http://dnb.d-nb.de abrufbar.

ISBN 978-3-86490-195-9

2., aktualisierte und erweiterte Auflage 2015
Copyright © 2015 dpunkt.verlag GmbH
Wieblinger Weg 17
69123 Heidelberg

Vorwort

Für wen ist das Buch?

Das vorliegende Buch beinhaltet einen Workshop, der Ihnen eine Einführung in die *Java Enterprise Edition 7* (Java EE 7) bietet. Den Einstieg in dieses komplexe Thema schaffen wir über das bereits mit Java EE 6 eingeführte *Web Profile*, eine standardisierte Teilmenge der Java-EE-APIs speziell für Webapplikationen. Im Rahmen des Buches entwickeln wir Schritt für Schritt eine Webanwendung mit den Technologien des Web Profile. Zum Ende der Entwicklung kommen darüber hinaus APIs zum Einsatz, die nicht im Web Profile enthalten sind, aber eine hohe Praxisrelevanz für professionelle Anwendungen haben.

Auch wenn Sie im Buch viel über die Neuerungen bei Java EE 7 im Vergleich zur Vorversion erfahren, so ist es nicht vorrangig für erfahrene Java-EE-Entwickler gedacht, die ihr Wissen auf den neusten Stand bringen möchten. Zielgruppe sind vielmehr Einsteiger, die eine ganzheitliche Einführung in Java EE in der aktuellen Version 7 suchen.

Damit das Vorhaben gelingt, setzt das Buch einige allgemeine und einige speziellere Kenntnisse voraus.

Zu den allgemeinen Voraussetzungen zählen wir:

- gute Kenntnisse in der objektorientierten Programmierung mit Java
- Grundkenntnisse der Java-SE-API
- grundlegendes Wissen über Webtechnologien (HTTP, HTML, Webserver)
- grundlegendes Wissen über Datenbanken und XML
- Grundkenntnisse zu verteilten Systemen
- grundlegende Betriebssystemkenntnisse

Zu den speziellen Voraussetzungen gehören:

- Grundkenntnisse zu Java-Annotationen
- Grundkenntnisse einer integrierten Entwicklungsumgebung für Java
- Kenntnisse über die Kommandozeile des verwendeten Betriebssystems
- Grundlagen von SQL

Falls Sie die speziellen Voraussetzungen nicht mitbringen, ist dies für die Lektüre unproblematisch, denn Sie können das entsprechende Wissen recht schnell parallel zum Workshop nachholen. Die allgemeinen Voraussetzungen sind dagegen etwas umfassender und in der Regel nur über einen längeren Zeitraum zu erlernen.

Aus unserer Sicht spricht das Buch deshalb besonders die folgenden Gruppen an (ohne Anspruch auf Vollständigkeit):

▦ Webentwickler, die Java-Kenntnisse haben, aber bisher hauptsächlich mit alternativen Webprogrammiersprachen (z.B. PHP, ASP.NET) gearbeitet haben
▦ Java-Entwickler, die bisher für andere Plattformen entwickelt haben (z.B. Desktop oder Mobilgeräte)
▦ (*-)Informatik/Wirtschaftsinformatik-Studenten ab den höheren Bachelor-Semestern

Bei Java EE handelt es sich um eine mächtige Programmierplattform, in der sich Anfänger leicht verirren können. Ziel des Buches ist es, die Komplexität wo immer möglich abzuschütteln und dem Einsteiger den Blick auf das Wesentliche zu verschaffen. Damit soll der Start erleichtert und die Motivation hoch gehalten werden.

Sollten dennoch Java-EE-Experten dieses Buch lesen, so bitten wir bereits jetzt um Verständnis, dass die Vereinfachung von Sachverhalten zwangsläufig auch dazu führt, dass die Vollständigkeit nicht immer gegeben ist. Dies nehmen wir aus didaktischen Gründen bewusst in Kauf. Für die vielen Feinheiten und Alternativwege bleibt – nach einem guten Einstieg in das Thema – immer noch Zeit. Das Buch liefert außerdem die Basis, sich schnell in neue Aspekte der Java EE einarbeiten zu können.

Zur zweiten Auflage

Java EE liegt seit dem zweiten Quartal 2013 in der Version 7 vor. Oracles Referenzimplementierung ist der Glassfish-Applikationsserver in der Version 4. Die Zeit zwischen der Veröffentlichung einer finalen Java-EE-Spezifikation und dem Release marktrelevanter Java-EE-Applikationsserver kann, nicht nur für Autoren, sehr lang sein. Bei der ersten Auflage war Glassfish 4 der einzige Java-EE-7-Applikationsserver. Inzwischen gibt es aber mit WildFly 8 (dem Nachfolger von JBoss AS 7) eine weitere prominente Implementierung. Nach unserer Meinung hat er für Einsteiger aufgrund der Verbreitung des JBoss AS 7 die höchste Praxisrelevanz, weshalb er bei einem Großteil der Entwicklung im Buch zum Einsatz kommt. Darüber hinaus setzen wir in der letzten Iteration der Softwareentwicklung auch den Glassfish-4-Applikationsserver ein, um die Werkzeugkompetenz des Einsteigers zu verbreitern. Abgerundet werden die Ausführungsumgebungen durch die Verwendung des PaaS-Angebots openshift von Red Hat, das es möglich macht, Java-EE-7-Anwendungen in die Cloud zu deployen.

Die neue Version 7 des Standards enthält viele Neuerungen in den maßgeblichen Teilspezifikationen (JSF, CDI, JPA, EJB), von denen einige jedoch für Einsteiger nicht so gravierend sind. Das Buch hat deshalb auch in der zweiten Auflage nicht den Anspruch, alle diese Neuerungen praktisch zu verwenden, sondern möchte einen fundierten, ganzheitlichen Einstieg in das Thema Java EE bieten. Dennoch wenden wir die wichtigsten und spannendsten Innovationen des neuen Standards wie z.B. die neue REST-API und WebSockets mit HTML5 an. Zusätzlich ist am Ende einer jeden Iteration ein Theorieteil angehängt, der nicht praktisch verwendete Themen und Neuerungen von Java EE 7 anspricht.

Neu in der zweiten Auflage sind die praktische Anwendung einiger Features von Java EE 7 im Bereich der JavaServer Faces, wie z.B. *Resource Library Contracts* und die HTML-5-Unterstützung. Darüber hinaus haben wir in der zweiten Auflage zusätzlich die Internationalisierung von Java-EE-Anwendung aufgenommen und ein neues Kapitel über funktionale Tests hinzugefügt.

Wir finden das Konzept des Buches für Java-EE-Einsteiger ideal, da der Leser einen breiten, aber geführten Einstieg in Java EE erhält, die neuen Möglichkeiten von Java EE 7 kennenlernt, die Höhepunkte daraus selbst ausprobiert und mit den am weitesten verbreiteten Open-Source-Produkten arbeiten kann.

Zusatzinformationen zum Buch

Sie finden den kompletten Sourcecode der im Buch entwickelten Anwendungen My-Aktion und My-Aktion-Monitor auf der bei Entwicklern beliebten Kooperationsplattform GitHub:

```
https://github.com/marcusschiesser/my-aktion-2nd
```

In Abschnitt A.2 des Anhangs finden Sie Informationen, wie Sie Git verwenden müssen, um Zugriff auf den Sourcecode zu bekommen.

Darüber hinaus gibt es eine Website zum Buch, auf der Sie Ergänzungen zum Buch und zum Einsatz von Java-EE-Technologien erhalten.

```
www.javaee7.de/tutorial
```

Aufbau des Buches

In Kapitel 1 erhalten Sie eine kurze Übersicht zu Java EE. Dabei wird eine Zielarchitektur entwickelt, die uns durch den ganzen Workshop begleitet.

In Kapitel 2 widmen wir uns zunächst der Entwicklungs- und Ausführungsumgebung für unser Softwareprojekt. Sie erfahren, wie Sie WildFly installieren und ein erstes Java-EE-Projekt mithilfe von Maven, einem weitverbreiteten Werkzeug zur Verwaltung von Projektkonfigurationen, erstellen und auf WildFly deployen.

Der Anhang enthält einen zusätzlichen Abschnitt A.1, der dem interessierten Leser parallel zu Kapitel 1 und 2 ein schnelleres Verständnis von Java-EE-Anwendungen auf Quellcodeebene vermitteln soll.

Das Kapitel 3 beschreibt die zu erstellende Applikation. Dabei werden die fachlichen Anwendungsfälle (engl. *Use Cases*) und ihre Abläufe, die Fachklassen und die zugehörigen grafischen Oberflächen im Zentrum der Beschreibung stehen.

Die Entwicklung der Software soll in mehreren Iterationen durchgeführt werden. Jedes Kapitel realisiert eine Iteration und schließt mit einer Reihe von Aufgaben. Die erste Iteration beginnt in Kapitel 4 mit der Weboberfläche. Nach der in Kapitel 8 beschriebenen Iteration ist die Anwendung voll funktionsfähig. In Kapitel 9 wird ein weiterer Applikationsserver, Glassfish 4, verwendet, um den letzten Anwendungsfall zu realisieren.

Kapitel 10 widmet sich dem Thema »Java EE 7 und die Cloud«. Zwar soll eine Standardisierung des Themas erst mit Java EE 8 kommen, aber bereits heute gibt es einige proprietäre Cloud-Angebote für Java-EE-Anwendungen. Wir zeigen das Deployment der entwickelten Anwendung My-Aktion für den Cloud-Anbieter *OpenShift*. Letzterer bietet WildFly-Instanzen in der Cloud an und ermöglicht so die Verbreitung von Java-EE-Applikationen im Web ohne den Betrieb eines eigenen Servers.

Danksagung

Wir möchten uns ganz herzlich bei allen bedanken, die die erste Auflage des Buches durchgearbeitet und manchmal auch durchlitten haben. Die vielen Rückmeldungen mit Lob, Kritik, Verbesserungsmöglichkeiten, aber auch Fehlern haben uns zu der vorliegenden zweiten Auflage motiviert. Insbesondere möchten wir den folgenden Personen für ihre Hinweise danken: Michael Behr, Vanesco Böhm, Muammer Cakir, Nils Faupel, Yangyang Gao, Patrick Hargens, Stefan Höfler, Sebastian Krome, Jens Krückel, Fetullah Misir, Alex Petri, Peter Pfeiffer, Georg Ruzicka und Markus Wetzka.

Inhaltsübersicht

Inhaltsverzeichnis

1 Ein Einstieg mit Profil

1.1 Java EE 7 – der Standard für Enterprise Java

Oracle wirbt für Java mit dem Hinweis: »3 Milliarden Geräte verwenden Java.« Offensichtlich haben sie recht damit: Auf nahezu jedem PC ist eine Java-Laufzeitumgebung (*Java Runtime Environment*) installiert. Java ist zwar überall präsent – es stellt sich allerdings die Frage: Ist es wirklich in jedem Fall die dominierende Plattform?

Dies kann von Fall zu Fall (Desktop, Server, mobile Geräte, Blu-Ray-Player etc.) sicher kontrovers diskutiert werden. Bei kritischen Geschäftsanwendungen hat sich Java jedoch zweifelsfrei durchgesetzt.

Sicherlich hat zu diesem Erfolg beigetragen, dass Java von Beginn an auf zukunftsfähige Konzepte wie Objektorientierung und Plattformunabhängigkeit setzte, die Wartung und Verteilung einer Anwendung vereinfachten. Außerdem ließen sich bereits in frühen Versionen komplexe Funktionalitäten umsetzen, da hierzu umfangreiche Klassenbibliotheken mitgeliefert wurden, u.a. für Threads, entfernte Methodenaufrufe, Datenstrukturen, grafische Benutzeroberflächen und I/O.

Diese Basis wurde schnell um weitere Aspekte von Geschäftsanwendungen wie z.B. Transaktionsmanagement, Sicherheitsmechanismen und Webtechnologien erweitert und zeichnete damit den Weg zur Standardisierung und Etablierung der Java-Plattform im Feld des Enterprise Computing vor – auch wenn der Weg dahin in den letzten Jahren nicht immer geradlinig war.

1.1.1 Struktur einer Enterprise-Java-Anwendung

Im Unterschied zu gewöhnlichen Java-Programmen werden Enterprise-Java-Anwendungen für verteilte, mehrschichtige Architekturen entwickelt. Das heißt, Anwendungsteile werden in der Regel auf unterschiedlichen Rechnern ausgeführt. Java-EE-Anwendungen für diese Architekturen teilen sich logisch in bis zu vier Schichten auf: *Client-, Web-, Business- und Persistenzschicht*. Die Clientschicht enthält die Teile der Anwendung, die der Benutzer zur Interaktion mit der Anwendung benötigt. Bei Webanwendungen ist der Client ein Browser. Die Realisierung

der Ablaufsteuerung und die Erzeugung der Webseiten ist Aufgabe der Webschicht. Dadurch kann der Nutzer indirekt die Geschäftslogik der Businessschicht
nutzen. Wird keine Webanwendung realisiert, so wird die Webschicht nicht benötigt. Stattdessen kann ein *Application-Client*, z. B. eine Desktop-Java-Anwendung
mit grafischer Oberfläche, verwendet werden. Ein Application-Client realisiert die
Ablaufsteuerung der Anwendung selbst und verwendet dabei die bereitgestellte
Geschäftslogik durch direkte Benutzung der Businessschicht oder indirekt durch
den Aufruf von Webservices, die die Geschäftslogik der Businessschicht kapseln.
Die zur Realisierung der Geschäftslogik in der Businessschicht zu verarbeitenden
Daten werden in der Persistenzschicht dauerhaft gespeichert. In der Regel kommen dabei Datenbanksysteme inklusive deren Abstraktionen zum Einsatz, sodass
sie einfach in die Businessschicht eingebunden werden können. Die Daten können
aber auch in anderen, externen Systemen abgelegt werden, die sich auf verschiedene Weise (z. B. durch Nachrichtenkommunikation) einbinden lassen.

Enterprise-Java-Anwendungen werden über einen Java-Applikationsserver
bereitgestellt und verwaltet. Neben entsprechenden Laufzeitumgebungen für die
verschiedenen Teile der Anwendung, auch *Container* genannt, stellt er auch Quer-
schnittsdienste bereit, die von allen Anwendungen verwendet werden können.
Dazu zählt z. B. das Transaktionsmanagement, Authentifizierung, Autorisierung,
Namens- und Verzeichnisdienste oder auch der standardisierte Zugriff auf Datenbanken, verteilte Warteschlangen (engl. *message queues*) und andere externe Systeme.

Wichtige Eigenschaften von Geschäftsanwendungen wie Synchronisation, Last-
verteilung und Verfügbarkeit werden ebenfalls vom Applikationsserver garantiert
und damit von der Anwendungslogik entkoppelt. Dadurch erleichtert der Applikationsserver die Entwicklung von Geschäftsanwendungen, da der Programmierer sich voll auf die funktionale Gestaltung der eigentlichen Anwendung konzentrieren kann.

Eine Anwendung ist aus Komponenten aufgebaut, die einen klar definierten
Zweck innerhalb der Anwendung erfüllen und einer Schicht der Anwendung
zugeordnet sind. Ziel des Komponentenmodells sind klare Strukturen und damit
einhergehend eine höhere Transparenz, bessere Verständlichkeit sowie eine einfachere Wartbarkeit und Erweiterbarkeit der Anwendung.

1.1.2   Die Java Enterprise Edition (Java EE)

Der Java-Standard für mehrschichtige Geschäftsanwendungen firmiert unter dem
Namen *Java Platform Enterprise Edition 7* (Java EE 7) und wird durch die Spezi-
fikation JSR-342 (`http://jcp.org/en/jsr/detail?id=342`) des *Java Community
Process* (JCP) definiert (DeMichiel & Shannon, 2013).

Der Standard basiert auf der *Java Platform Standard Edition* (Java SE) sowie
zusätzlichen APIs, die entweder das Komponentenmodell realisieren (z. B. Enter-

prise JavaBeans) oder spezielle Aspekte einer Geschäftsanwendung adressieren (z.B. Transaktionen mit der Java Transaction API). Diese APIs werden (wie alle offiziellen Java-APIs) durch den JCP standardisiert und unter einer eigenen JSR-Nummer (*Java Specification Request*) veröffentlicht.

Es handelt sich um einen wichtigen Aspekt, da dadurch sowohl Herstellern von Applikationsservern oder Bibliotheken als auch Entwicklern eine Vorgabe für ihre Arbeit gegeben wird. Die Hersteller wissen dadurch genau, was von ihrem Produkt verlangt wird, und die Entwickler wissen, was sie bei der Programmierung ihrer Applikation voraussetzen können. Auf diese Weise können Applikationsserver auch für Java-EE-Versionen zertifiziert werden. Alle Spezifikationen sind öffentlich über das Internet (http://jcp.org) zugänglich.

Im Verlauf der Geschichte des Java-EE-Standards gab es diverse Hochs und Tiefs. Zu Beginn des neuen Jahrtausends wich die anfängliche Begeisterung schnell der Ernüchterung, da der Standard (damals kurz J2EE genannt) selbst zu umständlich und komplex für den Programmierer war.

Das Resultat war die Entwicklung zahlreicher (erfolgreicher) Frameworks, die quasi in Konkurrenz zu Teilen bzw. zum Standard im Ganzen entstanden, etwa Spring, Seam, Hibernate oder Struts. Dies führte natürlich nicht zur Vereinfachung der Java-Landschaft in den Unternehmen, war aber eine logische Konsequenz, die aus der Praxis heraus resultierte.

Auch heute gilt deshalb noch, dass nicht jede Enterprise-Java-Anwendung auf Java EE basiert. Letztendlich stand in dieser Zeit nicht mehr und nicht weniger als die Existenz des Java-EE-Standards auf dem Spiel. Am Scheideweg stehend wurde 2006 mit Java EE 5 (Motto: »Ease of Development«) die Wende eingeleitet, indem ein Weg eingeschlagen wurde, der eine Vereinfachung des Standards zum Ziel hatte und damit die Arbeit des Entwicklers wieder in den Mittelpunkt stellte.

In diesem Sinne wurden mit Java EE 6 (2009) und aktuell mit Java EE 7 (2013) viele Ideen und Best Practices aus den diversen Java-Frameworks einvernehmlich übernommen. Der Standard wurde dadurch wieder konkurrenzfähig und zukunftsweisend.

1.1.3   Anatomie einer Java-EE-Anwendung

Java-EE-Anwendungen unterscheiden sich von gewöhnlichen Java-Programmen. Zwar werden sie größtenteils ebenfalls mit der Programmiersprache Java erstellt, der Programmierer orientiert sich jedoch an einem durch die Spezifikation vorgegebenen Komponentenmodell.

Java EE definiert Webkomponenten, die innerhalb von Java-EE-Webanwendungen verantwortlich sind für die Generierung von Webseiten für den Browser. Für die Realisierung der Komponenten der Webschicht stellt der Standard die Technologien *Java Servlets*, *JavaServer Pages* (JSP) und *JavaServer Faces* (JSF) zur Verfügung.

Des Weiteren definiert Java EE die Komponententechnologie *Enterprise JavaBeans* (EJBs) für die Businessschicht. Mit den EJBs wird die Geschäftslogik realisiert. Sie bringen von Haus aus transaktionales Verhalten und Sicherheitsmechanismen mit. Eine neuere Technologie unter dem Namen *Contexts and Dependency Injection* (CDI) ermöglicht mit seinen Eigenschaften die Konstruktion einer sehr flexiblen Softwarearchitektur für die Anwendung.

Eine Komponente kann aus unterschiedlichen technischen Artefakten (z.B. XML-Dateien, Schnittstellen oder Klassen) bestehen. Für jeden Komponententyp gibt es einen eigenen Container innerhalb des Applikationsservers, der verantwortlich für die Überwachung des Lebenszyklus der Komponenten ist. Abbildung 1–1 veranschaulicht die Situation. Im Folgenden gehen wir genauer auf die skizzierte Komponentenarchitektur der Java EE ein.

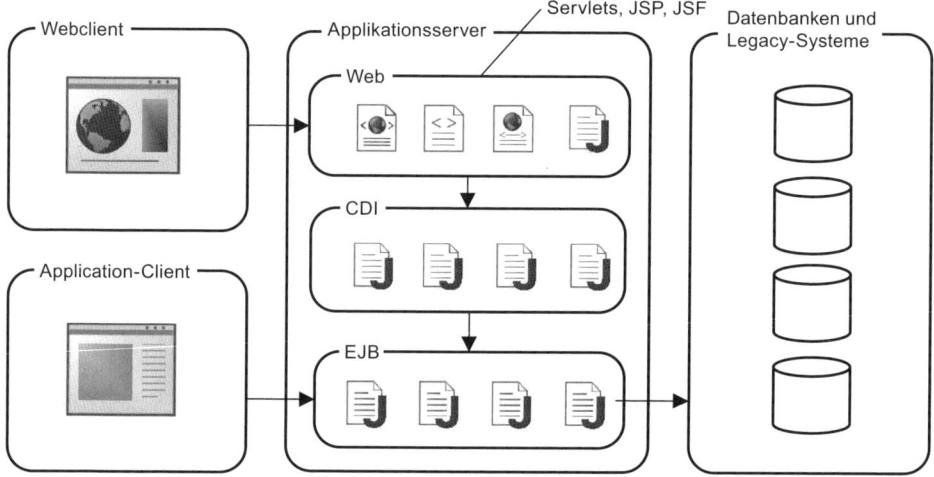

Abb. 1–1   *Skizze der Ausführungsumgebung von Java-EE-Anwendungen*

1.2   Die Komponentenarchitektur von Java EE 7

Hinweis

Leser, die bereits an dieser Stelle etwas mehr zur Programmierung der Komponenten erfahren wollen, können parallel oder im Anschluss den Abschnitt A.1 im Anhang lesen. Dort werden die Erläuterungen der Komponententechnologien durch kleine Programmcodes unterstützt, die zwar nicht die komplette Mächtigkeit der einzelnen Technologien erklären, aber dennoch zu einem besseren Verständnis beitragen können. Nach der Bearbeitung von Kapitel 2 und der Einrichtung der Entwicklungsumgebung können Sie die Beispiele natürlich auch ausprobieren.

1.2.1   Die Komponenten der Webschicht

Die Technologie der *Java Servlets* war die erste Java-API zur Realisierung von Webclients. Ein Servlet ist eine Java-Klasse, die innerhalb des Applikationsservers Anfrage-Antwort-Protokolle, insbesondere HTTP, unterstützt.

Die Erzeugung von Webseiten durch Java Servlets führt jedoch leicht zu einer engen Verzahnung von Darstellung und Logik. Neuere Webtechnologien basieren konzeptionell auf dem *Model-View-Controller-Muster* (MVC-Muster). Zwar ist es prinzipiell auch mit Java Servlets möglich, das MVC-Muster zu realisieren, jedoch ist eine saubere Trennung von Darstellung (View) und Logik (Controller) nicht direkt gegeben. Java Servlets werden daher heute nicht mehr direkt zur Erzeugung von Webseiten eingesetzt. Sie dienen in Webframeworks jedoch häufig als Mittler zwischen den anfragenden Webclients und den für die Erzeugung der Antwort zuständigen Komponenten.

Model-View-Controller (MVC)

Das MVC ist ein Muster, das vorgibt, wie Darstellung, Logik und Daten in einer Applikation getrennt werden sollen. Ziel dieser Trennung ist die Verbesserung der Programmstruktur und damit die Wartbarkeit, Erweiterbarkeit und Wiederverwendbarkeit des Codes.

Das Modell kapselt die Daten und enthält je nach MVC-Ausprägung ggf. auch die fachliche Logik. Die View visualisiert das Modell und der Controller realisiert die Anwendungssteuerung. Der Controller reagiert auf Benutzerinteraktionen innerhalb der View und aktualisiert ggf. die Daten am Modell. Die View wiederum passt sich je nach Ausprägung des MVC entweder automatisch an das veränderte Modell an oder wird durch den Controller über die Änderungen informiert.

Im Laufe der Zeit wurden unter Einbezug der Java-Servlet-Technologie Webkomponenten auf einem höheren Abstraktionsniveau geschaffen. Der Java-EE-Standard kennt hier die JavaServer Pages (JSP) und die JavaServer Faces (JSF).

Während ein Java Servlet eine Java-Klasse ist, bestehen JSP- und JSF-Komponenten zum einen aus einer textbasierten Seitenbeschreibung der View und zum anderen aus Klassen, die im Hintergrund die Controller-Logik realisieren. Die Beschreibung der View geschieht mit einer Seitenbeschreibungssprache (engl. *View Declaration Language, kurz VDL*), die je nach Technologie auf HTML bzw. XHTML basiert.

Modelle werden als Klassen realisiert. Da sie aber in allen Schichten der Anwendung benötigt werden, zählen sie nicht direkt zu den Webkomponenten. Die Objekte der Modellklassen werden deshalb auch als *Transferobjekte* bezeichnet, da sie häufig von der Clientschicht bis zur Persistenzschicht und umgekehrt durchgereicht werden. In diesem Zusammenhang fallen auch häufig die Begriffe POJO und JavaBean.

POJOs (Plain Old Java Objects)

werden durch gewöhnliche Java-Klassen unabhängig von jeglichem zusätzlichen Framework nur auf Basis der Java-Programmiersprache realisiert. In der Praxis wird der Begriff aber häufig nicht so eng ausgelegt. Wenn eine Klasse z. B. lediglich zusätzlich Annotationen enthält, wird sie häufig dennoch als POJO bezeichnet, da es sich nur um Metadaten handelt.

JavaBeans

sind Java-Klassen, die häufig zur Kapselung von wiederkehrenden Aufgaben oder als Datencontainer eingesetzt werden. JavaBeans haben als gemeinsame Merkmale einen öffentlichen Konstruktor ohne Parameter, sind serialisierbar und für jedes Attribut einer JavaBean gibt es öffentliche Zugriffsmethoden (Getter/Setter) (vgl. http://docs.oracle.com/javase/tutorial/javabeans/index.html).

JavaServer Pages

JavaServer Pages erlauben die Entwicklung einer View mit einer Seitenbeschreibungssprache auf Basis von HTML. Zur Realisierung der Controller-Logik ist es möglich, mit spezieller Syntax Java-Deklarationen, Java-Code und Java-Statements in die Seite einzubetten. Des Weiteren können über Direktiven JavaBeans bekannt gemacht werden und es kann auf deren Eigenschaften zugegriffen werden. Die *JavaServer Pages Standard Tag Library* (JSTL) ist eine Erweiterung der JSP-Technologie um spezielle Tags für häufig benötigte Aufgaben und UI-Komponenten. Die Verwendung der JSTL vereinfacht und standardisiert die Erstellung von JSP-Views. JSP ist im Java-EE-Standard nicht mehr die bevorzugte View-Technologie, daher verzichten wir auf weitere Erläuterungen.

JavaServer Faces

In früheren JSF-Versionen diente JSP als Seitenbeschreibungssprache. Mit der Version 2.0 führte JSF eine eigene View-Technologie auf Basis von XHTML ein, die *Facelets*. Facelets bieten einige Vorteile gegenüber JSP, wie z. B. das Vorlagensystem, das wir in Abschnitt 4.4 vorstellen werden. JSF liefert zusätzlich zum MVC-Muster ein UI-Komponentenmodell inkl. Ereignisverarbeitung (engl. *event handling*) analog zu UI-Bibliotheken für Desktop-Anwendungen (z. B. JavaFX). Die UI-Komponenten stehen in den Facelets in Form von Tags zur Verfügung. JSF bringt eigene umfangreiche Tag-Bibliotheken mit.

Die im Facelet durch Tags eingebundenen UI-Komponenten einer View werden zur Laufzeit durch Instanzen von Klassen der JSF-API auf dem Applikationsserver repräsentiert. Die View im Ganzen entspricht einem Komponentenbaum, d. h., das Instanzengeflecht stellt eine Baumstruktur dar. Der Komponentenbaum wird beim ersten Zugriff eines Webclients auf eine View aus dem Facelet aufgebaut und bildet die Basis für die Bearbeitung der folgenden Anfragen des Webclients an die View.

Im Browser arbeitet der Benutzer nur mit einer Repräsentation des Komponentenbaums in HTML/JavaScript, die mit dem Server über HTTP kommuniziert. Die Aufgabe der JSF-Implementierung ist es, Anfragen eines Webclients an eine View zu bearbeiten und als Ergebnis die Repräsentation einer neuen View (bei der Navigation auf eine andere Seite) oder die geänderte Repräsentation der ursprünglichen View zu generieren und als Antwort zurückzusenden. Dazu implementiert JSF ein komplexes Bearbeitungsmodell, bestehend aus sechs Phasen, an deren Anfang die Wiederherstellung des Komponentenbaums für die View und am Ende das Rendering der Antwort steht.

Dazwischen können Anfrageparameter übernommen, konvertiert und validiert werden, Attribute der an UI-Komponenten gebundenen Modelle aktualisiert sowie bei UI-Komponenten registrierte Action- oder Action-Listener-Methoden aufgerufen werden. In jeder Phase können Events (z.B. Fehler in der Validierung) auftreten, die dazu führen, dass direkt in die letzte Phase gesprungen wird, um eine Antwort zu generieren (z.B. eine Seite mit Fehlermeldungen). Abbildung 1–2 stellt die Bearbeitung einer JSF-Anfrage (Faces-Request) im Kontext der Ausführungsumgebung schematisch dar.

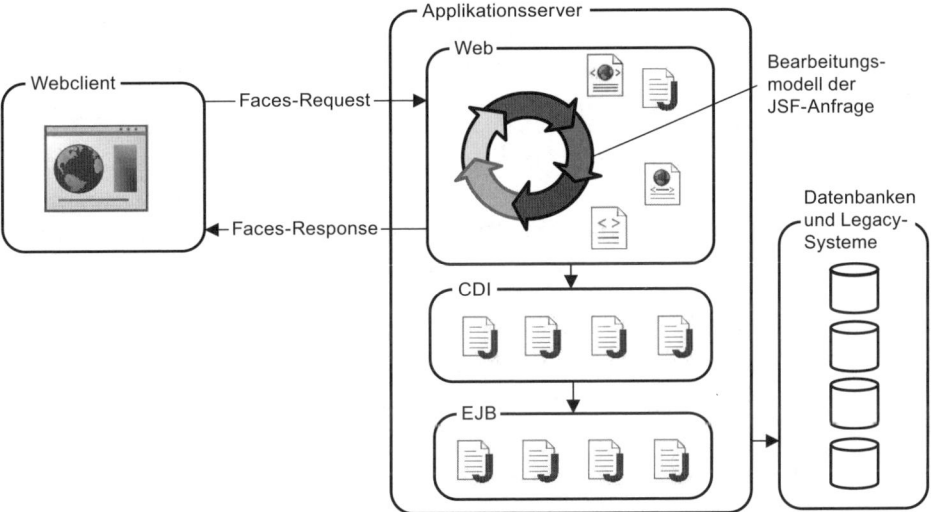

Abb. 1–2 *Schematische Darstellung der Bearbeitung einer JSF-Anfrage (Faces-Request) durch den Server*

Bei JSF kann man JSF Managed Beans oder CDI-Beans als Controller einsetzen. Beide Typen von Beans können mithilfe der *Expression Language* (EL), durch Verwendung in der Seitenbeschreibung, in die View eingebunden werden. Im vorliegenden Buch werden wir CDI-Beans zu diesem Zweck einsetzen, da diese bessere Möglichkeiten bieten, eine flexible Softwarearchitektur zu realisieren.

In Tabelle 1–1 sind die unterschiedlichen Webtechnologien des Java-EE-Standards kurz zusammengefasst.

Webtechnologie	Kurzerklärung
Java Servlets	Werden heute nicht mehr verwendet, um eine View direkt zu erzeugen. Keine ausreichende intrinsische Trennung von Darstellung und Logik. Dient jedoch zur Realisierung von Webframeworks auf höherer Abstraktionsebene (z. B. JSP, JSF).
JavaServer Pages	Veraltete Technologie zur Gestaltung der View. Logik wird über JavaBeans oder Java-Code über spezielle Tags direkt in die View integriert. Wird aus Kompatibilitätsgründen weiter unterstützt.
JavaServer Faces	Aktuelle Technologie zur Beschreibung einer View. Als View-Technologie kommen Facelets auf Basis von XHTML zum Einsatz. JSF bringt ein UI-Komponentenmodell mit Ereignisverarbeitung mit. Logik wird durch JSF Managed Beans oder CDI mithilfe der angesprochenen Ereignisverarbeitung bzw. über spezielle Tags in die View integriert.

Tab. 1–1   *Webtechnologien des Java-EE-Standards*

1.2.2   CDI – ein Komponententyp mit viel Potenzial

CDI-Beans sind ein relativ neuer Bean-Typ, der mit der Version 6 Einzug in Java EE gehalten hat. Betrachtet man die Situation vor der Einführung von CDI, so fragt man sich, wozu CDI eigentlich gut sein soll. Eigentlich hatten wir doch bereits alles, was wir brauchen. Oder? Mit JSF-Facelets und JSF Managed Beans (View, Controller), POJO (Model) und EJB (fachliche Logik) sollten wir ohne Probleme eine mehrschichtige Geschäftsanwendung programmieren können! Antwort: Richtig!

Sicher? Die Macher des Java-EE-Standards stellen dem Programmierer trotzdem eine weitere Komponententechnologie namens *Contexts and Dependency Injection* (CDI) zur Verfügung. Aber warum?

Auf der einen Seite ist CDI eine Technik, mit der man die Webschicht und die transaktionale Businessschicht analog zu den JSF Managed Beans verknüpfen kann. In den Facelets kann ebenfalls über die Expression Language auf die CDI-Beans zugegriffen werden. Auf der anderen Seite geht das Konzept von CDI aber weit über das der JSF Managed Beans hinaus. Es handelt sich um einen generellen Ansatz, wie Beans zur Laufzeit durch *Dependency Injection* (DI) miteinander verknüpft werden. Beans werden nicht selbst erzeugt, sondern durch Deklaration und Annotation (@Inject) an bestimmten Stellen angefordert. Der Container sorgt zur Laufzeit für die Verfügbarkeit der Beans. CDI-Beans zielen darauf ab, durch die konsequente Anwendung von DI und ergänzenden Ansätzen (z. B. anwendungsweite Nachrichten) zwischen Komponenten und die klare Vorgabe von Sichtbarkeitsbereichen (Contexts) die Wartbarkeit, Erweiterungsfähigkeit und Testbarkeit von Anwendungen zu verbessern.

Dependency Injection (DI)

ist ein Muster, das die Aufgabe der Objekterzeugung, -bereitstellung und -verwaltung vom Nutzer des Objektes an eine Laufzeitumgebung (Container) übergibt. Der Nutzer definiert lediglich, was er an welcher Stelle haben möchte (Typ, Scope, Anzahl), und die Laufzeitumgebung sorgt für alles Weitere. Das vereinfacht den Zugriff, ermöglicht lose Kopplungen zwischen Objekten und behält dennoch die Typsicherheit bei.

CDI ist eine allgemeine, schichtenunabhängige Containertechnologie. CDI ist erweiterbar und kann dadurch schichtenspezifische Aufgaben übernehmen. Zum Beispiel bietet das Framework Seam 3 viele Erweiterungen an, u.a. eine für Transaktionen, was ja eigentlich eine Domäne der EJBs ist. CDI ist daher vom Ansatz allgemeiner als andere Bean-Technologien, die nur für einen bestimmten Zweck gebaut wurden. Der CDI-Container lässt sich nicht nur in Java-EE-Umgebungen einbetten, sondern auch in andere, z.B. in Java-SE-Anwendungen. Wir werden in Kapitel 6 genauer auf CDI und die Unterschiede zu den anderen Komponententechnologien eingehen.

1.2.3   Enterprise JavaBeans

Enterprise JavaBeans (EJBs) sind Komponenten, die die Geschäftslogik realisieren und damit zur Businessschicht einer mehrschichtigen Applikation gehören. Sie werden vom *EJB-Container* des Applikationsservers verwaltet. Über den Container haben die EJBs Zugriff auf die für Geschäftsanwendungen wichtigen Dienste wie z.B. Transaktionssteuerung oder Sicherheitsmechanismen. Die EJBs können auch als interne »Service-Beans« der Java-EE-Anwendung angesehen werden. Wann immer Geschäftslogik mit transaktionalem Verhalten benötigt wird, sind EJBs die erste Wahl, da sie dieses Verhalten von Haus aus bereits mitbringen.

Nicht nur die Komponenten der Webschicht entwickelten sich über die Jahre weiter, auch bei den EJBs gab es Veränderungen. Zu Beginn wurden drei verschiedene Typen eingeführt, zwei davon existieren heute noch, können aber seit der Version Java EE 5 mit wesentlich weniger Programmieraufwand erzeugt werden: die *Session Beans* und die *Message-Driven Beans*. Die *Entity Beans*, die als persistente Fachklassen konzipiert waren, wurden wieder abgeschafft und stattdessen wurde die Java-weit einheitliche *Java Persistence API* (JPA) eingeführt.

Während JSF Managed Beans und CDI vor allem als Controller in der Webanwendung zum Einsatz kommen, wird mit den EJBs die »schwergewichtige«, transaktionale Geschäftslogik realisiert. EJBs werden niemals direkt in eine View eingebunden, sondern immer nur über den jeweiligen Controller. Java EE 7 ermöglicht die Verfügbarkeit von EJBs innerhalb der Controller-Klassen, analog zu CDI, in einfacher Art und Weise mittels Dependency Injection über Annotati-

onen. Der gleiche Mechanismus kann auch bei der Verwendung von EJBs untereinander verwendet werden.

1.2.4   Java Persistence API (JPA)

JPA ist keine Java-EE-Komponententechnologie, sondern eine Java-weite Technologie für die Abbildung von Objektgeflechten auf relationale Strukturen einer
Datenbank. Das heißt, unabhängig davon, ob Desktop-Anwendung oder verteilte, mehrschichtige Geschäftsanwendung, mit JPA kann die objektrelationale
Abbildung für die Anwendung definiert werden. Durch JPA wird den Java-Klassen suggeriert, mit einer objektorientierten Datenbank zu arbeiten, obwohl tatsächlich ein relationales Datenbanksystem zum Einsatz kommt.

Vor der Festlegung der Abbildung muss man sich überlegen, welche Objekte
überhaupt persistiert werden sollen. In der Regel sind das eindeutig bestimmbare
Informationsobjekte. Beispielsweise enthält eine Bankanwendung entsprechende
Fachklassen zur Speicherung von Kunde und Konto.

Die eindeutige Zuordnung eines Objekts wird durch die Existenz eines eindeutigen Schlüssels der Klasse unterstrichen. Fachklassen mit einem eindeutigen
Schlüssel werden auch *Entitäten* genannt. Nicht immer ist es sinnvoll, eine Entität auf genau eine Tabelle abzubilden, JPA ermöglicht hier aber viele Spielarten.

Die Abbildung einer Klasse und ihrer Attribute auf eine relationale Datenbank wird über Annotationen definiert. Die Annotation `@Entity` kennzeichnet
z. B. eine Klasse als Entität, mit `@Id` kann ein Attribut der Klasse als Schlüssel definiert werden und mit `@Table` kann explizit der Entität ein Tabellenname in der
Datenbank zugewiesen werden.

Dadurch lässt sich zum einen anhand der Metadaten der Entitäten beim
Deployment ein Schema in der Zieldatenbank anlegen (oder ein existierendes für
die Verwendung verifizieren). Zum anderen können die Daten von Objekten zur
Laufzeit anhand der Metadaten korrekt in den Tabellen der Zieldatenbank
gespeichert werden. Diese Aufgabe übernehmen ebenfalls Klassen (z.B. `javax.
persistence.EntityManager`) der JPA.

Im Rahmen von Java-EE-Anwendungen werden diese Klassen der JPA innerhalb der EJBs verwendet, die den Controllern der Webschicht transaktionale
Methoden zum Persistieren von Entitäten zur Verfügung stellen. Abbildung 1–3
veranschaulicht die Idee der objektrelationalen Abbildung. Im Bild ist eine Entität »Donation«(dt. Spende) dargestellt, deren Attribute auf eine Tabelle »Donation« in einer relationalen Datenbank abgebildet werden.

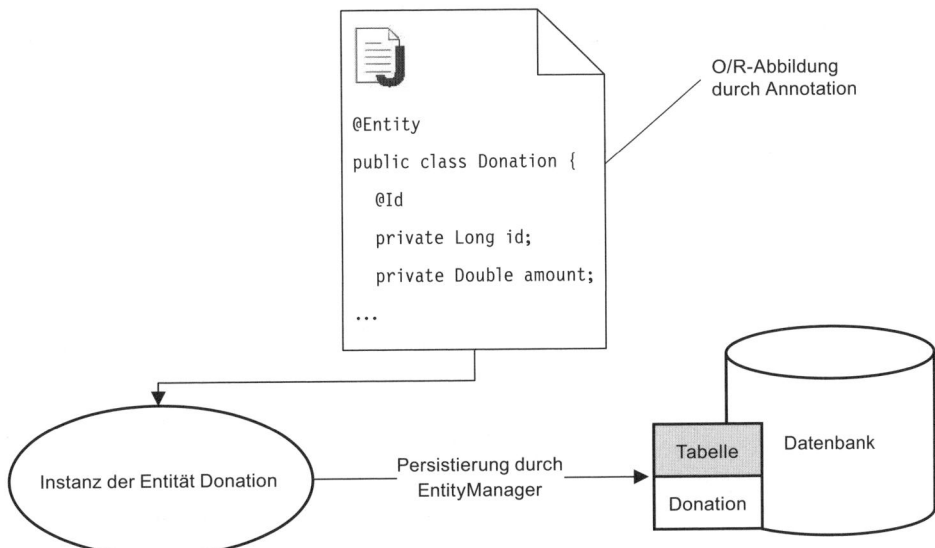

O/R-Abbildung
durch Annotation

```
@Entity
public class Donation {
    @Id
    private Long id;
    private Double amount;
    ...
```

Instanz der Entität Donation

Persistierung durch
EntityManager

Tabelle

Donation

Datenbank

Abb. 1–3   *Objektrelationale Abbildung einer Instanz der Entität Donation auf eine Tabelle Donation in einer relationalen Datenbank*

1.2.5   Die Java-EE-Profile

Mit den Java-EE-Profilen wurde bereits in der Version 6 ein gänzlich neuer Weg in Richtung maßgeschneiderter Java-Applikationsserver für Anwendungsdomänen eingeschlagen. Der komplette Java-EE-Standard ist trotz aller Vereinfachungen nach wie vor sehr komplex und umfangreich. Die Java-EE-Profile berücksichtigen den Umstand, dass nicht für alle Projekte der komplette Umfang der Java EE notwendig ist.

Ein Profil entspricht einem standardisierten Teil-Stack des Java-EE-Standards, d.h., ein Profil definiert genau, welche APIs des Java-EE-Standards enthalten sind. Dadurch sollen nicht nur für einen speziellen Zweck zugeschnittene API-Pakete für Entwickler definiert, sondern auch sehr schmale und spezialisierte Server ermöglicht werden. Die Version 6 führte als erstes und bisher einziges Java-EE-Profil – neben dem vollen Umfang (*Full Profile*) – das *Web Profile* ein. Wie der Name bereits verrät, ist es speziell auf Webprojekte zugeschnitten und findet in diesem Buch besondere Beachtung. Java EE 7 führte keine weiteren Profile ein, erweiterte jedoch das Web Profile. In Tabelle 1–2 werden die wichtigsten Technologien aufgelistet. Eine komplette Übersicht finden Sie in der Spezifikation (DeMichiel & Shannon, 2013).

Technologie	Bemerkung
Java Servlets 3.1	Webtechnologien unterschiedlicher Abstraktionsstufen
JavaServer Pages (JSP) 3.2	
JavaServer Faces (JSF) 2.2	
Expression Language (EL) 3.0	Eine in die VDL einbettbare Sprache, die hauptsächlich zur Adressierung von Bean-Attributen und Action- bzw. Action-Listener-Methoden verwendet wird
Standard Tag Library for JavaServer Pages (JSTL) 1.2	Komponentenbibliothek für JavaServer Pages
Enterprise JavaBeans (EJB) 3.2 lite	Komponenten zur Realisierung der Geschäftslogik einer Anwendung. Der Zusatz »lite« deutet an, dass nicht die volle Mächtigkeit der EJBs in Anwendungen des Web Profile zur Verfügung steht (z.B. keine Web Service Endpoints oder Message-Driven Beans).
Contexts and Dependency Injection (CDI) 1.1	Komponententyp, der als Controller-Bean für JSF verwendet werden kann und den Aufbau flexibler Softwarearchitekturen ermöglicht
Managed Beans 1.0	Managed Beans werden zur Realisierung von Controller-Beans in JSF verwendet.
Interceptors 1.2	Ermöglicht aspektorientierte Programmierung in Java-EE-Anwendungen
Java Persistence API (JPA) 2.1	Spezielle API zur Realisierung der objektrelationalen Abbildung von Java-Objekten in Datenbanken, Datenspeicherung, Transaktionen und Überprüfung der Gültigkeit von Daten
Java Transaction API (JTA) 1.2	API zum Transaktionsmanagement
Bean Validation 1.1	API zur Überprüfung der Gültigkeit von Werten der Attribute bzw. der Parameter von Methoden einer Bean
Java API for RESTful Web Services (JAX-RS) 2.0	API für die Realisierung von HTTP-basierten, lose gekoppelten Webservices
Java API for WebSocket 1.0	API für die Realisierung eines bidirektionalen Kommunikationskanals zwischen dem Browser und dem Applikationsserver
Java API for JSON Processing (JSON-P) 1.0	API für das Parsing von JSON-Dateien

Tab. 1–2   *Die wichtigsten Technologien des Java EE 7 Web Profile*

Im vorliegenden Buch werden wir diese Technologien Schritt für Schritt kennen-lernen. Damit schaffen wir einen Einstieg in die Java-EE-Welt, kommen aber auch zu Punkten, an denen wir Technologien benötigen, die nicht im Web Profile enthalten sind. In Kapitel 8 und 9 wird jeweils explizit darauf verwiesen, wenn etwas nicht mehr im Web Profile enthalten ist. Bis dahin gehören alle eingesetzten APIs zum Web Profile.

Wir haben nun einen Überblick über die verschiedenen Komponenten von Java EE 7 und den Aufbau einer Java-EE-Anwendung gewonnen. Als Nächstes wollen wir uns ansehen, wie wir eine Java-EE-Anwendung auf einem Applikationsserver zur Verfügung stellen können.

1.2.6   Und ab geht's auf den Applikationsserver!

Bei Java-EE-Anwendungen werden, wie bei gewöhnlichen Java-Desktop-Anwendungen, Java-Archive zur Verpackung der Typen (Klassen, Schnittstellen oder Aufzählungstypen), Facelets und aller anderen Ressourcen (z.B. JavaScript-, CSS-, Property-, Konfigurationsdateien oder Bilder) verwendet. Es gibt jedoch unterschiedliche Archivtypen, und die Ordnerstrukturen innerhalb der Archive sind komplexer und durch die Spezifikation vorgegeben. Die Spezifikation definiert insbesondere die Typen *Enterprise Archive* (EAR) und *Web Archive* (WAR) (siehe Abb. 1–4). Das Erstere dient zur Verpackung von Java-EE-Anwendungen, die den gesamten Java-EE-Umfang benötigen (*Full Profile*), das Letztere ist für Java-EE-Anwendungen gemäß dem Web Profile gedacht.

Aufgrund der Komplexität der Archive und der Konfigurationen, die teilweise von Applikationsservern abhängig sind, ist eine Toolunterstützung bei der Erstellung sehr zu empfehlen. Das Übersetzen der Klassen und das Verpacken aller Artefakte der Java-EE-Applikation wird als *Build* bezeichnet. Die dadurch erstellten Archivdateien können dann einem Applikationsserver übergeben werden. Dies geschieht ebenfalls über Werkzeuge der Entwicklungsumgebung oder des Applikationsservers. Dieser Vorgang wird als *Deployment* bezeichnet und umfasst die Installation, Konfiguration und Bereitstellung der Anwendung im Applikationsserver. Die Anwendung kann nach dem Deployment verwendet werden. Mehr zur Werkzeugunterstützung besprechen wir in Kapitel 2.

Deployment

Für den Begriff Deployment gibt es im Deutschen keine wirklich gute Übersetzung. Das Deployment umfasst die Installation, Konfigurationen und Bereitstellung der Software auf der Zielplattform. Der Begriff Softwareverteilung kommt dem Deployment sehr nahe. Das Ergebnis des Deployment-Prozesses ist eine nutzungsbereite Software.

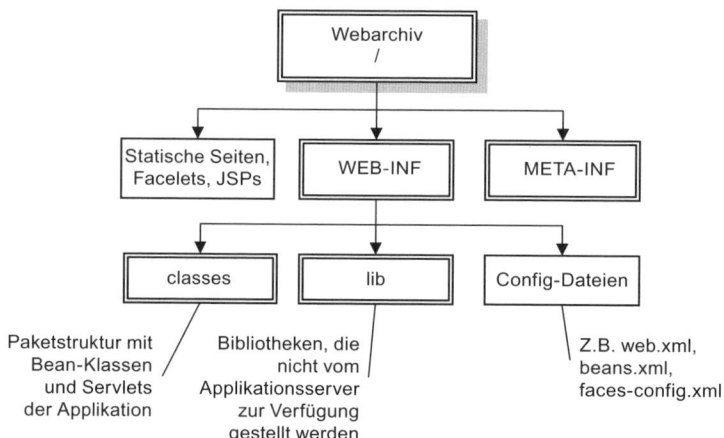

Abb. 1–4   *Skizze des minimalen Aufbaus eines Webarchivs (WAR) von Java EE 7. Verzeichnisse inner-*
halb des Archivs sind mit einem doppelten Rahmen dargestellt, Dateien mit einem ein-
fachen. Neben den dargestellten Verzeichnissen können weitere für spezielle Eigenschaften
der Anwendung existieren (z. B. für das Vorlagensystem, die Resource Library Contracts oder
die Faces Flows von JSF).

Im Rahmen des Deployments verarbeitet der Applikationsserver die Archivdateien und macht die in den Archiven enthaltenen Komponenten in den jeweiligen Containern (CDI, Web, EJB) verfügbar (vgl. Abb. 1–5). Ab diesem Zeitpunkt wird der Lebenszyklus der Komponenten von den Containern kontrolliert.
Diese stellen ihnen außerdem Schnittstellen zu allgemeinen Diensten und Daten
des Applikationsservers zur Verfügung.

Ein solcher wichtiger Dienst des Applikationsservers ist der Namens- und
Verzeichnisdienst. Über ihn können Clients Referenzen auf Komponenten (z.B.
entfernt verfügbare EJBs) oder andere Objekte bzw. Daten durch Angabe ihres
eindeutigen Namens beziehen. Der Zugriff auf den Namens- und Verzeichnisdienst ist durch die *Java Naming and Directory Interface (JNDI) API* standardisiert.

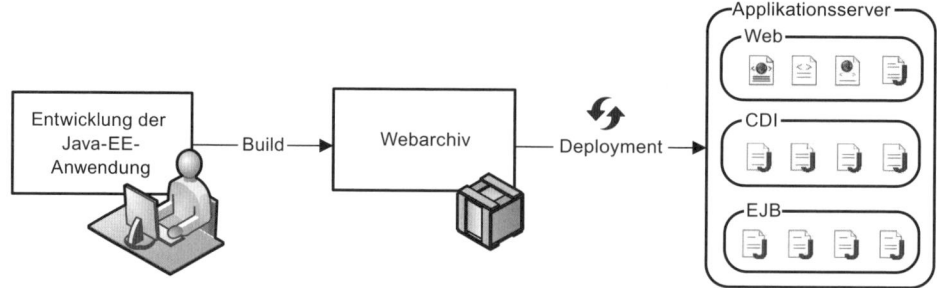

Abb. 1–5   *Build- und Deployment-Prozess einer Java-EE-Anwendung*

Im letzten Abschnitt der Einleitung skizzieren wir eine typische Softwarearchitektur für Java-EE-Anwendungen und beschreiben dabei genau, welche Komponenten und Technologien zum Einsatz kommen. An dieser Architektur orientiert sich die Anwendung, die im Rahmen des Workshops des Buches entwickelt wird.

1.3   Die Zielarchitektur

Im vorliegenden Buch wollen wir gemeinsam eine Software entwickeln, die die aktuellsten Technologien des Java-EE-Standards verwendet. Auf der Basis einer fachlichen Beschreibung programmieren wir die Anwendung in mehreren Iterationen von der Webschicht bis hin zur Persistenzschicht.

Parallel dazu lernen Sie Details der eingesetzten Technologien besser kennen. Im Folgenden gehen wir genauer auf die Softwarearchitektur ein, die primär JSF, CDI, EJB und JPA verwendet. Die Zielarchitektur soll uns als roter Faden durch das Buch dienen.

Unsere Architektur realisiert das MVC-Muster. Als View kommen JSF-Facelets zum Einsatz, als Controller dienen CDI-Beans und als Modell gewöhnliche Java-Klassen, die im Normalfall Entitäten realisieren und eine entsprechende objektrelationale Abbildung über JPA-Annotationen besitzen.

Als Erweiterung zum reinen MVC-Muster verwenden wir zusätzlich zustandslose Serviceklassen, die sich um die Persistenz der Entitäten kümmern und die eigentliche Geschäftslogik bereitstellen. Die Controller-Klassen werden dadurch um diese Funktionalitäten entlastet. Durch diese Trennung wird die Webschicht sauber von der Businessschicht getrennt, wodurch es zu einem späteren Zeitpunkt einfach möglich ist, zusätzliche Clients anzubinden.

Die Implementierung der Services erfolgt durch EJB Session Beans. Die CDI-Beans greifen auf diese über DI zu und werden wiederum selbst mithilfe der EL in den Facelets angesprochen. Die CDI-Beans verwenden untereinander ebenfalls DI, um Zugriff auf andere CDI-Beans zu erhalten, und verwalten Entitäten als Teil ihres Zustands.

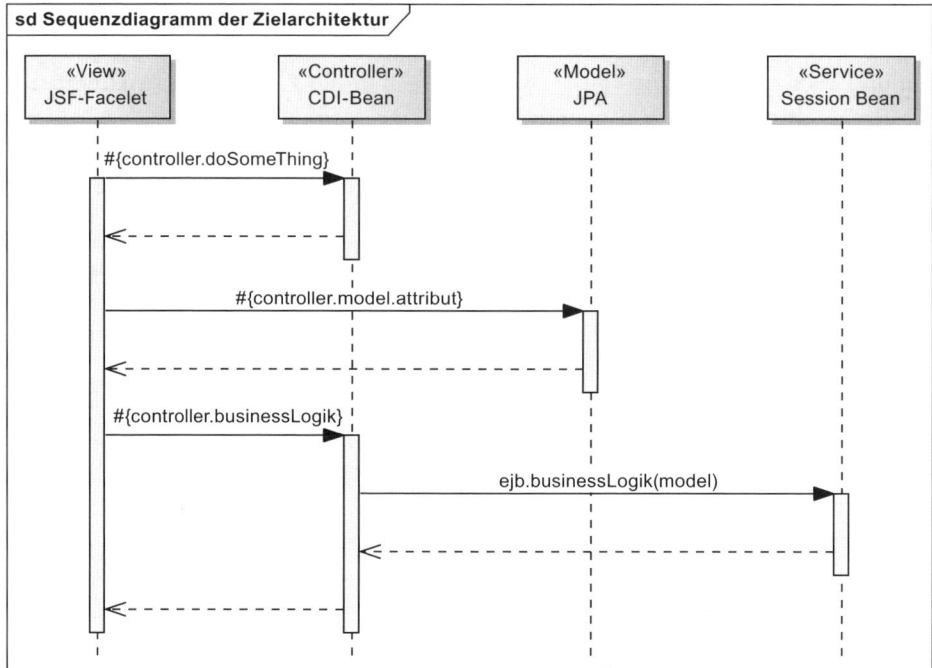

Abb. 1–6   *Sequenzdiagramm der Zielarchitektur*

Das Sequenzdiagramm in Abbildung 1–6 veranschaulicht die Zugriffe zwischen den unterschiedlichen Komponenten. Mithilfe der EL können z.B. Eingabekomponenten aus Formularen an Attribute der Beans gebunden werden (`controller.model.attribut`).

Des Weiteren kann man über die EL auf Methoden der CDI-Beans zugreifen. Dabei kann es sich beispielsweise um eine Methode zur Steuerung der Anwendung handeln (`controller.doSomeThing`).

Eine solche Methode kann auch zur Ausführung von Businesslogik Funktionalitäten an eine Session Bean delegieren, z.B. zum Speichern einer Entität (`ejb.businessLogik`).

1.4   Wie geht es jetzt weiter?

Nach dieser kurzen Übersicht zu Java EE werden wir uns in Kapitel 2 zunächst der Entwicklungs- und Ausführungsumgebung für unser Softwareprojekt widmen. Sie erfahren, wie Sie den Java-Applikationsserver WildFly und das Projektkonfigurations-Framework Maven installieren und ein Projekt mithilfe von Maven übersetzen und auf WildFly deployen. Bezüglich der Entwicklungsumgebung haben Sie freie Wahl, wir beschreiben jedoch kurz, wie Maven in die aktuelle Version von Eclipse integriert werden kann.

Das Kapitel 3 beschreibt die zu erstellende Applikation. Dabei werden die fachlichen Anwendungsfälle (Use Cases und Abläufe), die Fachklassen (Modelle) und die zugehörigen grafischen Oberflächen (Eingabemasken) im Zentrum der Beschreibung stehen.

Die Entwicklung der Software soll dann in mehreren Iterationen durchgeführt werden (vgl. Abb. 1–7). Jedes Kapitel umfasst eine Iteration und schließt mit einer Reihe von Aufgaben. Die Aufgaben sind meist so gestellt, dass alternative Szenarien erprobt werden sollen, und haben dann eher experimentellen Charakter. Um Seiteneffekte in den Folgekapiteln zu vermeiden, sollten die Änderungen nach der Bearbeitung der Aufgaben wieder zurückgesetzt werden.

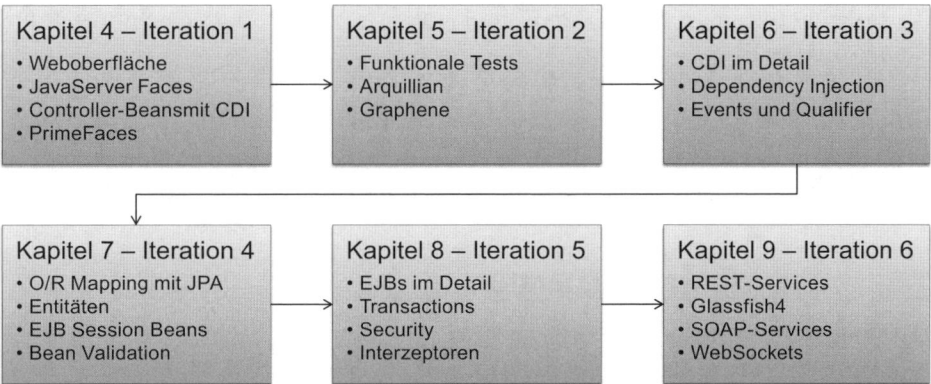

Abb. 1–7   *Die Beispielanwendung wird in sechs aufeinanderfolgenden Iterationen entwickelt.*

In Kapitel 4 beginnen wir mit JSF und erstellen die notwendigen Weboberflächen sowie die zur Navigation erforderlichen CDI-Beans. Die Anwendung kann danach bereits durchgeklickt werden. Sie arbeitet dabei schon mit Beispieldaten, die von einer Klasse zur Verfügung gestellt werden. Die Daten sind jedoch nicht persistent.

Kapitel 5 widmet sich dem Thema Testing, genauer gesagt den funktionalen Tests. Bei einem funktionalen Test wird die korrekte Funktionsweise der Anwendung aus Anwendersicht überprüft. Im konkreten Fall wollen wir testen, ob die in Kapitel 3 beschriebenen und in den kommenden Iterationen zu realisierenden Anwendungsfälle gemäß den Anforderungen durchlaufen werden können.

Kapitel 6 widmet sich CDI im Detail. Wir verwenden die Möglichkeiten von CDI, um unsere Softwarearchitektur zu verbessern.

Im Anschluss werden JPA und Bean Validation in Kapitel 7 behandelt. Die verwendeten Modellklassen werden zu Entitäten und erhalten eine objektrelationale Abbildung sowie Regeln zur Überprüfung der Wertebereiche der Attribute. Wir verwenden hier zum ersten Mal EJBs, die die Speicherung der Entitäten für die CDI-Schicht bereitstellen.

In Kapitel 8 vertiefen wir unser Wissen zu den EJBs. Wir lernen dabei die Möglichkeiten kennen, die Transaktionssteuerung dem Container zu überlassen oder sich als Programmierer selbst darum zu kümmern. Im letzteren Fall kommen wir mit der aspektorientierten Programmierung bei Java EE mittels Interzeptoren in Berührung. Des Weiteren wird das Sicherheitskonzept der EJBs erklärt und für die Anwendung umgesetzt. Am Ende des Kapitels ist die Anwendung voll funktionsfähig.

In Kapitel 9 werden wir einen weiteren Java-EE-7-Applikationsserver (Glassfish 4) in unsere Systemarchitektur aufnehmen. Wir realisieren auf ihm eine zweite Webanwendung, einen Spendenmonitor für Aktionen. Dabei kommen weitere neue Java-EE-7-Technologien wie WebSockets und REST-Services (JAX-RS 2.0) zum Einsatz sowie SOAP-Webservices (JAX-WS 2.2), die nicht mehr zum Web Profile gehören.

Kapitel 10 widmet sich dem Thema »Java EE 7 und die Cloud«. Wir betrachten dabei insbesondere den Cloud-Anbieter *OpenShift* (`https://www.open-shift.com/`). Dieser bietet WildFly-Instanzen in der Cloud an und ermöglicht damit die schnelle Verbreitung von Java-EE-Applikationen im Web.

1.5   Weiterführende Literatur

DeMichiel, L. & Shannon, B. (7. März 2013).
  Java™ Platform, Enterprise Edition (Java EE), v7. Abgerufen am 17. September 2014 von `http://download.oracle.com/otndocs/jcp/java_ee-7-pfd-spec/index.html`.

Jendrock, E., Cervera-Navarro, R., Evans, I., Haase, K. & Markito, W. (2014).
  The Java EE 7 Tutorial. (Oracle) Abgerufen am 17. September 2014 von `http://docs.oracle.com/javaee/7/tutorial/doc/home.htm`

Weil, D. (2013).
  Java EE 7: Enterprise-Anwendungsentwicklung leicht gemacht. Frankfurt am Main: entwickler.press.

2   Aufsetzen der Entwicklungsumgebung

Die Werkzeuglandschaft für Java-EE-Anwendungen ist weit, und der Anfänger kann sich leicht verlaufen. Im vorliegenden Kapitel beschreiben wir den Aufbau einer schlanken Werkzeugumgebung, die den Einsteiger nicht überfordert, aber auch für die professionelle Entwicklung von Java-EE-Anwendungen geeignet ist.

2.1   Werkzeuge und Server für Java EE

Für die Entwicklung einer Java-EE-Anwendung steht eine Vielzahl von Werkzeugen zur Verfügung. Für die Programmierung eignen sich besonders *integrierte Entwicklungsumgebungen* (engl. *Integrated Development Environments*, kurz IDEs), die auch für die Realisierung von Mobil- oder Desktop-Anwendungen mit Java zum Einsatz kommen. Die bekanntesten sind hier Eclipse (`www.eclipse.org`) und NetBeans (`www.netbeans.org`). Grundsätzlich reichen auch ein ganz normaler Texteditor und die Standardwerkzeuge des *Java SE Development Kit* (JDK) aus. In der professionellen Softwareentwicklung wäre diese Variante jedoch nicht ratsam, da die Produktivität durch das Fehlen vieler hilfreicher Funktionen stark beeinträchtigt wäre.

Java-EE-Anwendungen werden auf einem Applikationsserver bereitgestellt und betrieben. Neben den kommerziellen Produkten WebSphere (IBM) oder WebLogic (Oracle) haben freie Applikationsserver wie Oracles Referenzimplementierung des Java-EE-Standards Glassfish und das Open-Source-Produkt JBoss AS von Red Hat eine große Verbreitung erlangt. Die Java-EE-7-zertifizierte Implementierung des JBoss AS firmiert seit der Version 8 unter dem Namen WildFly.

Für die Entwicklung ist es sehr nützlich, wenn man aus der IDE heraus den aktuellen Stand des Java-EE-Projektes erzeugen und auf den gewünschten Applikationsserver mehr oder weniger mit einem Klick deployen kann. Hier bieten IDEs proprietäre Lösungen für verschiedene Server an, oder es gibt Erweiterungen (Plug-ins) der Hersteller von Applikationsservern für die jeweilige IDE.

Eine Technologie, die das Erzeugen und Deployen von Java-EE-Anwendungen auf beliebigen Applikationsservern unterstützt und die sich in nahezu jede

IDE einbinden lässt, ist Maven (`http://maven.apache.org/`). Maven verfolgt den Ansatz eines allgemeinen Konfigurationsmanagementwerkzeugs für alle Java-basierten Projekte und adressiert damit eben insbesondere auch Java-EE-Projekte. Die Motivation für Maven entstand aus der Beobachtung heraus, dass bis dato jedes Java-Projekt eine Menge von individuellen Build-Skripten mitbrachte und dadurch die Verständlichkeit des Projektes ebenfalls individuell erarbeitet werden musste. Die Verständlichkeit der Projektstruktur war aufgrund fehlender Transparenz und Standardisierung niedrig. Maven standardisiert die Art, wie Java-Projekte erzeugt und ausgeführt werden. Es gibt eine Systematik vor, nach der die Bestandteile des Projektes definiert werden müssen, es vereinfacht die Veröffentlichung von Projektinformationen und ermöglicht unkompliziert das Teilen von JAR-Dateien zwischen mehreren Projekten.

Der Workshop im vorliegenden Buch soll vollkommen unabhängig von der eingesetzten IDE durchführbar sein. Daher verwenden wir Maven zur Erzeugung und zum Deployment der Java-EE-Anwendung. Als Applikationsserver kommt zunächst WildFly 8.1.0 aufgrund seiner großen Praxisrelevanz zum Einsatz. In Kapitel 9 setzen wir zusätzlich Glassfish 4 von Oracle ein, um auch die Java-EE-Referenzimplementierung kennenzulernen. In Kapitel 10 beschäftigen wir uns mit dem Cloud-Angebot OpenShift, das u.a. WildFly in der Cloud anbietet. Die Installation von Maven 3 und WildFly 8.1.0 wird im folgenden Abschnitt 2.2 beschrieben. Wir haben uns dafür entschieden, dem Leser die Wahl der IDE selbst zu überlassen. So wäre es sogar möglich, den Workshop mit einem Texteditor zu machen. Alternativ kann der Leser sich auch mit der Integration von Maven-Projekten in die IDE seiner Wahl auseinandersetzen. Dieser Ansatz bringt für den Leser die größtmögliche Flexibilität. Einige Hinweise zur Integration von Maven-Projekten in Eclipse erhalten Sie in Abschnitt 2.4.

2.2   Installation der nötigen Softwarepakete

Wir benötigen die drei Komponenten aus Tabelle 2–1 auf unserem System. Die folgenden Beschreibungen gehen von einer Installation auf einem 64-Bit-Windows-7-System aus. Sollten Sie ein anderes Betriebssystem verwenden, so orientieren Sie sich bitte an den entsprechenden Installationsanleitungen der einzelnen Pakete. Da wir ein Windows-7-System benutzen, verwenden wir bei Pfandangaben im Buch immer den *Backslash* »\«.

Softwarepaket	Internetquelle
Java SE 8	`http://www.oracle.com/technetwork/java/javase/downloads/jdk8-downloads-2133151.html`
Maven 3.2.1	`http://maven.apache.org/download.html`
WildFly 8.1.0	`http://wildfly.org/downloads/`

Tab. 2–1   *Benötigte Softwarepakete und ihre Internetquellen*

2.2.1 Installation von Java SE 8

Jedes Windows-7-System hat bereits ein JRE (Java Runtime Environment) vorinstalliert. Da wir aber Software entwickeln wollen, benötigen wir die Programmierwerkzeuge des JDK (Java Development Kit). Wenn auf unserem System bereits eine aktuelle Version 8 des JDK installiert ist, die Umgebungsvariable `JAVA_HOME` korrekt gesetzt ist und der Systempfad angepasst wurde, dann können wir diesen Abschnitt überspringen.

Als Erstes laden wir eine ausführbare Datei (z.B. `jdk-8u5-windows-x64.exe` für 64-Bit-Windows-Systeme) für unser System herunter und führen diese aus. Daraufhin startet ein Dialog, der uns durch die Installation lotst. Nach der Installation müssen wir die folgenden beiden Umgebungsvariablen anpassen:

1. Wir führen eine Umgebungsvariable `JAVA_HOME` ein, die als Wert das Installationsverzeichnis des JDK beinhaltet (z.B. `C:\Program Files\Java\jdk1.8.0_05`).
2. Wir ergänzen die PATH-Variable von Windows um das `bin`-Verzeichnis des JDK und verwenden dabei die neue Umgebungsvariable `JAVA_HOME` (`%JAVA_HOME%\bin`).

Einstellung Umgebungsvariable

Windows 7: Systemsteuerung → System und Sicherheit → System → Link »Erweiterte Systemeinstellungen« → Schaltfläche »Umgebungsvariablen…«

Eine Umgebungsvariable des Windows-Betriebssystems speichert einen Wert unter einem bestimmten Namen. Innerhalb des Betriebssystems kann so die Flexibilität bei der Installation und Ausführung von Programmen geschaffen werden.

Beispiel: Auf einem System können sich mehrere JDK-Versionen in unterschiedlichen Installationsverzeichnissen befinden. Die Entscheidung, welche Version tatsächlich verwendet wird, kann durch die Umgebungsvariable `JAVA_HOME` gesteuert werden, indem diese anstelle eines absoluten Pfades in der Umgebungsvariable `PATH` verwendet wird.

Anmerkung: In Windows können Umgebungsvariablen systemweit oder benutzerabhängig gesetzt werden. In unserem Fall ist die systemweite Einstellung zu bevorzugen, damit das aktuellste JDK von allen Benutzern verwendet werden kann.

Im Anschluss können wir unsere Installation über die Kommandozeile überprüfen. Wir starten die Windows-Eingabeaufforderung (Programm `cmd.exe`). Nach dem Start befindet sich die Kommandozeile im Home-Verzeichnis (z.B. `c:\users\ms`) des jeweils angemeldeten Benutzers (hier: `ms`). Wir überprüfen unsere Einstellungen, indem wir den Wert der Umgebungsvariablen `JAVA_HOME` mithilfe des echo-Befehls abfragen[1]:

```
C:\Users\ms>echo %JAVA_HOME%
C:\Program Files\Java\jdk1.8.0_05
```

---

1. Achtung: Nach dem Setzen der Umgebungsvariablen muss die Windows-Eingabeaufforderung neu gestartet werden, damit die neuen Werte der Variablen übernommen werden.

Die Versionen der JRE (java.exe) und des Java-Compilers (javac) können wie
folgt überprüft werden:

```
C:\Users\ms>java -version
java version "1.8.0_05"
Java(TM) SE Runtime Environment (build 1.8.0_05-b13)
Java HotSpot(TM) 64-Bit Server VM (build 25.5-b02, mixed mode)

C:\Users\ms>javac -version
javac 1.8.0_05
```

Durch die Abfrage java –version können wir in Erfahrung bringen, welche Version die aktuelle JRE besitzt, analog liefert die Abfrage javac –version zurück, mit
welcher Version des Compilers gearbeitet wird. Es ist sinnvoll, dass wir in beiden
Fällen mit der gleichen Version arbeiten. Sollte anstelle einer Versionsnummer ein
Fehler der folgenden Form zurückgegeben werden, so überprüfen wir noch einmal den Pfad bzw. den Wert der Umgebungsvariablen JAVA_HOME.

```
Der Befehl "javac" ist entweder falsch geschrieben oder konnte nicht gefunden
werden.
```

2.2.2   Installation von Maven 3

Maven steht Ihnen u.a. als ZIP-Datei (z.B. apache-maven-3.2.1-bin.zip) zum
Download zur Verfügung. Wir extrahieren die Datei auf dem Zielsystem in einem
beliebigen Verzeichnis, z.B. C:\Users\MS\apache-maven-3.2.1.

Analog zum Vorgehen bei der Java-Installation richten wir eine Umgebungsvariable M2_HOME ein, die das Installationsverzeichnis von Maven als Wert beinhaltet. Den Systempfad PATH erweitern wir dann um %M2_HOME%\bin. Über die Kommandozeile können wir die getätigten Installationen und Einstellungen
überprüfen. Durch den Befehl mvn –version werden neben der Versionsnummer
von Maven auch die Versionsnummer von Java sowie die Werte der Umgebungsvariablen M2_HOME und JAVA_HOME sowie Informationen zum Betriebssystem ausgegeben.

```
C:\Users\MS\Java-EE-7-Workspace>mvn -version
Apache Maven 3.2.1 (ea8b2b07643dbb1b84b6d16e1f08391b666bc1e9; 2014-02-14T18:37:5
2+01:00)
Maven home: C:\Users\MS\apache-maven-3.2.1
Java version: 1.8.0_05, vendor: Oracle Corporation
Java home: C:\Program Files\Java\jdk1.8.0_05\jre
Default locale: de_DE, platform encoding: Cp1252
OS name: "windows 7", version: "6.1", arch: "amd64", family: "dos"
```

2.2.3   Installation von WildFly 8.1.0

Der WildFly-Applikationsserver wird u.a. als ZIP-Datei zur Verfügung gestellt (z.B. `wildfly-8.1.0.Final.zip`). Wir packen die Datei mit einem ZIP-Tool an einem Ort unserer Wahl, z.B. in unserem Benutzerverzeichnis (hier `C:\Users\MS\`), aus. Nach dem Auspacken enthält das Zielverzeichnis einen Ordner, z.B. `wildfly-8.1.0.Final`, in dem alle notwendigen Programme und Dateien des Applikationsservers enthalten sind. Diesen nehmen wir, analog zu den zuvor installierten Komponenten, in der Umgebungsvariable `JBOSS_HOME` auf[2]. Außerdem fügen wir das `bin`-Verzeichnis des Ordners dem Systempfad (Umgebungsvariable `PATH`) hinzu.

Der Applikationsserver kann in verschiedenen Modi betrieben werden. Der *Stand-alone-Modus* ist für die Entwicklung besonders geeignet, da bei diesem der Server auf einem Rechner in genau einem Prozess läuft. Bei den anderen Modi ist dies nicht der Fall, diese sind daher für eine Cluster-Konfiguration interessant; auf diese wird hier jedoch nicht näher eingegangen.

Wir starten den Server mithilfe der Datei `standalone.bat`, die sich im `bin`-Verzeichnis unseres `%JBOSS_HOME%`-Ordners befindet. Zur Ausführung der Datei benötigen wir eine weitere Eingabeaufforderung. Wir starten den Server aus dem Verzeichnis `%JBOSS_HOME%\standalone`:

```
C:\Users\MS\wildfly-8.1.0.Final\standalone>standalone.bat
```

Nach dem Ausführen der Datei werden allerhand Ausgaben in der Kommandozeile angezeigt. Sie können den Server durch Betätigung der Tastenkombination `STRG-C` jederzeit herunterfahren und anschließend durch Eingabe von »J« beenden.

Der Server protokolliert alle Meldungen in der Datei `%JBOSS_HOME%\standalone\log\server.log`. Die aktuellen Meldungen werden aber auch direkt auf der Eingabeaufforderung ausgegeben, in der der Server gestartet wurde. Will man die Meldungen in Ruhe studieren, so ist die Betrachtung der Logdatei in einem Editor zu empfehlen. In der Datei werden auch alle auf dem Server auftretenden *Java-Exceptions* durch ihren *Stacktrace* protokolliert. Die Datei ist damit ein wichtiges Hilfsmittel bei der Fehlersuche.

Wir überprüfen die Installation, indem wir einen Browser starten und die URL `localhost:8080/` aufrufen. Der Browser sollte dann die Willkommensseite des WildFly-Applikationsservers anzeigen.

Der WildFly-Applikationsserver bietet außerdem eine Webanwendung unter dem Port 9990 an, mit der die Administration des Servers durchgeführt werden kann. Die Anwendung kann über die URL `localhost:9990/` gestartet werden. Beim ersten Aufruf erhält man den Hinweis, dass zur Nutzung der Anwendung

---

2.   RedHat hat zwar den Anwendungsserver von JBoss in WildFly umbenannt, dabei aber den Namen der Umgebungsvariablen vergessen. Dieser lautet weiterhin `JBOSS_HOME` und nicht `WILDFLY_HOME`.

ein neuer Benutzer mit Administrationsrechten angelegt werden muss. Das Skript add-user.bat der WildFly-Installation kann dazu verwendet werden. Da wir den Server lediglich für die Entwicklung auf unserem Rechner betreiben, verzichten wir an dieser Stelle darauf und auch auf die Beschreibung der Administrationskonsole. Alle notwendigen Einstellungen für unser Projekt erledigen wir im Laufe des Workshops über WildFly-spezifische Konfigurationsdateien und nicht über diese *Webanwendung*. Dennoch kann die Anwendung einen Blick wert sein, da wir durch sie u.a. einen schnellen Überblick über die aktuellen Einstellungen und die aktuell bereitgestellten Java-EE-Anwendungen des Servers erhalten. Schauen Sie sich also bei anderer Gelegenheit ruhig etwas um!

2.3 Vom Projekt zur ausgeführten Webanwendung

Im folgenden Abschnitt wollen wir mithilfe von Maven ein erstes Java-EE-7-Webprojekt anlegen, eine Willkommensseite für unsere Applikation hinzufügen und das Projekt dann auf den Server deployen. Maven ist ein komplexes Werkzeug, das nicht ohne Weiteres in wenigen Abschnitten behandelt werden kann. Im Folgenden verwenden wir nur einen Bruchteil der Möglichkeiten von Maven. Für Hintergrundwissen zu Maven empfehlen wir Ihnen, parallel zu diesem Kapitel die Tutorials des Maven-User-Centers (http://maven.apache.org/users/index.html) oder passende Fachbücher wie z.B. (Popp, 2013) zu studieren.

2.3.1 Anlegen eines leeren Java-EE-7-Webprojektes mit Maven

Das Maven-System bietet die Möglichkeit, Vorlagen für bestimmte Typen von Java-Projekten zu definieren. Damit lässt sich z.B. eine Vorlage für die Webprojekte einer Firma erzeugen, wodurch ein hoher Grad der Projektstandardisierung zu erreichen ist. Diese Vorlagen werden bei Maven *Archetype* genannt. Auch für Java-EE-7-Webanwendungen gibt es entsprechende Archetypes.

Ein auf das Allernotwendigste reduzierter *Archetype* für Java-EE-7-Projekte wurde von Adam Bien entwickelt, der u.a. Mitglied der Expertengruppe des Java-Community-Prozesses zur Erstellung der Java-EE-7-Spezifikation ist[3]. Damit wollen wir eine erste Maven-Projektkonfiguration und -struktur für unsere Anwendung erzeugen.

Dazu legen wir zunächst ein Verzeichnis für alle unsere kommenden Projekte an oder wählen ein existierendes Verzeichnis aus[4]. Im Folgenden nennen wir das Verzeichnis Java-EE-Workspace. Wir wechseln in der Eingabeaufforderung dann in dieses Verzeichnis und rufen Maven mit dem genannten *Archetype* auf. Bitte

---

3. vgl. www.adam-bien.com/roller/abien/entry/setting_up_java_ee_7 und
    https://github.com/AdamBien/javaee7-essentials-archetype
4. Eclipse-Nutzer können dieses Verzeichnis später auch als *Workspace* verwenden.

beachten Sie, dass der Befehl mit allen Optionen in einer Zeile in der Eingabeaufforderung eingegeben wird:

```
mvn archetype:generate
   -DarchetypeGroupId=com.airhacks
   -DarchetypeArtifactId=javaee7-essentials-archetype
   -DarchetypeVersion=1.2
```

Da Maven die Informationen zu den *Archetypes* und notwendige Bibliotheken
für das Projekt aus einem zentralen Verzeichnis im Web bezieht, benötigen wir
für die Arbeit mit Maven zunächst immer eine bestehende Internetverbindung.
Maven legt im Home-Verzeichnis des Benutzers ein Verzeichnis mit dem Namen
.m2 an, in dem es lokale Kopien der vom zentralen Verzeichnis abgefragten Daten
und Bibliotheken ablegt. Das beschleunigt die Arbeitsweise von Maven bei weiteren Aufrufen.

   Die Erzeugung des Maven-Projektes geschieht Schritt für Schritt im interaktiven Modus (Standardeinstellung). Dabei werden verschiedene Informationen
zum Projekt abgefragt. Zunächst werden wir von Maven nach der `groupId`
gefragt. Die `groupId` ist ein eindeutiger Bezeichner für die Organisation oder
Gruppe, die das Projekt erzeugt. Üblicherweise verwendet man hier den vollqua-
lifizierten Domainnamen der eigenen Organisation. Für unser Buch geben wir
deshalb die Domain des dpunkt.verlags `de.dpunkt` ein:

```
Define value for property 'groupId': : de.dpunkt
```

Als Nächstes wird nach der `artifactId` gefragt. Die `artifactId` ist ein eindeutiger
Basisname des Primärartefakts, das durch das Projekt erzeugt wird. In der Regel
handelt es sich dabei um ein Java-Archiv (z. B. `WAR` oder `EAR`). Ein typisches, durch
Maven generiertes Artefakt hat die Form `<artifactId>-<version>.<extension>`.
Der von uns verwendete *Archetype* vernachlässigt jedoch die Version bei der
Erzeugung. Für unser Projekt verwenden wir als `artifactId` den Namen
`my-aktion`.

```
Define value for property 'artifactId': : my-aktion
```

Im Anschluss kann auch die Versionsnummer eingegeben werden. Als Default-
wert wird `1.0-SNAPSHOT` vorgegeben. Der Zusatz `SNAPSHOT` kennzeichnet die Version als sich in der Entwicklung befindlich. Wir übernehmen diese Vorgabe durch
das Betätigen der Eingabetaste.

```
Define value for property 'version': 1.0-SNAPSHOT: :
```

Bei der Abfrage nach der Eigenschaft package geben wir den Wert `de.dpunkt.myak-
tion` ein und drücken danach die Eingabetaste. Dieser Wert dient später als Präfix
für die Java-Pakete unseres Projektes.

```
Define value for property 'package': de.dpunkt: : de.dpunkt.myaktion
```

Danach wird das bisher Eingegebene zusammengefasst und kann dann durch die
Eingabe von Y und das Betätigen der Eingabetaste bestätigt werden:

```
[INFO] Generating project in Interactive mode
[INFO] Archetype repository missing. Using the one from [com.airhacks:javaee7-
essentials-archetype:1.2] found in catalog remote
Define value for property 'groupId': : de.dpunkt
Define value for property 'artifactId': : my-aktion
Define value for property 'version': 1.0-SNAPSHOT: :
Define value for property 'package': de.dpunkt: : de.dpunkt.my-aktion
Confirm properties configuration:
groupId: de.dpunkt
artifactId: my-aktion
version: 1.0-SNAPSHOT
package: de.dpunkt.my-aktion
 Y: : Y
```

Im Anschluss erhalten Sie die Bestätigung durch Maven, dass das Projekt erfolgreich angelegt worden ist (BUILD SUCCESS):

```
[INFO] ------------------------------------------------------------
[INFO] Using following parameters for creating project from Archetype:
javaee7-essentials-archetype:1.2
[INFO] ------------------------------------------------------------
[INFO] Parameter: groupId, Value: de.dpunkt
[INFO] Parameter: artifactId, Value: my-aktion
[INFO] Parameter: version, Value: 1.0-SNAPSHOT
[INFO] Parameter: package, Value: de.dpunkt.my-aktion
[INFO] Parameter: packageInPathFormat, Value: de/dpunkt/my-aktion
[INFO] Parameter: package, Value: de.dpunkt.my-aktion
[INFO] Parameter: version, Value: 1.0-SNAPSHOT
[INFO] Parameter: groupId, Value: de.dpunkt
[INFO] Parameter: artifactId, Value: my-aktion
[INFO] project created from Archetype in dir: C:\Users\MS\my-aktion
[INFO] ------------------------------------------------------------
[INFO] BUILD SUCCESS
[INFO] ------------------------------------------------------------
[INFO] Total time: 02:03 min
[INFO] Finished at: 2014-06-10T20:32:06+01:00
[INFO] Final Memory: 11M/112M
[INFO] ------------------------------------------------------------
```

In unserem Verzeichnis Java-EE-Workspace befindet sich nun ein Verzeichnis my-
aktion, das die Projektstruktur für das Java-EE-Webprojekt enthält. Die Konfiguration des Maven-Projektes ist in der Datei pom.xml[5] gespeichert. Alle Informationen, die wir zuvor im interaktiven Modus angegeben haben, und einige durch
den Archetype vorgegebene Werte sind dort hinterlegt. Dennoch ist die Datei sehr
kompakt (vgl. Listing 2–1).

---

5. Benennen Sie diese Datei nicht um – Maven sucht beim Programmstart immer nach einer Konfi-
    gurationsdatei mit diesem Namen.

```
<project xmlns="http://maven.apache.org/POM/4.0.0"
  xmlns:xsi="http://www.w3.org/2001/XMLSchema-instance"
  xsi:schemaLocation="http://maven.apache.org/POM/4.0.0
    http://maven.apache.org/xsd/maven-4.0.0.xsd">
  <modelVersion>4.0.0</modelVersion>
  <groupId>de.dpunkt</groupId>
  <artifactId>my-aktion</artifactId>
  <version>1.0-SNAPSHOT</version>
  <packaging>war</packaging>
  <dependencies>
    <dependency>
      <groupId>javax</groupId>
      <artifactId>javaee-api</artifactId>
      <version>7.0</version>
      <scope>provided</scope>
    </dependency>
  </dependencies>
  <build>
    <finalName>my-aktion</finalName>
  </build>
  <properties>
    <maven.compiler.source>1.8</maven.compiler.source>
    <maven.compiler.target>1.8</maven.compiler.target>
    <failOnMissingWebXml>false</failOnMissingWebXml>
  </properties>
</project>
```

Listing 2–1   *Maven-Projektkonfigurationsdatei pom.xml*

Im Wesentlichen legt unsere pom.xml fest, dass aus dem Projekt ein Webarchiv erzeugt werden soll (Tag `<packaging>`), der Name des Webarchivs und damit der Webanwendung My-Aktion ist (Tag `<finalName>`), unser Projekt eine Abhängigkeit zur Java-EE-7-API hat (Tag `<dependency>`) und Java 8 verwendet werden soll (Tag `<maven.compiler.source>` bzw. `<maven.compiler.target>`). Im Laufe des Workshops werden wir die Datei pom.xml immer wieder ergänzen und zusätzliche Abhängigkeiten zu Bibliotheken oder Plug-ins in das Projekt integrieren. Unsere erste Änderung bezieht sich auf die Festlegung des Zeichensatzes für unsere Quelldateien unseres Projektes auf UTF-8. Dazu fügen wir im Abschnitt `<properties>` das folgende Tag ein:

```
<project.build.sourceEncoding>UTF-8</project.build.sourceEncoding>
```

Das erstellte Projekt my-aktion könnte prinzipiell bereits jetzt auf WildFly deployt werden. Da jedoch noch kein Facelet im Projekt enthalten ist, könnte auch keine Seite im Browser aufgerufen werden. Wir verwenden zur Erstellung des Facelets der Willkommensseite unserer Anwendung einen beliebigen Texteditor. Ein geeigneter, freier Texteditor ist Notepad++, der einige nützliche Funktionalitäten wie z.B. Syntax-Hervorhebung für unterschiedliche Formate bietet (http://notepad-plus-plus.org/).

Wir erzeugen mit dem Texteditor im Verzeichnis `my-aktion\src\main\webapp` eine Datei `index.xhtml` gemäß Listing 2–2. Achten Sie darauf, dass die Datei tatsächlich in dem angegebenen Verzeichnis unter dem vorgegebenen Namen gespeichert wird. Damit sind nun alle Vorbereitungen abgeschlossen.

```
<!DOCTYPE html>
<html xmlns="http://www.w3.org/1999/xhtml"
    xmlns:h="http://xmlns.jcp.org/jsf/html">
    <h:head>
        <title>Workshop Java EE 7</title>
    </h:head>
    <h:body>
        <h1>Java EE 7: Willkommen zu unserem Workshop!</h1>
    </h:body>
</html>
```

Listing 2–2   *Facelet index.xhtml*

Nun haben wir ein Java-EE-Webprojekt mit Maven angelegt und diesem ein erstes Facelet hinzugefügt. Damit der Applikationsserver erkennt, dass es sich um eine JSF-Anwendung handelt, müssen wir jedoch noch die Konfigurationsdatei `faces-config.xml` gemäß Listing 2–3 in das Verzeichnis `my-aktion\src\main\webapp\WEB-INF` hinzufügen. Sollten Verzeichnisse in Ihrem Projektordner noch nicht vorhanden sein, so müssen Sie diese ebenfalls anlegen.

```
<?xml version="1.0" encoding="UTF-8"?>
<faces-config version="2.2"
    xmlns="http://xmlns.jcp.org/xml/ns/javaee"
    xmlns:xsi="http://www.w3.org/2001/XMLSchema-instance"
    xsi:schemaLocation="http://xmlns.jcp.org/xml/ns/javaee
    http://xmlns.jcp.org/xml/ns/javaee/web-facesconfig_2_2.xsd">
</faces-config>
```

Listing 2–3   *Konfigurationsdatei faces-config.xml*

Das ist nicht die einzige Möglichkeit, die Aktivierung von JSF für die Anwendung im Applikationsserver durchzuführen. Für den Augenblick ist es jedoch die einfachste, da die Datei in Kapitel 4 auch für die Umsetzung der Internationalisierung unserer Anwendung benötigt wird.

Im folgenden Abschnitt werden wir das Projekt auf dem WildFly bereitstellen. Dazu müssen alle Quellen übersetzt, ein Webarchiv erstellt und dieses auf den Applikationsserver geladen werden.

2.3.2   Der erste Build und das erste Deployment

Mittels Plug-ins kann die Funktionalität von Maven erweitert werden. Um den Build- und Deployment-Vorgang zu vereinfachen, wollen wir ein Maven-Plug-in für WildFly verwenden. Das WildFly-Maven-Plug-in ermöglicht es, ein Webarchiv direkt über das Netzwerk an den Applikationsserver zu übergeben. Plug-ins können in Maven-Projekte über die Datei `pom.xml` eingebunden werden. Innerhalb des `<build>`-Tags können Plug-ins innerhalb des `<plugins>`-Tag definiert werden. Wir fügen das WildFly-Plug-in wie folgt ein:

```
...
<build>
    <finalName>my-aktion</finalName>
    <plugins>
        <plugin>
            <groupId>org.wildfly.plugins</groupId>
            <artifactId>wildfly-maven-plugin</artifactId>
            <version>1.0.1.Final</version>
        </plugin>
    </plugins>
</build>
...
```

Jetzt geht es los! Um die Applikation auf WildFly deployen zu können, muss WildFly gestartet sein. Sollte dies noch nicht oder nicht mehr der Fall sein, starten wir den Server im *Stand-alone-Modus*, wie in Abschnitt 2.2.3 beschrieben. In einer weiteren Windows-Eingabeaufforderung wechseln Sie in das Projektverzeichnis `my-aktion`.

Das WildFly-Maven-Plug-in stellt diverse Kommandos zur Steuerung des Deployment-Prozesses bereit.[6] Wir starten das Deployment des Projektes durch das folgende Maven-Kommando:

```
mvn package wildfly:deploy
```

In ihm übergeben wir als Parameter zwei sogenannte Maven-Goals: `package` und `wildfly:deploy`. Maven-Goals führen eine Folge von Anweisungen aus, die ein klar definiertes Ziel (engl. *goal*) verfolgen.

Das Maven-Goal `package` gehört zu den Standardphasen des Maven-Lebenszyklus und sorgt dafür, dass alle Klassen übersetzt und ein Webarchiv erzeugt wird. Das Ergebnis findet man im Projektordner im Verzeichnis `target`. Das Maven-Goal `wildfly:deploy` wird vom Maven-WildFly-Plug-in mitgebracht und führt das Deployment des Webarchivs auf WildFly durch. In Ihrem Fenster erscheinen diverse Statusmeldungen zum Build- und Deployment-Prozess. Am Ende muss eine Erfolgsmeldung mit Datum und Uhrzeit erscheinen:

```
[INFO] ------------------------------------------------------------
[INFO] BUILD SUCCESS
[INFO] ------------------------------------------------------------
[INFO] Total time: 3.439 s
[INFO] Finished at: 2014-06-10T20:55:20+01:00
[INFO] Final Memory: 13M/78M
[INFO] ------------------------------------------------------------
```

---

6.   siehe auch https://docs.jboss.org/wildfly/plugins/maven/latest/

Werfen Sie bitte auch einen Blick auf das Fenster des Applikationsservers. Hier sollte direkt nach dem Deployment ebenfalls ein Hinweis erscheinen, der die Aktion protokolliert:

```
20:58:04,290 INFO  [org.wildfly.extension.undertow] (MSC service thread 1-2)
JBAS017534: Registered web context: /my-aktion
20:58:04,311 INFO  [org.jboss.as.server] (management-handler-thread - 1)
JBAS018559: Deployed "my-aktion.war" (runtime-name : "my-aktion.war")
```

Wir können das Deployment auch wieder rückgängig machen, indem wir im Projektordner das folgende Kommando ausführen:

```
mvn wildfly:undeploy
```

Im Fenster des Applikationsservers wird das Entfernen der Anwendung ebenfalls protokolliert:

```
20:59:16,125 INFO  [org.jboss.as.server] (management-handler-thread - 1)
JBAS018558: Undeployed "my-aktion.war" (runtime-name: "my-aktion.war")
```

Der Build-Prozess arbeitet inkrementell, das heißt, es werden nur seit dem letzten Build veränderte oder neue Elemente (z. B. Java-Typen) übersetzt bzw. beim Erzeugen des Webarchivs hinzugefügt. Elemente, die gelöscht oder innerhalb der Projektstruktur verschoben wurden, können sich daher immer noch oder mehrfach im resultierenden Webarchiv befinden. Daher ist es notwendig, das Projekt von Zeit zu Zeit zu säubern. Dabei unterstützt uns das Maven-Goal `clean`. Der folgende Befehl löscht den für den Build relevaten Bereich im `target`-Verzeichnis des Projektes.

```
mvn clean
```

Für den nächsten Abschnitt sollten Sie aber das Projekt wie beschrieben mit `mvn package wildfly:deploy` deployt haben.

2.3.3   Test des Deployments

Wir wollen nun testen, ob das Deployment wirklich funktioniert hat, starten dazu einen Browser und rufen die folgende URL auf:

```
http://localhost:8080/my-aktion/index.jsf
```

Achten Sie bitte auf die korrekte Groß-/Kleinschreibung, da Java EE diese bei URLs nach dem Domainnamen unterscheidet.

Wenn das Deployment erfolgreich war, liefert der Browser als Ausgabe unsere Seite, wie in Abbildung 2–1 dargestellt.

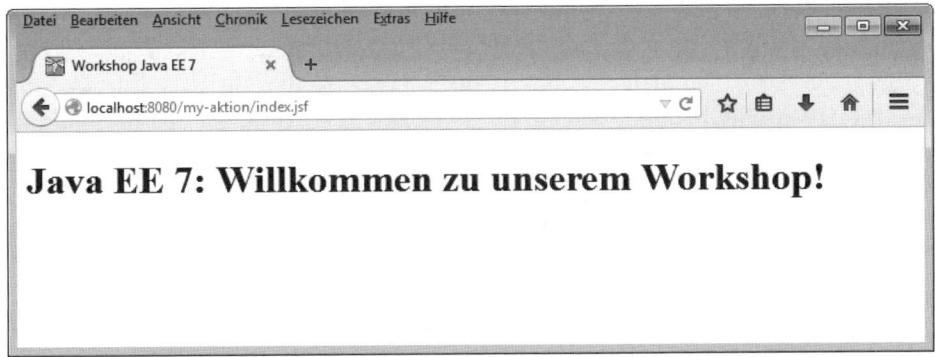

Abb. 2–1   *Die Willkommensseite der Anwendung My-Aktion nach einem erfolgreichen Deployment*

Erhalten Sie eine ähnliche Anzeige? Gratulation! Sie haben damit Ihre erste Java-EE-Webanwendung erstellt und auf einem WildFly-Applikationsserver verfügbar gemacht. Wenn nein, dann sollten Sie die einzelnen Schritte noch einmal überprüfen und auf etwaige Fehlermeldungen achten.

Wie Sie sicher bemerkt haben, besitzt die Anwendung noch keinerlei Logik, und die einzige Seite besteht aus statischem Inhalt. Im Laufe des Buches werden Sie erfahren, wie Sie Schritt für Schritt reale Webanwendungen mit Java EE entwickeln. Der Build- und Deployment-Prozess wird jedoch das ganze Buch hindurch der gleiche bleiben.

2.4   Eclipse Luna – Mehr als ein Texteditor

Durch den Einsatz von Maven sind wir unabhängig von einer bestimmten IDE. Grundsätzlich ist die Durchführung des Workshops sogar auch unter Verwendung eines einfachen Texteditors bei der Programmierung möglich. In der Praxis kommt so etwas jedoch nie vor, da der Einsatz einer IDE die Produktivität verbessert. Deshalb sollten Sie etwas Arbeit in die Integration von Maven in die IDE Ihrer Wahl investieren. An dieser Stelle wollen wir zeigen, wie die Integration von Maven mit Eclipse (hier die aktuelle Version Luna) funktioniert. Wer mit einer anderen IDE arbeiten möchte, sei auf deren Dokumentation verwiesen und kann direkt zu Abschnitt 2.5 gehen. Wer im Workshop jedoch mit Eclipse arbeiten möchte, sollte die folgenden Abschnitte durcharbeiten.

2.4.1   Installation von Eclipse

Eclipse steht in verschiedenen Distributionen zum Download bereit. Jede Distribution ist für einen bestimmten Entwicklungszweck vorkonfiguriert. Wir verwenden die *Eclipse-IDE for Java-EE-Developers* der aktuellen Eclipse-Version Luna (4.4), die wir von der Seite `www.eclipse.org/downloads/` herunterladen.

Beachten Sie dabei, dass Eclipse als 32- oder 64-Bit-Version für Windows zur Verfügung steht (z.B. `eclipse-jee-luna-R-win32.zip` bzw. `eclipse-jee-luna-R-win32-x86_64.zip`). Wählen Sie die zu Ihrer Java-Installation passende Version aus. Im ZIP-Archiv befindet sich ein Ordner namens `eclipse`, der alle Bestandteile der IDE enthält. Zur Installation reicht es aus, die Datei an einem Ort unserer Wahl zu entpacken (z.B. im eigenen Benutzerverzeichnis).

Eclipse kann dann durch Ausführen der Datei `eclipse.exe` gestartet werden. Nach dem Start werden wir aufgefordert, einen *Eclipse-Workspace* (ein beliebiges Verzeichnis unserer Wahl) anzulegen oder auszuwählen, in dem Eclipse die Dateien der Projekte und Metadaten verwaltet. Hier empfehlen wir die Auswahl des in Abschnitt 2.3.1 angelegten Verzeichnisses `Java-EE-Workspace`, in dem sich bereits unser Maven-Projektordner `my-aktion` befindet.

Eclipse zeigt uns beim ersten Start eine Willkommensseite an. Auf die eigentliche Arbeitsoberfläche gelangen wir durch einen Klick auf das Icon mit der Bezeichnung *Workbench*. Der *Project Explorer* von Eclipse erkennt unser Projekt aktuell noch nicht. Das wird sich aber durch die nächsten Schritte ändern.

2.4.2   Eclipse-Plug-in m2e

Die Integration von Maven-Projekten in Eclipse wird durch das Plug-in *m2e* (Maven Integration for Eclipse) realisiert. Bei der in Abschnitt 2.4.1 empfohlenen Eclipse-Version ist das Plug-in bereits vorinstalliert. Sie brauchen dann nichts weiter zu tun. Wenn Sie eine andere Version verwenden, bei der das Plug-in nicht vorinstalliert ist, müssen Sie die Installation nachholen. Im Zweifel können Sie zur Information über die Menüpunkte *Help → About Eclipse* ein Fenster mit Versionsinformationen Ihrer Eclipse-Installation öffnen. Dieses Fenster enthält eine Leiste mit den Logos der installierten Plug-ins. Dabei muss auch eines mit der Aufschrift »m2e« enthalten sein.

Zur Installation des Plug-ins muss Eclipse gestartet werden und es muss eine Internetverbindung bestehen. Die Installation des Plug-ins kann über den Menüpunkt *Help → Install New Software ...* eingeleitet werden. Wir empfehlen jedoch, die in Abschnitt 2.4.1 genannte Distribution und Version von Eclipse zu verwenden.

2.4.3 Import von Maven-Projekten

Jetzt wollen wir die Funktionalität des m2e-Plug-ins nutzen, um unser zuvor angelegtes Projekt in Eclipse zu integrieren. Wir starten den Import-Dialog über die Menüpunkte *File → Import*. Der besseren Übersicht wegen geben wir im Filter-Feld Maven ein. Als Quelle wählen wir nun *Existing Maven Projects* aus und betätigen die Schaltfläche Next (vgl. Abb. 2–2).

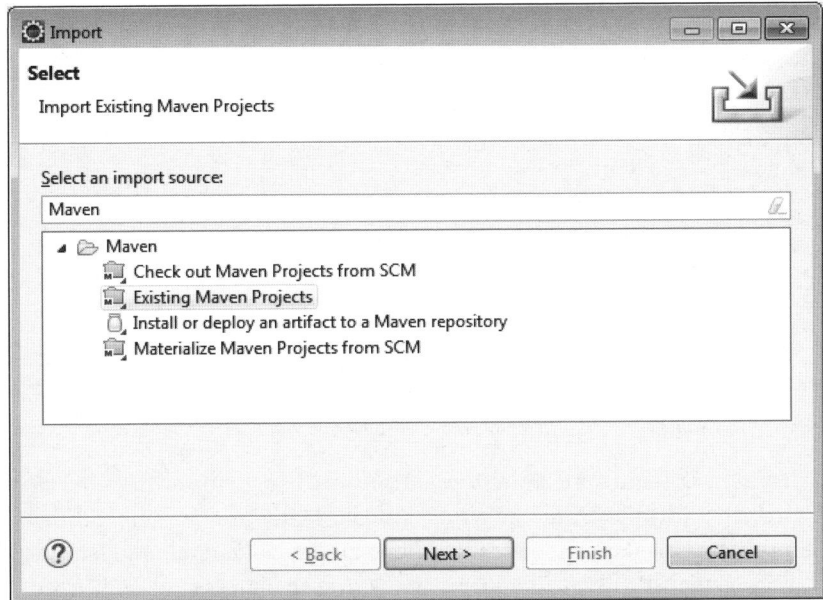

Abb. 2–2 *Auswahl der Import-Quelle für das Eclipse-Projekt*

Im nächsten Dialog können wir im Feld Root Directory das Verzeichnis unseres Projektes (my-aktion) auswählen. Eclipse analysiert den Inhalt des Verzeichnisses und schlägt uns die dort enthaltene Datei pom.xml, in der alle Metadaten des Projektes gespeichert sind, zur Auswahl vor. Wir wählen die Datei durch das Aktivieren der Checkbox aus und klicken auf die Schaltfläche *Finish* (vgl. Abb. 2–3).

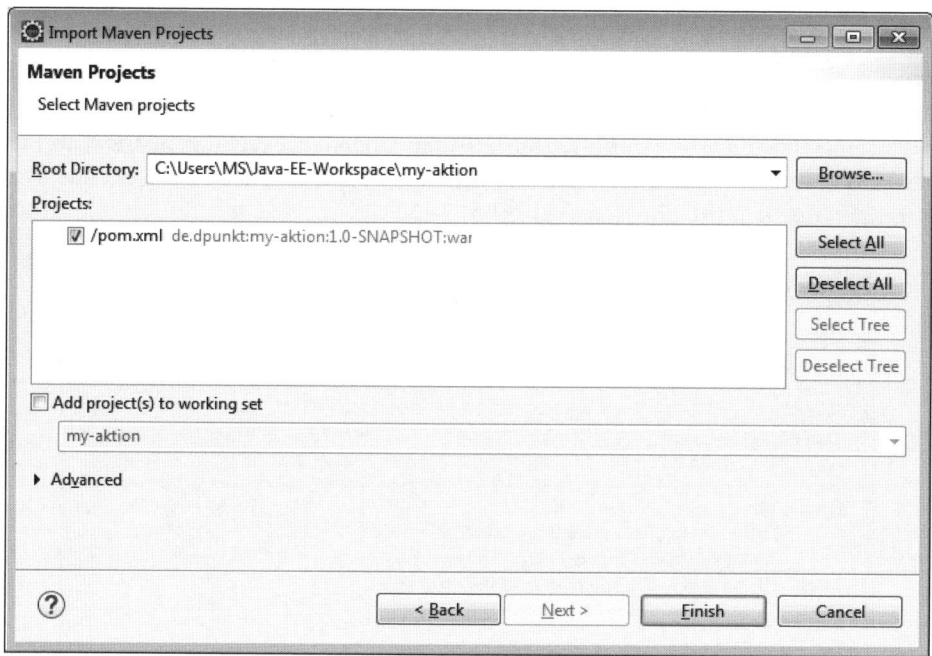

Abb. 2–3   *Auswahl des zu importierenden Maven-Projektes my-aktion*

Unser Projekt erscheint nun im *Project Explorer* von Eclipse. Erweitern Sie den Projektordner und klicken Sie zweimal auf die Datei pom.xml. Im Editorbereich von Eclipse sehen Sie dann eine übersichtliche grafische Darstellung der Einstellungen unseres Maven-Projekts, die in der pom.xml gespeichert sind (vgl. Abb. 2–4).

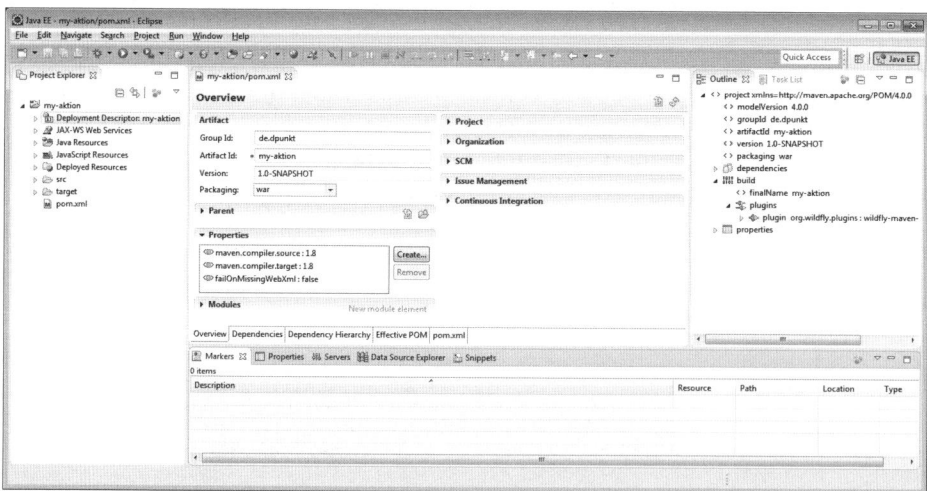

Abb. 2–4   *Ausschnitt der Ansicht von Eclipse nach dem Import des Maven-Projekts*

Der Import ist nun abgeschlossen. Die Dateien des Projekts bleiben dort gespeichert, wo wir das Projekt ursprünglich angelegt hatten. Durch den Import werden keine Daten in den aktuellen Eclipse-Workspace kopiert. Es werden lediglich Metadaten zu dem Projekt im Eclipse-Workspace gespeichert. Wenn Sie das Verzeichnis `Java-EE-Workspace` wie in Abschnitt 2.4.1 vorgeschlagen als Eclipse-Workspace ausgewählt haben, sind jetzt Meta- und Projektdaten dort enthalten.

Zu guter Letzt setzen wir die Textcodierung für unser Projekt auf den De-facto-Standard des Internets UTF-8. Dazu klicken wir mit der rechten Maustaste auf unser Projekt und wählen im Kontextmenü den Punkt `Properties` aus. Im folgenden Dialog kann in der Maske zum Menüpunkt `Resource` der Zeichensatz eingestellt werden (vgl. Abb. 2–5). Wir bestätigen die Einstellung durch einen Klick auf die Schaltfläche `OK`.

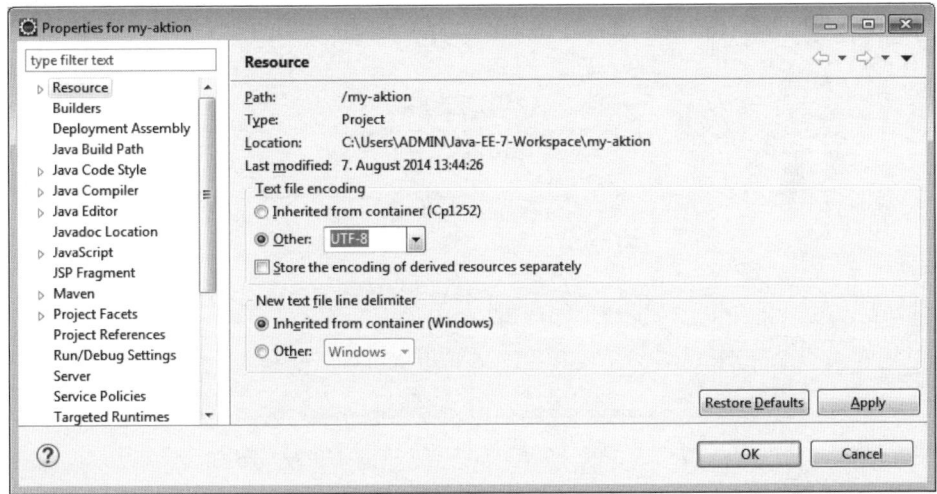

Abb. 2–5   *Einstellung des Zeichensatzes für das Projekt my-aktion*

2.4.4   Das Deployment

Die Erzeugung und das Deployment des Projekts können Sie nun direkt aus Eclipse heraus starten. Voraussetzung ist auch hier, dass der WildFly-Applikationsserver gestartet ist (vgl. Abschnitt 2.2.3).

Wir definieren für das Projekt eine *Run Configuration* in Eclipse. Den Dialog erreichen wir über die Menüpunkte *Run → Run Configurations*. In dem Dialog können wir eine neue Startkonfiguration im Bereich `Maven Build` für unser Projekt anlegen. Dazu wählen wir den Eintrag `Maven Build` aus und klicken dann auf das Symbol zum Anlegen einer neuen Startkonfiguration (*New*). Im folgenden Dialog können wir dann einen Namen für die Startkonfiguration (z.B. *Deploy My-Aktion*), den Wurzelordner unseres Projekts (z.B. `C:\Users\MS\Java-EE-Workspace\my-aktion`) und die Maven-Goals `package wildfly:deploy` angeben (vgl. Abb. 2–6). Durch einen Klick auf die Schaltfläche *Apply* wird die Konfiguration gespeichert. Durch Betätigung der Schaltfläche *Run* oder *Close* schließen wir den Dialog, wobei im ersten Fall das Deployment des Projekts sofort durchgeführt wird. Analog können wir eine *Run Configuration* für das Entfernen des Projekts vom Server anlegen (*Undeployment*).

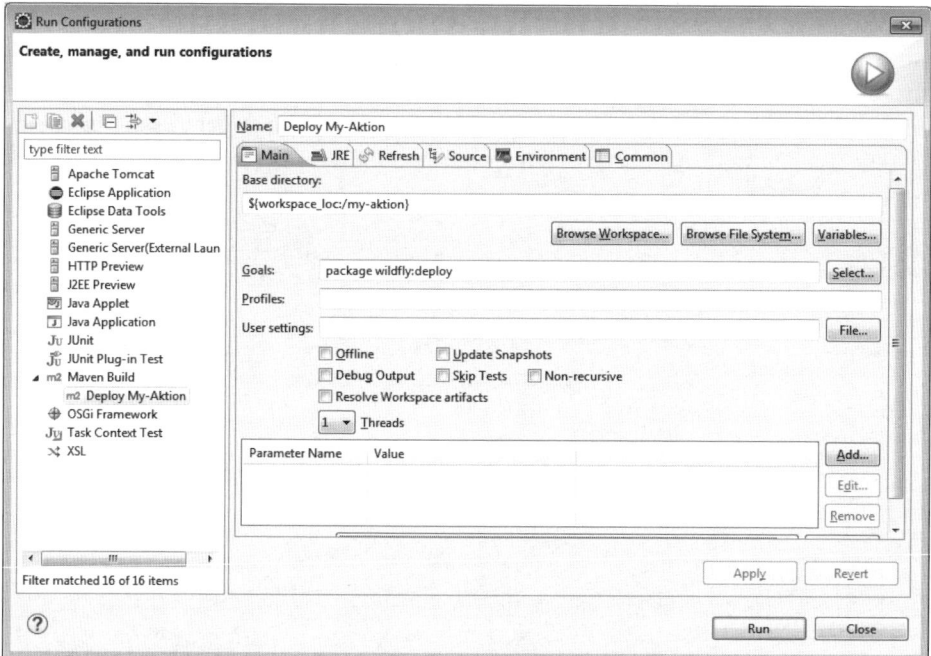

Abb. 2–6   *Dialog zur Definition einer Startkonfiguration für das Maven-Projekt*

Sobald wir die Startkonfiguration einmal ausgeführt haben, wird sie in der *Run History* von Eclipse gespeichert. Die Ausführung kann dadurch einfach wiederholt werden (z. B. über das Play-Icon unterhalb des Eclipse-Menüs oder über die Menüpunkte *Run → Run History*).

Das m2e-Plug-in besitzt weitere Funktionalität, auf die hier jedoch aus Platzgründen nicht im Detail eingegangen werden kann. So ist es auch ohne Weiteres möglich, ein Maven-Projekt unter Verwendung eines *Archetypes* aus Eclipse heraus zu erzeugen. Diese Variante ist ebenfalls sehr komfortabel über Dialogfenster durchführbar und kann anstelle des Vorgehens in Abschnitt 2.3.1 verwendet werden. Hier vertrauen wir auf die Erfahrung des Lesers im Einsatz von IDEs.

Unsere aktuelle Eclipse-Installation haben wir über das m2e-Plug-in mit Maven integriert. Eine nächste Integrationsstufe wäre die Einbindung des WildFly-Applikationsservers in die IDE. Die Bedienung des Servers aus der IDE heraus würde den Start über die Kommandozeile überflüssig machen. Unter anderem dazu bietet JBoss eine mächtige Eclipse-Erweiterung an, die *JBoss-Tools* (`www.jboss.org/tools`).

Die JBoss-Tools sind eine Sammlung von Eclipse-Plug-ins, die JBoss- und Wild-Fly-Applikationsserver und verwandte Technologien unterstützen. Wir möchten jedoch die Komplexität der eingesetzten Werkzeuge im Workshop möglichst gering halten, damit wir uns ganz auf die Programmierung konzentrieren können. Deshalb gehen wir an dieser Stelle nicht näher darauf ein, empfehlen jedoch im Anschluss an den Workshop oder nachdem Sie Sicherheit mit der IDE gewonnen haben, das Thema selbst aufzugreifen.

2.5　Weitere Werkzeuge des Workshops

In den Kapiteln 9 und 10 kommen weitere Applikationsserver und Ausführungs-umgebungen für Java-EE-Anwendungen zum Einsatz. Unter anderem werden wir die Open-Source-Edition des Glassfish-4-Applikationsservers von Oracle instal-lieren (`https://glassfish.java.net/`). Die Version 4 des Glassfish-Applikations-servers ist die Referenzimplementierung für Java EE 7.

In Kapitel 10 kommt das auf WildFly basierende Cloud-Angebot *OpenShift* von Red Hat (`https://www.openshift.com/`) zum Einsatz. Wir beschreiben dort, am Beispiel unserer Applikation *My-Aktion*, wie eine Java-EE-Anwendung in der Cloud von *OpenShift* verfügbar gemacht werden kann.

2.6　Weiterführende Literatur

Apache Foundation (2014).
Maven Users Centre. Abgerufen am 17. September 2014 von
`http://maven.apache.org/users/index.html`

Oracle (2014).
Glassfish Application Server. Abgerufen am 17. September 2014 von
`https://glassfish.java.net/`

Popp, G. (2013).
Konfigurationsmanagement mit Subversion, Maven und Redmine.
Heidelberg: dpunkt.verlag.

Red Hat Inc. (2014).
OpenShift. Abgerufen am 17. September 2014 von `https://www.openshift.com/`

WildFly (2014).
Wildfly 8 Deployment Plugin (wildfly-maven-plugin). Abgerufen am
17. September 2014 von `https://docs.jboss.org/wildfly/plugins/maven/latest/`

3 Fachlichkeit der Beispielanwendungen »My-Aktion« und »My-Aktion-Monitor«

Im Rahmen unseres Workshops sollen zwei Beispielanwendungen entwickelt werden. Die Fachlichkeit dieser Anwendungen wird zum besseren Verständnis vorab in diesem Kapitel beschrieben.

3.1 Einleitung

Die Beispielanwendung mit den Namen »My-Aktion« ermöglicht es Organisatoren gemeinnütziger Aktionen, Online-Spendenformulare für ihre Projekte zu erzeugen. Die Formulare kann der Organisator dann in die eigene Webseite einbinden oder er kann einen Link des Formulars über soziale Netzwerke verteilen. Dadurch kann der Organisator Spenden für seine Aktion sammeln. Jeder Organisator kann Spendenformulare für verschiedene Aktionen erstellen, beispielsweise kann er Geld für einen elektrischen Rollstuhl für eine Bekannte sammeln und zeitgleich dafür Sorge tragen, dass die A-Jugend seines Lieblingsfußballvereins neue Trikots bekommt.

Die Anwendung kümmert sich dabei um die Generierung der Formulare und die Verwaltung der Aktionen und der Spenden.

Des Weiteren wird eine zweite Anwendung mit dem Namen »My-Aktion-Monitor« erstellt. Deren Aufgabe ist es, zu einer vom Benutzer frei wählbaren Aktion die Liste der getätigten Spenden anzuzeigen. Da jedermann diese Liste aufrufen darf, enthält sie lediglich einen Teil der Informationen, die ansonsten ein Organisator der Aktion einsehen kann. Die Liste aktualisiert sich außerdem automatisch, wenn eine neue Spende für die gewählte Aktion eingeht.

Die Definition der Fachlichkeit orientiert sich an (Oestereich, Weiss, Schröder Weilkiens & Lenhard, 2003).

3.2 Übersicht der Anwendungsfälle

Abbildung 3–1 zeigt das Diagramm für die Anwendungsfälle beider Beispielanwendungen. Die Anwendungen soll zwei unterschiedliche Benutzerrollen unterstützen: *Organisator* und *Spender*. Ein *Organisator* ist eine Person, die gemeinnützige Spendenaktionen anlegt und ein Spendenformular für eine oder mehrere Aktionen erstellen möchte. Dieses Formular wird dann von dem *Spender* aufgerufen, der über dieses Formular Geld spenden kann.

Dem Diagramm ist zu entnehmen, dass der *Organisator* hauptsächlich neue Aktionen anlegen kann oder bestehende anzeigen und bearbeiten darf. Hierzu existiert der Anwendungsfall *Aktionen anzeigen und bearbeiten.*

Wenn ein *Organisator* sich seine Aktionen anzeigen lässt, so kann er für jede Aktion das Spendenformular bearbeiten, die dazugehörige Liste aller Spender der Aktion anzeigen, die Aktion löschen oder die Daten der Aktion bearbeiten. Die dazugehörigen vier Anwendungsfälle *Spendenformular bearbeiten*, *Spendenliste anzeigen*, *Aktion löschen* und *Aktion bearbeiten* erweitern den vorherigen Anwendungsfall *Aktionen anzeigen und bearbeiten.*

Bei den beiden Anwendungsfällen *Aktion bearbeiten* und *Neue Aktion anlegen* ist es notwendig, dass der *Organisator* die Daten einer Aktion editieren kann. Um Redundanzen zu vermeiden, inkludieren diese daher den abhängigen Anwendungsfall *Aktionsdaten editieren.*

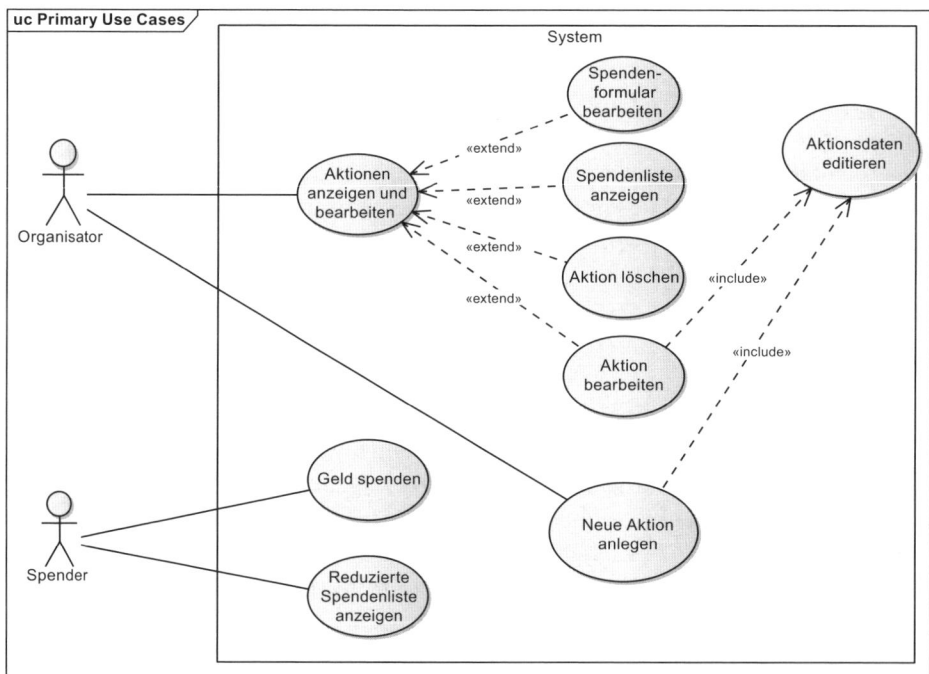

Abb. 3–1   *Anwendungsfälle der Beispielanwendungen »My-Aktion« und »My-Aktion-Monitor«*

Für die Rolle *Spender* existieren lediglich die Anwendungsfälle *Geld spenden* und *Reduzierte Spendenliste anzeigen*. *Geld spenden* wird ausgeführt, wenn ein *Spender* ein generiertes Spendenformular aufruft und Geld für eine Aktion spenden möchte.

Reduzierte Spendenliste anzeigen ist der einzige Anwendungsfall, der von der Anwendung »My-Aktion-Monitor« implementiert wird – die anderen Anwendungsfälle werden von der Hauptanwendung »My-Aktion« umgesetzt. Durch diesen Anwendungsfall kann sich ein *Spender* über die bisher getätigten Spenden zu einer beliebigen Aktion informieren.

3.3 Fachklassen

Abbildung 3–2 zeigt das Diagramm der verwendeten Fachklassen. Die drei unabhängigen Hauptklassen sind dabei *Organisator*, *Aktion* und *Spende*. In der Klasse *Organisator* werden Vor- und Nachname, E-Mail und Passwort aller von der Anwendung unterstützten Organisatoren von Aktionen gespeichert. Die Werte dieser Attribute müssen die Bedingungen in der Tabelle 3–1 erfüllen. Die Anwendungsfälle überprüfen diese Bedingungen und geben bei Nichterfüllung die dazugehörige Benutzermeldung an. In den Definitionen der Anwendungfälle (siehe Abschnitt 3.4) wird jeweils explizit auf die Überprüfung der Bedingungen hingewiesen.

Jeder *Organisator* kann wiederum eine beliebige Menge von Aktionen anlegen. Die dazugegehörige Klasse *Aktion* enthält dabei die Attribute *Name*, *Spendenziel* und *Spendenbetrag*. Außerdem enthält jede Aktion ein Konto, auf dem die Spendengelder empfangen werden. Die Bedingungen für die Fachklasse *Aktion* sind in der Tabelle 3–2 enthalten.

Für jede Aktion kann nun beliebig viel Geld gespendet werden. Die dazugehörigen Spendentransaktionen speichert die Klasse *Spende*.

Diese speichert den Betrag der Spende, den Namen des Spenders und ob eine Spendenquittung erwünscht ist. Für jede Spende wird zusätzlich noch das Konto des Spenders gespeichert. Schließlich enthält jede Spende noch einen Transaktionsstatus, der die zwei Zustände *UEBERWIESEN* und *IN_BEARBEITUNG* kennt, die in dem Aufzählungstyp (engl. *enumeration*) *Status* definiert sind. Die Bedingungen für die Klasse *Spende* sind in Tabelle 3–3 definiert.

Zur Speicherung der Kontodaten gibt es die abhängige Klasse *Konto*. Ein Konto ist dabei definiert über den Namen des Besitzers, den Namen der Bank sowie die IBAN. Die Bedingungen dieser abhängigen Klasse finden sich in Tabelle 3–4.

Attributname	Bedingung	Benutzermeldung
Vorname	Min. 3 Zeichen und max. 20 Zeichen	Der Vorname eines Organisators muss min. 3 und darf max. 20 Zeichen lang sein.
Nachname	Min. 3 Zeichen und max. 30 Zeichen	Der Nachname eines Organisators muss min. 3 und darf max. 30 Zeichen lang sein.
E-Mail	Eine valide E-Mail-Adresse	Bitte eine valide E-Mail-Adresse angeben.
Passwort	Min. 6 Zeichen und max. 20 Zeichen	Ein Passwort muss min. 6 und darf max. 20 Zeichen lang sein.

Tab. 3–1 *Bedingungen für die Fachklasse Organisator*

Attributname	Bedingung	Benutzermeldung
Name	Min. 4 Zeichen und max. 30 Zeichen	Der Name einer Aktion muss min. 4 und darf max. 30 Zeichen lang sein.
Spendenbetrag	≥1	Der Spendenbetrag muss min. 1 Euro sein.
Spendenziel	≥10	Das Spendenziel für die Aktion muss min. 10 Euro sein.

Tab. 3–2   *Bedingungen für die Fachklasse Aktion*

Attributname	Bedingung	Benutzermeldung
Spendername	Min. 5 Zeichen und max. 40 Zeichen	Der Name eines Spenders muss min. 5 und darf max. 40 Zeichen lang sein.
Betrag	≥1	Der Spendenbetrag muss min. 1 Euro sein.

Tab. 3–3   *Bedingungen für die Fachklasse Spende*

Attributname	Bedingung	Benutzermeldung
Name	Min. 5 Zeichen und max. 60 Zeichen	Der Name des Besitzers eines Kontos muss min. 5 und darf max. 60 Zeichen lang sein.
Name der Bank	Min.4 Zeichen und max. 40 Zeichen	Der Name einer Bank muss min. 4 und darf max. 40 Zeichen lang sein.
IBAN	Siehe Benutzermeldung	Eine IBAN besteht aus zwei Buchstaben, gefolgt von zwei Ziffern und 12 bis 30 alphanumerischen Zeichen.

Tab. 3–4   *Bedingungen für die Fachklasse Konto*

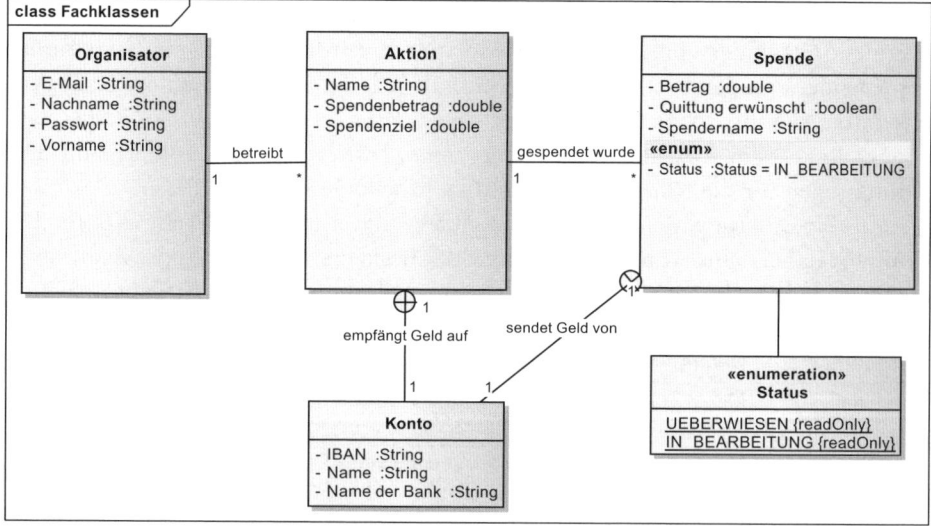

Abb. 3–2   *Fachklassen der Anwendung*

Der Quelltext unserer Anwendung ist komplett in Englisch gehalten. Dadurch wird der Lesefluss nicht unterbrochen, was bei einer Verwendung deutscher Ausdrücke zwangsweise der Fall ist, da alleine die Schlüsselworte von Java in Englisch wären.

Weiterhin ist es dadurch möglich, dass Personen mit dem Quelltext arbeiten können, deren Deutschkenntnisse nicht ausreichend sind. Insbesondere im Hinblick auf eine Internationalisierung einer Anwendung ist dieser Aspekt ausschlaggebend.

Erkauft werden diese Vorteile durch eine Abbildung der deutschen Ausdrücke auf ihr jeweiliges englisches Pendant. Aus diesem Grund zeigt Abbildung 3–3 die englische Übersetzung von Abbildung 3–2. Bitte vergleichen Sie beide Abbildungen miteinander.

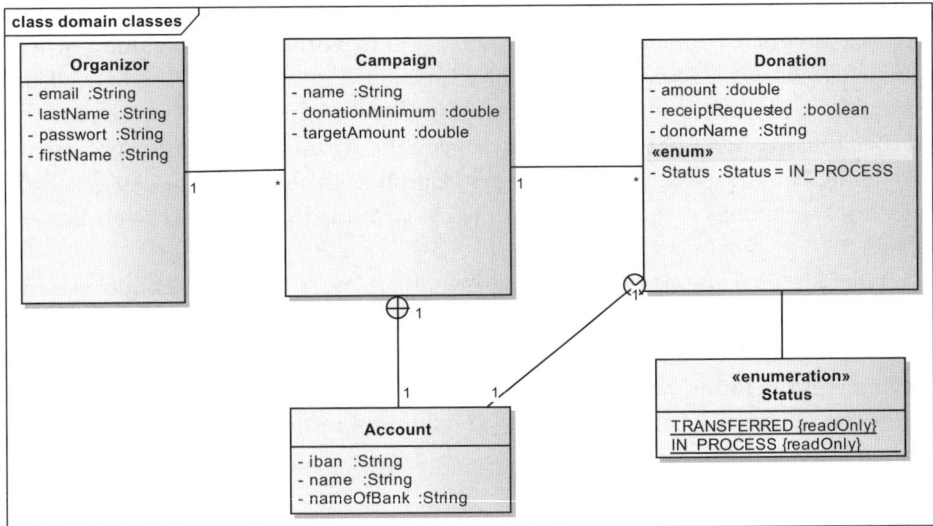

Abb. 3–3   *Englische Übersetzung der Fachklassen*

3.4   Anwendungsfälle

BPMN statt UML

In der Systemanalyse werden oft Aktivitätsdiagramme der UML zur Definition der Abläufe von Anwendungsfällen verwendet. BPMN (Business Process Model and Notation) hat jedoch nach Ansicht der Autoren für fachliche Abläufe einige Vorteile. Durch den Einsatz von Piktogrammen ist es nicht nur intuitiver verständlich; mit BPMN lassen sich auch einfacher Ausnahmen modellieren als mit UML. (Freund & Rücker, 2014) liefert Ihnen eine Einführung in das verwendete BPMN 2.0.

3.4.1   Anmeldung notwendig

Der Benutzer mit der Rolle *Organisator* muss angemeldet sein, um einen Anwendungsfall ausführen zu können. Ist er nicht angemeldet, wird der Benutzer nach seiner E-Mail-Adresse und seinem Passwort gefragt. Nur wenn ein Objekt der Fachklasse *Organisator* existiert, dessen Attribute *E-Mail* und *Passwort* mit den Angaben übereinstimmen, gilt der Benutzer als authentifiziert mit der Rolle *Organisator*. Der Benutzersitzung wird dann das dazugehörige Objekt der Klasse *Organisator* für die weitere Verwendung innerhalb der Anwendungsfälle zugeordnet.

Für die Ausführung der Anwendungsfälle der Rolle *Spender*, *Geld spenden* (Abschnitt 3.4.9) und *Reduzierte Spendenliste anzeigen* (Abschnitt 3.4.10), ist keine Anmeldung notwendig.

Hintergrund für den Anwendungsfall *Geld spenden* ist, dass das Spenden bewusst möglichst einfach gestaltet wird – eine vorherige Anmeldung würde potenzielle Spender womöglich nur abschrecken. Für den Produktivbetrieb der Anwendung bedeutet dies allerdings, dass dieser Anwendungsfall abgesichert werden müsste. So könnte man beispielsweise die Anzahl der Spenden pro Benutzersitzung beschränken, um einen Angriff durch Bots abzuwehren. Um den Rahmen des Workshops nicht zu sprengen, wird darauf jedoch in diesem Beispiel verzichtet.

Eine Absicherung des Anwendungsfalls *Reduzierte Spendenliste anzeigen* ist fachlich ebenfalls nicht erwünscht. Es handelt sich schließlich um einen unterstützenden Anwendungsfall, der *Spender* zum Spenden motivieren soll da wäre eine vorherige Anmeldung fehl am Platz. Hier kann außerdem kein Missbrauch durch gefälschte Spenden stattfinden. Daher ist auch im Produktivbetrieb keine weitere Absicherung notwendig.

3.4.2   Aktionen anzeigen und bearbeiten

Abbildung 3–4 zeigt den Ablauf des Anwendungsfalls *Aktionen anzeigen und bearbeiten*.

Im ersten Schritt des Ablaufs werden alle Aktionen des Benutzers mit der Rolle *Organisator* geladen. Anhand der geladenen *Aktion*-Objekte wird dann anschließend die Maske *Meine Aktionen* (Abb. 3–5) aufgebaut. Das System warten dann auf eine Benutzeraktion. Der Benutzer kann für jede der Aktionen einen der Buttons »X«, »Editieren«, »Spendenliste« oder »Formular« betätigen. Dadurch wählt er implizit ein *Aktion*-Objekt aus und abhängig vom betätigten Button wird einer der folgenden Anwendungsfälle ausgeführt: *Aktion löschen*, *Aktion bearbeiten*, *Spendenliste anzeigen* oder *Spendenformular bearbeiten*, deren Abläufe in den folgenden Abschnitten beschrieben werden. Der Button »Aktion hinzufügen« gehört zwar zu einem anderen Anwendungsfall (siehe Abschnitt 3.4.7), er ist jedoch in derselben Maske definiert.

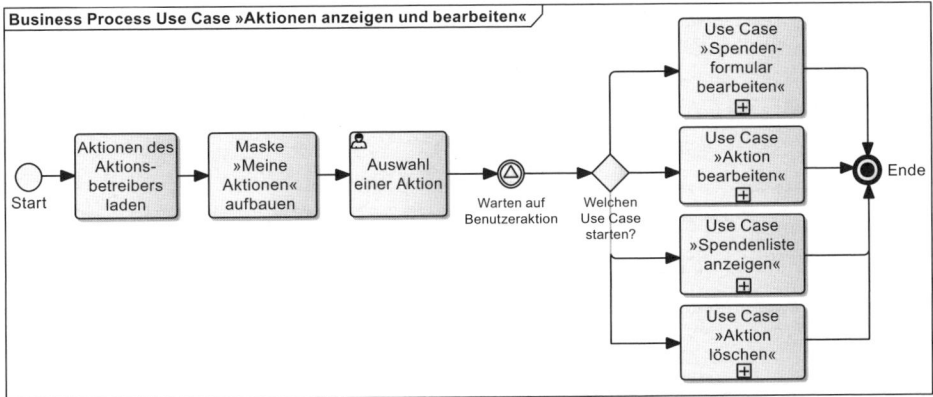

Abb. 3–4   *Diagramm zum Anwendungsfall »Aktionen anzeigen und bearbeiten«*

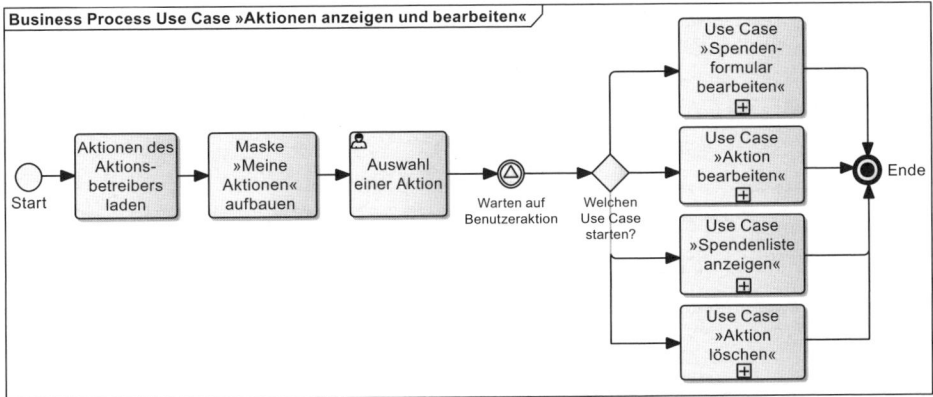

Abb. 3–5   *Maske »Meine Aktionen«*

3.4.3   Spendenformular bearbeiten

Abbildung 3–6 verdeutlicht den Ablauf des Anwendungsfalls *Spendenformular bearbeiten*. Im ersten Schritt wird das ausgewählte *Aktion*-Objekt geladen. Darauf wird eine URL erstellt, über die das Spendenformular der Aktion aufgerufen werden kann. Ruft ein Benutzer diese URL auf, so wird der Anwendungsfall *Geld spenden* ausgeführt (siehe Abschnitt 3.4.9). Initial werden für das Formular als Hintergrundfarbe Weiß (Hexcode 0xFFFFFF) und Schwarz (Hexcode 0x000000) als Textfarbe verwendet. Die Farbwerte werden neben der ausgewählten Aktion in der generierten URL als Parameter codiert.

Mit den generierten Werten wird darauf die Maske *Spendenformular bearbeiten* aufgebaut. Darin kann der Organisator das Aussehen des Spendenformulars modifizieren, bevor er es in seine Webseite einbindet. Hierzu kann er die Textfarbe des Formulars und dessen Hintergrundfarbe nach seinen Wünschen anpassen. Die Maske enthält dafür Farbauswahl-Elemente (engl. *colorpicker controls*), die lediglich valide Farbwerte zurückliefern können.

Sobald der Benutzer die Farbauswahl angepasst hat, wird die URL des Spendenformulars neu generiert und in der Maske angezeigt. Anschließend kann der

Organisator weitere Farbanpassungen vornehmen oder den Button »OK« betätigen. Letzteres beendet den Anwendungsfall.

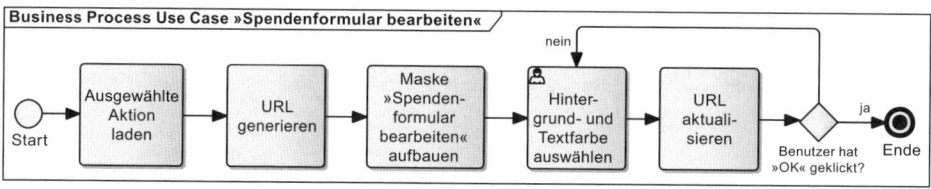

Abb. 3–6   *Diagramm zum Anwendungsfall »Spendenformular bearbeiten«*

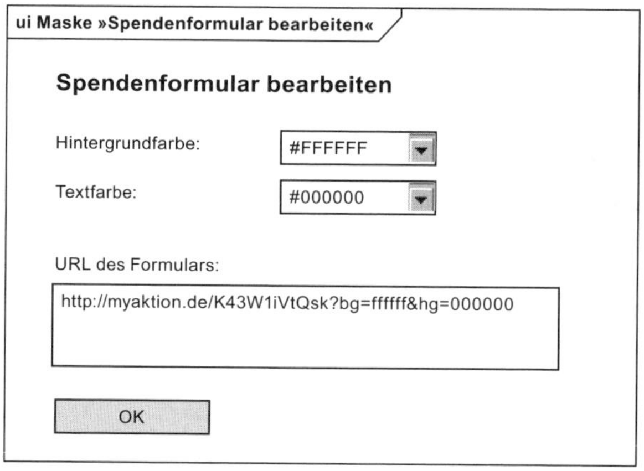

Abb. 3–7   *Maske »Spendenformular bearbeiten«*

3.4.4   Spendenliste anzeigen

Abbildung 3–8 zeigt den Ablauf des Anwendungsfalls *Spendenliste anzeigen*. Im ersten Schritt wird das vom Nutzer ausgewählte *Aktion*-Objekt geladen. Anschließend werden alle *Spenden*-Objekte geladen, die die Gesamtheit aller Spendentransaktionen für die Aktion darstellen. Schließlich werden diese Daten in der Maske *Spendenliste anzeigen* (s. Abb. 3–9) dargestellt und das System wartet auf die Bestätigung des Benutzers durch Betätigung des »OK«-Buttons.

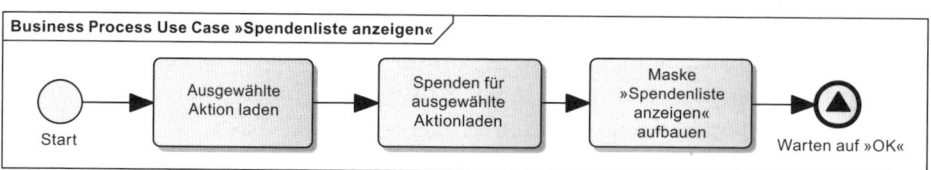

Abb. 3–8   *Diagramm des Anwendungsfalls »Spendenliste anzeigen«*

Abb. 3–9   *Maske »Spendenliste anzeigen«*

3.4.5   Aktion bearbeiten

Abbildung 3–10 zeigt den Ablauf des Anwendungsfalls *Aktion bearbeiten*. Im ersten Schritt wird das vom Organisator ausgewählte *Aktion*-Objekt geladen. Anschließend wird der abhängige Anwendungsfall *Aktionsdaten editieren* (siehe Abschnitt 3.4.8) ausgeführt. Dieser kann entweder abgebrochen werden, was dazu führt, dass der übergeordnete Anwendungsfall *Aktion bearbeiten* beendet wird. Wird der Anwendungsfall *Aktionsdaten editieren* jedoch regulär beendet, so werden die Aktionsdaten in das vom Organisator ausgewählte *Aktion*-Objekt übernommen. Dies führt ebenfalls zur Beendigung des Anwendungsfalls.

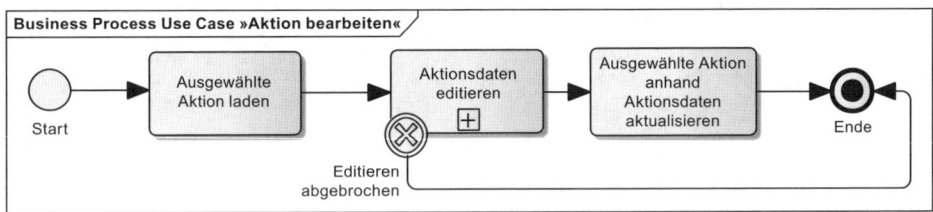

Abb. 3–10   *Diagramm des Anwendungsfalls »Aktion bearbeiten«*

3.4.6   Aktion löschen

Abbildung 3–11 zeigt den Ablauf des Anwendungsfalls *Aktion löschen*. Im ersten Schritt baut das System einen Nachrichtendialog auf, der den Benutzer befragt, ob die Aktion wirklich gelöscht werden soll. Anschließend wird abhängig von seiner Entscheidung, das ausgewählte *Aktion*-Objekt aus der Datenbank gelöscht oder der Anwendungsfall wird ohne eine weitere Aktivität direkt beendet.

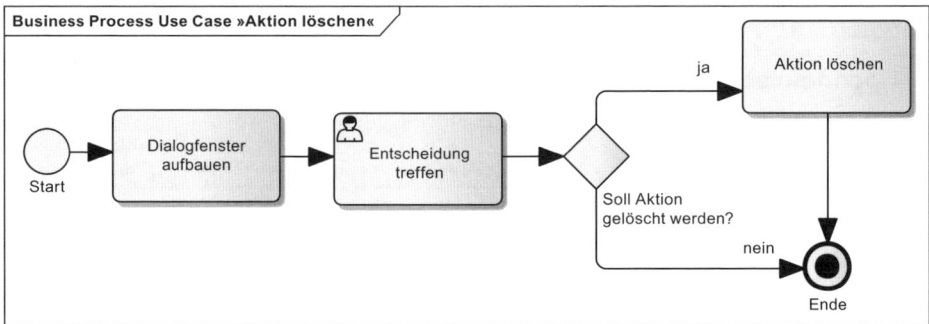

Abb. 3–11   *Diagramm des Anwendungsfalls »Aktion löschen«*

3.4.7   Neue Aktion anlegen

Abbildung 3–12 zeigt den Ablauf des Anwendungsfalls *Neue Aktion anlegen*. Dieser wird durch Klick auf den Button »Aktion hinzufügen« gestartet. Anschließend wird direkt der Anwendungsfall *»Aktionsdaten editieren«* (siehe Abschnitt 3.4.8) ausgeführt. Wird Anwendungsfall *Aktionsdaten editieren* (siehe Abschnitt 3.4.8) ausgeführt. Wird dieser regulär beendet, so wird ein neues *Aktion*-Objekt anhand der Aktionsdaten angelegt. Falls der Anwendungsfall *Aktionsdaten editieren* jedoch abgebrochen wird, führt dies zur Beendigung des übergeordneten Anwendungsfalls *Neue Aktion anlegen*, ohne dass eine neue Aktion angelegt wurde.

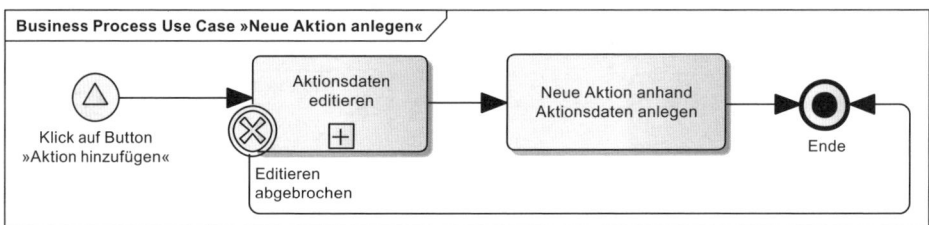

Abb. 3–12   *Diagramm des Anwendungsfalls »Neue Aktion anlegen«*

3.4.8   Aktionsdaten editieren

Abbildung 3–13 zeigt den Ablauf des abhängigen Anwendungsfalls *Aktionsdaten editieren*. Dieses Diagramm ist zum besseren Verständnis in zwei Pools aufgeteilt. Einer enthält die Aktivitäten des Systems, der andere die Aktivitäten des Benutzers in der Rolle *Organisator*.

Im ersten Schritt generiert das System die Maske *Aktionsdaten editieren*. Diese Maske ordnet die Felder dabei in zwei Gruppen, die wahlweise nacheinander in den Tabs *Allgemein* (s. Abb. 3–14) und *Bankverbindung* (s. Abb. 3–15) editiert werden können. Der Benutzer kann jederzeit das aktive Tab durch Mausklick selektieren.

Anstatt des Titels »Aktionsdaten editieren« erscheint während der Laufzeit der Name des übergeordneten Anwendungsfalls. Ist dies beispielsweise der Anwendungsfall *Neue Aktion anlegen,* so erscheint dessen Name: »Neue Aktion anlegen«. Übergibt der übergeordnete Anwendungsfall ein *Aktion*-Objekt, so werden die Daten des Objekts dieser Maske übergeben und angezeigt.

Der Benutzer kann in der Maske alle Attribute des *Aktion*-Objekts editieren. Anschließend kann er den Anwendungsfall entweder durch Klick auf den Button »Abbrechen« abbrechen oder durch Klick auf den Button »Speichern« weiterlaufen lassen.

Im letzteren Fall werden zunächst die vom Benutzer angegebenen Daten überprüft. Sind sie vollständig, so werden die Aktionsdaten gespeichert und der Anwendungsfall wird beendet. Fehlen Daten oder hat der Benutzer gemäß den Bedingungen der Fachklasse *Aktion* (siehe Tab. 3–2) invalide Angaben gemacht, so werden diese in der Maske markiert und es wird zusätzlich pro Fehler die Benutzermeldung aus der Bedingungstabelle ausgegeben. Anschließend kann der Benutzer mit dem Editieren fortfahren, wodurch sich der Ablauf wiederholt.

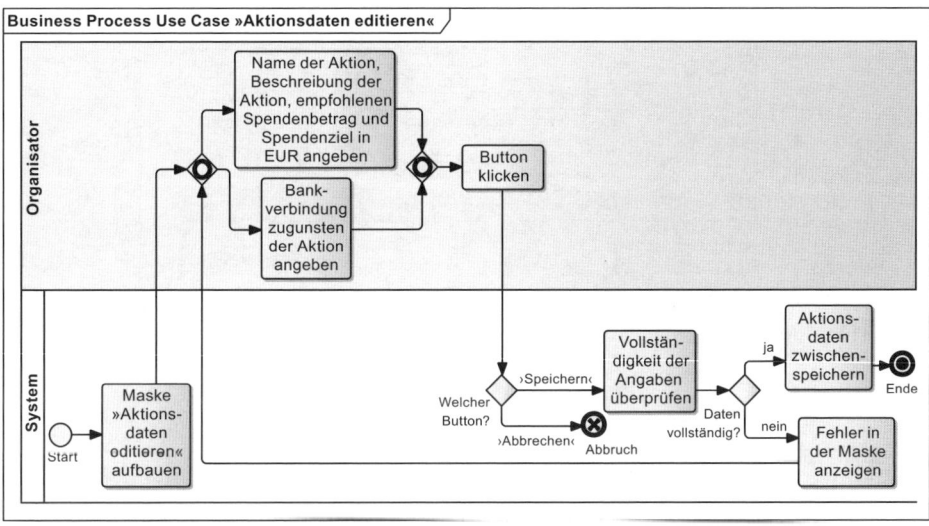

Abb. 3–13   *Diagramm des Anwendungsfalls »Aktionsdaten editieren«*

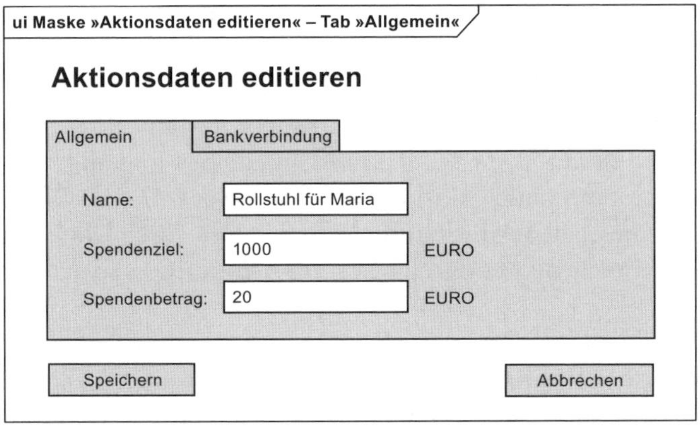

ui Maske »Aktionsdaten editieren« – Tab »Allgemein«

Aktionsdaten editieren

| Allgemein | Bankverbindung |

Name: Rollstuhl für Maria

Spendenziel: 1000   EURO

Spendenbetrag: 20   EURO

Speichern   Abbrechen

Abb. 3–14   *Maske »Aktionsdaten editieren« – Tab »Allgemein« aktiv*

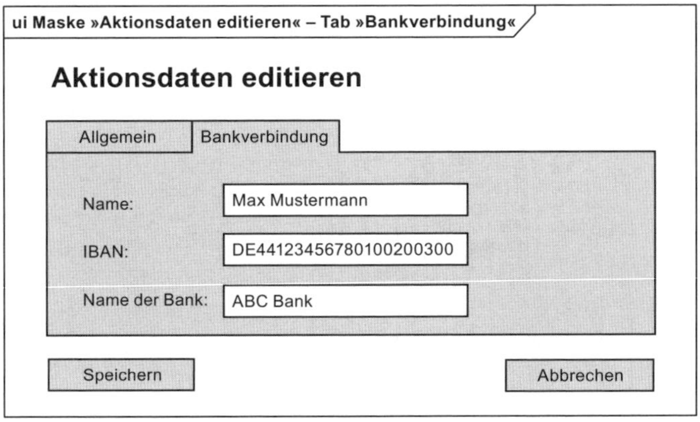

ui Maske »Aktionsdaten editieren« – Tab »Bankverbindung«

Aktionsdaten editieren

| Allgemein | Bankverbindung |

Name: Max Mustermann

IBAN: DE44123456780100200300

Name der Bank: ABC Bank

Speichern   Abbrechen

Abb. 3–15   *Maske »Aktionsdaten editieren« – Tab »Bankverbindung« aktiv*

3.4.9   Geld spenden

Abbildung 3–16 zeigt den Ablauf des Anwendungsfalls *Geld spenden* für die Benutzerrolle *Spender*.

Dieser Anwendungsfall wird über eine URL aufgerufen, die vom Anwendungsfall *Spendenformular bearbeiten* (siehe Abschnitt 3.4.3) generiert wurde. In dieser URL ist die Aktion codiert, für die gespendet werden soll. Das dazugehörige *Aktion*-Objekt wird daher im ersten Schritt geladen. Anschließend wird die Maske *Geld Spenden* (Abb. 3–17) anhand dieses Objekts und der in der URL ebenfalls codierten Farbparameter aufgebaut.

Der Spender füllt das Formular aus, während das System auf den Klick des Buttons »Spenden« wartet. Klickt er diesen, so überprüft das System anschließend die vom Spender angegebenen Daten. Die Felder müssen den Bedingungen zu den korrespondierenden Feldern der Fachklasse *Spende* (s. Tab. 3–3) entsprechen. Ist dies der Fall, so wird ein *Spende*-Objekt anhand dieser Daten mit dem Status IN_BEARBEITUNG angelegt. Anschließend wird der Anwendungsfall beendet.

Validieren die Felder im Formular jedoch nicht, so werden die nicht validierenden Felder anhand der Bedingungen der Fachklasse markiert und die dazugehörigen Benutzermeldungen ausgegeben. Anschließend kann der Spender das Formular erneut ausfüllen.

Eigentlich müsste die Transaktion einem Finanzdienstleister übergeben werden, der die eigentliche Überweisung ausführt. Da es sich hier nur um eine Beispielimplementierung handelt, wird lediglich eine Transaktion simuliert. Hierzu wird über einen Timer alle fünf Minuten ein Hintergrundjob gestartet, der alle Spenden im Status IN_BEARBEITUNG selektiert und deren Status auf UEBERWIESEN ändert.

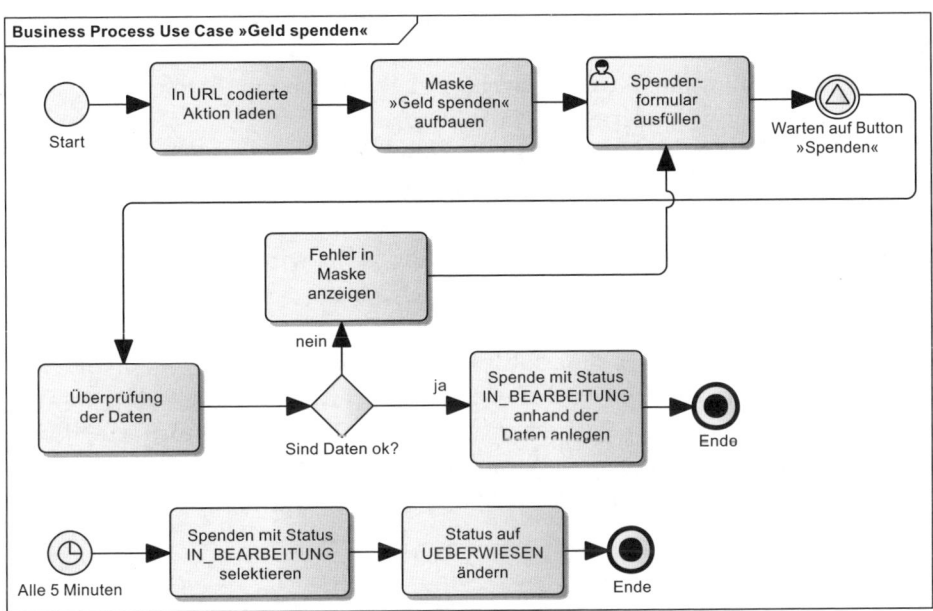

Abb. 3–16 *Diagramm des Anwendungsfalls »Geld spenden«*

```
┌─────────────────────────────────────────────────┐
│ ui Maske »Geld spenden«  ╱                       │
│ ────────────────────────╱                        │
│                                                  │
│   Geld spenden                                   │
│                                                  │
│   Name:            ┌──────────────────────┐      │
│                    │ Heinz Schmidt        │      │
│                    └──────────────────────┘      │
│                                                  │
│   IBAN:            ┌──────────────────────┐      │
│                    │ DE44123456780100200300│     │
│                    └──────────────────────┘      │
│                                                  │
│   Name der Bank:   ┌──────────────────────┐      │
│                    │ XXX Bank             │      │
│                    └──────────────────────┘      │
│                                                  │
│   Spendenbetrag:   ┌──────────────────────┐      │
│                    │ 20                   │  EUR │
│                    └──────────────────────┘      │
│                                                  │
│   ┌─┐                                            │
│   │ │  Ja, Ich möchte eine Spendenquittung       │
│   └─┘                                            │
│   ┌─────────────┐                                │
│   │   Spenden   │                                │
│   └─────────────┘                                │
└─────────────────────────────────────────────────┘
```

Abb. 3–17   *Maske »Geld spenden«*

3.4.10   Reduzierte Spendenliste anzeigen

Abbildung 3–18 zeigt den Ablauf des Anwendungsfalls *Reduzierte Spendenliste anzeigen* für die Benutzerrolle *Spender*.

Der Anwendungsfall wird als eigenständige Anwendung implementiert und ist daher über eine gesonderte URL aufrufbar.

Im ersten Schritt wird die Maske aus Abbildung 3–19 aufgebaut. Anschließend wählt der Benutzer eine Aktion aus[1] und bestätigt seine Eingabe durch Betätigung des Buttons »Setzen«. Daraufhin wird die Liste der Spenden der ausgewählten Aktion geladen. Aus Sicherheitsgründen wird jede Spende auf die Attribute *Spendername* und *Betrag* reduziert, bevor sie anschließend in der Maske angezeigt wird.

Geht durch den Anwendungsfall *Geld spenden* (Abschnitt 3.4.9) eine neue Spende in das System ein, so wird zunächst überprüft, ob diese zur ausgewählten Aktion gehört. Ist dies der Fall, so wird selbständig, d.h. ohne Benutzeraktion, die Maske aktualisiert, indem die Spende zu dieser hinzugefügt wird. Gehört die Spende jedoch nicht zur Aktion, findet keine Aktivität statt.

---

1. Zur Vereinfachung geschieht dies über die Eingabe einer technischen ID. Diese wird in Kapitel 4 als Attribut der Fachklasse Aktion eingeführt. In Kapitel 7 wird die Erzeugung der ID automatisiert.

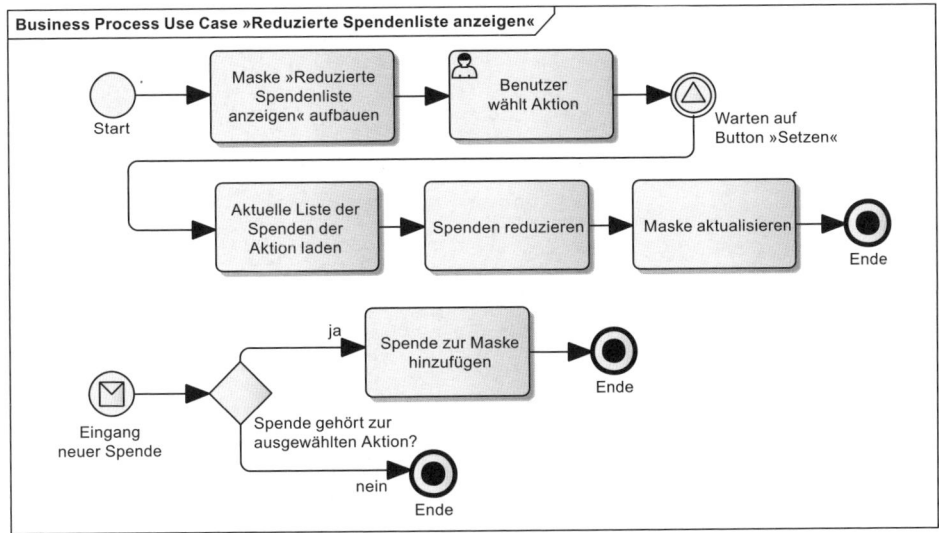

Abb. 3–18   *Diagramm des Anwendungsfalls »Reduzierte Spendenliste anzeigen«*

Abb. 3–19   *Maske »Reduzierte Spendenliste anzeigen«*

3.5   Weiterführende Literatur

Freund, J. & Rücker, B. (2014).
  Praxishandbuch BPMN 2.0. München: Carl Hanser Verlag.

Oestereich, B., Weiss, C., Schröder, C., Weilkiens, T. & Lenhard, A. (2003).
  Objektorientierte Geschäftsprozessmodellierung mit der UML.
  Heidelberg: dpunkt.verlag.

4 Iteration Nr. 1 – JavaServer Faces

Der Standard der Java-EE-7-Spezifikation für die Realisierung der Web-schicht einer Anwendung ist JavaServer Faces in der Version 2.2 (JSR-344). Das vorliegende Kapitel implementiert den ersten Teil unserer Beispiel-anwendung – hierbei wird zunächst noch keine zusätzliche UI-Komponen-ten-Bibliothek außer JavaServer Faces selbst eingesetzt. Erst im letzten Abschnitt wollen wir uns einer Zusatzbibliothek, PrimeFaces, widmen, um den Anforderungen aus Kapitel 3 gerecht werden zu können. Der Leser wird Schritt für Schritt entlang der Implementierung in die benö-tigten Technologien eingeführt.

4.1 Einleitung

Jetzt geht's los! In Kapitel 3 haben wir die Anwendungsfälle, Fachklassen und Eingabemasken für unsere Applikation definiert. JSF-Facelets realisieren die Ein-gabemasken, und Java-Klassen als Controller setzen die Anwendungslogik um. Die Controller-Klassen wiederum benötigen für ihre Implementierung die Fach-klassen (Modelle) unserer Applikation.

In dieser Iteration realisieren wir noch keine Anbindung an eine Datenbank. Damit wir dennoch einige Daten in der Applikation anzeigen und bearbeiten können, setzen wir eine eigene Java-Klasse ein, die fest codierte Daten für die Anwendung liefert.

Wir verfolgen einen *Bottom-up*-Ansatz und beginnen deshalb zunächst mit der Implementierung der Fachklassen.

Anschließend beschäftigen wir uns mit der Internationalisierung der Anwen-dung[1] und der Erstellung einer wiederverwendbaren Vorlage (engl. *template*) für die Facelets.

Damit haben wir die Grundlage geschaffen, um einen Anwendungsfall nach dem anderen realisieren zu können. Dabei gehen wir folgendermaßen vor: Für

---

1. in der Fachliteratur unter der Abkürzung I18N bekannt

jeden Anwendungsfall implementieren wir zunächst die Controller-Klasse und
dann das dazugehörige Facelet.

Als Erstes wird der Anwendungsfall *Aktionen anzeigen und bearbeiten* in
mehreren Abschnitten implementiert, anschließend die restlichen Anwendungsfälle in einem einzelnen Abschnitt.

Wenn für die Implementierung neue Technologien benötigt werden, dann
werden diese vorab erklärt. Für eine bessere Übersichtlichkeit beschränken wir uns
im Text auf die Erklärung der tatsächlich verwendeten Klassen, Tags und Attribute. Wir empfehlen Ihnen deshalb, parallel zum Workshop immer einen Blick in die
offizielle VDL- bzw. Java-API-Dokumentation von Oracle zu werfen, die mit der
Spezifikation (Burns, 2014) bezogen werden kann (`https://jcp.org/en/jsr/`
`detail?id=344`). Die Dokumentationen eignen sich besonders als Nachschlagewer-
ke zu den Tags oder Klassen, die im Rahmen des Workshops verwendet werden.

Anhand unserer Beispielanwendung können wir auf viele, aber aus Platzgründen nicht auf alle Möglichkeiten und Konzepte von JSF eingehen. Wir erklären z.B. nicht die Details des Bearbeitungsmodells einer JSF-Anfrage, auch wenn
dieses später für ein tieferes Verständnis von JSF wichtig wird. Für eine Vertie-
fung der JSF-Kenntnisse empfehlen wir daher parallel oder nach dem Workshop
Spezialliteratur, wie z.B. (Müller, 2010) und (Marinschek, Kurz & Müllan, 2013).

4.2   Fachklassen als JavaBeans

Für die Implementierung der Fachklassen ist keine neue Technologie erforderlich.
Die Fachklassen können als gewöhnliche JavaBeans entwickelt werden. Wir halten uns bei der Implementierung an die Vorgaben aus Abschnitt 3.3. Innerhalb
unserer Projektstruktur gibt es bereits das Verzeichnis `src\main\java`. Darin werden die Verzeichnisstrukturen für die Pakete sowie die Quellen der Java-Klassen
für das gesamte Projekt gespeichert. Die Fachklassen werden für alle Anwendungsfälle benötigt.

4.2.1   Konto

Die Klasse `Account` repräsentiert ein Bankkonto, sowohl von Aktionen als auch
von Spendern.

```
package de.dpunkt.myaktion.model;

public class Account {
    private String name;
    private String nameOfBank;
    private String iban;

    public Account() {
        this(null, null, null);
    }
```

```
    public Account(String name, String nameOfBank, String iban) {
        super();
        this.name = name;
        this.nameOfBank = nameOfBank;
        this.iban = iban;
    }
    public String getName() {
        return name;
    }
    public void setName(String name) {
        this.name = name;
    }
    public String getNameOfBank() {
        return nameOfBank;
    }
    public void setNameOfBank(String nameOfBank) {
        this.nameOfBank = nameOfBank;
    }
    public String getIban() {
        return iban;
    }
    public void setIban(String iban) {
        this.iban = iban;
    }
}
```

Listing 4–1 *Klasse Account*

4.2.2 Spende

Die Klasse Donation repräsentiert eine Spende für eine Aktion. Eine Spende kann sich in Bearbeitung befinden oder bereits überwiesen sein. In der Klasse Donation wird dazu ein innerer Aufzählungstyp (enum Status) deklariert, der den Status der Spende repräsentiert. Innerhalb der Klasse Spende können die Elemente des Typs direkt über den Namen des Aufzählungstyps (Status) adressiert werden. Der Aufzählungstyp ist öffentlich, sodass der Zugriff auch von außerhalb der Klasse möglich ist.

```
    package de.dpunkt.myaktion.model;
    public class Donation {
        private Double amount;
        private String donorName;
        private Boolean receiptRequested;
        private Status status;
        private Account account;

        public enum Status {
            TRANSFERRED, IN_PROCESS;
        }
        public Donation() {
            this.account = new Account();
        }
```

```
    public Double getAmount() {
        return amount;
    }
    public void setAmount(Double amount) {
        this.amount = amount;
    }
    public String getDonorName() {
        return donorName;
    }
    public void setDonorName(String donorName) {
        this.donorName = donorName;
    }
    public Boolean getReceiptRequested() {
        return receiptRequested;
    }
    public void setReceiptRequested(Boolean receiptRequested) {
        this.receiptRequested = receiptRequested;
    }
    public Status getStatus() {
        return status;
    }
    public void setStatus(Status status) {
        this.status = status;
    }
    public Account getAccount() {
        return account;
    }
    public void setAccount(Account account) {
        this.account = account;
    }
}
```

Listing 4–2   *Klasse Donation*

4.2.3   Aktion

Eine Spendenaktion wird durch die Klasse `Campaign` beschrieben. Die Klasse verwendet zur Implementierung der *1:n-Relation* zur Klasse `Donation` eine Liste, die durch die generische Schnittstelle `java.util.List<E>` repräsentiert wird. Für die Typvariable `E` wird die Klasse `Donation` verwendet, damit bereits zur Übersetzungszeit geprüft werden kann, ob tatsächlich nur Objekte, die kompatibel zur Klasse `Donation` sind, in der Liste gespeichert werden. Durch die *Setter*-Methode `setDonations` kann eine konkrete Liste und damit auch eine konkrete Instanz einer Implementierungsklasse (wie z.B. `java.util.LinkedList`) der Schnittstelle `List` übergeben werden.

```
    package de.dpunkt.myaktion.model;
    import java.util.List;

    public class Campaign {
        private String name;
        private Double targetAmount;
```

```
    private Double donationMinimum;
    private Double amountDonatedSoFar;
    private Account account;
    private Long id;
    private List<Donation> donations;

    public Campaign() {
        account = new Account();
    }
    public String getName() {
        return name;
    }
    public void setName(String name) {
        this.name = name;
    }
    public Double getTargetAmount() {
        return targetAmount;
    }
    public void setTargetAmount(Double targetAmount) {
        this.targetAmount = targetAmount;
    }
    public Double getDonationMinimum() {
        return donationMinimum;
    }
    public void setDonationMinimum(Double donationMinimum) {
        this.donationMinimum = donationMinimum;
    }
    public Double getAmountDonatedSoFar() {
        return amountDonatedSoFar;
    }
    public void setAmountDonatedSoFar(Double amountDonatedSoFar) {
        this.amountDonatedSoFar = amountDonatedSoFar;
    }
    public Account getAccount() {
        return account;
    }
    public void setAccount(Account account) {
        this.account - account;
    }
    public void setId(Long id) {
        this.id = id;
    }
    public Long getId() {
        return id;
    }
    public List<Donation> getDonations() {
        return donations;
    }
    public void setDonations(List<Donation> donations) {
        this.donations = donations;
    }
}
```

Listing 4–3   *Klasse Campaign*

Nach der Erstellung der Fachklassen wenden wir uns nun der Internationalisierung von JSF-Anwendungen zu.

4.3   Internationalisierung

Webanwendungen kommen häufig im internationalen Umfeld zum Einsatz. Darum ist es notwendig, dass Views sich dynamisch an eine Sprache bzw. ein Land anpassen können, ohne dass sie programmatisch verändert werden müssen. Sprache, Land und ggf. Varianten werden durch den Java-Typ `java.util.Locale` repräsentiert.

Bekannter ist die `String`-Repräsentation eines *Locale,* bei der die Sprache mit zwei Kleinbuchstaben und das Land mit zwei Großbuchstaben codiert werden. So steht z. B. `de` für Deutsch, `de_DE` für Deutsch/Deutschland oder `de_AT` für Deutsch/Österreich. Weitere Verfeinerungen sind durch Anhängen zusätzlicher Varianten möglich (z. B. steht `de_DE-BW` für Deutsch/Deutschland/Baden-Württemberg). Vor diesem Hintergrund spricht man häufig auch davon, dass Anwendungen, Seiten oder auch nur einzelne Bereiche *lokalisiert* werden, d. h. in Abhängigkeit von dem aktuellen *Locale* dargestellt werden.

Viele Tags können bei JSF durch Angabe eines `Locale`-Objekts oder seiner `String`-Repräsentation lokalisiert werden (z. B. bei Datumsangaben). Besitzt ein Tag keine explizite Angabe eines *Locale,* wird das *Locale* des umschließenden Tags verwendet. Falls dieses ebenfalls keine Angabe besitzt, wird das *Locale* aus dem Request des Browsers gelesen. Der Header `Accept-Language` des Requests enthält eine Liste von akzeptierten *Locales.* Diese können in den Browsereinstellungen verwaltet werden.

Neben den lokalisierbaren Tags ist auch die automatische Anpassung von Texten eine wichtige Anforderung. In jeder View gibt es Überschriften oder Beschriftungen, die in Abhängigkeit von dem jeweiligen *Locale* mit unterschiedlichen Inhalten (z. B. englische oder deutsche Bezeichnung) versehen werden sollen. Verwaltet werden die Übersetzungen in Form von Schlüssel-Wert-Paaren. Die Klasse `java.util.ResourceBundle` repräsentiert und realisiert eine solche Verwaltung. In JSF-Anwendungen können wir die Daten des *ResourceBundle* in Eigenschaftsdateien ablegen. Beim Aufbau der View wird dann in Abhängigkeit von dem aktuellen *Locale* der Text über den Schlüssel aus der passenden Eigenschaftsdatei gelesen.

Welche *Locales* von unserer JSF-Anwendung unterstützt werden und welche *ResourceBundles* global verfügbar sind, kann in der bereits bekannten Konfigurationsdatei `faces-config.xml` festgelegt werden. Unsere Anwendung My-Aktion soll die Sprachen Deutsch und Englisch unterstützen. Englisch wird als Default verwendet, wenn der Client keine explizit unterstützte Sprache in seinen HTTP-Anfragen mitliefert. Wir führen deshalb ein *ResourceBundle* zur Lokalisierung von Textnachrichten mit dem Namen `messages` ein. Dabei vergeben wir einen

Variablennamen msg, den wir in den EL-Ausdrücken der Facelets verwenden können, um auf die lokalisierten Texte zugreifen zu können. Wir passen die Datei faces-config.xml gemäß Listing 4–4 an.

```
<?xml version="1.0" encoding="UTF-8"?>
<faces-config version="2.2"
    xmlns="http://xmlns.jcp.org/xml/ns/javaee"
    xmlns:xsi="http://www.w3.org/2001/XMLSchema-instance"
    xsi:schemaLocation="http://xmlns.jcp.org/xml/ns/javaee
    http://xmlns.jcp.org/xml/ns/javaee/web-facesconfig_2_2.xsd">
    <application>
        <locale-config>
            <default-locale>en</default-locale>
            <supported-locale>en</supported-locale>
            <supported-locale>de</supported-locale>
        </locale-config>
        <resource-bundle>
            <base-name>messages</base-name>
            <var>msg</var>
        </resource-bundle>
    </application>
</faces-config>
```

Listing 4–4   *Konfigurationsdatei faces-config.xml*

Als Datenbasis für unser *ResourceBundle* message legen wir nun für jedes *Locale* eine Eigenschaftsdatei im Verzeichnis src\main\resources an. Die Dateinamen bestehen aus dem in Listing 4–4 definierten Basisnamen messages ergänzt um die String-Repräsentation des jeweiligen *Locale* und dem Suffix .properties.

Um das Konzept ausprobieren zu können, wollen wir den Titel und die Willkommensformel der Willkommensseite index.xhtml lokalisieren. Wir legen dazu die Eigenschaftsdateien messages_en.properties und messages_de.properties gemäß Listing 4–5 und 4–6 an. Zeilen, die mit # beginnen, sind Kommentare. Als Schlüssel nehmen wir englische Begriffe.

Hinweis

Wir werden im Laufe des Workshops noch viele Schlüssel-Wert-Paare in die Eigenschaftsdateien einfügen. Achten Sie darauf, dass die Zuweisung des Werts an den Schlüssel in einer Zeile geschieht. Aus Platzgründen können wir das nicht immer so darstellen.

```
# index.xhtml
welcome.title=Workshop Java EE 7
welcome.text=Java EE 7: Welcome to our Workshop!
```

Listing 4–5   *Eigenschaftsdatei messages_en.properties*

```
# index.xhtml
welcome.title= Workshop Java EE 7
welcome.text=Java EE 7: Willkommen zu unserem Workshop!
```

Listing 4–6   *Eigenschaftsdatei messages_de.properties*

Hierarchische Suche in Eigenschaftsdateien

Häufig wird eine *Locale*-unabhängige Eigenschaftsdatei definiert, die in der Regel alle Default-Texte der Anwendung enthält. Für unser ResourceBundle wäre das die Datei mit dem Namen `messages.properties`. Sie stellt die Wurzel eines Suchbaums dar, der idealisiert in der zweiten Ebene die Eigenschaftsdateien der Sprachen, in der dritten Ebene die der Länder und in der vierten Ebene die der Varianten speichert. Die Suche beginnt in der speziellsten Datei und setzt sich bei Misserfolg fort bis ggf. zur Wurzel, bei der die Suche dann hoffentlich erfolgreich ist. Bei dem *Locale* de_DE würde also zunächst in `messages_de_DE.properties`, dann in `messages_de.properties` und schließlich in `messages.properties` gesucht werden.

Jetzt müssen wir nur noch im Facelet `index.xhtml` auf das *ResourceBundle* zugreifen, und dann können wir die Lokalisierung ausprobieren. Dazu ersetzen wir die hartcodierten Texte durch EL-Ausdrücke, mit den entsprechenden Schlüsseln der Eigenschaftsdateien. Wir passen das Facelet wie in Listing 4–7 beschrieben an.

```
<!DOCTYPE html>
<html xmlns="http://www.w3.org/1999/xhtml"
    xmlns:h="http://xmlns.jcp.org/jsf/html">
    <h:head>
        <title>#{msg['welcome.title']}</title>
    </h:head>
    <h:body>
        <h1>#{msg['welcome.text']}</h1>
    </h:body>
</html>
```

Listing 4–7   *Facelet index.xhtml*

Ausprobieren können wir das Ganze, indem wir unseren Browser mit mehreren *Locales* betreiben. Beim Firefox kann man Sprachpakete als Add-ons hinzufügen. Zusätzlich gibt es weitere Add-ons, mit denen man bequem das gewünschte *Locale* über den Browser einstellen kann[2]. Je nachdem, welches *Locale* eingestellt wurde, sollte sich das Ergebnis des Aufrufs von `http://localhost:8080/my-aktion/index.jsf` im Browser unterscheiden. Probieren Sie es doch einfach aus!

---

2.   z.B. `https://addons.mozilla.org/de/firefox/addon/quick-locale-switcher/`

4.4   Das Vorlagensystem

Eine der wichtigsten Funktionalitäten von JSF ist das Vorlagensystem (engl. *templating system*). Professionelle Webanwendungen benötigen ein einheitliches Erscheinungsbild. Hilfreich hierfür sind Vorlagen (engl. *templates)*. Mit diesen kann das grundsätzliche Aussehen und die Aufteilung der Seiten einer Webanwendung definiert werden. Die Inhaltsbereiche werden dann individuell für die einzelnen Seiten der Webanwendung erstellt. Bevor man also einzelne Inhaltsseiten entwirft, sollte Klarheit bezüglich der verwendeten Templates bestehen. Wir schauen uns deshalb zunächst die Template-Technologie von JSF an und entwerfen dann ein Template für (fast) alle noch kommenden Seiten unserer Webanwendung.

4.4.1   Templating mit Facelets

Das Grundprinzip ist schnell erklärt. Ein Template ist ein XHTML-Dokument, das Bereiche mit speziellen Tags deklariert und mit einem eindeutigen Namen versieht (Platzhalter). Die Bereiche können Defaultinhalte haben. Andere XHTML-Dokumente (*Template-Clients*) können sich auf das Template beziehen und die Bereiche mit ihren eigenen Inhalten belegen. Die Identifikation der Bereiche erfolgt über den im Template vorgegebenen Namen. Das Vorlagensystem führt spezielle Tags zur Definition und Anwendung von Templates ein. Die Tags gehören zum Namensraum `xmlns:ui="http://xmlns.jcp.org/jsf/facelets"`. Die wichtigsten Tags sind in der folgenden Tabelle 4–1 enthalten.

Facelet-Tag	Erklärung

`<ui:insert>`	Mit diesem Tag kann in einem Template ein Platzhalter mit einem vorbelegten Inhalt definiert werden. Das Tag erhält einen eindeutigen Namen (Attribut `name`), damit ein Template-Client darauf Bezug nehmen kann.
	Beispiel:
	<pre> <ui:insert name="title">
	        Default-Titel
	    </ui:insert></pre>

`<ui:composition>`	Die Referenzierung eines Templates innerhalb einer JSF-Seite (Template-Client) wird durch dieses Tag ermöglicht. Das Attribut `template` nimmt als Wert den Namen der Template-Datei auf. Alles innerhalb des Tags unterliegt dem Templating-Mechanismus.
	Beispiel:
	<pre> <ui:composition template="template.xhtml">
	        …
	    <ui:composition/></pre>

→

Facelet-Tag	Erklärung
`<ui:define>`	Dieses Tag wird innerhalb einer *Composition* (`<ui:composition>`) verwendet und stellt den Bezug zu einem bestimmten Inhaltsbereich (`<ui:insert>`) im Template her. Der Bezug erfolgt über den Namen des Inhaltsbereichs. `<ui:define>` in der Composition und `<ui:insert>` im Template müssen im Attribut `name` übereinstimmen. Beispiel: <pre> <ui:define name="title"> Mein konkreter Titel </ui:define></pre>
`<ui:include>`	Das Tag ermöglicht die Wiederverwendung von JSF-Seiten. Über das Attribut `src` können Dateien angegeben werden, die an der Stelle des Tags vom Server eingesetzt werden. Beispiel: <pre> <ui:include src="other.xhtml"/></pre>

Tab. 4–1   *Die wichtigsten Tags des JSF-Template-Systems in aller Kürze.*

4.4.2   Ein Template für My-Aktion

Wir bauen für unsere Webanwendung *My-Aktion* ein einfaches Template auf. Das Template ist eine vollständige XHTML-Seite, die innerhalb des HTML-Body einen Inhaltsbereich (content) einführt, den ein Template-Client ersetzen muss. Neben dem XHTML-Template definieren wir außerdem ein CSS (*Cascading Style Sheet*), das die Darstellung der Seiten verbessert.

XHTML-Template

In Listing 4–8 sehen wir das Template für unsere Webanwendung. Es handelt sich um eine vollständige XHTML-Seite, die neben den XHTML-Tags auch spezielle JSF-Tags beinhaltet.

```
<!DOCTYPE html>
<html xmlns="http://www.w3.org/1999/xhtml"
    xmlns:h="http://xmlns.jcp.org/jsf/html"
    xmlns:ui="http://xmlns.jcp.org/jsf/facelets">
    <h:head>
        <title>My-Aktion</title>
        <meta charset="utf-8" />
        <h:outputStylesheet name="/screen.css" />
    </h:head>
    <h:body>
        <div id="container">
            <div id="header">
                <p>Beispielanwendung <b>My-Aktion</b> – Workshop Java EE 7</p>
            </div>
```

```
            <div id="content">
               <ui:insert name="content">
                  [Template content will be inserted here]
               </ui:insert>
            </div>
            <div id="footer">
               <p> (C) 2013-2014   dpunkt.verlag GmbH, MIT Lizenz</p>
            </div>
         </div>
      </h:body>
   </html>
```

Listing 4–8   *Facelet template.xhtml*

Neben den eben erklärten JSF-Facelet-Tags für den Template-Mechanismus werden auch die JSF-HTML-Tags (Namensraum xmlns.jcp.org/jsf/html) verwendet.
Die meisten sind an dieser Stelle selbsterklärend (<h:head>, <h:body>), da sie
direkte Entsprechungen in HTML haben. Die Einbindung der CSS-Datei erfolgt
über das Tag <h:outputStylesheet>, das über das Attribut name den Dateinamen
(relativ zum Projekt) benötigt. Wir speichern unser Template innerhalb der Struktur des Webprojekts im Verzeichnis src\main\webapp\WEB-INF.

Cascading Style Sheet (CSS)

In Listing 4–8 wurde das HTML-Tag <div> verwendet, um Bereiche zu definieren, die individuell mithilfe des CSS formatiert werden können. Wir haben die
Bereiche container, header, content und footer eingeführt. Das CSS enthält For-
matierungsvorgaben für die HTML-Standardelemente <body> und <h2> sowie für
die von uns eingeführten Bereiche container, header und footer. Über das CSS
legen wir für verschiedene Bereiche fest, welche Fonts, Farben, Rahmen und Sei-
tenabstände verwendet werden sollen.

```
body {
   margin: 0;
   padding: 0;
   background-color: #EAECEE;
   font-family: Verdana, sans-serif;
   font-size: 0.9cm;
}
#container {
   margin: 0 auto;
   padding: 0 20px 10px 20px;
   border: 1px solid #666666;
   width: 865px;
   padding-top: 10px;
}
```

```
#header {
    font-size: 1.3em;
    border: 1px solid #666666;
    background: #EAECEE;
    padding: 0 15px 5px 15px;
    margin-bottom: 50px;
}
#footer {
    clear: both;
    text-align: center;
    color: #666666;
    font-size: 0.85em;
    padding: 3em 0 0 0;
}
h2 {
    font-size: 1.2em;
}
```

Listing 4–9   *CSS-Datei screen.css*

Innerhalb der Projektstruktur legen wir das Verzeichnis src\main\webapp\resources
an. Dort speichern wir unsere CSS-Datei mit dem Namen screen.css (src\main\
webapp\resources\screen.css).

Das Template im Einsatz

Um das Template einmal in Aktion zu sehen, passen wir erneut unsere Willkommensseite index.xhtml aus Abschnitt 2.3.1 gemäß Listing 4–10 an. Bisher enthält
das Facelet die Beschreibung einer kompletten Seite. Wir verwenden das Tag
<ui:composition>, um unser Template zu referenzieren, und den <ui:define>-Tag,
um unseren Willkommenstext als Inhalt zu setzen. Das Verändern des Titels ist
vom Template nicht vorgesehen und entfällt daher ersatzlos in der Willkommensseite.

```
<html xmlns="http://www.w3.org/1999/xhtml"
    xmlns:ui="http://xmlns.jcp.org/jsf/facelets">
    <body>
        <ui:composition template="WEB-INF/template.xhtml">
        <ui:define name="content">
                <h1>#{msg['welcome.text']}</h1>
            </ui:define>
        </ui:composition>
    </body>
</html>
```

Listing 4–10   *Facelet index.xhtml*

Wir probieren die Seite aus, indem wir einen Browser öffnen und ihre URL
http://localhost:8080/my-aktion/index.jsf eingeben. Der Browser sollte die Seite
wie in Abbildung 4–1 anzeigen.

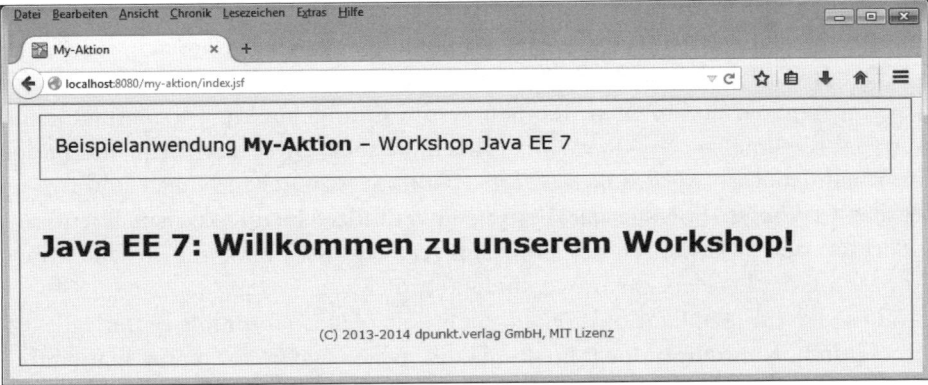

Abb. 4–1 *Das Template im Einsatz*

Abbildung URL auf Facelet

JSF-Anfragen werden auf dem Server durch das *Faces-Servlet* verarbeitet. In Abbildung 4–1 haben wir gesehen, dass das Servlet beim Aufruf mit der URL-Endung `http://my-aktion/index.jsf` aktiv wurde und die JSF-Verarbeitung für das Facelet `index.xhtml` gestartet hat. Standardmäßig kann man aber auch `my-aktion/index.faces` oder `my-aktion/faces/index.xhtml` verwenden.

Bei den ersten beiden Fällen spricht man vom *Extension-Mapping*, bei letzterem vom *Prefix-Mapping*. Alle drei Varianten funktionieren, solange man nicht explizit durch entsprechende Konfiguration in der Datei `WEB-INF/web.xml` eine Abbildung auf das `Faces-Servlet` der Webanwendung festlegt.

4.4.3 Resource Library Contracts

Dem aufmerksamen Leser ist sicher aufgefallen, dass wir das Template aus Listing 4–8 nicht lokalisiert haben. Das wäre ohne Weiteres analog zur Beschreibung in Abschnitt 4.3 möglich gewesen. Seit JSF 2 können sogar Ressourcen wie z. B. CSS- oder Grafikdateien lokalisiert werden, sodass sich das Aussehen der Anwendung in Abhängigkeit von dem *Locale* ändern kann. Dieses Vorgehen ist sicher für die meisten Fälle ausreichend. Möchte man jedoch auch die der Anwendung zugrunde liegenden Templates dynamisch austauschen, so ist ein anderes JSF-Konzept zu bevorzugen.

JSF 2.2 stellt einen neuen Mechanismus mit dem Namen *Resource Library Contracts* (RLC) zur Verfügung, mit dem Facelet-Templates und die dazugehörigen Ressourcen (z. B. Grafik-, CSS- oder JavaScript-Dateien) im Sinne einer Bibliothek auf die gesamte JSF-Applikation angewandt und einfach ausgetauscht werden können. Die Spezifikation bezeichnet die Ressourcensammlungen kurz als *Contracts*. Die Templates und die Ressourcen werden in einem Verzeichnis gesammelt, das den Namen des *Contracts* erhält. Das Verzeichnis kann direkt in das Verzeichnis contracts der Wurzel der War-Datei übernommen oder in Form einer Jar-Datei in das Verzeichnis `WEB-INF\lib` der JSF-Applikation eingefügt werden.

Damit die Facelets der Applikation Bezug auf einen *Contract* nehmen können, müssen die enthaltenen Templates, die Einfügepunkte (`<ui:insert>`) und optional die ergänzenden Ressourcen bekannt sein. Diese drei Elemente bilden informell den Vertrag (*Resource Library Contract*) zwischen Nutzer und Anbieter des *Contracts*. Solange der Vertrag unverändert bleibt, können alternative Contracts durch Austausch des Contract-Verzeichnisses bzw. der Jar-Datei ohne Anpassung der Facelets zur Anwendung kommen.

In jeder JSF-Applikation können mehrere solcher *Contracts* hinterlegt werden. Durch Konfigurationen in der Datei `faces-config.xml` kann man durch Angabe von URL-Mustern festlegen, welcher Bereich bzw. welche View der Anwendung mit welchem Template arbeiten soll. Die Auswahl der zu verwendenden Templates kann auch dynamisch zur Laufzeit der Anwendung gesteuert werden. Dadurch ist es möglich, das Aussehen der JSF-Applikation in Abhängigkeit von Benutzereingaben oder anderen Umgebungsdaten zu verändern.

Sprache bestimmt Layout und Design

Die Idee ist, RLCs zu verwenden, um das Aussehen der Anwendung von dem Locale des Nutzers abhängig zu machen. In Abhängigkeit von der Sprache des Locale wird ein anderer Satz von Templates und Ressourcen verwendet. Damit kann man Layout und Design der Anwendung dynamisch an die Sprache und damit auch den Kulturraum anpassen und so vielleicht eine höhere Akzeptanz beim Nutzer erzeugen. Wir wollen das im Folgenden beispielhaft für die beiden Locales de und en durchführen.

Zunächst legen wir das Verzeichnis `src\main\webapp\contracts` an. In diesem können nun wiederum die Verzeichnisse für die *Contracts* der Anwendung gespeichert werden.In unserem Fall benennen wir die *Contracts* wie die *Locales*, das heißt, wir legen die Verzeichnisse `src\main\webapp\contracts\de` und `src\main\webapp\contracts\en` an. Wir verschieben die Dateien `template.xhtml` aus dem Ordner `src\main\webapp\WEB-INF` und `screen.css` aus dem Ordner `src\main\resources` nach `src\main\webapp\contracts\de`.

Zwar könnte man sicher einige interessante Ideen finden, um gänzlich unterschiedliche Oberflächen für den angelsächsischen und den deutschsprachigen Raum zu entwerfen, dies ist jedoch nicht im Fokus des Kapitels. Daher machen wir uns die Arbeit leicht und kopieren beide Dateien auch noch in den Ordner `my-aktion\src\main\webapp\contracts\en`. Damit man den Unterschied bei der Verwendung erkennen kann, wollen wir aber doch zumindest die Texte im englischen Template übersetzen (vgl. Listing 4–11).

```
<!DOCTYPE html>
<html xmlns="http://www.w3.org/1999/xhtml"
    xmlns:h="http://xmlns.jcp.org/jsf/html"
    xmlns:ui="http://xmlns.jcp.org/jsf/facelets">
    <h:head>
        <title>My-Aktion</title>
        <meta charset="utf-8" />
        <h:outputStylesheet name="/screen.css" />
    </h:head>
    <h:body>
        <div id="container">
            <div id="header">
            <p>Example application <b>My-Aktion</b> – Workshop Java EE 7</p>
            </div>
            <div id="content">
                <ui:insert name="content">
                    [Template content will be inserted here]
                </ui:insert>
            </div>
            <div id="footer">
                <p> (C) 2013-2014  dpunkt.verlag GmbH, MIT license</p>
            </div>
        </div>
    </h:body>
</html>
```

Listing 4–11   *Englisches Template template.xhtml*

Im letzten Schritt müssen wir dem Facelet `index.xhtml` mitteilen, mit welchem
Contract es arbeiten soll. Der `<f:view>`-Tag kann als Container für alle JSF-Tags
einer Seite verwendet werden. Dadurch kann man globale Einstellungen für die
View setzen, z.B. die zu verwendende Locale oder eben auch den gewünschten
Contract. Der `<f:view>`-Tag besitzt dazu ein Attribut `contract`, dem man den
Namen des zu verwendenden *Contracts* mitgeben kann. Als Wert soll hier dynamisch die vom Nutzer verwendete Sprache gesetzt werden. Diese können wir
über einen EL-Ausdruck ermitteln. Innerhalb eines EL-Ausdrucks stehen uns verschiedene, vordefinierte Variablen zur Verfügung. Die Variable `view` liefert uns
Informationen zur aktuellen View, darunter auch zum verwendeten *Locale* und
dessen Sprache. Passen Sie die Datei `index.xhtml` gemäß Listing 4–12 an.

```
<html xmlns="http://www.w3.org/1999/xhtml"
    xmlns:f="http://xmlns.jcp.org/jsf/core"
    xmlns:ui="http://xmlns.jcp.org/jsf/facelets">
    <body>
        <f:view contract="#{view.locale.language}">
            <ui:composition template="/template.xhtml">
                <ui:define name="content">
                    <h1>#{msg['welcome.text']}</h1>
                </ui:define>
            </ui:composition>
        </f:view>
    </body>
</html>
```

Listing 4–12   *Facelet index.xhtml*

Wir probieren die Seite aus, indem wir einen Browser öffnen und ihre URL
`http://localhost:8080/my-aktion/index.jsf` eingeben. In Abhängigkeit von Ihrem
Locale erhalten Sie eine deutsche oder eine englische Begrüßung.

Nun haben wir alle notwendigen Vorarbeiten erledigt und können uns unserem ersten Anwendungsfall widmen.

4.5   Der Anwendungsfall »Aktionen anzeigen und bearbeiten«

Wir realisieren den Anwendungsfall *Aktionen anzeigen und bearbeiten* (s.
Abschnitt 3.4.2) in den folgenden Abschnitten. Zunächst widmen wir uns der
Controller-Klasse und einer Klasse, die Beispieldaten liefern soll. Danach lernen
wir ein paar UI-Komponenten von JSF kennen, die wir benötigen, um die Eingabemaske des Anwendungsfalls zu implementieren. Zum Schluss erstellen wir das
Facelet der Seite und probieren es im Anschluss gleich aus.

4.5.1   Die Backing Beans

Backing Beans sind Java-Klassen, die hinter den Kulissen der View ihre Arbeit
verrichten. Backing Beans können als Controller oder als Bestandteil des Modells
zum Speichern von Daten der Session benutzt werden.

In unserem Projekt werden wir CDI für die Backing Beans verwenden. Im
Folgenden werden wir zunächst lediglich auf die grundlegendsten Elemente dieser neuen Komponententechnologie eingehen, ausführlich wird CDI in Kapitel 6
erläutert.

Die @Named-Annotation

Mithilfe der Annotation @Named (javax.inject.Named), die vor der Klassendeklaration der Bean platziert werden muss, wird eine Bean gekennzeichnet, die in einem Facelet über den Klassennamen (jedoch kleingeschrieben!) referenziert werden kann. Die Annotation bietet auch die Möglichkeit der Angabe eines vom Klassennamen abweichenden Namens, auf die an dieser Stelle jedoch nicht weiter eingegangen werden soll.

Der Sichtbarkeitsbereich @SessionScoped

Der Sichtbarkeitsbereich (engl. *scope*) und damit die Lebensdauer einer CDI-Bean kann über Annotationen festgelegt werden. Man kann dies auch als Kontext des Objektes ansehen und damit auch den Bezug zum C (für engl. *context*) im Akronym CDI erklären. Diese Annotation wird ebenfalls vor der Klassendeklaration der Bean vorgenommen. Alle Annotationen gehören zum Paket javax.enterprise.context. Wir verwenden zunächst nur die sitzungsbezogene Lebensdauer (@SessionScoped). CDI bietet eine ganze Reihe unterschiedlicher Sichtbarkeitsbereiche an, die wir in Kapitel 6 noch genauer kennenlernen werden. Dort werden wir auch die Verwendung der Scopes für unsere Beans ausführlich diskutieren und optimieren.

@SessionScoped

Die Sitzung (engl. *session*) wird als Lebensdauer der CDI-Bean deklariert. Das bedeutet, dass logisch dieselbe Bean innerhalb einer Benutzersitzung verwendet wird. Alle Anfragen innerhalb einer Sitzung teilen sich den Zustand der Bean. Die in der Bean gespeicherten Daten werden unabhängig von der aktuellen View für die gesamte Sitzung gespeichert.

Kommen wir nun zur Implementierung. Zunächst programmieren wir den Controller für unseren Anwendungsfall, danach die Backing Bean für die Beispieldaten.

Die Klasse ListCampaignsController

Der Controller erhält, wie eben festgelegt, die Lebensdauer für die Sitzung (@SessionScoped). Controller-Klassen müssen für jede mögliche Interaktion des Nutzers mit der View eine Kontrolllogik definieren. Die Klasse besitzt deshalb für jede mögliche Benutzerinteraktion eine Methode. Alle diese Methoden beginnen nach Konvention mit dem Präfix do. Wir fügen in jeder dieser Methoden eine Ausgabe auf der Konsole ein, damit wir die Funktionsweise später leichter überprüfen können (vgl. Listing 4–13).

```
package de.dpunkt.myaktion.controller;

import de.dpunkt.myaktion.model.Campaign;
import javax.enterprise.context.SessionScoped;
import javax.inject.Inject;
import javax.inject.Named;
import java.io.Serializable;

@SessionScoped
@Named
public class ListCampaignsController implements Serializable {

    private static final long serialVersionUID = 8693277383648025822L;

    public String doAddCampaign() {
        System.out.println("Add Campaign");
        return Pages.EDIT_CAMPAIGN;
    }
    public String doEditCampaign(Campaign campaign) {
        System.out.println("Edit Campaign "+campaign);
        return Pages.EDIT_CAMPAIGN;
    }
    public String doEditDonationForm(Campaign campaign) {
        System.out.println("Edit Donation Form of Campaign "+campaign);
        return Pages.EDIT_DONATION_FORM;
    }
    public String doListDonations(Campaign campaign) {
        System.out.println("List Donations of Campaign "+campaign);
        return Pages.LIST_DONATIONS;
    }
    public void doDeleteCampaign(Campaign campaign) {
        System.out.println("Deletion not implemented, yet!");
    }
}
```

Listing 4–13 *Klasse ListCampaignsController*

Am Ende jeder Methode steht ein return-Befehl, der den Namen der View als
String zurückgibt, die als Nächstes aufgerufen werden soll. Auf diese Weise realisieren wir die Navigation innerhalb der Anwendung. Wir haben im Augenblick
natürlich noch keine andere View, auf die wir navigieren könnten, definiert. Diese
werden aber kontinuierlich im Laufe dieses Kapitels hinzugefügt. Wir hinterlegen
deshalb bereits jetzt die Namen der Views in der Klasse Pages (vgl. Listing 4–14).
Wenn wir später die dazugehörigen Facelets der Views programmieren, müssen
wir uns an diese Namen halten. Das bedeutet z. B., dass das Facelet für das Auf-
listen der Aktionen in der Datei listCampaigns.xhtml hinterlegt sein muss.

Eine Ausnahme stellt hier die Methode doDeleteCampaign dar, sie besitzt keinen Rückgabetyp. Der Grund ist darin zu suchen, dass sie im Gegensatz zu den
anderen Methoden als *Action-Listener-Methode* im Facelet eingesetzt wird. Eine
Action-Listener-Methode führt eine bestimmte Logik aus und verändert in der
Regel nur etwas an den Zuständen und Daten der Backing Beans, die die aktuelle

View darstellt. In einem solchen Fall ist also keine Navigation auf eine andere View notwendig.

```
package de.dpunkt.myaktion.controller;

public class Pages {
    public static final String LIST_CAMPAIGNS = "listCampaigns";
    public static final String EDIT_CAMPAIGN = "editCampaign";
    public static final String EDIT_DONATION_FORM = "editDonationForm";
    public static final String LIST_DONATIONS = "listDonations";
    public static final String DONATE_MONEY = "donateMoney";
}
```

Listing 4–14 *Klasse Pages*

Die Klasse CampaignListProducer

Die Klasse CampaignListProducer aus Listing 4–15 simuliert die noch fehlende Datenbankanbindung, indem sie eine Methode bereitstellt, die Beispieldaten liefert. Genauer gesagt gibt die Methode getCampaigns eine Liste von Aktionen zurück. Die Klasse enthält eine weitere Methode (createMockCampaigns), in der explizit Aktionen und dazugehörige Spenden unter Verwendung der Fachklassen erstellt und in einer Liste abgelegt werden. Als Liste verwenden wir die Klasse java.util.LinkedList der Java-API. Über die Methode getCampaigns können die Aktionen dann als Liste abgefragt werden. Die Klasse erhält die Lebensdauer @SessionScoped, da die Daten für die komplette Benutzersitzung bestehen sollen.

```
package de.dpunkt.myaktion.data;

import de.dpunkt.myaktion.model.Account;
import de.dpunkt.myaktion.model.Campaign;
import de.dpunkt.myaktion.model.Donation;
import de.dpunkt.myaktion.model.Donation.Status;
import javax.enterprise.context.SessionScoped;
import javax.inject.Named;
import java.io.Serializable;
import java.util.LinkedList;
import java.util.List;

@SessionScoped
@Named
public class CampaignListProducer implements Serializable {
    private static final long serialVersionUID = -182866064791747156L;
    private List<Campaign> campaigns;

    public CampaignListProducer() {
        campaigns = createMockCampaigns();
    }
    public List<Campaign> getCampaigns() {
        return campaigns;
    }
}
```

```
public List<Campaign> createMockCampaigns() {
    Donation donation1 = new Donation();
    donation1.setDonorName("Heinz Schmidt");
    donation1.setAmount(20d);
    donation1.setReceiptRequested(true);
    donation1.setStatus(Status.TRANSFERRED);
    donation1.setAccount(new Account(donation1.getDonorName(),
        "XXX Bank","DE44876543210000123456"));
    Donation donation2 = new Donation();
    donation2.setDonorName("Karl Meier");
    donation2.setAmount(30d);
    donation2.setReceiptRequested(false);
    donation2.setStatus(Status.IN_PROCESS);
    donation2.setAccount(new Account(donation2.getDonorName(),
        "YYY Bank","DE44864275310000654321"));
    List<Donation> spenden = new LinkedList<>();
    spenden.add(donation1);
    spenden.add(donation2);
    Campaign campaign1 = new Campaign();
    campaign1.setName("Trikots für A-Jugend");
    campaign1.setTargetAmount(1000d);
    campaign1.setAmountDonatedSoFar(258d);
    campaign1.setDonationMinimum(20d);
    campaign1.setId(1L);
    campaign1.setAccount(new Account("Max Mustermann", "ABC Bank",
        "DE44123456780100200300"));
    campaign1.setDonations(spenden);
    Campaign campaign2 = new Campaign();
    campaign2.setName("Rollstuhl für Maria");
    campaign2.setTargetAmount(2500d);
    campaign2.setAmountDonatedSoFar(742d);
    campaign2.setDonationMinimum(25d);
    campaign2.setId(2L);
    campaign2.setAccount(campaign1.getAccount());
    campaign2.setDonations(spenden);
    List<Campaign> ret = new LinkedList<>();
    ret.add(campaign1);
    ret.add(campaign2);
    return ret;
}
}
```

Listing 4–15 *Klasse CampaignListProducer*

An dieser Stelle haben wir für den ersten Anwendungsfall die Controller-Logik
und die Datenbereitstellung realisiert. Wir wenden uns nun der Seitenbeschreibung für den Anwendungsfall zu. Vor der Realisierung lernen wir aber im folgenden Abschnitt noch einige JSF-Techniken kennen.

4.5.2   JSF-Technologien für den ersten Anwendungsfall

Um mit der Implementierung starten zu können, benötigen wir noch etwas mehr Kenntnisse über JSF. Zum einen müssen wir wissen, wie *Backing Beans* innerhalb eines Facelets angesprochen werden. Das wird mithilfe der sogenannten *Expression Language* (EL) erledigt. Zum anderen benötigen wir noch einige UI-Komponenten, die es uns ermöglichen, das Aussehen und die Funktionalität gemäß dem Entwurf zu realisieren.

Expression Language

Wir haben generell Facelets als Seitenbeschreibungssprache von JSF erklärt. Im Rahmen einer solchen Sprache sind die Anbindung an die Logik und die Daten einer Anwendung integrale Bestandteile. Dieser Zugriff soll so einfach wie möglich sein. Daher wurde von den Entwicklern von JSF auf Java an dieser Stelle verzichtet und eine neue Sprache mit einfacher Syntax definiert, die *Expression Language* (EL). Die Syntax basiert auf einer Punktnotation. Jede Bean wird durch ihren Namen eindeutig innerhalb des Facelets referenziert. Durch die Punktnotation kann man dann auf die Eigenschaften und Methoden der Bean zugreifen. Die Punktnotation kennen wir bereits aus Java, wo man über eine Objektvariable oder einen Klassennamen ebenfalls auf deren Elemente zugreifen kann. Innerhalb eines Facelets werden EL-Ausdrücke durch das Rautezeichen (#) eingeleitet und in geschweiften Klammern eingeschlossen: `#{EL-Ausdruck}`.

Ein EL-Ausdruck kann einen Wertausdruck, einen Methodenausdruck, einen arithmetischen oder einen logischen Ausdruck enthalten. Kombinationen sind ebenfalls möglich. In unserer ersten Eingabemaske benötigen wir Wertausdrücke, um Daten bestimmten UI-Komponenten zuzuordnen, und Methodenausdrücke, um Methoden als Event-Handler für UI-Komponenten zu hinterlegen.

Häufig möchte man in einer UI-Komponente der Oberfläche den aktuellen Wert einer bestimmten Eigenschaft einer Bean anzeigen und ggf. bearbeiten. Jede Bean-Klasse besitzt für den Zugriff auf einen Wert eine Getter- und eine Setter-Methode, die hinter den Kulissen verwendet werden. Gemäß der Konvention muss es für jede Eigenschaft einer Bean ein Paar dieser Methoden geben. Hinter den Präfixen `set`/`get` folgt der Eigenschaftsname. Innerhalb des EL-Ausdrucks spricht man die Eigenschaft direkt mit diesem Namen an, also ohne die Präfixe `set` und `get`. Um auf die Eigenschaften und Methoden einer Bean überhaupt zugreifen zu können, muss auch der Bean-Name bekannt sein und im EL-Ausdruck vorangestellt werden. Beans können nur angesprochen werden, wenn die Annotation `@Named` in der Klassendeklaration der Bean verwendet wurde. Der Name einer Bean kann explizit gesetzt werden (z. B. `@Named("myBean")`). Wird das nicht gemacht, entspricht der Bean-Name dem am Anfang kleingeschriebenen Klassennamen.

Betrachten wir dazu ein Beispiel aus unserem bisherigen Programm. Die Bean `CampaignListProducer` kapselt eine Liste von Aktionen (vgl. Listing 4–15) und stellt eine entsprechende Getter-Methode für das Listenattribut zur Verfügung. Die Bean ist mit `@Named` annotiert und wird später im Facelet `listCampaigns.xhtml` eingebunden, da sie die Aktionen für die Anzeige liefern soll. Die Einbindung der Aktionenliste der Bean in das Facelet erfolgt unter Verwendung der Expression Language. Die Aktionenliste der Bean kann durch den Ausdruck `#{campaignList-Producer.campaigns}` an eine UI-Komponente gebunden werden. In diesem Fall kann die UI-Komponente lediglich lesend zugreifen, da wir keine Setter-Methode für das Attribut implementiert haben. Das ist jedoch eine Ausnahme, in der Regel ermöglicht die Bindung einer UI-Komponente an ein Bean-Attribut sowohl das Lesen als auch das Schreiben eines Wertes.

Methodenausdrücke sehen syntaktisch ähnlich aus wie Wertausdrücke. Es wird ebenfalls der Bean-Name vorangestellt, nach dem Punkt folgt aber dann der komplette Methodenname. Wenn wir z.B. die Methode `doAddCampaign` der Bean-Klasse `ListCampaignsController` aus Listing 4–13 als Handler einer UI-Komponente hinterlegen wollen, so sieht der EL-Ausdruck wie folgt aus: `#{campaignsList-Controller.doAddCampaign}`. Auch wenn die EL noch viel mehr zu bieten hat, so brauchen wir zum Verständnis der Implementierung aktuell nicht mehr zu wissen.

UI-Komponenten

Kommen wir nun zu den UI-Komponenten. Um die Eingabemaske von Abbildung 3–5 aus Kapitel 3 zu realisieren, benötigen wir zunächst Schaltflächen oder Links als UI-Komponenten, die Programmlogik über Handler-Methoden aufrufen. Wir wollen die aktionsbezogenen Funktionen als Links und das Hinzufügen einer Aktion als Schaltfläche realisieren.

Zum anderen benötigen wir die Möglichkeit, Texte (Labels) z.B. für Überschriften anzeigen zu können sowie Daten in Tabellenform darzustellen. Die Komponente muss dabei so flexibel sein, dass erst zum Zeitpunkt der Erstellung der Seite die Anzahl der Zeilen der Tabelle ermittelt wird. Zu guter Letzt wollen wir die Geldbeträge in korrekter Formatierung darstellen. Das heißt, wir wollen numerische Werte in ein spezielles Format für Euro-Beträge konvertieren.

Formular-Komponente

Um die Eingabe von Daten an den Server übermitteln zu können, benötigen wir ein Formular. Mithilfe des `<h:form>`-Tags in einem Facelet erzeugt JSF ein HTML-Formular, in das beliebige UI-Komponenten eingebunden werden können. Für unsere Eingabemaske reicht ein einzelnes Formular aus, das mit `<h:form>` beginnt und mit `</h:form>` endet.

Steckbrief `<h:form>`

Das Tag erzeugt ein HTML-Formular, das seine Daten mittels HTTP-POST übermittelt. Ein Formular muss mindestens eine Komponente enthalten, die einen Faces-Request auslösen kann (z.B. `<h:commandButton>` oder `<h:commandLink>` s.u.).

Ausgewählte Attribute:

`acceptcharset`: Angabe einer Liste der vom Server für die Eingabedaten des Formulars akzeptierten Zeichensätze, z.B. `<h:form acceptcharset="ISO-8859-1">`

Links- und Schaltflächen-Komponente

Die Tags `<h:commandLink>` und `<h:commandButton>` stellen Links bzw. Schaltflächen dar, die bei Betätigung durch den Benutzer *Action-Events* auslösen.

Steckbrief `<h:commandButton>` bzw. `<h:commandLink>`

Diese Tags erzeugen eine Schaltfläche bzw. einen Link in einem Formular, bei deren Betätigung standardmäßig eine HTTP-POST-Anfrage startet.

Ausgewählte Attribute:

`value`: Beschriftung der Schaltfläche des Links

`action`: EL-Ausdruck zur Bindung einer Action-Methode einer Bean

`actionListener`: EL-Ausdruck zur Bindung einer Action-Listener-Methode einer Bean

---

Action-Events sind Objekte, die aufgrund des Klickens eines Links oder einer Schaltfläche erzeugt werden und über dieses Ereignis Informationen speichern. JSF kennt weitere Arten von Events, die zur Laufzeit einer JSF-Anwendung gefeuert werden. Zum Beispiel werden *Value-Changed-Events* von UI-Komponenten erzeugt, wenn die von ihnen gespeicherten Werte geändert wurden. Die Behandlung von Events erfolgt über Methoden als Event-Handler. Bei Action-Events gibt es zwei Arten von Event-Handler-Methoden, die *Action-Methode* und die *Action-Listener-Methode*. Die Methoden werden unter Verwendung von EL-Ausdrücken als Wert für die Attribute `action` bzw. `actionListener` der jeweiligen JSF-Komponente hinterlegt. Eine Action-Methode hat einen Rückgabewert vom Typ `String`, der die Navigation zwischen den Seiten der Anwendung steuert; eine Action-Listener-Methode besitzt keinen Rückgabetyp (`void`).

Mit dem Attribut `value` kann die Bezeichnung des Links bzw. der Name der Schaltfläche angegeben werden. Jedes Formular benötigt mindestens eine solche Komponente. Sowohl Action- als auch Action-Listener-Methoden können Parameter besitzen. Action-Listener-Methoden können zudem einen Parameter vom Typ `ActionEvent` aus dem Paket `javax.faces.event` deklarieren. Über diese Klasse können in der Handler-Methode Informationen über die das Event auslösende Komponente abgefragt werden. Die folgenden beiden Beispiele zeigen sowohl die Bindung einer *Action-* als auch die einer *Action-Listener-Methode*.

```
<h:commandButton value="Aktion hinzufügen"
    action="#{campaignListController.doAddAktion}" />

<h:commandLink value="x" actionListener=
    "#{campaignListController.doDeleteCampaign(campaign)}" />
```

> **Action-Methode oder Action-ListenerMethode?**
>
> Action-Methoden kommen in der Regel zum Einsatz, wenn die Navigation beeinflusst werden soll. Dazu muss der Rückgabewert einer Action-Methode den Namen der nächsten View beinhalten.
>
> Action-Listener-Methoden bieten auf der anderen Seite einen einfachen Zugang zum Action-Event und damit zu der das Event erzeugenden Komponente.

Ausgabetext-Komponente

Das Tag `<h:outputText>` dient dazu, Text in die Seite einzubinden.

> **Steckbrief `<h:outputText>`**
>
> Dieses Tag fügt Text in der zu erzeugenden Seite ein.
>
> `id`: eindeutiger Name der Textkomponente
> `value`: Text oder EL-Ausdruck zum Binden eines Bean-Attributs an die Komponente

Die Verwendung des Tags ist insbesondere dann sinnvoll, wenn Konverter zum Einsatz kommen oder eine ID für die Komponente vergeben werden soll. Durch die ID kann an anderer Stelle Bezug auf die Komponente genommen werden. Ist beides nicht notwendig, kann der Text oder auch der EL-Ausdruck direkt in das Facelet aufgenommen werden. Im folgenden Beispiel wird der Wert des Attributs value als Text direkt in die Seite eingebettet.

```
<h:outputText value="bisher gespendet" />
```

Das Tag ermöglicht die Verwendung von Konvertern. Im folgenden Beispiel soll die Zahl, die in der Bean-Eigenschaft amountDonatedSoFar abgelegt ist, als Währungsbetrag angezeigt werden.

```
<h:outputText value="#{campaign.amountDonatedSoFar}">
  <f:convertNumber type="currency" currencyCode="EUR"/>
</h:outputText>
```

Komponente zur Formatierung von Zahlen

Meistens ist es für die Anwendung nicht ausreichend, die nackten Zahlen anzuzeigen. Zahlen haben eine Semantik, und zu dieser gehört in vielen Fällen auch eine Formatierungskonvention. Die Formatierung kann durch spezielle JSF-Konverter durchgeführt werden, bei Zahlen kommt häufig `<f:convertNumber>` zum Einsatz.

Steckbrief `<f:convertNumber>`

Diese konfigurierbare Komponente bietet Einstellungsmöglichkeiten für die Ausgabe von Zahlen, Währungsbeträgen und Prozentzahlen.

Ausgewählte Attribute:

`type`: Typ der Formatierung: Zahl, Währung oder Prozentsatz

`currencyCode`: Währungscode nach ISO 4217

`for`: Verweis auf eine zu konvertierende Komponente durch Angabe ihrer `id`

`maxFractionDigits`: maximale Anzahl von Stellen nach dem Komma

`minFractionDigits`: minimale Anzahl von Stellen nach dem Komma

In unserem Fall stehen die verwendeten Zahlen für Euro-Beträge, und wir wollen diese auch als solche darstellen. Das `<f:convertNumber>`-Tag übernimmt die Konvertierung für uns. Wir müssen lediglich eine Instanz durch Setzen spezieller Attribute für die Euro-Darstellung konfigurieren und in unsere Ausgabekomponente (`h:outputText`) einbetten. Im Beispiel wird der Wert der Eigenschaft `donatedAmountSoFar` der Bean `campaign` als Euro-Betrag ausgegeben. Das heißt, Tausendertrennung durch einen Punkt, Trennung zwischen Euro und Cent durch Komma und zu Beginn das Euro-Zeichen.

Den Bezug des Konverters zu einer Komponente kann alternativ zur Verschachtelung der entsprechenden Tags auch über die Tag-ID und das Attribut `for` hergestellt werden. Die Relation for/id zeigt das folgende Beispiel:

```
<h:outputText value="#{campaign.donatedAmountSoFar}" id="donation" />
<f:convertNumber for="donation" type="currency" currencyCode="EUR"/>
```

Das allgemeine Konzept von Validierung und Konvertierung sowie weitere konkrete Validierer und Konverter werden wir in Abschnitt 4.6.2 besprechen und kennenlernen.

Datentabellen-Komponente

Das `<h:dataTable>`-Tag ermöglicht die Darstellung von Daten in Tabellenform. Das ganze Konstrukt wird für den Browser in HTML unter Verwendung des HTML-Tags `<table>` umgewandelt. Spalten der Tabelle werden durch das Tag `<h:column>` definiert. Für Über- und Unterschriften dient das Tag `<h:facet>`.

Steckbrief `<h:dataTable>`, `<h:column>`, `<f:facet>`

Komponenten, mit denen Listen von gleichartigen Objekten in Tabellenform dargestellt werden können

`<h:dataTable>`

Das äußerste Tag der Datentabelle

Ausgewählte Attribute:

`value`: anzuzeigende Daten. Hier wird in der Regel ein EL-Ausdruck verwendet, der ein Attribut einer Bean referenziert, das eine Sammlung von Objekten enthält.

`var`: Name der Variablen, die das Datenobjekt einer Zeile repräsentiert. Die Variable kann in EL-Ausdrücken verwendet werden.

`<h:column>`

Repräsentiert eine Spalte in der Datentabelle und wird deshalb innerhalb von `<h:dataTable>` verwendet. Die Anzahl der aufeinanderfolgenden `<h:column>`-Tags legt die Anzahl der Spalten je Zeile in der Tabelle fest.

`<f:facet>`

Beschriftung für umschließende Elemente. Innerhalb eines `<h:column>`-Tags kann durch `<f:facet>` eine Über- oder Unterschrift für die Spalte festgelegt werden.

Ausgewählte Attribute:

`name`: Art der Beschriftung (`header`/`footer`/`caption`). Festlegung, ob es sich um eine Über- oder Unterschrift handelt.

Die Anzahl der Zeilen ist abhängig von der Datenquelle, die im `<h:dataTable>`-Tag durch das Attribut `value` übergeben werden kann. In der aktuellen Iteration unserer Webanwendung greifen wir über einen EL-Ausdruck auf die Aktionen unserer *Backing Bean* `CampaignListProducer` zu. Die Tabelle erhält also eine Liste von Aktionen. Jede Aktion wird als eine Zeile in der Tabelle dargestellt. Der Zugriff auf die einzelnen Aktionen erfolgt über eine spezielle Variable. Das `<h:dataTable>`-Tag führt mittels des Attributs `var` eine Variable `campaign` vom Typ `Campaign` ein. Die Variable entspricht einer Laufvariablen in einer Schleife und repräsentiert die aktuelle Aktion bei der Abarbeitung der Liste. Für jede Zeile kann über diese Variable auf die Eigenschaften einer Aktion zugegriffen werden.

Spalten- und Tabellenbeschriftungen können mit dem `<f:facet>`-Tag eingeführt werden. Mögliche Facetten sind `header` (Überschrift), `footer` (Unterschrift) und `caption` (Tabellenbezeichnung). Wir wollen damit die Spaltenüberschriften realisieren und verwenden das `<f:facet>`-Tag deshalb innerhalb der `<h:column>`-Tags und setzen das Attribut `name` auf den Wert `header`. Das folgende Facelet-Fragment skizziert den exemplarischen Aufbau der Datentabelle. Im Beispiel ist jedoch nur die Definition der ersten Spalte zu erkennen.

```
<h:dataTable value="#{campaignListProducer.campaigns}" var="campaign">
  <h:column>
    <f:facet name="header">
      <h:outputText value="Name" />
    </f:facet>
    <h:outputText value="#{campaign.name}" />
  </h:column>
...
</h:dataTable>
```

4.5.3   Unsere erste View!

Auf Basis des vorgestellten Templates werden wir nun die Oberfläche für den Anwendungsfall *Aktionen anzeigen und bearbeiten* erstellen. Dazu rufen wir uns noch einmal das Aussehen der Eingabemaske gemäß dem Entwurf aus Kapitel 3 in Erinnerung (vgl. Abb. 3–5).

Unsere Eingabemaske soll als Inhaltsteil des Templates des aktuellen Contracts und damit der im Browser eingestellten Sprache verwendet werden. Der Contract wird über den <f:view>-Tag gesetzt. Den Bezug zum Template stellen wir über das <ui:composition>-Tag her. Durch das Attribut template referenzieren wir die Datei, die unser Template enthält. Darüber hinaus definieren wir die notwendigen XML-Namensräume für die JSF-Tag-Bibliotheken.

Innerhalb des <ui:composition>-Tags müssen wir nun den Inhaltsbereich des Templates überschreiben. Dies können wir mithilfe des <ui:define>-Tags erledigen. Der Bezug zum Inhaltsbereich erfolgt über das Attribut name, das wir auf den Wert content setzen müssen. Innerhalb dieses Tags folgen nun alle oben beschriebenen UI-Komponenten (dataTable, outputText, commandLink, commandButton und convertNumber) in gewünschter Reihenfolge. Das fertige Facelet finden wir in Listing 4–16.

```
<html xmlns="http://www.w3.org/1999/xhtml"
   xmlns:ui="http://xmlns.jcp.org/jsf/facelets"
   xmlns:f="http://xmlns.jcp.org/jsf/core"
   xmlns:h="http://xmlns.jcp.org/jsf/html">
<body>
  <f:view contracts="#{view.locale.language}">
    <ui:composition template="/template.xhtml">
      <ui:define name="content">
        <h1>Meine Aktionen</h1>
        <h:form>
          <h:dataTable value="#{campaignListProducer.campaigns}"
              var="campaign">
            <h:column>
              <h:commandLink value="x"
                  actionListener=
                    "#{listCampaignsController
                       .doDeleteCampaign(campaign)}" />
            </h:column>
```

```
                    <h:column>
                        <f:facet name="header">Name</f:facet>
                        <h:outputText value="#{campaign.name}" />
                    </h:column>
                    <h:column>
                        <f:facet name="header">Spendenziel</f:facet>
                        <h:outputText value="#{campaign.targetAmount}">
                            <f:convertNumber type="currency"
                                currencyCode="EUR" />
                        </h:outputText>
                    </h:column>
                    <h:column>
                        <f:facet name="header">Bisher gespendet</f:facet>
                        <h:outputText value="#{campaign.amountDonatedSoFar}">
                            <f:convertNumber type="currency"
                                currencyCode="EUR" />
                        </h:outputText>
                    </h:column>
                    <h:column>
                        <h:commandLink value="Editieren"
                            action="#{listCampaignsController
                                    .doEditCampaign(campaign)}" />
                    </h:column>
                    <h:column>
                        <h:commandLink value="Spendenliste"
                            action="#{listCampaignsController
                                .doListDonations(campaign)}" />
                    </h:column>
                    <h:column>
                        <h:commandLink value="Formular"
                            action="#{listCampaignsController
                                .doEditDonationForm(campaign)}" />
                    </h:column>
                </h:dataTable>
                <h:commandButton value="Aktion hinzufügen"
                    action="#{listCampaignsController.doAddCampaign}" />
            </h:form>
        </ui:define>
    </ui:composition>
  </f:view>
 </body>
</html>
```

Listing 4–16   *Facelet listCampaigns.xhtml*

Der aufmerksame Leser wird bemerkt haben, dass es für einige Methoden des
Controllers notwendig ist, ein Campaign-Objekt zu übergeben. Da die Methoden
mittels eines EL-Ausdrucks hinterlegt werden, stellt sich die Frage, wie an dieser
Stelle ein Objekt übergeben werden kann. Die Antwort ist sehr einfach: Die mit
dem <h:dataTable>-Tag eingeführte Variable campaign repräsentiert eine Aktion je
Zeile. Den Namen dieser Variablen können wir direkt im EL-Ausdruck für die
Handler-Methoden verwenden.

```
<h:commandLink value="Formular"
    action="#{listCampaignsController.doEditDonationForm(campaign)}" />
```

Wir speichern die Datei listCampaigns.xhtml und alle folgenden XHTML-Dateien in der Projektstruktur im Verzeichnis src\main\webapp.

4.5.4 Der Start – ein erster Meilenstein

Der erste Anwendungsfall ist nun komplett. Deshalb wird es jetzt höchste Zeit, unser Werk live zu erleben. Falls der WildFly-Server nicht mehr läuft, starten wir diesen. Dann führen wir das Deployment der Anwendung mit Maven (entweder über die Eingabeaufforderung oder über Eclipse) aus und rufen anschließend im Browser die URL http://localhost:8080/my-aktion/listCampaigns.jsf auf. Abbildung 4–2 zeigt den zu erwartenden Inhalt des Browsers an.

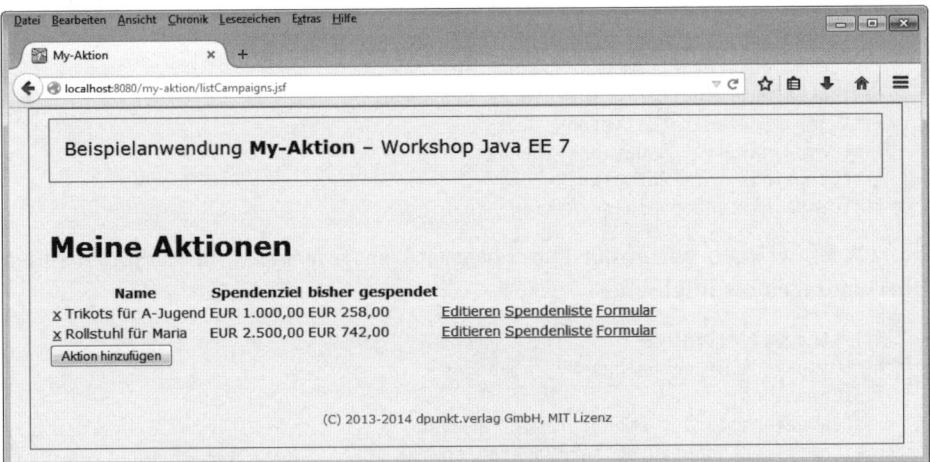

Abb. 4–2   *Darstellung der Aktionenliste im Browser*

Das folgende, beispielhafte Ausgabeprotokoll der WildFly-Konsole ist entstanden durch Klicken auf den Button *Aktion hinzufügen* und anschließendes sequenzielles Klicken auf die Links *Editieren*, *Spendenliste* und *Formular* der Aktion *Trikots für A-Jugend*. Die Ausgabe entspricht also genau dem, was wir in den Methoden der Controller-Bean über System.out.println angegeben haben. Das Aktion-Objekt wird über die toString()-Methode der Klasse java.lang.Object serialisiert und entsprechend ausgegeben.

```
18:40:43,631 INFO  [stdout] (default task-17) Add Campaign
18:40:48,412 INFO  [stdout] (default task-19) Edit Campaign
de.dpunkt.myaktion.model.Campaign@72096329
18:40:52,943 INFO  [stdout] (default task-21) List Donations of Campaign
de.dpunkt.myaktion.model.Campaign@72096329
18:41:01,615 INFO  [stdout] (default task-23) Edit Donation Form of Campaign
de.dpunkt.myaktion.model.Campaign@72096329
```

Fertig? Noch nicht ganz!

Die Seite sieht zwar schon ganz gut aus, wir haben jedoch das Thema Internationalisierung unter den Tisch fallen lassen. Alle statischen Texte der Seite sowie die
Bezeichnungen der Schaltflächen und Links wurden fest mit deutschen Begriffen
im Facelet codiert. Wie in Abschnitt 4.3 beschrieben, schaffen wir Abhilfe durch
die Einführung eines Schlüssel-Wert-Paares für jeden Begriff in den Eigenschaftsdateien der unterstützten *Locales*. Des Weiteren müssen wir in den Facelets EL-
Ausdrücke anstelle der statischen Texte verwenden, die über den Schlüssel den
Text in der richtigen Sprache ermitteln.

Wir ergänzen zunächst die Eigenschaftsdatei messages_de.properties im Verzeichnis src\main\resources um die für das Facelet listCampaigns.xhtml notwendigen Einträge:

```
# listCampaigns.xhtml
listCampaigns.my_campaigns=Meine Aktionen
listCampaigns.name=Name
listCampaigns.target_amount=Spendenziel
listCampaigns.donated_so_far=bisher gespendet
listCampaigns.edit=Editieren
listCampaigns.list_donations=Spendenliste
listCampaigns.form=Formular
listCampaigns.add_campaign=Aktion hinzufügen
```

Danach hinterlegen wir in der Datei messages_en.properties die entsprechenden
Übersetzungen ins Englische:

```
# listCampaigns.xhtml
listCampaigns.my_campaigns=My campaigns
listCampaigns.name=Name
listCampaigns.target_amount=Target amount
listCampaigns.donated_so_far=Donated so far
listCampaigns.edit=Edit
listCampaigns.list_donations=List donations
listCampaigns.form=Form
listCampaigns.add_campaign=Add campaign
```

Abschließend überarbeiten wir das Facelet listCampaigns.xhtml wie in Listing 4–17 dargestellt (Änderungen fett gedruckt):

```
<html xmlns="http://www.w3.org/1999/xhtml"
   xmlns:ui="http://xmlns.jcp.org/jsf/facelets"
   xmlns:f="http://xmlns.jcp.org/jsf/core"
   xmlns:h="http://xmlns.jcp.org/jsf/html">
<body>
   <f:view contracts="#{view.locale.language}">
      <ui:composition template="/template.xhtml">
         <ui:define name="content">
            <h1>#{msg['listCampaigns.my_campaigns']}</h1>
            <h:form>
               <h:dataTable value="#{campaignListProducer.campaigns}"
                  var="campaign">
               <h:column>
                  <h:commandLink value="x"
                     actionListener=
                        "#{listCampaignsController
                           .doDeleteCampaign(campaign)}" />
               </h:column>
               <h:column>
                  <f:facet name="header">
                     #{msg['listCampaigns.name']}
                  </f:facet>
                  <h:outputText value="#{campaign.name}" />
               </h:column>
               <h:column>
                  <f:facet name="header">
                     #{msg['listCampaigns.target_amount']}
                  </f:facet>
                  <h:outputText value="#{campaign.targetAmount}">
                     <f:convertNumber type="currency"
                        currencyCode="EUR" />
                  </h:outputText>
               </h:column>
               <h:column>
                  <f:facet name="header">
                     #{msg['listCampaigns.donated_so_far']}
                  </f:facet>
                  <h:outputText value="#{campaign.amountDonatedSoFar}">
                     <f:convertNumber type="currency"
                        currencyCode="EUR" />
                  </h:outputText>
               </h:column>
               <h:column>
                  <h:commandLink value="#{msg['listCampaigns.edit']}"
                     action="#{listCampaignsController
                              .doEditCampaign(campaign)}" />
               </h:column>
```

```
            <h:column>
                <h:commandLink value=
                    "#{msg['listCampaigns.list_donations']}"
                    action="#{listCampaignsController
                        .doListDonations(campaign)}" />
            </h:column>
            <h:column>
                <h:commandLink value="#{msg['listCampaigns.form']}"
                    action="#{listCampaignsController
                        .doEditDonationForm(campaign)}" />
            </h:column>
        </h:dataTable>
        <h:commandButton value=
            "#{msg['listCampaigns.add_campaign']}"
            action="#{listCampaignsController.doAddCampaign}" />
    </h:form>
</ui:define>
</ui:composition>
</f:view>
</body>
</html>
```

Listing 4–17   *Facelet listCampaigns.xhtml*

Um die Änderungen ausprobieren zu können, müssen wir das Projekt erneut
deployen. Danach wird die Liste der Aktionen in Abhängigkeit von der im Browser eingestellten Sprache dargestellt.

Ein bequemer Einstieg in My-Aktion

Wir haben unsere erste View über die URL `http://localhost:8080/my-`
`aktion/listCampaigns.jsf` aufgerufen. Für den Einstieg in eine Webanwendung ist
das etwas unhandlich. Üblicherweise sollte die URL der Einstiegsseite einer
Webanwendung aus dem Protokoll, dem Server, dem Port und dem Namen der
Anwendung bestehen. Das können wir erreichen, indem wir eine HTML-Seite
`index.html` im Verzeichnis `src\webapp` anlegen, in der eine Weiterleitung auf
unsere Einstiegsseite, die Liste der Aktionen, hinterlegt ist (vgl. Listing 4–18).

```
<html>
  <head>
    <meta http-equiv="Refresh" content="0; URL=listCampaigns.jsf">
  </head>
</html>
```

Listing 4–18   *HTML-Seite index.html*

Nach einem erneuten Deployment mit Maven können wir die Anwendung über
die URL `http://localhost:8080/my-aktion` starten.

Nachdem wir den ersten Anwendungsfall erfolgreich abgeschlossen haben,
widmen wir uns in Abschnitt 4.7 der Implementierung der restlichen Fälle. Wie

wir noch sehen werden, bietet der JSF-Standard leider nicht alle UI-Komponenten, die wir in den Entwürfen der Eingabemasken in Kapitel 3 gefordert haben. In
Abschnitt 4.9 unternehmen wir deshalb einen Ausflug in die Welt der JSF-Erwei-
terungen (hier *PrimeFaces*). Die Verwendung von Zusatzbibliotheken ist in der
Praxis gang und gäbe. Dennoch wollen wir zunächst beim JSF-Standard bleiben
und implementieren mit diesem die restlichen Anwendungsfälle so weit wie möglich. Im nächsten Abschnitt besprechen wir zunächst jedoch weitere Technologien, die wir für die weitere Realisierung benötigen.

4.6 Weitere JSF- und Java-EE-Technologien

In den folgenden Abschnitten beschäftigen wir uns wieder mit Techniken der
CDI-Beans sowie der JSF-Seitenbeschreibungssprache, den Facelets. Im ersten Teil
machen wir uns den Mechanismus der Dependency Injection zunutze (Annotation `@Inject`), indem wir damit die unterschiedlichen Controller-Beans der
Anwendung miteinander verknüpfen. Für die Implementierung unserer Views
benötigen wir weitere UI-Komponenten sowie die Möglichkeit, Eingaben auf
Korrektheit zu überprüfen (Validatoren), zu konvertieren (Konverter) und Fehlermeldungen (FacesMessages) anzuzeigen. Darüber hinaus lernen wir das Konzept der View-Parameter kennen, mit denen beim Aufruf einer View mittels einer
HTTP-GET-Anfrage, analog zu den Möglichkeiten bei UI-Komponenten, Parameter übergeben und anschließend konvertiert und validiert werden können.
Darüber hinaus unternehmen wir einen Ausflug zur Verbesserung der Dynamik
von Views mittels Ajax.

4.6.1 @Inject-Annotation

Bereits in Kapitel 1 haben wir das Grundprinzip der *Dependency Injection* (DI)
kennengelernt. Wir wollen das nun in unserem Projekt nutzen. Die Grundidee ist,
dass wir CDI-Beans nicht explizit selbst erzeugen und auch nicht selbst für die
Verfügbarkeit ihrer Referenzen in unserer Anwendung zuständig sein wollen.
Diese Aufgabe soll der Applikationsserver (genauer gesagt der CDI-Container)
übernehmen. Wir müssen lediglich an den Stellen, an denen wir eine bestimmte
Bean benötigen, eine entsprechende Deklaration vornehmen und durch eine
Annotation dem Applikationsserver mitteilen, dass er genau an dieser Stelle zur
Laufzeit die entsprechende Bean bereitstellen soll. Die Annotation, mit der diese
Kennzeichnung gemacht werden kann, ist `@Inject` (Paket `javax.inject.Inject`).
Als Beispiel betrachten wir die Controller-Klasse `EditCampaignController`. In die-
ser benötigen wir eine Referenz auf eine Instanz der Klasse `CampaignListProducer`,
um neue Aktionen in die Liste der Aktionen aufnehmen zu können.

```
import javax.inject.Inject;

…

public class EditCampaignController implements Serializable {
  …
  @Inject
  private CampaignListProducer campaignListProducer;
  …
}
```

Wir verwenden die Variable campaignListProducer innerhalb der Klasse Campaign-
EditController, ohne an irgendeiner Stelle mit dem new-Operator ein Objekt der
Klasse zu erzeugen. In gewöhnlichen Java-Programmen würde das bei der Ausführung unweigerlich zu der bekannten NullPointerException führen. Bei Java-
EE-Anwendungen sorgt aber der Applikationsserver dafür, dass zur Laufzeit ein
entsprechendes Objekt zur Verfügung steht. Klassen, die auf diese Weise durch
den CDI-Container injiziert werden sollen, müssen einen parameterlosen Konstruktor besitzen.

Zu beachten ist dabei immer auch, für welchen Sichtbarkeitsbereich die
jeweilige Bean deklariert wurde. Dieser wird für die Bean in ihrer Klasse ebenfalls
durch eine Annotation festgelegt (z.B. @SessionScoped) oder aus dem Injektions-
punkt abgeleitet. Der Entwickler muss sich bei der Verwendung der DI darüber
im Klaren sein, ob er an einer bestimmten Stelle mit derselben Instanz einer Bean-
Klasse arbeitet oder mit einer neuen. Die Auswirkungen bei Nichtbeachtung können hier sehr weitreichend sein. Wir werden sowohl den Mechanismus der DI als
auch die Sichtbarkeitsbereiche der CDI-Beans in Kapitel 6 eingehend besprechen.

4.6.2   Texteingabe mit Validierung, Konvertierung und Fehlermeldungen

Beispielhaft für JSF-Eingabekomponenten wollen wir zwei Komponenten für die
Texteingabe betrachten. Für viele Eingabemasken sind Texteingaben unumgäng-
lich. Handelt es sich um einen recht kurzen Text, der in einer Textzeile eingegeben
werden kann, so wird ein Textfeld (<h:inputText>), bei längeren, mehrzeiligen
Textpassagen ein Textbereich (<h:inputTextArea>) verwendet.

Steckbrief <h:inputText>

Komponente zur einzeiligen Texteingabe (Textfeld)

Ausgewählte Attribute:

id: eindeutiger Bezeichner des Textfeldes

value: Inhalt bzw. Wert des Textfeldes. Enthält in der Regel einen EL-Ausdruck, der
das Textfeld an ein Attribut einer Bean bindet.

Die Bindung einer Bean-Eigenschaft an eine Eingabekomponente führt dazu, dass
der aktuelle Wert der Eigenschaft bei der Darstellung der Komponente angezeigt

und bei einer Eingabe neu gesetzt wird. Die Bindung gilt also sowohl für das Lesen als auch für das Schreiben der Eigenschaft. Das folgende Beispiel könnte zur Eingabe einer Kontonummer verwendet werden:

```
<h:inputText id="iban"
    value="#{donateMoneyController.donation.account.iban}">
</h:inputText>
```

Das `<h:inputText>`-Tag wird vom Applikationsserver für den Browser in ein `<input>`-Tag von HTML mit dem Wert text für das Attribut type (`<input …
type="text" … />`) umgewandelt. Das Attribut id ermöglicht die Vergabe einer eindeutigen Bezeichnung für die UI-Komponente innerhalb des Facelets. Über die id können unterschiedliche UI-Komponenten Bezug zueinander nehmen. Ein Beispiel dafür sehen wir weiter unten im Abschnitt *Fehlermeldungen*.

Steckbrief `<h:inputTextArea>`

Komponente zur mehrzeiligen Texteingabe

Ausgewählte Attribute:

id: eindeutiger Bezeichner der Komponente

value: Inhalt bzw. Wert der Textkomponente. Enthält in der Regel einen EL-Ausdruck, der das Textfeld an ein Attribut einer Bean bindet.

rows: Anzahl der Textzeilen

cols: Anzahl der Textspalten

readonly: Einschränkung auf lesenden Zugriff

Das `<h:inputTextArea>`-Tag wird in ein entsprechend konfiguriertes `<textarea>`-HTML-Tag umgewandelt. Die Komponente kann durch verschiedene Attribute konfiguriert werden. Im folgenden Beispiel verwenden wir einen Textbereich, um die URL zum Spendenformular anzuzeigen:

```
<h:inputTextarea
    id="url"
    rows="6"
    cols="30"
    readonly="true"
    value="#{editDonationFormController.url}"
/>
```

Validierung

Ein zentrales Element einer jeden Webanwendung ist die Überprüfung der Gültigkeit der eingegebenen Daten. Ohne diese Überprüfung kann es zu unangenehmen Seiteneffekten kommen. Ungültige Eingaben können u.a. Laufzeitfehler hervorrufen, die auf dem Server zu unbehandelten Ausnahmen führen. JSF stellt deshalb in kleinem Umfang Standardvalidierungsmöglichkeiten bereit. Es ist so möglich, die Länge einer Texteingabe oder den Zahlenbereich einer numerischen Eingabe zu überprüfen oder zu klären, ob überhaupt eine Eingabe erfolgt ist. Diese Möglichkeiten sind jedoch oft für die Komplexität realer Anwendungen nicht ausreichend. Der Entwickler muss deshalb in der Regel eigene Validatoren programmieren. Für unsere Anwendung werden wir jedoch nur Standardvalidatoren verwenden.

In der ersten Iteration unserer Implementierung soll nur eine grobe Validierung durchgeführt werden. Wir verwenden daher häufig die Überprüfung, ob überhaupt eine Eingabe erfolgt ist. Das kann mit dem `<f:validateRequired>`-Tag verlangt werden. Die Überprüfung wird dann für diejenige Eingabekomponente angewandt, in die das Tag als Kind eingebettet wurde.

Steckbrief `<f:validateRequired>`

Dieser Validator prüft die Existenz eines Wertes in einer Eingabekomponente.

Ausgewählte Attribute:
`for`: enthält die ID der zu validierenden Eingabekomponente

Der Bezug des Validators kann über das Attribut `for` oder durch Einbettung des Validator-Tags in das Tag der Eingabekomponente erfolgen. Im folgenden Beispiel kommt der letztere Ansatz zur Anwendung. Der Validator bezieht sich auf das Eingabefeld mit der ID `iban`:

```
<h:inputText id="iban"
     value="#{donateMoneyController.donation.account.iban}">
  <f:validateRequired/>
</h:inputText>
```

Eine weitere Variante, die wir zur Validierung innerhalb unserer Views verwenden, ist die Überprüfung von Daten mittels eines regulären Ausdrucks. Dazu kann das `<f:validateRegEx>`-Tag verwendet werden.

Steckbrief `<f:validateRegex>`

Dieser Validator prüft den Wert einer Eingabekomponente unter Anwendung eines regulären Ausdrucks.

Ausgewählte Attribute:
`for`: enthält die ID der zu validierenden Eingabekomponente
`pattern`: regulärer Ausdruck

Das folgende Beispiel-Tag überprüft für eine Eingabekomponente mit der ID `bg_color`, ob der Wert aus einer beliebigen Kombination von Großbuchstaben von A bis F, Kleinbuchstaben von a bis f oder Ziffern von 0 bis 9 besteht und insgesamt die Länge 6 erreicht wird:

```
<f:validateRegex for="bg_color" pattern="[A-Fa-f0-9]{6}" />
```

Darüber hinaus kann man mit Validatoren auch Zahlenbereiche überprüfen. Hat man z. B. einen Double-Wert und möchte sicherstellen, dass dieser mindestens 1.0 ist, so kann man das `<f:validateDoubleRange>`-Tag verwenden.

Steckbrief `<f:validateDoubleRange>`

Dieser Validator überprüft, ob der Wert einer Eingabekomponente in einem vorgegebenen Wertebereich liegt.

Ausgewählte Attribute:
`for`: enthält die ID der zu validierenden Eingabekomponente
`minimum`: minimaler Eingabewert
`maximum`: maximaler Eingabewert

Das folgende Beispiel überprüft, ob der eingegebene Wert mindestens 10.0 ist.

```
<h:inputTextid="a_targetAmount"
    value="#{campaignProducer.selectedCampaign.targetAmount}">
  <f:validateRequired/>
  <f:validateDoubleRange minimum="10.0"/>
</h:inputText>
```

Handelt es sich bei Eingaben um Text, so kann die Länge der Eingabe durch einen Längen-Validator (`<f:validateLength>`) überprüft werden.

Steckbrief `<f:validateLength>`

Dieser Validator überprüft, ob der Wert einer Eingabekomponente in einem bestimmten Längenintervall liegt (Länge=Anzahl der Zeichen).

Ausgewählte Attribute:
`for`: enthält die ID der zu validierenden Eingabekomponente
`minimum`: minimale Länge
`maximum`: maximale Länge

Im Folgenden prüfen wir, ob die Länge der Eingabe mindestens 4 und maximal 30 Zeichen beinhaltet.

```
<h:inputText id="a_name" value="#{campaignProducer.selectedCampaign.name}">
  <f:validateRequired/>
  <f:validateLength minimum="4" maximum="30"/>
</h:inputText>
```

Konverter

Für viele Validierungen muss zunächst eine Konvertierung erfolgen. HTTP-Kommunikation basiert auf Zeichenketten (Strings). Beans oder auch Validatoren verwenden jedoch in der Regel andere Datentypen. Im obigen Beispiel ist eine Konvertierung nur deshalb nicht notwendig, weil die Eigenschaft name der Klasse

Campaign vom Typ String ist. Über das Attribut converter von Eingabe- und Ausgabekomponenten können Konverter für Komponenten registriert werden. Dabei muss das Attribut converter die ID des Konverters als Wert erhalten. Alternativ kann auch das Tag <f:converter> als Kindelement verwendet werden, um mit seinem Attribut id einen bestimmten Konverter für die umschließende Komponente zu aktivieren.

JSF bietet für die Standarddatentypen Konverter an. Diese Konverter befinden sich im Paket javax.faces.convert. Tabelle 4–2 listet die nichtkonfigurierbaren Konverter mit Datentyp und Konverter-ID auf.

Konverter	Java-Typ	ID
BigDecimalConverter	BigDecimal	javax.faces.BigDecimal
BigIntegerConverter	BigInteger	javax.faces.BigInteger
CharacterConverter	Character	javax.faces.Character
BooleanConverter	Boolean	javax.faces.Boolean
ByteConverter	Byte	javax.faces.Byte
ShortConverter	Short	javax.faces.Short
IntegerConverter	Integer	javax.faces.Integer
LongConverter	Long	javax.faces.Long
FloatConverter	Float	javax.faces.Float
DoubleConverter	Double	javax.faces.Double

Tab. 4–2   *Nichtkonfigurierbare JSF-Standardkonverter*

Die Anwendung der Standardkonverter geschieht automatisch, wenn eine Eingabekomponente an eine Bean-Eigenschaft anderen Typs gebunden wird.

Für die Konvertierung von Kalenderdaten und Zahlen gibt es zwei weitere Konverterklassen, deren Verhalten konfiguriert werden kann. Der DateTimeConverter ermöglicht die Umwandlung eines java.util.Date-Objekts in diverse Datumsformate als Zeichenkette (und andersherum). Im Facelet kann der Konverter über das Tag <f:convertDateTime> eingebunden werden. Die Konfiguration erfolgt über Attribute des Tags. Da wir den Konverter nicht einsetzen werden, verzichten wir an dieser Stelle auf weitere Erklärungen.

Analog ermöglicht die Konverterklasse NumberConverter eine ähnlich mächtige Formatierung von Zahlen. Der Konverter kann durch das Tag <f:convertNumber> in ein Facelet integriert werden. Die Interpretation einer Zahl als Währungsbetrag hatten wir exemplarisch bereits bei der Implementierung des ersten Anwendungsfalls gesehen.

Eine weitere Konvertierung von Zahlen zeigt das folgende Beispiel. Hier wird die Eingabe vor der Validierung in eine Zahl mit genau zwei Nachkommastellen konvertiert.

```
<h:inputText id="a_targetAmount"
    value="#{campaignProducer.selectedCampaign.targetAmount}">
    <f:convertNumber maxFractionDigits="2" minFractionDigits="2"/>
    <f:validateRequired/>
    <f:validateDoubleRange minimum="10.0"/>
</h:inputText>
```

Analog zu den Validatoren kann man aber auch eigene Konverter für spezielle Anforderungen programmieren.

Wir haben an dieser Stelle beschrieben, wie Validatoren und Konverter den UI-Komponenten der Facelets hinzugefügt werden können, jedoch haben wir noch nicht erläutert, wie der Nutzer mitbekommt, dass seine Eingabe eine Validierungsregel verletzt hat oder eine Konvertierung gescheitert ist. Das wird im nächsten Abschnitt besprochen.

Fehlermeldungen

Validierungen, aber auch Konvertierungen können Fehler verursachen, die dem Anwender angezeigt werden müssen, damit er seine Eingabe entsprechend korrigieren kann. JSF definiert einen mehrsprachigen Satz von Fehlermeldungen typischer Probleme der verschiedenen Eingabekomponenten. JSF unterscheidet dabei zwischen einer speziell für eine Komponente erzeugten Meldung und Meldungen für die gesamte View. Bei manchen Fehlermeldungen kann noch zwischen der Kurz- und der Langform unterschieden werden. Komponenten ermöglichen es, die Standardfehlermeldungen durch eigene Fehlermeldungen zu überschreiben. Im folgenden Beispiel wird eine Fehlermeldung durch das Attribut validatorMessage der Texteingabe gesetzt.

```
<h:inputText id="a_name" value="#{campaignProducer.selectedCampaign.name}"
    validatorMessage="Der Name muss min. 4 und max. 30 Zeichen lang sein">
    <f:validateRequired />
    <f:validateLength minimum="4" maximum="30" />
</h:inputText>
```

Selbstverständlich kann man die eigenen Fehlermeldungen auch wieder in Eigenschaftsdateien für die unterstützten Sprachen auslagern.

Fehlermeldungen können über spezielle Tags in der Seite angezeigt werden. Zur Anzeige der Fehlermeldungen einer bestimmten Komponente ist das <h:message>-Tag vorgesehen.

Steckbrief <h:message>

Anzeige einer Nachricht/Fehlermeldung für eine einzelne Komponente

Ausgewählte Attribute:

for: stellt den Bezug zur Komponente her, deren Meldungen angezeigt werden sollen

style: CSS-Stil für die Anzeige

Die Fehleranzeige kann durch weitere Attribute individuell konfiguriert werden. Im folgenden Beispiel geben wir über das Attribut `style` noch die Farbe Rot für die Fehlermeldung mit. Über spezielle Attribute der Tags kann auch die Formatierung der Ausgabe der Fehler nach Schweregrad differenziert werden. Die Fehlermeldung erscheint an der Stelle in der Seite, an der Sie das Tag platziert haben. Im folgenden Beispiel also direkt unter dem Eingabefeld.

```
<h:inputText id="name"
      value="#{donateMoneyController.donation.donorName}">
   <f:validateRequired />
</h:inputText>
<h:message for="name" style="color: red;" />
```

Mit dem `<h:messages>`-Tag können alle Fehler einer Seite an einem Ort angezeigt werden. Dabei kann unterschieden werden, ob nur globale (also komponentenunabhängige) Fehler der Seite oder auch Fehler, die einer Komponente zuordenbar sind, angezeigt werden sollen.

Steckbrief `<h:messages>`

Anzeige aller Nachrichten/Fehlermeldungen einer View

Ausgewählte Attribute:

`globalOnly`: Es werden nur komponentenunabhängige Meldungen der Seite angezeigt (Default `false`).

`showDetail`: Anzeige der ausführlichen Meldung (Default `false`)

`showSummary`: Anzeige der Kurzform der Meldungen (Default `true`)

`style`: CSS-Stil für die Anzeige

Die Steuerung erfolgt über das Attribut `globalOnly`. Während das `<h:message>`-Tag immer die Langform der Meldung anzeigt, kann man bei `<h:messages>` durch die Attribute `showDetail` und `showSummary` die Lang- und Kurzform ein- und ausschalten. Das folgende Tag würde alle Fehlermeldungen der View in der Kurzform darstellen.

```
<h:messages globalOnly="false" showDetail="false" showSummary="true"/>
```

Hinter den Kulissen repräsentiert die Klasse `FacesMessage` im Paket `javax.faces.application` Fehlermeldungen. Fehlermeldungen können deshalb auch direkt im Programmcode der Backing Beans erzeugt werden. Wir können Fehlermeldungen mit unterschiedlichen Schweregraden erzeugen. Die Konstanten dazu sind ebenfalls in der Klasse `FacesMessages` definiert: `SEVERITY_ERROR`, `SEVERITY_FATAL`, `SEVERITY_INFO`, `SEVERITY_WARN`. Die obigen Standardvalidierer erzeugen Fehler mit dem Schweregrad `SEVERITY_ERROR`. Die im Java-Code erzeugten Fehlermeldungen werden ebenfalls von den bereits vorgestellten Tags `<h:message>` und `<h:messages>` angezeigt. Über spezielle Attribute der Tags kann auch die Formatierung der Ausgabe der Fehler nach Schweregrad differenziert werden.

Jede Fehlermeldung bezieht sich auf eine bestimmte Anfrage einer JSF-Seite. Bei JSF wird der Zustand einer Anfrage inkl. aller Informationen zur Erzeugung der Antwort in einem Objekt der Klasse `FacesContext` aus dem Paket `javax.faces.context` verwaltet. Dieser Zustand beinhaltet auch die Fehlermeldungen. Im Java-Code der Backing Beans erzeugte Fehlermeldungen müssen also der aktuellen Instanz des `FacesContext` hinzugefügt werden. Hier ein Beispiel, wie man Zugriff auf die aktuelle Instanz des `FacesContext` in einer *Backing Bean* bekommt und wie eine Fehlermeldung hinzugefügt werden kann:

```
FacesContext.getCurrentInstance().addMessage(null,
        new FacesMessage(FacesMessage.SEVERITY_INFO,
                        "Vielen Dank für die Spende", null));
```

Beim Generieren der Antwortseite wird diese Meldung von dem Tag `<h:message>` oder `<h:messages>` berücksichtigt.

4.6.3   Das Rasterlayout von UI-Komponenten

In Views wird sehr häufig die Ausrichtung von UI-Komponenten an einem Raster verwendet. Das `<h:panelGrid>`-Tag ordnet die UI-Komponenten an einem Raster aus und wird in HTML als Tabelle dargestellt.

> **Steckbrief `<h:panelGrid>`**
>
> Dieses Tag ermöglicht das Ausrichten von Komponenten an einer Rasterstruktur und erzeugt eine HTML-Tabelle.
>
> Ausgewählte Attribute:
> `columns`: Anzahl der Spalten je Zeile

Die Komponenten innerhalb des `h:panelGrid`-Tags werden zeilenweise von links nach rechts den Rastern zugeordnet. Wenn mehrere Komponenten in einem Rasterelement dargestellt werden sollen, dann können diese durch das `h:panelGroup`-Tag gruppiert werden und die ganze Gruppe kann dem Rasterelement zugewiesen werden. Das folgende Beispiel erzeugt eine HTML-Tabelle mit zwei Zeilen und zwei Spalten. Die Werte der `value`-Attribute werden von links nach rechts und von oben nach unten den vier Zellen der Tabelle zugeordnet.

```
…
<h:panelGrid columns="2">
    <h:outputLabel value="linksoben"></h:outputLabel>
    <h:outputLabel value="rechtsoben"></h:outputLabel>
    <h:outputLabel value="linksunten"></h:outputLabel>
    <h:panelGroup>
        <h:outputLabel value="rechts"></h:outputLabel>
        <h:outputLabel value="unten"></h:outputLabel>
    </h:panelGroup>
</h:panelGrid>
…
```

4.6.4   Auswahlkomponenten

In Formularen ist nicht nur die Möglichkeit der Eingabe eines Freitextes erforderlich, sondern häufig ist auch die Auswahl eines oder mehrerer vorgegebenen Werte bzw. das Aktivieren von Optionen notwendig. Für diese Aufgabe bringt JSF eine Vielzahl an Komponenten mit. Im Folgenden betrachten wir zwei davon genauer, die wir für unsere Implementierung benötigen.

Die Combo-Box (h:selectOneMenu)

Die erste Komponente ermöglicht die Auswahl genau eines Wertes aus einer Liste vorgegebener Werte.

> **Steckbrief `<h:selectOneMenu>`**
>
> Komponente zur Auswahl eines Wertes aus einer Liste
>
> Ausgewählte Attribute:
>
> `id`: eindeutiger Bezeichner der Komponente
>
> `value`: Inhalt bzw. Wert der Combo-Box. Enthält in der Regel einen EL-Ausdruck, der die Combo-Box an ein Attribut einer Bean bindet. Der aktuelle Wert des Bean-Attributs wird für den Nutzer sichtbar angezeigt.

Die Darstellung ist so realisiert, dass immer nur der aktuell ausgewählte Wert zu erkennen ist. Sobald der Benutzer auf die Auswahlfläche klickt, erscheinen alle Auswahlmöglichkeiten. In anderen GUI-Frameworks spricht man hier auch von einer *Combo-Box*. Das `<h:selectOneMenu>`-Tag wird in HTML als `<select>`-Tag mit dem Attribut `size`, das den Wert 1 besitzt, umgewandelt. Innerhalb des `<h:selectOneMenu>`-Tags können die möglichen Werte mit dem `<f:selectItem>`-Tag vorgegeben werden.

> **Steckbrief `<f:selectItem>`**
>
> Komponente zur Repräsentation eines Wertes aus einer Auswahlliste
>
> Ausgewählte Attribute:
>
> `itemLabel`: für den Nutzer sichtbare Repräsentation des Wertes
>
> `itemValue`: eigentlicher Wert der Auswahl, der auch als Ergebnis für das angebundene Bean-Attribut verwendet wird

Die `<f:selectItem>`-Tags werden in HTML als `<option>`-Elemente abgebildet. Im folgenden Beispiel wird eine Auswahl von drei Elementen dargestellt:

```
<h:selectOneMenu id="bgColor"
      value="#{editDonationFormController.bgColor}">
   <f:selectItem itemLabel="#FFFFFF" itemValue="FFFFFF" />
   <f:selectItem itemLabel="#000000" itemValue="000000" />
   <f:selectItem itemLabel="#FF0000" itemValue="FF0000" />
</h:selectOneMenu>
```

Die Checkbox (h:selectBooleanCheckbox)

Die zweite Komponente ermöglicht das Aktivieren bzw. Deaktivieren einer Option. Diese grafische Komponente ist auch als *Checkbox* bekannt. Sie wird mittels des <h:selectBooleanCheckbox>-Tags in die View eingebunden.

Steckbrief `<h:selectBooleanCheckbox>`

Komponente zur Aktivierung bzw. Deaktivierung einer optionalen Auswahl

Ausgewählte Attribute:

value: Inhalt bzw. Wert der Checkbox. Enthält in der Regel einen EL-Ausdruck, der die Checkbox an ein Attribut einer Bean vom Typ boolean bindet.

Wird das grafische Kästchen vom Benutzer aktiviert, so wird der Wert auf true, sonst auf false gesetzt. Im Beispiel unten folgt auf das Tag ein Text, der dem Benutzer die Folgen einer Aktivierung in der Anwendung erklärt.

```
<h:selectBooleanCheckbox
        value="#{donateMoneyController.donation.receiptRequested}"/>
Ja, ich möchte eine Spendenquittung
```

4.6.5   Die GET-Parameterverarbeitung in einer View

JSF bietet einen Mechanismus an, mit dem man Parameter einer HTTP-GET-Anfrage in einer View direkt an Eigenschaften einer Bean binden kann. Die Parameterübergabe funktioniert deshalb prinzipiell genauso wie die Übernahme von Werten aus anderen Eingabekomponenten. Die Werte können in gleicher Weise konvertiert und validiert werden. Die Parameter werden in den Metadaten der JSF-Seite innerhalb des <f:metadata>-Tags deklariert, das sich wiederum im <h:head>-Tag der Seite befindet. Zur Abfrage eines View-Parameters verwendet man das Tag <f:viewParam>.

Steckbrief `<f:viewParam>`

Komponente, die einen Parameter einer HTTP-GET-Anfrage repräsentiert

Ausgewählte Attribute:

id: eindeutiger Bezeichner der Komponente

name: Name des GET-Parameters der Anfrage

value: enthält in der Regel einen EL-Ausdruck, der den Parameter an ein Attribut einer Bean bindet

---

Analog zu den oben beschriebenen Texteingaben und -anzeigen können Konverter und Validatoren eingebunden werden. Der folgende Codeausschnitt zeigt die Deklaration eines Parameters mit dem Namen bgColor, der nach einer erfolgreichen Validierung direkt als Wert einer Eigenschaft einer Backing Bean übernommen wird. Zusätzlich wird sein Wert durch einen regulären Ausdruck validiert.

```
…
<h:head>
  <title>Geld Spenden</title>
  <meta charset="utf-8"/>
  <f:metadata>
    <f:viewParam id="bgColor" name="bgColor"
          value="#{donateMoneyController.bgColor}">
      <f:validateRegex pattern="[A-Fa-f0-9]{6}"/>
    </f:viewParam>

    …

  </f:metadata>
</h:head>
…
```

4.6.6   Ajax – Etwas mehr Dynamik gefällig?

Bisher haben wir JSF sehr statisch erlebt. Die JSF-Tags werden in HTML umgewandelt und die Anwendungen arbeiten strikt nach dem seitenweisen Anfrage-Antwort-Prinzip: Eine HTTP-Anfrage liefert eine HTML-Seite zurück. Über deren Links und Schaltknöpfe werden neue Anfragen an den Server gesendet und neue komplette HTML-Seiten zurückgeliefert. Diese Art der Verarbeitung hat zur Folge, dass die Anwendung für den Benutzer manchmal schwerfällig wirkt. Mit jedem Klick wird die Seite komplett neu angefragt, gesendet und dargestellt, obwohl manchmal nur ein kleiner Teil der Seite aktualisiert werden müsste. Mit Ajax (Asynchronous JavaScript and XML) wurde vor einigen Jahren ein allgemeines Konzept für Webanwendungen entwickelt, das die Interaktivität von Webanwendungen erhöht, indem Benutzeraktionen nur zu partiellen Änderungen einer bereits im Browser dargestellten Seite führen. Es wird durch (partielle) Anfragen nicht eine komplette neue Seite angefordert, sondern es werden nur Teile der Seite mit neuen Daten versehen und neu dargestellt. Der Benutzer empfindet dadurch die Bedienung der Anwendung wesentlich angenehmer, da die Reaktionszeiten kürzer wirken. Die Technologie ermöglicht die Gestaltung von Webanwendungen im Stile von Desktop-Anwendungen und nicht als eine einfache Verlinkung von Webseiten.

Ajax selbst basiert auf einer ganzen Reihe von Technologien, entscheidend ist jedoch, dass im Browser neben HTML eben auch JavaScript zum Einsatz kommt. Der JavaScript-Code kommuniziert über standardisierte Schnittstellen mit dem Server. Die Kommunikation erfolgt dadurch parallel zum klassischen HTTP-Anfrage-Antwort-Protokoll. JavaScript führt clientseitig das Rendering der zu aktualisierenden Teile der Seite durch.

JSF bringt eine JavaScript-API mit, die die Grundlage für die Integration von Ajax in Java-EE-Anwendungen bildet. Entwickler können diese API direkt nutzen oder aber die deklarative Variante über das Tag <f:ajax> verwenden. Eine UI-Komponente kann mit Ajax-Funktionalität ausgestattet werden, indem man das <f:ajax>-Tag als Kindelement in die Deklaration der Komponente aufnimmt.

Die genauen Aktionen des <f:ajax>-Tags können über seine Attribute festgelegt werden.

Im folgenden Codeausschnitt verwenden wir das <f:ajax>-Tag, um die Anzeige einer URL, die abhängig von der Auswahl einer *Combo-Box* ist, zu aktualisieren, ohne die komplette Seite neu laden zu müssen.

```
…
<h:outputLabel value="Textfarbe:"></h:outputLabel>
<h:selectOneMenu id="textColor"
      value="#{editDonationFormController.textColor}">
   <f:selectItem itemLabel="#FFFFFF" itemValue="FFFFFF" />
   <f:selectItem itemLabel="#000000" itemValue="000000" />
   <f:selectItem itemLabel="#FF0000" itemValue="FF0000" />
   <f:ajax render="url" />
</h:selectOneMenu>
…
<h:inputTextarea id="url" rows="6" cols="30" readonly="true"
      value="#{editDonationFormController.url}" />
…
```

Zum Verständnis des Ausschnitts muss man wissen, dass zwischen den Eigenschaften textColor und url der Bean EditDonationFormController eine inhaltliche Abhängigkeit besteht. Ändert man den Wert von textColor, so ändert sich auch der Wert von url. Nach einer Änderung des Werts der *Combo-Box mit der ID* textColor sorgt das <f:ajax>-Tag dafür, dass die JSF-Komponente mit der ID url (also die *Textarea-Komponente*) und nur diese neu dargestellt wird.

Um die Verarbeitung von Ajax-Anfragen im Kontext von JSF komplett verstehen zu können, ist es notwendig, das Bearbeitungsmodell einer JSF-Anfrage (engl. *faces request*) und seine Anpassung bzgl. Ajax-Anfragen zu kennen. Dieses Modell ist sehr komplex, und eine vernünftige Erläuterung würde den Rahmen des Kapitels sprengen. Wir verweisen daher auf die JSF-Spezialliteratur (Müller, 2010) und (Marinschek, Kurz & Müllan, 2013).

4.6.7   HTML5 Friendly Markup

JSF 2.2 verwendet als Neuerung für das Rendering HTML5. Das heißt, wenn eine Faces-Anfrage mit einer HTML-Seite beantwortet wird, dann verwendet diese standardmäßig HTML5, was der erfahrene Webentwickler an der ersten Zeile (`<!DOCTYPE html >`) leicht erkennen kann.

Mit HTML5 erhalten viele bestehende HTML-Tags neue Attribute. Dazu gehört zum Beispiel das type-Attribut bei `input`-Elementen, mit dem semantische Informationen über die Art der Eingabe hinterlegt werden können. Unterstützte Werte sind dabei z.B. `text`, `search`, `email`, `url` oder `tel`.

Darüber hinaus ist es auch möglich, Metadaten an HTML-Elemente anzuhängen, die im Browser nicht dargestellt werden, die aber mit JavaScript abgefragt werden können. Dieser Mechanismus wird in der HTML-Spezifikation mit *custom-data-attribute* bezeichnet. Diese Attribute haben keinen festen Namen, beginnen aber immer mit dem Präfix `data-`. Beide HTML5-Neuerungen ermöglichen Webclients eine semantische Interpretation der Daten.

JSF-UI-Komponenten unterstützen diese neuen Attribute nicht automatisch. Man könnte jetzt sagen, dass dies eben im Rahmen einer neuen Version nachgeholt werden muss. Auf den zweiten Blick erkennt man aber, dass dies gar nicht notwendig ist, da JSF diese Attribute beim Rendering gar nicht interpretiert oder in HTML umwandeln muss.

Vielmehr erscheint es sinnvoll, einen allgemeinen Mechanismus bereitzustellen, mit dem man zwar beliebige Paare von Attributnamen und -werten festlegen kann, diese aber an die für das Rendering zuständige Komponente weiterleitet. Das ist möglich, da es sich um Metadaten handelt, die erst vom Webclient und nicht schon auf Serverseite interpretiert werden. JSF leitet daher die Attribute mit ihren Werten einfach an den HTML5-Client weiter. Deshalb wird dieser Mechanismus im Englischen auch als *Pass-through Attributes* bezeichnet. Auf diese Weise ermöglicht JSF die Nutzung von HTML5-Erweiterungen, ohne die eigenen Komponenten neu implementieren zu müssen.

Betrachten wir dazu das folgende Beispiel. In HTML 5 haben INPUT-Elemente ein neues Attribut `placeholder`. Damit kann ein Text im Eingabefeld grau vorgeblendet werden, bis das Feld den Fokus erhält. Dadurch lassen sich sehr einfach sogenannte *Inline Labels* realisieren, d.h. Beschriftungen von Eingabefeldern, die nicht über oder vor dem jeweiligen Feld stehen, sondern im Feld selbst enthalten sind. Dies ist hilfreich, um Hinweistexte beim Ausfüllen des Eingabefeldes zur Verfügung zu stellen.

Das Attribut `placeholder` gibt es bei den JSF-Komponenten wie z.B. `<h:inputText>` nicht. Mithilfe des *Pass-through*-Mechanismus kann die neue Funktionalität im Client dennoch genutzt werden. Im folgenden Abschnitt 4.7.1 führen wir ein Facelet zum Bearbeiten und Anlegen von Aktionen ein (`editCampaign.xhtml`). Diese beinhaltet einige Textfelder, u.a. das zur Eingabe des Namens der Aktion. Man könnte ein Inline-Label für dieses Feld wie folgt festlegen[3]:

```
…
<h:inputText id="a_name"
        value="#{campaignProducer.selectedCampaign.name}"
        validatorMessage="Name einer Aktion min. 4 und max. 30 Zeichen">
    <f:passThroughAttribute name="placeholder"
            value="Name der Spendenaktion" />
    <f:validateRequired />
    <f:validateLength minimum="4" maximum="30" />
</h:inputText>
…
```

Nach dem Rendering befindet sich auf der resultierenden HTML5-Seite ein Eingabefeld, das das Attribut placeholder mit dem festgelegten Wert enthält:

```
<input id="j_idt8:a_name" type="text" name="j_idt8:a_name"
    placeholder="Name der Spendenaktion" />
```

Auf diese Weise können neue HTML5-Fähigkeiten in das Ergebnis des Rendering integriert werden. Der HTML5-fähige Browser sorgt dann für die entsprechende Interpretation der Attribute.

4.7   Die Implementierung der restlichen Anwendungsfälle

Jetzt können wir uns wieder an die Implementierung machen und uns den restlichen Anwendungsfällen aus Kapitel 3 widmen. Um die Implementierung besser verstehen zu können, sollten wir uns aber vor jedem der folgenden Implementierungsabschnitte noch einmal die Eingabemaske und die Verarbeitungslogik des entsprechenden Anwendungsfalls aus Kapitel 3 ansehen.

4.7.1   Aktion bearbeiten und Aktion neu anlegen

Die Anwendungsfälle *Aktion bearbeiten* und *Aktion neu anlegen* besitzen dieselbe Eingabemaske und können somit über dieselbe Controller-Klasse gesteuert werden. Der Unterschied zwischen beiden Fällen besteht nur darin, dass im ersten Fall ein bestehendes Campaign-Objekt bearbeitet werden muss und deshalb die aktuellen Werte der Eigenschaften in der Eingabemaske angezeigt werden müssen. Im Falle, dass eine Aktion neu angelegt wird, muss ein neues Campaign-Objekt erzeugt und seine Eigenschaften mit neuen Werten über die Eingabemaske gesetzt werden. Des Weiteren muss der Modus der Bearbeitung verwaltet werden, der festlegt, ob eine neue Aktion angelegt oder eine bestehende Aktion bearbeitet werden soll. Die Verwaltung des Campaign-Objekts und des Bearbeitungsmodus realisieren wir in der Klasse CampaignProducer (vgl. Listing 4–19).

---

3.   Die Texte sind nur wegen der besseren Lesbarkeit auf Deutsch. In der späteren Implementierung (Listing 4–21) werden die Texte internationalisiert.

Die Klasse CampaignProducer

```
package de.dpunkt.myaktion.data;

import de.dpunkt.myaktion.model.Campaign;
import javax.enterprise.context.SessionScoped;
import javax.inject.Named;
import java.io.Serializable;

@SessionScoped
@Named
public class CampaignProducer implements Serializable {
    private static final long serialVersionUID = -1828660647917534556L;

    private enum Mode {
        EDIT, ADD
    }
    private Campaign campaign;
    private Mode mode;

    public Campaign getSelectedCampaign() {
        return campaign;
    }
    public void setSelectedCampaign(Campaign campaign) {
        this.campaign = campaign;
    }
    public boolean isAddMode() {
        return mode == Mode.ADD;
    }
    public void prepareAddCampaign() {
        this.campaign = new Campaign();
        this.mode = Mode.ADD;
    }
    public void prepareEditCampaign(Campaign campaign) {
        this.campaign = campaign;
        this.mode = Mode.EDIT;
    }
}
```

Listing 4–19 *Klasse CampaignProducer*

Der Bearbeitungsmodus wird durch einen inneren Aufzählungstyp (enum Mode) festgelegt. Er kann die Werte EDIT oder ADD annehmen. Die Klasse besitzt daher neben dem Attribut vom Typ Campaign auch noch ein Attribut vom Typ Campaign-Producer.Mode.

Ein Objekt der Klasse kann in eine Controller-Bean injiziert werden, und die Daten werden während der gesamten Sitzung gespeichert. Der Controller kann die Initialisierung der Bean in Abhängigkeit vom vorliegenden Arbeitsmodus entweder über die Methode prepareAddCampaign oder über prepareEditCampaign durchführen. Im ersteren Fall wird ein neues Campaign-Objekt erzeugt, im zweiten Fall wird das zu bearbeitende Objekt übergeben. Die restlichen Getter- und Setter-Methoden ermöglichen den Zugriff auf die Attribute der Bean.

Die Controller-Klasse `EditCampaignController` (vgl. Listing 4–20) des Anwendungsfalles verwendet neben der Klasse `CampaignProducer` auch die Klasse `CampaignListProducer`, die unsere Beispieldaten verwaltet. Das ist notwendig, da neue oder bearbeitete Aktionen in die Aktionenliste eingefügt werden müssen. An dieser Stelle kommt jetzt die Dependency Injection ins Spiel. Wir deklarieren in der Controller-Klasse ein Attribut vom Typ `CampaignListProducer` und ein Attribut vom Typ `CampaignProducer` und fügen jeweils die Annotation `@Inject` hinzu. Zur Laufzeit sorgt nun der Applikationsserver dafür, dass wir über die deklarierten Variablen Zugriff auf eine Bean haben. Da in beiden Klassen der Kontext auf `@SessionScoped` gesetzt wurde, können wir sicher sein, dass alle Controller-Beans der gleichen Benutzersitzung auf die gleiche Bean zugreifen.

Die Klasse EditCampaignController

```
package de.dpunkt.myaktion.controller;

import de.dpunkt.myaktion.data.CampaignListProducer;
import de.dpunkt.myaktion.data.CampaignProducer;
import javax.enterprise.context.SessionScoped;
import javax.inject.Inject;
import javax.inject.Named;
import java.io.Serializable;

@SessionScoped
@Named
public class EditCampaignController implements Serializable {
    private static final long serialVersionUID = 2815796004558360299L;

    @Inject
    private CampaignListProducer campaignListProducer;
    @Inject
    private CampaignProducer campaignProducer;

    public String doSave() {
        if (campaignProducer.isAddMode()) {
            campaignListProducer.getCampaigns().add(
                    campaignProducer.getSelectedCampaign());
        }
        return Pages.LIST_CAMPAIGNS;
    }
    public String doCancel() {
        return Pages.LIST_CAMPAIGNS;
    }
}
```

Listing 4–20 *Klasse EditCampaignController*

Unsere Controller-Klasse beinhaltet zwei Methoden für die Ablaufsteuerung. Zum einen muss man nach dem Editieren oder Erstellen einer Aktion diese abspeichern können. Dies übernimmt die Methode `doSave`. Die Logik der Methode muss den aktuellen Modus berücksichtigen. Handelt es sich um das

Editieren einer bestehenden Aktion, ist nichts weiter zu tun. Wird aber eine neue Aktion angelegt, so muss diese über die verfügbare `ListCampaignProducer`-Bean in die Liste der Aktionen aufgenommen werden. In beiden Fällen wird danach auf die View `LIST_CAMPAIGNS` weitergeleitet.

   Darüber hinaus ist auch das Abbrechen des Vorgangs vorgesehen. Das übernimmt die Methode `doCancel`. Sie muss nichts weiter tun, als zurück auf die View `aktionList` zu navigieren.

Das Facelet editCampaign.xhtml

Betrachten wir die Entwürfe der Eingabemasken aus Abbildung 3–14 und 3–15 in Kapitel 3, so fällt auf, dass hier ein Tab-Panel (Karteikarten-Komponente) vorausgesetzt wird. Im Entwurf haben wir die allgemeinen Daten der Aktion und die Daten zur Bankverbindung in unterschiedlichen Tabs vorgesehen. Bisher war jedoch von einer solchen Komponente noch keine Rede, und auch wenn wir noch so sehr suchen, wir werden sie im JSF-Standard nicht finden! Das ist ein typischer Fall für den Einsatz einer zusätzlichen JSF-Bibliothek. Wir werden in Abschnitt 4.9 die Verwendung von *PrimeFaces* für diesen Zweck demonstrieren. Für den Augenblick werden wir auf Tabs verzichten und die Daten untereinander in zwei Rastern (Tag `<h:panelGrid>`) darstellen. Wie bei jedem Facelet der Anwendung brauchen wir auch hier wieder eine Menge von Texten, die sprachabhängig auf der Seite erscheinen sollen. Wir ergänzen die Eigenschaftsdateien `messages_de.properties` um die folgenden Einträge:

```
# editCampaign.xhtml
editCampaign.add_new_campaign=Neue Aktion anlegen
editCampaign.edit_campaign=Aktionsdaten editieren
editCampaign.general=Allgemein
editCampaign.name=Name
editCampaign.campaign_name_validation=Der Name einer Aktion muss min. 4 und
darf max. 30 Zeichen lang sein.
editCampaign.name_of_the_campaign=Name der Spendenaktion
editCampaign.target_amount=Spendenziel
editCampaign.target_amount_validation=Das Spendenziel für die Aktion muss min.
10 Euro sein.
editCampaign.donation_amount=Spendenbetrag
editCampaign.donation_amount_validation=Der Spendenbetrag muss min. 1 Euro
sein.
editCampaign.bank_account=Bankverbindung
editCampaign.iban=IBAN
editCampaign.name_of_bank=Name der Bank
editCampaign.save=Speichern
editCampaign.cancel=Abbrechen
```

Des Weiteren fügen wir die folgenden Zeilen in die Datei messages_en.properties ein:

```
# editCampaign.xhtml
editCampaign.add_new_campaign=Add a new campaign
editCampaign.edit_campaign=Edit campaign
editCampaign.general=General
editCampaign.name=Name
editCampaign.campaign_name_validation=The name of a campaign must be at least
4 and max. 30 characters long.
editCampaign.name_of_the_campaign=Name of the campaign
editCampaign.target_amount=Target amount
editCampaign.target_amount_validation=The target amount for the campaign must
be at least 10 Euro.
editCampaign.donation_amount=Donation amount
editCampaign.donation_amount_validation=The donation amount must be at least 1
Euro.
editCampaign.bank_account=Bank account
editCampaign.iban=IBAN
editCampaign.name_of_bank=Name of Bank
editCampaign.save=Save
editCampaign.cancel=Cancel
```

Listing 4–21 zeigt die Implementierung des Facelets.

```
<html xmlns="http://www.w3.org/1999/xhtml"
    xmlns:ui="http://xmlns.jcp.org/jsf/facelets"
    xmlns:f="http://xmlns.jcp.org/jsf/core"
    xmlns:h="http://xmlns.jcp.org/jsf/html">
<body>
    <f:view contracts="#{view.locale.language}">
        <ui:composition template="/template.xhtml">
            <ui:define name="content">
                <h1>#{campaignProducer.addMode ?
                    msg['editCampaign.add_new_campaign'] :
                    msg['editCampaign.edit_campaign']}</h1>
                <h:form>
                    <h:panelGrid columns="3">
                        <f:facet name="header">
                            #{msg['editCampaign.general']}
                        </f:facet>
                        <h:outputLabel value="#{msg['editCampaign.name']}:">
                        </h:outputLabel>
                        <h:inputText id="a_name"
                            value="#{campaignProducer.selectedCampaign.name}"
                            validatorMessage=
                                "#{msg['editCampaign.campaign_name_validation']}">
                            <f:passThroughAttribute name="placeholder"
                                value=
                                    "#{msg['editCampaign.name_of_the_campaign']}"
                            />
                            <f:validateRequired />
                            <f:validateLength minimum="4" maximum="30" />
                        </h:inputText>
```

```
<h:message for="a_name" style="color: red;" />
<h:outputLabel value=
    "#{msg['editCampaign.target_amount']}:">
</h:outputLabel>
<h:panelGroup>
    <h:inputText id="a_targetAmount"
        value=
            "#{campaignProducer
                .selectedCampaign.targetAmount}"
        validatorMessage=
            "#{msg['editCampaign
                .target_amount_validation']}">
        <f:convertNumber maxFractionDigits="2"
            minFractionDigits="2" />
        <f:validateRequired />
        <f:validateDoubleRange minimum="10.0" />
    </h:inputText> EUR
</h:panelGroup>
<h:message for="a_targetAmount" style="color: red;" />
<h:outputLabel value=
    "#{msg['editCampaign.donation_amount']}:">
</h:outputLabel>
<h:panelGroup>
    <h:inputText id="a_donationMinimum"
        value="#{campaignProducer
                .selectedCampaign.donationMinimum}"
        validatorMessage=
            "#{msg['editCampaign.
                donation_amount_validation']}">
        <f:convertNumber maxFractionDigits="2"
            minFractionDigits="2" />
        <f:validateRequired />
        <f:validateDoubleRange minimum="1.0" />
    </h:inputText> EUR
</h:panelGroup>
<h:message for="a_donationMinimum"
    style="color: red;" />
</h:panelGrid>
<h:panelGrid columns="3">
    <f:facet name="header">
        #{msg['editCampaign.bank_account']}
    </f:facet>
    <h:outputLabel value=
        "#{msg['editCampaign.name']}:">
    </h:outputLabel>
    <h:inputText id="b_name"
        value=
            "#{campaignProducer
                .selectedCampaign.account.name}">
        <f:validateRequired />
    </h:inputText>
```

```
                      <h:message for="b_name" style="color: red;" />
                      <h:outputLabel value=
                          "#{msg['editCampaign.iban']}:">
                      </h:outputLabel>
                      <h:inputText id="b_iban"
                          value="#{campaignProducer
                                  .selectedCampaign.account.iban}">
                          <f:validateRequired />
                      </h:inputText>
                      <h:message for="b_iban" style="color: red;" />
                      <h:outputLabel value=
                          "#{msg['editCampaign.name_of_bank']}:">
                      </h:outputLabel>
                      <h:inputText id="b_name_bank"
                          value="#{campaignProducer
                                  .selectedCampaign.account.nameOfBank}">
                          <f:validateRequired />
                      </h:inputText>
                      <h:message for="b_name_bank" style="color: red;" />
                  </h:panelGrid>
                  <h:commandButton value="#{msg['editCampaign.save']}"
                      action="#{editCampaignController.doSave}" />
                  <h:commandButton value="#{msg['editCampaign.cancel']}"
                      immediate="true" action=
                          "#{editCampaignController.doCancel}" />
              </h:form>
          </ui:define>
      </ui:composition>
    </f:view>
  </body>
</html>
```

Listing 4–21   *Facelet editCampaign.xhtml*

Wir speichern die Datei editCampaign.xhtml ebenfalls in unserer Projektstruktur
im Verzeichnis src\main\webapp.

Im Facelet können wir sehr schön die Bindung der Attribute des Campaign-
Objekts an die Eingabefelder über EL-Ausdrücke erkennen. Das jeweilige Campaign-
Objekt wird im EL-Ausdruck über das Attribut selectedCampaign der Campaign-
Producer-Bean referenziert. Die Methoden doSave und doCancel der Controller-
Klasse editCampaignController sind mittels EL-Ausdrücken als *Action*-Methoden
bei den beiden Schaltflächen des Facelets registriert.

Die bestehenden Facelets und Klassen anpassen

Wir haben nun das Facelet und den Controller für die beiden Anwendungsfälle
erzeugt. Es fehlt jetzt nur noch die Integration mit dem Anwendungsfall *Aktionen
anzeigen und bearbeiten*. Dazu müssen wir die Klasse ListCampaignsController
bearbeiten, weil aus dieser heraus über die Methoden doEditCampaign und doAdd-
Campaign auf die Seite editCampaign.xhtml verwiesen wird. In beiden Methoden

müssen die betroffene Aktion (eine neue oder eine ausgewählte Aktion) und der
Bearbeitungsmodus gesetzt werden. Deshalb benötigen wir eine Referenz auf die
CampaignProducer-Bean. Wir deklarieren daher in der Klasse ListCampaigns-
Controller eine Instanzvariable vom Typ CampaignProducer und versehen sie mit
der Annotation @Inject. Der Applikationsserver versorgt dadurch unsere Bean
zur Laufzeit mit der gewünschten Referenz.

```
@Inject
private CampaignProducer campaignProducer;
```

Wir dürfen nicht vergessen, den Import-Befehl für die Annotation @Inject hinzuzufügen.

```
import javax.inject.Inject;
```

Diese Referenz nutzen wir nun in den Methoden doEditCampaign und doAddCampaign
aus, um die Logik zu realisieren. Die Protokollierung auf der Standardausgabe
mittels System.out.println können wir entfernen:

```
…
public String doAddCampaign() {
   campaignProducer.prepareAddCampaign();
   return Pages.EDIT_CAMPAIGN;
}
public String doEditCampaign(Campaign campaign) {
   campaignProducer.prepareEditCampaign(campaign);
   return Pages.EDIT_CAMPAIGN;
}
…
```

Beim Editieren einer bestehenden Aktion wird das zu bearbeitende Campaign-
Objekt als Argument übergeben. Im anderen Fall wird in der Methode
prepareAddCampaign der Klasse CampaignProducer ein neues Objekt erzeugt.

Damit sind auch die Anwendungsfälle *Aktion bearbeiten* und *Aktion neu
anlegen* ausführbar. Probieren Sie es doch einfach aus! Bitte nicht vergessen,
WildFly muss gestartet sein und wir müssen wieder die neueste Version des Projektes mit Maven deployen. In Abbildung 4–3 ist zum Vergleich die View für das
Anlegen einer neuen Aktion dargestellt. Man erkennt schön das Inline-Label
beim Eingabefeld Name.

An dieser Stelle sollten wir uns unbedingt das Verhalten der Seite bei einer
fehlerhaften Eingabe ansehen. Um eine Fehlermeldung zu erhalten, füllen wir das
Formular einfach nicht aus und klicken auf die Schaltfläche *Speichern*. Das
Resultat ist in Abbildung 4–4 dargestellt. Wir sehen zum einen die Standardfehlermeldungen (j_idt8:*) und zum anderen die Fehlermeldungen, die wir durch
das Attribut validatorMessage bei Texteingaben (<h:inputText>) explizit gesetzt
haben. Selbstverständlich passen sich die Fehlermeldungen der eingestellten Sprache an.

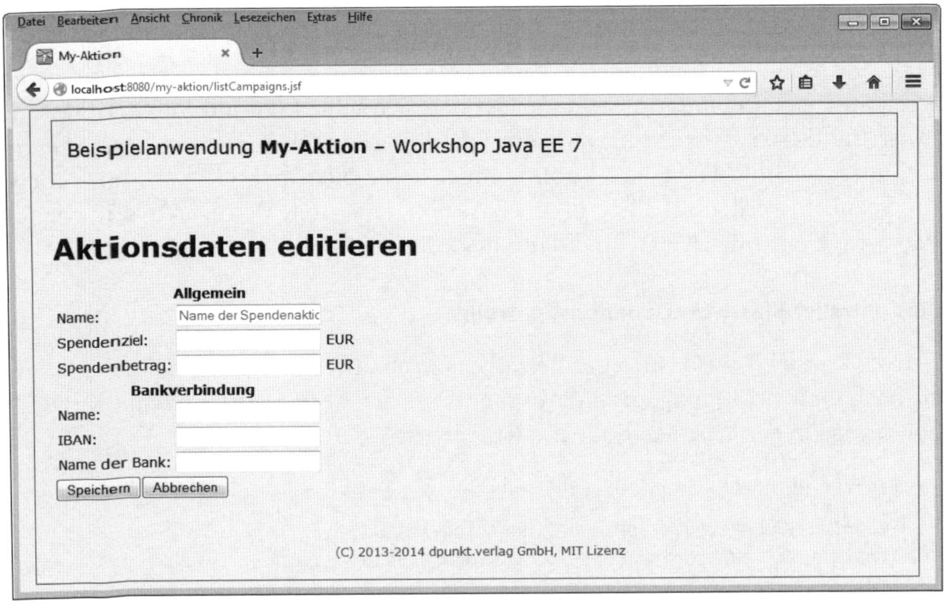

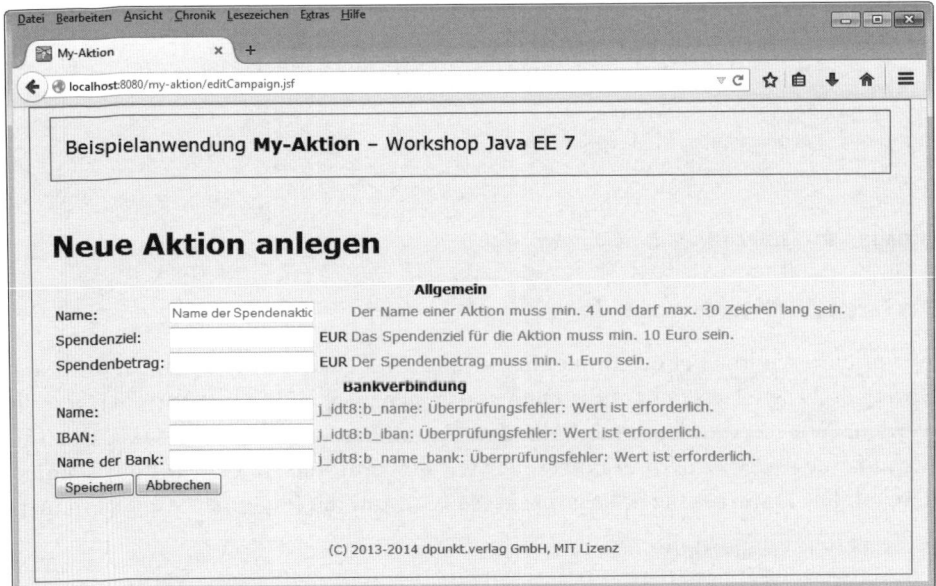

Abb. 4–3   *View für das Anlegen einer neuen Aktion*

Abb. 4–4   *Das Formular zur Erfassung einer neuen Aktion mit Fehlermeldungen*

4.7.2   Spendenliste anzeigen

Beim nächsten Anwendungsfall *Spendenliste anzeigen* interessiert uns, wer bereits wie viel für eine Aktion gespendet hat. Betrachten wir unsere Fachklassen, so ist für diesen Anwendungsfall die Beziehung zwischen *Aktion* und *Spende* besonders wichtig. Für eine Aktion kann es keine oder mehrere Spenden geben. Die Spenden werden als Liste in jeder Aktion verwaltet. Betrachten wir wieder zuerst die Controller-Klasse und dann das Facelet.

Die Controller-Klasse ListDonationsController

Gemäß Kapitel 3 wird nur eine Bestätigungsschaltfläche auf der Seite benötigt, die nach ihrer Betätigung auf die Ausgangsseite der Aktionenliste navigiert. Diese Logik wird in der doOk-Methode implementiert.

```
package de.dpunkt.myaktion.controller;

import de.dpunkt.myaktion.model.Donation.Status;
import javax.enterprise.context.SessionScoped;
import javax.inject.Named;
import java.io.Serializable;

@SessionScoped
@Named
public class ListDonationsController implements Serializable {
    private static final long serialVersionUID = 437878972432L;

    public String doOk() {
        return Pages.LIST_CAMPAIGNS;
    }
}
```

Listing 4–22   *Klasse ListDonationsController*

Das Facelet listDonations.xhtml

Wir orientieren uns bei der Implementierung am Facelet listCampaigns.xhtml aus Listing 4–21, weil dort ebenfalls Daten aus einer Liste in Tabellenform dargestellt werden. Wir verwenden innerhalb des Formulars erneut das h:dataTable-Tag (vgl. Listing 4–23). Zuvor ergänzen wir wie gewohnt unsere beiden Eigenschaftsdateien. Die Datei messages_de.properties wird um die folgenden Zeilen ergänzt:

```
# listDonations.xhtml
listDonations.donation_list=Spenderliste
listDonations.beneficiary_account=Empfängerkonto
listDonations.iban=IBAN
listDonations.name=Name
listDonations.name_of_bank=Name der Bank
listDonations.donation_amount=Spendenbetrag
listDonations.receipt=Quittung
```

```
listDonations.yes=ja
listDonations.no=nein
listDonations.status=Status
listDonations.status.TRANSFERRED=überwiesen
listDonations.status.IN_PROCESS=in Bearbeitung
```

Die entsprechenden englischen Übersetzungen fügen wir in die Datei messages_en.properties ein:

```
# listDonations.xhtml
listDonations.donation_list=List of donations
listDonations.beneficiary_account=Beneficiary account
listDonations.iban=IBAN
listDonations.name=Name
listDonations.name_of_bank=Name of Bank
listDonations.donation_amount=Donation amount
listDonations.receipt=Receipt
listDonations.yes=yes
listDonations.no=no
listDonations.status=Status
listDonations.status.TRANSFERRED=transferred
listDonations.status.IN_PROCESS=in process
```

Jetzt machen wir uns an die Implementierung des Facelets listDonations.xhtml:

```
<html xmlns="http://www.w3.org/1999/xhtml"
    xmlns:ui="http://xmlns.jcp.org/jsf/facelets"
    xmlns:f="http://xmlns.jcp.org/jsf/core"
    xmlns:h="http://xmlns.jcp.org/jsf/html">
<body>
    <f:view contracts="#{view.locale.language}">
        <ui:composition template="/template.xhtml">
            <ui:define name="content">
                <h1>#{msg['listDonations.donation_list']}
                    '#{campaignProducer.selectedCampaign.name}'
                </h1>
                <h2>#{msg['listDonations.beneficiary_account']}:
                    #{campaignProducer.selectedCampaign.account.name},
                    #{msg['listDonations.iban']}:
                    #{campaignProducer.selectedCampaign.account.iban},
                    #{campaignProducer
                        .selectedCampaign.account.nameOfBank}
                </h2>
                <h:form>
                    <h:dataTable value=
                            "#{campaignProducer.selectedCampaign.donations}"
                        var="donation">
                        <h:column>
                            <f:facet name="header">
                                #{msg['listDonations.name']}
                            </f:facet>
                            <h:outputText value="#{donation.donorName}" />
                        </h:column>
```

```
                <h:column>
                   <f:facet name="header">
                      #{msg['listDonations.iban']}
                   </f:facet>
                   <h:outputText value="#{donation.account.iban}" />
                </h:column>
                <h:column>
                   <f:facet name="header">
                      #{msg['listDonations.name_of_bank']}
                   </f:facet>
                   <h:outputText value=
                      "#{donation.account.nameOfBank}" />
                </h:column>
                <h:column>
                   <f:facet name="header">
                      #{msg['listDonations.donation_amount']}
                   </f:facet>
                   <h:outputText value="#{donation.amount}">
                      <f:convertNumber type="currency"
                         currencyCode="EUR" />
                   </h:outputText>
                </h:column>
                <h:column>
                   <f:facet name="header">
                      #{msg['listDonations.receipt']}
                   </f:facet>
                   <h:outputText value=
                      "#{donation.receiptRequested ?
                         msg['listDonations.yes']
                            : msg['listDonations.no']}" />
                </h:column>
                <h:column>
                   <f:facet name="header">
                      #{msg['listDonations.status']}
                   </f:facet>
                   <h:outputText value=
                         "#{msg['listDonations.status.TRANSFERRED']}"
                         rendered="#{donation.status == 'TRANSFERRED'}" />
                   <h:outputText value=
                         "#{msg['listDonations.status.IN_PROCESS']}"
                         rendered="#{donation.status == 'IN_PROCESS'}" />
                </h:column>
             </h:dataTable>
             <h:commandButton value="OK"
                   action="#{listDonationsController.doOk}" />
          </h:form>
       </ui:define>
    </ui:composition>
  </f:view>
</body>
</html>
```

Listing 4–23   *Facelet listDonations.xhtml*

Die meisten verwendeten Tags wurden bereits zum Verständnis der Aktionenliste erläutert, sodass wir auf eine erneute Erklärung verzichten können. Neu sind die beiden folgenden Konstrukte:

```
<h:outputText value="#{donation.receiptRequested ?
        msg['listDonations.yes']: msg['listDonations.no']}" />
```

Hier wurde im EL-Ausdruck ein *bedingter Operator* verwendet, der auch in der Programmiersprache Java existiert. Der Wert, den das Attribut value des Tag <h:outputText> annimmt, wird in Abhängigkeit von einem booleschen Ausdruck ermittelt. Der boolesche Ausdruck steht dabei vor dem Fragezeichen und wird in unserem Fall durch das Attribut receiptRequested vom Typ boolean der Klasse Donation realisiert. Ist der Wert true, dann wird der Wert nach dem Fragezeichen bis zum Doppelpunkt verwendet, sonst der hinter dem Doppelpunkt. Inhaltlich können wir damit elegant die Anzeige, ob eine Spendenquittung benötigt wird oder nicht, realisieren.

Das zweite Konstrukt bedient sich ebenfalls der Ausdrucksstärke der EL:

```
<h:outputText value=#{msg['listDonations.status.TRANSFERRED']}"
        rendered="#{donation.status == 'TRANSFERRED'}" />
<h:outputText value="#{msg['listDonations.status.IN_PROCESS']}"
        rendered="#{donation.status == 'IN_PROCESS'}" />
```

Das Attribut rendered des Tag <h:outputText> erwartet einen booleschen Wert und steuert damit die Anzeige. Ist der Wert true, dann wird derText angezeigt, sonst nicht. Wir verwenden als Wert für das Attribut einen EL-Ausdruck, der eine Vergleichsoperation beinhaltet, die prüft, welcher Status in der anzuzeigenden Spende vorliegt. Es kann immer nur einer der Vergleiche erfolgreich sein, sodass nur einer der Texte tatsächlich angezeigt wird.

Die vorhandenen Klassen anpassen

Die ListDonationsController-Bean benötigt das selektierte Campaign-Objekt, welches zuvor in dem CampaignProducer gespeichert werden soll.

Dies muss in der Klasse ListCampaignsController, in der Methode doListDonations geschehen, da hier das selektierte Campaign-Objekt als Argument ubergeben wird.

In dieser Methode benötigen wir also wieder eine Referenz auf die Campaign-Producer-Bean, damit wir dieser die ausgewählte Aktion übergeben können. Die Methode doListDonations der Klasse ListCampaignsController kann dann wie folgt implementiert werden:

```
public String doListDonations(Campaign campaign) {
    campaignProducer.setSelectedCampaign(campaign);
    return Pages.LIST_DONATIONS;
}
```

Mehr ist nicht anzupassen. Wir probieren den neu implementierten Anwendungsfall nach dem obligatorischen Maven-Build gleich aus. Abbildung 4–5 zeigt beispielhaft die Spenderliste der ersten Aktion. Die Spenden werden wie gewünscht
in Tabellenform dargestellt (Tag <h:dataTable>).

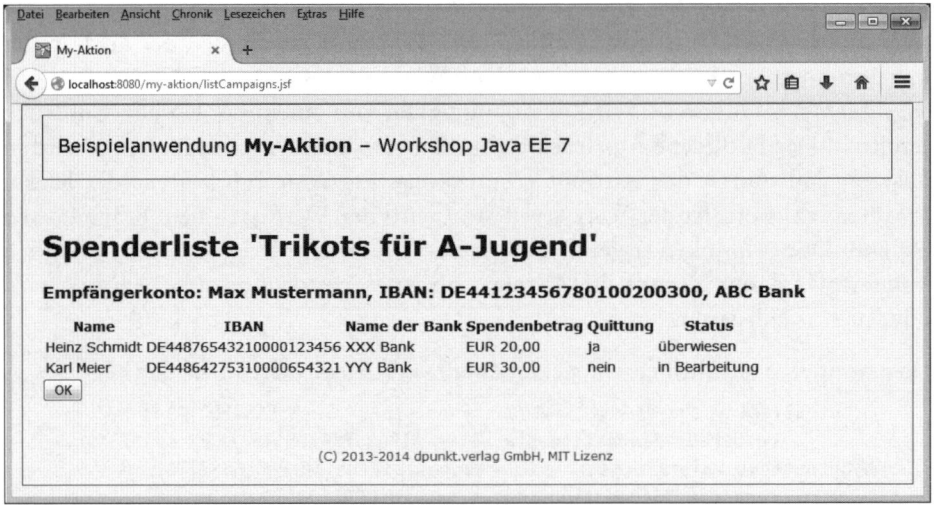

Abb. 4–5   *View für die Spenderliste der Aktion »Trikots für A-Jugend«*

4.7.3   Spendenformular bearbeiten

Kommen wir nun zum Anwendungsfall *Spendenformular bearbeiten*. Mit diesem
Anwendungsfall sollen die Adresse (URL) des Spendenformulars und einige Einstellungen zur Darstellung des Spendenformulars verwaltet werden können. Die
Hintergrundfarbe und die Farbe des Textes können für das Formular eingestellt
werden und sind als HTTP-GET-Parameter Bestandteil der Adresse. Wir implementieren zunächst wieder den Controller und danach das Facelet.

Die Klasse EditDonationFormController

Die Controller-Bean verwaltet die zugehörige Aktion sowie die oben genannten
Eigenschaften Adresse (url), Hintergrundfarbe (bgColor) und Textfarbe (textColor).
Die URL wird dynamisch aus den anderen Eigenschaften erzeugt. Bis auf die
Farbeigenschaften und die Aktion-ID (campaignId) codieren wir die URL zunächst
fest im Code. Die Werte der Eigenschaften werden als Werte der Anfrageparameter bgColor, textColor und campaignId der HTTP-GET-Anfrage, die durch die URL
beschrieben wird, mitgegeben.

Die Klasse aus Listing 4–24 besitzt die üblichen Getter- und Setter-Methoden und benötigt zur Generierung der URL Zugriff auf die gewählte Aktion. Die bekommen wir wieder über das `CampaignProducer`-Bean, welches wir deshalb im Controller injizieren. Gemäß der Beschreibung des Anwendungsfalls in Kapitel 3 wird nur eine Bestätigungsschaltfläche in der View benötigt. Die Logik wird im Controller durch die Methode `doOk()` realisiert, wobei hier nichts anderes passiert, als dass zur Aktionenliste navigiert wird.

```java
package de.dpunkt.myaktion.controller;

import de.dpunkt.myaktion.data.CampaignProducer;
import javax.enterprise.context.SessionScoped;
import javax.faces.context.FacesContext;
import javax.inject.Inject;
import javax.inject.Named;
import javax.servlet.http.HttpServletRequest;
import java.io.Serializable;

@SessionScoped
@Named
public class EditDonationFormController implements Serializable {
    private static final long serialVersionUID = -4210085664588144340L;
    private String textColor = "000000";
    private String bgColor = "ffffff";
    @Inject
    private CampaignProducer campaignProducer;

    public String doOk() {
        return Pages.LIST_CAMPAIGNS;
    }
    public String getUrl() {
        return "http://localhost:8080/my-aktion/donateMoney.jsf?bgColor="
            + bgColor + "&textColor=" + textColor + "&campaignId="
            + campaignProducer.getSelectedCampaign().getId();
    }
    public String getTextColor() {
        return textColor;
    }
    public void setTextColor(String textColor) {
        this.textColor = textColor;
    }
    public String getBgColor() {
        return bgColor;
    }
    public void setBgColor(String bgColor) {
        this.bgColor = bgColor;
    }
}
```

Listing 4–24 *Klasse EditDonationFormController*

Das Facelet editDonationForm.xhtml

Zunächst legen wir wieder die sprachabhängigen Texte für das Facelet fest. Wir fügen die folgenden Zeilen in die Eigenschaftsdatei `messages_de.properties` ein:

```
# editDonationForm.xhtml
editDonationForm.edit_donation_form=Spendenformular bearbeiten
editDonationForm.background_color=Hintergrundfarbe
editDonationForm.text_color=Textfarbe
editDonationForm.form_url=URL des Formulars
```

Die Eigenschaftsdatei `messages_en.properties` ergänzen wir um die folgenden Einträge:

```
# editDonationForm.xhtml
editDonationForm.edit_donation_form=Edit donation form
editDonationForm.background_color=Background color
editDonationForm.text_color=Text color
editDonationForm.form_url=Form URL
```

Listing 4–25 enthält die Implementierung des Facelets für die Bearbeitung der Eigenschaften des Spendenformulars.

```
<html xmlns="http://www.w3.org/1999/xhtml"
    xmlns:ui="http://xmlns.jcp.org/jsf/facelets"
    xmlns:f="http://xmlns.jcp.org/jsf/core"
    xmlns:h="http://xmlns.jcp.org/jsf/html">
<body>
    <f:view contracts="#{view.locale.language}">
        <ui:composition template="/template.xhtml">
            <ui:define name="content">
                <h1>#{msg['editDonationForm.edit_donation_form']}</h1>
                <h:form>
                    <h:panelGrid columns="2">
                        <h:outputLabel
                            value=
                              "#{msg['editDonationForm.background_color']}:">
                        </h:outputLabel>
                        <h:selectOneMenu id="bgColor"
                                value="#{editDonationFormController.bgColor}">
                            <f:selectItem itemLabel="#FFFFFF"
                                itemValue="FFFFFF" />
                            <f:selectItem itemLabel="#000000"
                                itemValue="000000" />
                            <f:selectItem itemLabel="#FF0000"
                                itemValue="FF0000" />
                            <f:ajax render="url" />
                        </h:selectOneMenu>
                        <h:outputLabel value=
                            "#{msg['editDonationForm.text_color']}:">
                        </h:outputLabel>
```

```
                      <h:selectOneMenu id="textColor"
                          value="#{editDonationFormController.textColor}">
                          <f:selectItem itemLabel="#FFFFFF"
                              itemValue="FFFFFF" />
                          <f:selectItem itemLabel="#000000"
                              itemValue="000000" />
                          <f:selectItem itemLabel="#FF0000"
                              itemValue="FF0000" />
                          <f:ajax render="url" />
                      </h:selectOneMenu>
                      <h:outputLabel value=
                          "#{msg['editDonationForm.form_url']}:">
                      </h:outputLabel>
                      <h:inputTextarea id="url" rows="6"
                          cols="30" readonly="true"
                          value="#{editDonationFormController.url}" />
                  </h:panelGrid>
                  <h:commandButton value="OK"
                      action="#{editDonationFormController.doOk}" />
              </h:form>
          </ui:define>
      </ui:composition>
    </f:view>
  </body>
</html>
```

Listing 4–25   *Facelet editDonationForm.xhtml*

Das Facelet verwendet eine Tabellendarstellung mithilfe des `<h:panelGrid>`-Tags.
Die Tabelle hat zwei Spalten. In der ersten Spalte werden die Bezeichnungen der
Felder (Tag `<h:outputText>`), in der zweiten Spalte die Eingabekomponenten dar-
gestellt. Für die Farben wird eine *Combo-Box* als Auswahlkomponente eingesetzt
(Tag `<h:selectOneMenu>`). Die URL wird in einem Textbereich (Tag `<h:textArea>`)
angezeigt, der manuell nicht verändert werden kann (Attribut `readonly="true"`).
Wie in Abschnitt 4.6.6 erklärt, verwenden wir das `<f:ajax>`-Tag innerhalb der
Farbauswahlkomponenten, um bei einer Farbänderung die URL im Textbereich
automatisch anzupassen, ohne dass die ganze Seite neu geladen werden muss. Am
Ende enthält das Formular die Bestätigungsschaltfläche (Tag `<h:commandButton>`),
die die Methode `doOk` des Controllers aktiviert. Anzumerken ist hier, dass die Verwendung einer *Combo-Box* für die Farbauswahl suboptimal ist, weil die Farbe
anhand eines Hexcodes ausgewählt werden muss. Besser wäre eine Auswahlkomponente, bei der dem Benutzer Farben angezeigt werden, von denen er eine auswählen kann. Eine solche Komponente, häufig *Color-Picker* genannt, gibt es in
JSF nicht. Die Erweiterung PrimeFaces kann uns auch hier in Abschnitt 4.9.2
weiterhelfen.

Die vorhandenen Klassen anpassen

Wie bereits im vorherigen Anwendungsfall ist auch das Bearbeiten des Spendenformulars abhängig von der ausgewählten Aktion. Die ausgewählte Aktion wird
in der CampaignProducer-Bean gespeichert. Das bedeutet, dass wir die Controller-
Klasse ListCampaignsController anpassen müssen. Wir müssen die Methode
doEditDonationForm dahingehend anpassen, dass die ausgewählte Aktion in der
CampaignProducer-Bean gesetzt wird.

```
public String doEditDonationForm(Campaign campaign) {
    campaignProducer.setSelectedCampaign(campaign);
    return Pages.EDIT_DONATION_FORM;
}
```

Jetzt können wir den neu implementierten Anwendungsfall nach dem obligatorischen Maven-Build gleich ausprobieren. Abbildung 4–6 zeigt unsere View zur
Bearbeitung des Spendenformulars. Hier sehen wir u. a. die Auswahlkomponente
Combo-Box (Tag <h:selectOneMenu>), den Textbereich (Tag <h:textarea>) und
eine Schaltfläche zur Übertragung des Formulars (Tag <h:commandButton>). Wir
sollten an dieser Stelle auch die Ajax-Funktionalität kurz probieren. Ändern Sie
dazu die Auswahl einer Auswahlbox. Die URL im Textbereich sollte sich automatisch an den neu gewählten Wert anpassen.

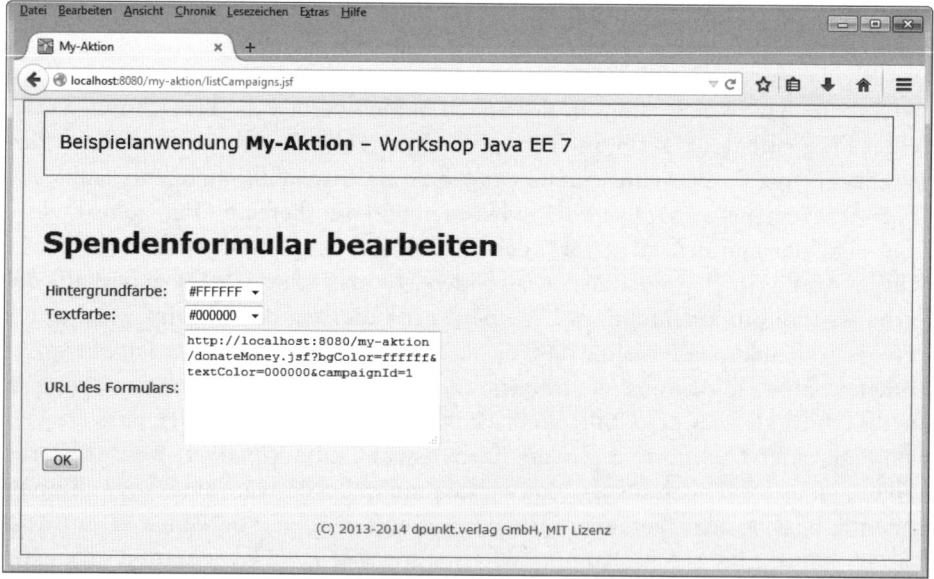

Abb. 4–6   *View für das Bearbeiten des Spendenformulars*

Generierung der Formular-URL

Der Controller `EditDonationFormController` liefert die URL durch die Methode `getUrl()`.

```
public String getUrl() {
       return "http://localhost:8080/my-aktion/donateMoney.jsf?bgColor="
           + bgColor + "&textColor=" + textColor + "&campaignId="
           + campaignProducer.getSelectedCampaign().getId();
}
```

Wie wir sehen, ist die URL fest im Programmcode angegeben. Die hinterlegte Adresse funktioniert nur, wenn der Browser und der Server auf dem gleichen Rechner ausgeführt werden. Das ist in einer realen Umgebung jedoch so gut wie nie der Fall. Wir müssen die Methode so verändern, dass sie die URL automatisch mit dem richtigen Protokoll, Host, Port und Webkontext generiert. Die Informationen können wir aus der aktuellen Anfrage (*engl. request*) herauslesen. Um sie zu erhalten, müssen wir etwas in die Niederungen der Java-EE-APIs absteigen. Die Klasse, die in Java EE eine HTTP-Anfrage repräsentiert, ist die Klasse `javax.servlet.http.HttpServletRequest` der Servlet-API. Zugriff auf die aktuelle Instanz erhalten wir aus JSF erneut über den `FacesContext`.

Die Generierung realisieren wir durch zwei Methoden. Die private Methode `getAppUrl` ermittelt die URL der Webanwendung, die öffentliche Methode `getUrl` verwendet diese und ergänzt die Adresse um den Facelet-Namen und die Parameter.

```
private String getAppUrl() {
    HttpServletRequest req = (HttpServletRequest) FacesContext
        .getCurrentInstance().getExternalContext().getRequest();
    String scheme = req.getScheme();
    String serverName = req.getServerName();
    int serverPort = req.getServerPort();
    String contextPath = req.getContextPath();
    return scheme + "://" + serverName + ":" + serverPort + contextPath;
}

public String getUrl() {
    return getAppUrl() + "/" + Pages.DONATE_MONEY + ".jsf" + "?bgColor="
        + bgColor + "&textColor=" + textColor + "&campaignId="
        + campaignProducer.getSelectedCampaign().getId();
}
```

Über die aktuelle Instanz der Klasse `FacesContext` erhalten wir eine Referenz auf die aktuelle Instanz der Klasse `HttpServletRequest`. Diese bietet uns diverse Methoden, um Informationen aus der Anfrage abzufragen. Das Objekt enthält auch alle Informationen zur URL, und diese machen wir uns für die automatische Erstellung der URL für das Spendenformular zunutze. Wir ergänzen diese Informationen noch um den Namen des Facelets aus der Klasse `Pages` und hängen die aktuellen Farbwerte und die ID der Aktion als GET-Parameter an. Damit passt sich die URL immer automatisch an die Ausführungsumgebung und das Deployment der Anwendung an.

4.7.4   Geld spenden

Die Implementierung des Anwendungsfalls *Geld spenden* unterscheidet sich etwas von den anderen Implementierungen. Der Anwendungsfall ist der einzige, der nicht vom Organisator selbst genutzt wird, sondern von beliebigen Internetnutzern. Das Facelet wird deshalb nicht in unser Template eingebettet, sondern definiert eine eigene Seite. Der Organisator einer Aktion kann die URL zur »*Geld spenden*«-Seite an potenzielle Spender verschicken, diese können damit die Seite nutzen. Die URL beinhaltet als HTTP-GET-Parameter die Farben des Textes und des Hintergrundes für das Spendenformular sowie die ID der Aktion, für die gespendet werden soll. Diese Daten müssen im Facelet ausgewertet und die Seite muss entsprechend dargestellt werden.

Auch wenn der Fall etwas anders ist, benötigen wir auch hier einen Controller hinter dem Facelet, der das `Donation`-Objekt verwaltet und die Spende nach dem Absenden für die Aktion speichert. Da der Anwendungsfall vom Benutzer über die URL initiiert wird, haben wir im Controller der Anwendung keinen Zugriff auf das zur Spende gehörende `Campaign`-Objekt. Eine Zuordnung der `campaignId` zu einem `Campaign`-Objekt ist ohne die Persistenzschicht nur mit größerem Aufwand möglich. Diesen Punkt werden wir aber in Kapitel 7 mit JPA erneut aufgreifen und lösen. Der Controller kann dann die Aktion über seine ID aus der Datenbank lesen, um die Spende ergänzen und beides zurück in die Datenbank schreiben. Bis dahin akzeptieren wir aber, dass die Spende nach dem Betätigen der Schaltfläche *Spenden* nicht gespeichert wird und somit verloren geht.

Die Controller-Klasse DonateMoneyController

In der Klasse `DonateMoneyController` aus Listing 4–26 benötigen wir Zugriff auf die Klassen `FacesContext` und `FacesMessage` der JSF-API, um dem Benutzer eine Meldung zur Bestätigung seiner Spende anzeigen zu können. Über den aktuellen `FacesContext` erhalten wir auch das richtige *ResourceBundle*, um die Nachricht in der richtigen Sprache erzeugen zu können. In der Methode `doDonation` wird dazu eine `FacesMessage` erzeugt und im aktuellen `FacesContext` hinterlegt. Dadurch zeigt JSF nach der Ausführung von `doDonation` die Dankesnachricht dem Benutzer nach dem Neuaufbau der Seite an.

```
package de.dpunkt.myaktion.controller;

import de.dpunkt.myaktion.model.Donation;
import javax.enterprise.context.SessionScoped;
import javax.faces.application.FacesMessage;
import javax.faces.context.FacesContext;
import javax.inject.Named;
```

```java
import java.io.Serializable;
import java.text.MessageFormat;
import java.util.ResourceBundle;

@SessionScoped
@Named
public class DonateMoneyController implements Serializable {
    private static final long serialVersionUID = 5493038842003809106L;
    private String textColor = "000000";
    private String bgColor = "ffffff";
    private Long campaignId;
    private Donation donation;

    public DonateMoneyController() {
        this.donation = new Donation();
    }
    public Long getCampaignId() {
        return campaignId;
    }
    public void setCampaignId(Long campaignId) {
        this.campaignId = campaignId;
    }
    public Donation getDonation() {
        return donation;
    }
    public void setDonation(Donation donation) {
        this.donation = donation;
    }
    public String getTextColor() {
        return textColor;
    }
    public void setTextColor(String textColor) {
        this.textColor = textColor;
    }
    public String getBgColor() {
        return bgColor;
    }
    public void setBgColor(String bgColor) {
        this.bgColor = bgColor;
    }
    public String doDonation() {
        final FacesContext facesContext = FacesContext.getCurrentInstance();
        final ResourceBundle resourceBundle = facesContext.getApplication()
                .getResourceBundle(facesContext, "msg");
        final String msg = resourceBundle.getString("donateMoney.thank_you");
        facesContext.addMessage(null, new FacesMessage(
                FacesMessage.SEVERITY_INFO, msg, null));
        this.donation = new Donation();
        return Pages.DONATE_MONEY;
    }
}
```

Listing 4–26   *Klasse DonateMoneyController*

Das Facelet donateMoney.xhtml

Wie bei den anderen Facelets benötigen wir auch hier einige sprachabhängige
Nachrichten und Texte. Bevor wir uns also dem Facelet zuwenden, erweitern wir
unsere Eigenschaftsdateien. Wir ergänzen die Datei messages_de.properties um
die folgenden Zeilen:

```
# donateMoney.xhtml
donateMoney.donate_money=Geld spenden
donateMoney.name=Name
donateMoney.iban=IBAN
donateMoney.name_of_bank=Name der Bank
donateMoney.donation_amount=Spendenbetrag
donateMoney.i_want_a_receipt=Ja, ich möchte eine Spendenquittung
donateMoney.donate=Spenden
donateMoney.thank_you=Vielen Dank für die Spende!
```

Des Weiteren fügen wir die folgenden Zeilen in die Datei messages_en.properties
ein:

```
# donateMoney.xhtml
donateMoney.donate_money=Donate money
donateMoney.name=Name
donateMoney.iban=IBAN
donateMoney.name_of_bank=Name of bank
donateMoney.donation_amount=Donation amount
donateMoney.i_want_a_receipt=Yes, I would like a donation receipt
donateMoney.donate=Donate
donateMoney.thank_you=Thank you for your donation!
```

Zu Beginn des Facelets donateMoney.xhtml aus Listing 4–27 werden die GET-Parameter der HTTP-Anfrage als View-Parameter ausgelesen, validiert und an die
Eigenschaften der Controller-Bean gebunden. Direkt danach werden die Werte
für die Farben aus dem Controller im HTML-Tag <body> beim Attribut style verwendet, um die farblich gewünschte Anzeige zu erreichen. Nach der <h1>-Über-
schrift in der jeweiligen Sprache folgt ein Abschnitt mit Fehlermeldungen.
Zunächst kommen globale Meldungen (<h:messages globalOnly="true"/>) und
dann die <h:message>-Tags für die Validierung der View-Parameter. Der Rest des
Facelets beinhaltet bekannte Komponenten:

```
<!DOCTYPE html>
<html xmlns="http://www.w3.org/1999/xhtml"
   xmlns:h="http://xmlns.jcp.org/jsf/html"
   xmlns:f="http://xmlns.jcp.org/jsf/core">
<h:head>
   <title>#{msg['donateMoney.donate_money']}</title>
   <meta charset="utf-8" />
   <f:metadata>
       <f:viewParam id="bgColor" name="bgColor"
           value="#{donateMoneyController.bgColor}">
           <f:validateRegex pattern="[A-Fa-f0-9]{6}" />
       </f:viewParam>
       <f:viewParam id="textColor" name="textColor"
           value="#{donateMoneyController.textColor}">
           <f:validateRegex pattern="[A-Fa-f0-9]{6}" />
       </f:viewParam>
       <f:viewParam id="campaignId" name="campaignId"
           converter="javax.faces.Long"
           value="#{donateMoneyController.campaignId}">
       </f:viewParam>
   </f:metadata>
</h:head>
<h:body style="margin:0;
       font-family: Verdana, sans-serif;
       font-size: 0.9em;
       background-color: ##{donateMoneyController.bgColor};
       color: ##{donateMoneyController.textColor}">
   <h1>#{msg['donateMoney.donate_money']}</h1>
   <h:messages globalOnly="true" />
   <h:message for="bgColor" style="color: red;" />
   <h:message for="textColor" style="color: red;" />
   <h:message for="campaignId" style="color: red;" />
   <h:form>
       <h:panelGrid columns="3">
           <h:outputLabel value="#{msg['donateMoney.name']}:">
           </h:outputLabel>
           <h:inputText id="name"
                   value="#{donateMoneyController.donation.donorName}">
               <f:validateRequired />
           </h:inputText>
           <h:message for="name" style="color: red;" />
           <h:outputLabel value="#{msg['donateMoney.iban']}:">
           </h:outputLabel>
           <h:inputText id="iban"
                   value="#{donateMoneyController.donation.account.iban}">
               <f:validateRequired />
           </h:inputText>
           <h:message for="iban" style="color: red;" />
           <h:outputLabel value="#{msg['donateMoney.name_of_bank']}:">
           </h:outputLabel>
           <h:inputText id="name_bank"
               value="#{donateMoneyController.donation.account.nameOfBank}">
               <f:validateRequired />
           </h:inputText>
```

```
                <h:message for="name_bank" style="color: red;" />
                <h:outputLabel value="#{msg['donateMoney.donation_amount']}:">
                </h:outputLabel>
                <h:panelGroup>
                    <h:inputText id="donationAmount"
                            value="#{donateMoneyController.donation.amount}">
                        <f:validateRequired />
                        <f:convertNumber maxFractionDigits="2"
                            minFractionDigits="2" />
                    </h:inputText> EUR
                </h:panelGroup>
                <h:message for="donationAmount" style="color: red;" />
            </h:panelGrid>
            <h:selectBooleanCheckbox
                value="#{donateMoneyController.donation.receiptRequested}" />
                #{msg['donateMoney.i_want_a_receipt']}<br />
            <h:commandButton value="#{msg['donateMoney.donate']}"
                action="#{donateMoneyController.doDonation}" />
        </h:form>
    </h:body>
</html>
```

Listing 4–27   *Facelet donateMoney.xhtml*

Anpassungen der bereits programmierten Facelets und Klassen sind nicht notwendig. Wir probieren den neu implementierten Anwendungsfall wieder direkt nach dem obligatorischen Maven-Build aus. Um ein Spendenformular für eine Aktion im Browser zu erhalten, müssen Sie die URL aus dem Formular *Spendenformular bearbeiten* (siehe Abb. 4–6) in den Browser eingeben. Abbildung 4–7 zeigt das Formular beispielhaft für die erste Aktion der Aktionenliste. Wir haben das Formular bereits ausgefüllt und betätigen jetzt die Schaltfläche *Spenden*.

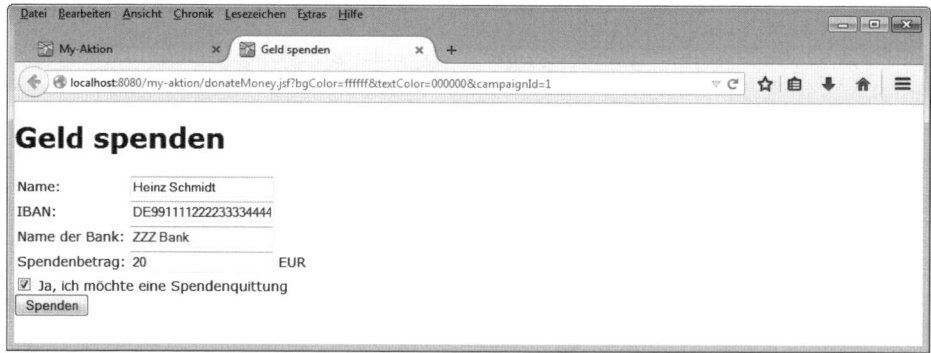

Abb. 4–7   *Ausgefülltes Spendenformular*

Die Seite wird für potenzielle weitere Spenden erneut aufgerufen und zeigt nun die durch den Controller erzeugte Meldung (FacesMessage) unterhalb der Überschrift *Geld spenden* an (siehe Abb. 4–8).

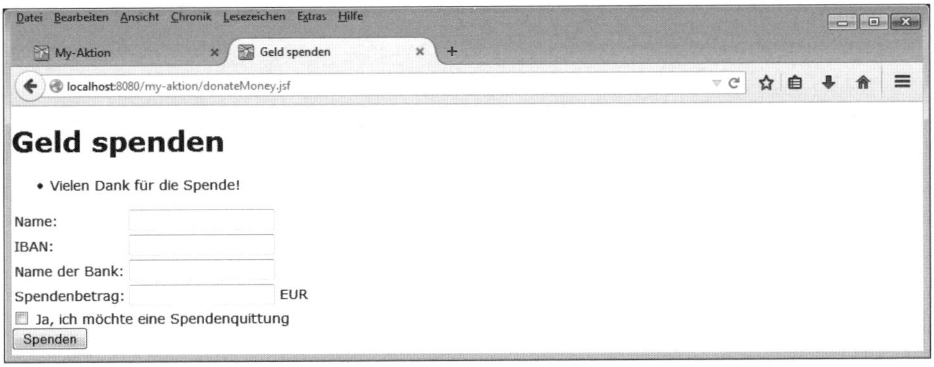

Abb. 4–8   *Antwortseite mit der FacesMessage nach dem Abschicken eines ausgefüllten*
Spendenformulars

4.8   Neue Funktionalitäten in Java EE 7

Dem aufmerksamen Leser wird nicht entgangen sein, dass wir bei der Programmierung nicht alle neuen Fähigkeiten von JSF 2.2[4] verwendet haben. Das liegt daran, dass die Anforderungen der Anwendung ohne diese Neuerungen erfüllt werden konnten. JSF 2.2 ist zwar ein Minor-Release, es sind aber dennoch viele Neuerungen in den Standard eingeflossen. Die wichtigsten Änderungen werden als *Big Ticket Features* bezeichnet. Einige davon haben wir bereits verwendet, namentlich *Resource Library Contracts* und die Unterstützung von HTML 5. Im Folgenden skizzieren wir zwei weitere interessante Hauptneuerungen, auch wenn wir sie in unserer Applikation nicht zum Einsatz gebracht haben.

4.8.1   Faces Flows

In Webanwendungen finden wir häufig das Konzept vor, dass Benutzer von der Anwendung durch eine Serie von Seiten geleitet werden, um eine bestimmte Aufgabe zu erfüllen. Einen solchen Seitenfluss finden wir beispielsweise bei Wizards, mehrseitigen Umfragen oder Buchungen. Die Anzahl und Komplexität der einzugebenden Daten ist in solchen Fällen meist zu hoch, um sie dem Benutzer auf einer Seite abzuverlangen. Darüber hinaus wird durch den Seitenfluss die Verständlichkeit und Benutzerakzeptanz erhöht und damit eine geringere Fehlerquote bzw. eine größere Nutzerzahl erreicht. Die Realisierung eines solchen Seitenflusses wurde bis zur Version 2.2 von JSF nicht explizit unterstützt.

JSF 2.2 stellt mit *Faces Flows* einen Mechanismus zur Verfügung, mit dem ein Seitenfluss als eine wiederverwendbare Einheit für JSF-Anwendungen definiert werden kann. Jeder Seitenfluss wird definiert durch eine Menge von Knoten (engl. *flow nodes*) und durch eine Definition des Seitenflusses (engl. *flow defini-*

---

4.   https://jcp.org/en/jsr/detail?id=344

tion), die festlegt, wie die Knoten bei der Ausführung des Seitenflusses ausgeführt werden. Auch hier wurde das Prinzip *Convention over Configuration* eingehalten, sodass auch ohne eine explizite Konfiguration die Erstellung eines Seitenflusses möglich ist. Sollte eine Konfiguration notwendig werden, kann dies auf zwei Arten passieren. Zum einen kann der Seitenfluss programmatisch in einer Klasse, die mit der Annotation `@FlowDefinition` aus dem Paket `javax.faces.flow` versehen wird, mithilfe der *FlowBuilder-API* (Paket `javax.faces.flow.builder`) definiert werden. Zum anderen kann alternativ der Seitenfluss in einer Konfigurationsdatei mit dem Namen `<flow-name>-flow.xml` festgelegt werden, wobei hier *flow-name* einen eindeutigen Namen des Seitenflusses in der Webanwendung darstellt.

Knoten des Seitenflusses können Facelets, Methodenaufrufe, Verzweigungen in der Navigation, Aufrufe anderer Seitenflüsse oder die Rückkehr zu dem aufrufenden Seitenfluss sein. Beim Aufruf eines Seitenflusses aus einem anderen Seitenfluss heraus können Parameter übergeben und nach Beendigung des aufgerufenen Seitenflusses auch wieder zurückgegeben werden.

Damit eine Bean die Rolle des Controllers während des Seitenflusses übernehmen kann, wurde ein neuer Scope für CDI-Beans eingeführt. Eine CDI-Bean, die mit `@FlowScoped` aus dem Paket `javax.faces.flow` annotiert wurde, wird beim Start des Seitenflusses erzeugt und bei seiner Beendigung zerstört. Alle dort gespeicherten Daten sind knotenunabhängig während der Existenz des Seitenflusses verfügbar (vgl. Abschnitt 6.5.2).

Zusätzlich wurde ein neues EL-Objekt (`#{flowScope}`) als lokale Map im Seitenfluss eingeführt über die Daten von Facelet zu Facelet übermittelt werden können. Die Map kann auch über den FacesContext abgefragt werden:

```
facesContext.getApplication().getFlowHandler().getCurrentFlowScope()
```

Alle zu einem Seitenfluss gehörenden Artefakte (Facelets, Klassen, Konfigurationsdateien usw.) werden in einem Verzeichnis mit dem Namen des Seitenflusses (*flow-name*) gesammelt und entweder direkt im Wurzelverzeichnis der Webanwendung oder als Jar-Datei im Webarchiv der JSF-Applikation verfügbar gemacht. Dadurch erreicht man die Modularisierung von Seitenflüssen.

4.8.2   Stateless Views

Bei der Interaktion eines Benutzers mit einer View wird deren Zustand zwischen den Aufrufen gespeichert. Zum Zustand einer View gehören die Zustände seiner Komponenten, Validatoren und Konverter. Der Zustand einer Komponente könnte z. B. die aktuelle Auswahl einer Checkbox sein.

Die Zeit zur Beantwortung einer Anfrage ist in der Regel kürzer als die Zeit zwischen zwei aufeinanderfolgenden Anfragen derselben Sitzung. Wenn man den Zustand der View zwischen zwei Anfragen im Hauptspeicher behalten würde, so kann das bei sehr vielen Nutzern zu einer kritischen Auslastung des Servers führen. Daher wird der Zustand der View zwischen zwei Anfragen zwischengespeichert und bei der nächsten Anfrage im ersten Schritt wiederhergestellt.

Zustände der Views können entweder auf dem Server oder auf dem Client gespeichert werden. Auf dem Server wird in der Regel die HTTP-Session des zugrunde liegenden Servlets verwendet, während bei der Speicherung im Client ein verstecktes INPUT-Element benutzt wird. Während die Speicherung des Zustands im Client vor allem die Bandbreite der Kommunikation in beiden Richtungen belastet, wird durch die Speicherung auf dem Server dessen Speicher beansprucht.

Bis zur Version 2.0 war die Größe des Zustands einer View eine Schwachstelle. Durch Einführung des *Partial State Saving* wurde der Speicherbedarf optimiert. Die Implementierung speicherte nicht den kompletten Komponentenbaum in seinem aktuellen Zustand ab, sondern lediglich die Änderungen in Bezug auf den Initialzustand. Die Wiederherstellung erfolgte dann durch den Ausgangszustand und die gespeicherten Änderungen. Dadurch konnte eine erhebliche Reduzierung des Speicherbedarfs erreicht werden.

Mit JSF 2.2 wurden nun zustandslose Views eingeführt (Tag `<f:view>` mit dem Boolean-Attribut `transient`). Für diese wird zwischen zwei Anfragen gar kein Zustand der View gespeichert, wodurch man Speicherplatz bzw. Bandbreite und Rechenkapazität einspart. Auf der anderen Seite wurde der Zustand der View zwischen aufeinanderfolgenden Anfragen ja nicht grundlos gespeichert. In der Regel möchte der Nutzer nach einer Anfrage an die View mit dem zuvor erreichten Zustand weiterarbeiten. Zustandslose Views sind daher nur in solchen Anwendungsfällen sinnvoll, bei denen sowieso nur ganz wenige oder keine aufeinanderfolgende Anfragen auf die gleiche View zu erwarten sind. Ein Beispiel in unserer Applikation wäre die Spendenliste (Facelet `listDonations.xhtml`). Diese zeigt nach dem ersten Aufruf lediglich eine Tabelle mit Aktionsdaten an und besitzt eine Schaltfläche zum Verlassen der View. Auf eine Speicherung des Zustandes dieser View könnte daher sicher verzichtet werden.

4.9 Exkurs: PrimeFaces

Wir haben den Großteil der Anforderungen an die Benutzeroberfläche unserer Webanwendung mit dem JSF-Standard erfüllt. Wir wollen aber noch ein bisschen mehr herausholen. Dazu ist jedoch der Einsatz von externen JSF-Bibliotheken erforderlich. Im folgenden Exkurs werden wir beispielhaft *PrimeFaces* einsetzen.

JSF gibt ein Rahmenwerk für die Entwicklung von Webanwendungen vor, besitzt aber nur eine begrenzte Anzahl an UI-Komponenten. Für die Umsetzung professioneller Webanwendungen reicht das oftmals nicht aus. Durch die fortschreitende Standardisierung von JSF ist die Entwicklung und Verwendung von Zusatzbibliotheken jedoch einfacher geworden.

Populäre Zusatzbibliotheken sind Apache MyFaces, ICEFaces, RichFaces und eben PrimeFaces. Auch wenn technisch der gleichzeitige Einsatz verschiedener Zusatzbibliotheken möglich ist, so ist meist aus optischen Gründen davon abzuraten. In unserem Projekt werden wir PrimeFaces einsetzen.

PrimeFaces ist eine JSF-Komponentenbibliothek, die einige sehr nützliche Erweiterungen bietet. Die Bibliothek ist als leichtgewichtig anzusehen, da sie lediglich aus einem einzigen Java-Archiv (Jar-Datei) besteht, keine besondere Konfiguration notwendig ist und keine Abhängigkeiten zu weiteren Bibliotheken bestehen. Im Grunde muss nur die Jar-Datei im Projekt verfügbar sein und das Facelet mit dem richtigen Namensraum versehen werden, und schon können die Tags der Bibliothek verwendet werden.

4.9.1   Installation über Maven

Wir verwalten unsere Projektkonfiguration mit Maven, deshalb müssen wir in der Datei pom.xml einige Einstellungen vornehmen, die es Maven ermöglichen, die gewünschte Version von PrimeFaces zu beschaffen. Dazu müssen wir die Datei um eine Abhängigkeit (engl. dependecy) erweitern:

```
...

<dependencies>
    ...
    <dependency>
        <groupId>org.primefaces</groupId>
        <artifactId>primefaces</artifactId>
        <version>4.0</version>
    </dependency>
</dependencies>
...
```

Das war es schon! Ab sofort können wir in den Facelets PrimeFaces-Tags verwenden. Die Dokumentation zu den PrimeFaces-Komponenten finden wir auf der Webseite unter http://primefaces.org/documentation.html bzw. www.primefaces.org/docs/api/4.0/. Der XML-Namensraum für die Tags lautet: xmlns:p="http://primefaces.org/ui".

4.9.2   Neue Farbauswahl für die Bearbeitung des Spendenformulars

Unsere erste Verbesserung, die wir durch den Einsatz der PrimeFaces-Bibliothek erreichen wollen, betrifft das Facelet editDonationForm.xhtml, also die Eingabemaske zum Anwendungsfall *Spendenformular bearbeiten*. In diesem Formular kann der Benutzer durch Auswahlfelder (engl. *combo boxs)* die Hintergrund- und Textfarbe wählen. Die URL zum Spendenformular wird in einem Textbereich angezeigt und passt sich automatisch an die aktuell gewählten Farben an (vgl. Abb. 4–6). Die Farben werden textuell mit den Hexadezimalwerten in den

Auswahlboxen angezeigt. Bei einer Beschränkung auf wenige Farben mag das funktionieren, möchte der Benutzer aber eine beliebige Farbe auswählen, so ist die Eingabekomponente völlig ungeeignet. Diesen Nachteil der Anwendung wollen wir mithilfe der PrimeFaces beseitigen. Die Optimierung geht auf die Anforderungen in Abschnitt 3.4.3 zurück. Dort haben wir gefordert, dass die View Farbauswahl-Elemente (engl. *colorpicker controls*) enthält, die lediglich valide Farbwerte zurückliefern können.

Die neuen Tags für die Farbauswahl

Die PrimeFaces-Bibliothek bietet für die Farbauswahl eine spezielle Komponente, den *Color-Picker*, an. Der Benutzer kann mit dieser Komponente die Farben aus einer Farbpalette auswählen. Das hat zum einen den Vorteil, dass beliebige Farben gewählt werden können, und zum anderen, dass der Benutzer die Farbpalette und die gewählte Farbe direkt auf dem Bildschirm sieht. Mit dem Tag `<p:color-Picker>` kann die Farbauswahl in ein Facelet integriert werden.

Steckbrief `<p:colorPicker>`

Komponente zur Farbauswahl. Der Nutzer wählt die gewünschte Farbe aus einer vorgegebenen Farbpalette aus.

Ausgewählte Attribute:
`id`: eindeutiger Bezeichner der Komponente
`value`: Wert der Komponente. Enthält in der Regel einen EL-Ausdruck, der den Parameter an ein Attribut vom Typ `String` einer Bean bindet.
`widgetVar`: Bezeichner für die clientseitige Verarbeitung mit JavaScript

---

Das Tag kann, wie die Standard-Tags, über Attribute konfiguriert werden. Attribute mit gleicher Wirkung haben bei den PrimeFaces den gleichen Namen wie im JSF-Standard. Dazu gehören z.B. auch das Attribut `id` und das Attribut `value`.

```
<p:colorPicker id="bgColor"
    value="#{editDonationFormController.bgColor}"
    widgetVar="bgPicker">
</p:colorPicker>
```

Mit dem *Color-Picker* erhöhen wir zwar den Komfort bei der Farbauswahl, verlieren aber die Dynamik, die wir durch das `<f:ajax>`-Tag in der Auswahlbox erreicht hatten. Leider gibt es in der uns vorliegenden Version von PrimeFaces keine Möglichkeit, die URL im Textbereich direkt nach einer Änderung der Farbe mittels Ajax anzupassen. Die ColorPicker-Komponente unterstützt kein Ajax. Der Command-Button (`<p:commandButton>`) der PrimeFaces jedoch schon. Wir führen daher einen zusätzlichen Button *Update Url* ein, der die Aktualisierung des URL-Textbereiches mittels Ajax übernimmt.

Das Aussehen gleicher Komponenten unterschiedlicher Bibliotheken variiert teilweise stark. Die Standardkomponenten von JSF unterscheiden sich im Aussehen deutlich von den Komponenten der PrimeFaces. Da wir uns in diesem Exkurs für PrimeFaces entschieden haben, ersetzen wir alle Standardkomponenten mit den entsprechenden Erweiterungen der PrimeFaces. Das macht das Erscheinungsbild der Seite einheitlicher.

Im Facelet `editDonationForm.xhtml` ersetzen wir nicht nur die Schaltflächen (Tag `<h:commandButton>`), sondern auch den Textbereich (Tag `<h:textarea>`) für die Anzeige der URL (vgl. Listing 4–28). Die Attribute sind die gleichen wie bei den Standardkomponenten, haben jedoch zusätzliche Funktionalität (Stichwort: Vererbung). Eine nützliche, die Standardkomponente erweiternde Eigenschaft der PrimeFaces-Command-Button-Komponente (Tag `<p:commandButton>`) ist das Attribut `update`, mit dem man festlegen kann, dass eine andere Komponente mittels Ajax nach Betätigung der Schaltfläche aktualisiert wird. Als Wert erwartet das Attribut `update` die `id` der zu aktualisierenden Komponente (oder auch eine Liste von IDs mehrerer Komponenten). Wir verwenden diese Funktionalität für unsere Schaltfläche *Update URL*. Die ID `url` ist die ID unseres Textbereiches, der die URL darstellt. Ein Klick auf den Button bewirkt, dass nur der Textbereich innerhalb der Seite mittels Ajax neu dargestellt wird.

```
<p:commandButton value="Update URL" update="url" />
```

Die neue Implementierung der Farbauswahl mit PrimeFaces

Wir ändern zunächst das Facelet `editDonationForm.xhtml` wie folgt ab:

```
<html xmlns="http://www.w3.org/1999/xhtml"
    xmlns:ui="http://xmlns.jcp.org/jsf/facelets"
    xmlns:f="http://xmlns.jcp.org/jsf/core"
    xmlns:p="http://primefaces.org/ui"
    xmlns:h="http://xmlns.jcp.org/jsf/html">
<body>
    <f:view contracts="#{view.locale.language}">
        <ui:composition template="/template.xhtml">
            <ui:define name="content">
                <h1>#{msg['editDonationForm.edit_donation_form']}</h1>
                <h:form>
                    <h:panelGrid columns="2">
                        <h:outputLabel
                            value=
                                "#{msg['editDonationForm.background_color']}:">
                        </h:outputLabel>
                        <p:colorPicker id="bgColor"
                            value="#{editDonationFormController.bgColor}"
                            widgetVar="bgPicker">
                        </p:colorPicker>
                        <h:outputLabel value=
                            "#{msg['editDonationForm.text_color']}:">
                        </h:outputLabel>
```

```
                        <p:colorPicker id="textColor"
                            value="#{editDonationFormController.textColor}"
                            widgetVar="textPicker">
                        </p:colorPicker>
                        <h:outputLabel value=
                            "#{msg['editDonationForm.form_url']}:">
                        </h:outputLabel>
                        <p:inputTextarea id="url"
                            rows="6" cols="30" readonly="true"
                            value="#{editDonationFormController.url}" />
                    </h:panelGrid>
                    <p:commandButton value="Update URL" update="url" />
                    <p:commandButton value="OK"
                        action="#{editDonationFormController.doOk}"
                        ajax="false" />
                </h:form>
            </ui:define>
        </ui:composition>
    </f:view>
</body>
</html>
```

Listing 4–28 *Facelet editDonationForm.xhtml*

Anschließend probieren wir die Änderungen gleich aus, indem wir nach der
Anpassung der Datei unseren Maven-Build und das Deployment ausführen und
die Seite zur Bearbeitung des Spendenformulars im Browser aufrufen. In Abbildung 4–9 sehen wir die neuen Auswahlschaltflächen der Farbauswahl. Auf den
Schaltflächen sieht man die aktuelle Farbauswahl als Quadrat dargestellt.

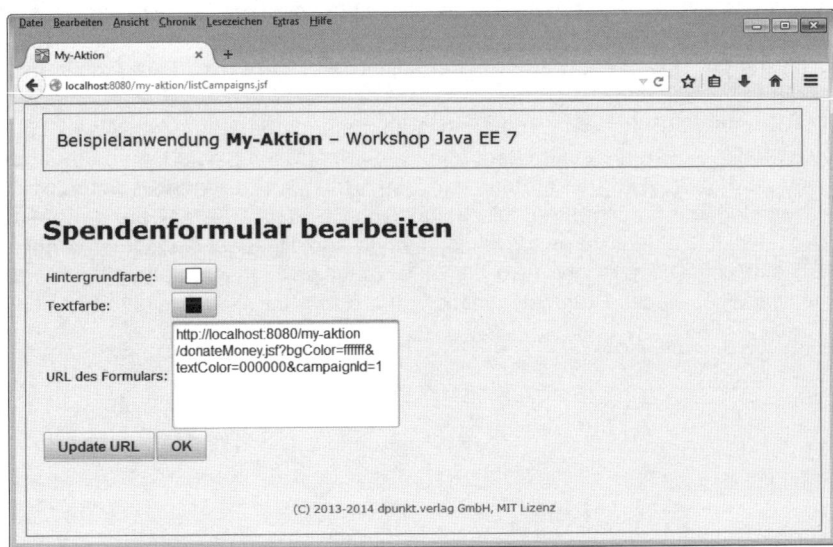

Abb. 4–9   *Die View zur Bearbeitung des Spendenformulars einer Aktion mit der Farbauswahl der*
                  PrimeFaces

Durch einen Klick auf die Schaltfläche erhält man die Farbpalette (siehe Abb. 4–10).
Nach Auswahl einer neuen Farbe kann die URL durch einen Klick auf die Schaltfläche *Update URL* aktualisiert werden.

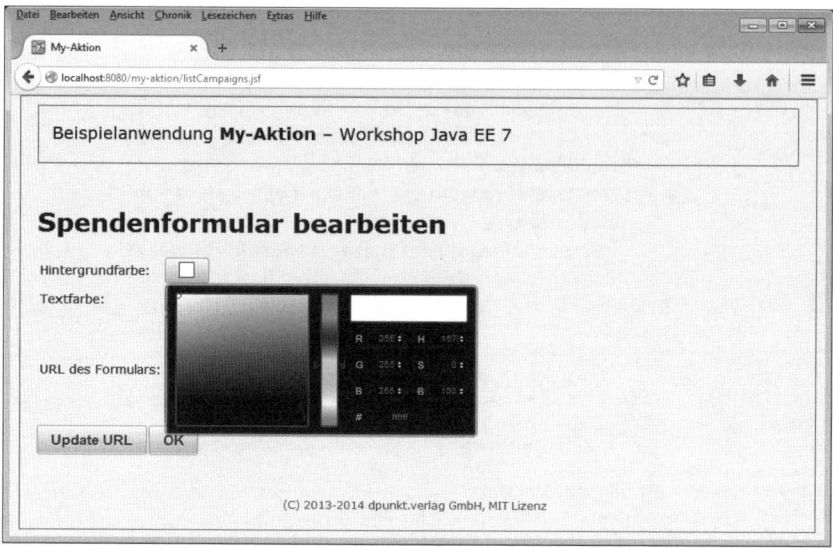

Abb. 4–10   *Die View zur Bearbeitung des Spendenformulars einer Aktion mit der Farbauswahl der
PrimeFaces und geöffneter Farbpalette*

---

ajax="true" oder ajax="false"?

Wenn wir das Facelet in Listing 4–28 genauer betrachten, so fällt auf, dass das Tag
`<p:commandButton>` einmal für die Schaltfläche *Update URL* und einmal für die
Schaltfläche *OK* verwendet wird, aber nur bei letzterer Verwendung das Attribut `ajax`
den Wert `false` bekommt. Warum?

Der Command-Button von PrimeFaces führt standardmäßig einen Ajax-Request
aus, das heißt, auf Serverseite werden nur die betroffenen Komponenten bearbeitet
und neu gerendert. Wird das Attribut `ajax` auf `false` gesetzt, dann wird ein komplet-
ter Faces-Request durchgeführt. Die Schaltfläche *Update URL* soll nur den Textbereich mit der URL aktualisieren, daher ist hier ein Ajax-Request die richtige Wahl. Bei
der Schaltfläche *OK* hingegen wird die View sogar gewechselt, das heißt, hier wird
ein vollständiger Faces-Request benötigt, und daher ist `ajax="false"` die richtige
Wahl.

4.9.3   Tabs für das Anlegen und Editieren von Aktionsdaten

Gemäß den Anforderungen aus Kapitel 3 müssen die Aktionsdaten durch Tabs (»Karteikarten«) dargestellt werden (vgl. Abb. 3–14 und 3–15 in Kap. 3). Da der JSF-Standard keine Tabs unterstützt, mussten wir in der bisherigen Implementierung alle Daten auf einmal darstellen (siehe Abb. 4–3). Mithilfe der PrimeFaces-Bibliothek können die Tabs nun sehr einfach realisiert werden.

Die neuen Tags für Tabs (Karteikarten)

Tabs können in eine Seite sehr einfach mit den Tags `<p:tabView>` und `<p:tab>` eingebaut werden.

Steckbrief `<p:tabView>` und `<p:tab>`

Komponenten zur Realisierung einer Karteikartendarstellung

`<p:tabView>`

Eine *Tab-View* bildet den Rahmen für die einzelnen Tabs.

Ausgewählte Attribute:

`id`: eindeutiger Bezeichner der Komponente

`<p:tab>`

Ein Tab entspricht einer Karteikarte in der *Tab-View* und ist daher ein Kindelement der *Tab-View*.

Ausgewählte Attribute:

`title`: Beschriftung der Karteikarte

Für unsere Implementierung benötigen wir nur wenige Attribute. Die Grundstruktur sieht dann wie folgt aus:

```
…
<p:tabView id="tabView">
  <p:tab title="#{msg['editCampaign.general']}">
  …
  </p:tab>
  <p:tab title="#{msg['editCampaign.bank_account']}">
  …
  </p:tab>
</p:tabView>
```

Die neue Darstellung der Aktionsdaten mit PrimeFaces

In der bisherigen Implementierung hatten wir ein Formular (Tag `<h:form>`), das zwei Raster (Tag `<h:panelGrid>`) enthält. Für die neue Implementierung betten wir stattdessen eine *Tab-View* in das Formular ein (vgl. Listing 4–29). Die beiden Raster werden jeweils in einem eigenen Tab platziert. Zusätzlich verwenden wir

für die Texteingaben anstelle der Standardkomponente <h:textfield> die Prime-
Faces-Komponente <p:textfield> und anstelle der Standard-Tags <h:message>
und <h:messages> die PrimeFaces-Tags <p:message> und <p:messages>, um ein
möglichst einheitliches Erscheinungsbild zu erreichen. Letzteren setzen wir ein,
um dem Nutzer mögliche Fehler in dem jeweils verborgenen Tab sichtbar zu
machen. Das Attribut closable="true" gibt dem Nutzer die Möglichkeit, die Fehleranzeige zu schließen.

```html
<html xmlns="http://www.w3.org/1999/xhtml"
    xmlns:ui="http://xmlns.jcp.org/jsf/facelets"
    xmlns:f="http://xmlns.jcp.org/jsf/core"
    xmlns:p="http://primefaces.org/ui"
    xmlns:h="http://xmlns.jcp.org/jsf/html">
<body>
    <f:view contracts="#{view.locale.language}">
        <ui:composition template="/template.xhtml">
            <ui:define name="content">
                <h1>#{campaignProducer.addMode ?
                    msg['editCampaign.add_new_campaign'] :
                    msg['editCampaign.edit_campaign']}</h1>
                <h:form>
                    <p:messages closable="true" />
                    <p:tabView id="tabView">
                        <p:tab title="#{msg['editCampaign.general']}">
                            <h:panelGrid columns="3">
                                <h:outputLabel value=
                                    "#{msg['editCampaign.name']}:">
                                </h:outputLabel>
                                <p:inputText id="a_name"
                                    value=
                                        "#{campaignProducer.selectedCampaign.name}"
                                    validatorMessage=
                                        "#{msg['editCampaign
                                            .campaign_name_validation']}">
                                    <f:passThroughAttribute name="placeholder"
                                        value=
                                            "#{msg['editCampaign
                                                .name_of_the_campaign']}" />
                                    <f:validateRequired />
                                    <f:validateLength minimum="4" maximum="30" />
                                </p:inputText>
                                <p:message for="a_name" />
                                <h:outputLabel value=
                                    "#{msg['editCampaign.target_amount']}:">
                                </h:outputLabel>
                                <h:panelGroup>
                                    <p:inputText id="a_targetAmount"
                                        value=
                                            "#{campaignProducer
                                                .selectedCampaign.targetAmount}"
```

```
                            validatorMessage=
                                "#{msg['editCampaign
                                    .target_amount_validation']}">
                            <f:convertNumber maxFractionDigits="2"
                                minFractionDigits="2" />
                            <f:validateRequired />
                            <f:validateDoubleRange minimum="10.0" />
                        </p:inputText> EUR
                    </h:panelGroup>
                    <p:message for="a_targetAmount" />
                    <h:outputLabel value=
                        "#{msg['editCampaign.donation_amount']}:">
                    </h:outputLabel>
                    <h:panelGroup>
                        <p:inputText id="a_donationMinimum"
                            value=
                                "#{campaignProducer
                                    .selectedCampaign.donationMinimum}"
                            validatorMessage=
                            "#{msg['editCampaign
                                .donation_amount_validation']}">
                            <f:convertNumber maxFractionDigits="2"
                                minFractionDigits="2" />
                            <f:validateRequired />
                            <f:validateDoubleRange minimum="1.0" />
                        </p:inputText> EUR
                    </h:panelGroup>
                    <p:message for="a_donationMinimum" />
                </h:panelGrid>
            </p:tab>
            <p:tab title="#{msg['editCampaign.bank_account']}">
                <h:panelGrid columns="3">
                    <h:outputLabel value=
                        "#{msg['editCampaign.name']}:">
                    </h:outputLabel>
                    <p:inputText id="b_name"
                        value=
                            "#{campaignProducer
                                .selectedCampaign.account.name}">
                        <f:validateRequired />
                    </p:inputText>
                    <p:message for="b_name" />
                    <h:outputLabel value=
                        "#{msg['editCampaign.iban']}:">
                    </h:outputLabel>
                    <p:inputText id="b_iban"
                        value=
                            "#{campaignProducer
                                .selectedCampaign.account.iban}">
                        <f:validateRequired />
                    </p:inputText>
```

```
                              <p:message for="b_iban" />
                              <h:outputLabel value=
                                 "#{msg['editCampaign.name_of_bank']}:">
                              </h:outputLabel>
                              <p:inputText id="b_name_bank"
                                 value=
                                    "#{campaignProducer
                                       .selectedCampaign.account.nameOfBank}">
                                 <f:validateRequired />
                              </p:inputText>
                              <p:message for="b_name_bank" />
                           </h:panelGrid>
                        </p:tab>
                     </p:tabView>
                     <p:commandButton value="#{msg['editCampaign.save']}"
                        ajax="false" action=
                           "#{editCampaignController.doSave}" />
                     <p:commandButton value="#{msg['editCampaign.cancel']}"
                        immediate="true" ajax="false"
                        action="#{editCampaignController.doCancel}" />
                  </h:form>
               </ui:define>
            </ui:composition>
         </f:view>
      </body>
   </html>
```

Listing 4–29   *Facelet editCampaign.xhtml*

Wir probieren unsere Änderungen nach einem erneuten Deployment aus. Das Ergebnis ist in Abbildung 4–11 dargestellt.

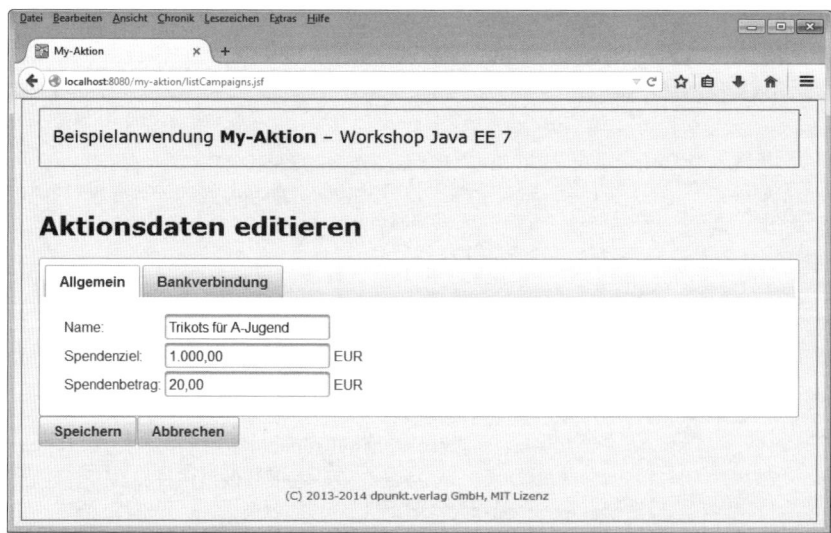

Abb. 4–11   *Die View zum Editieren einer Aktion nach Einbau der Tab-View-Komponente von PrimeFaces*

Auch die Fehlermeldungen von PrimeFaces (Tag <p:message>) sehen etwas anders aus als beim Standard. Machen Sie doch einfach mal eine Falscheingabe!

4.9.4 Der Bestätigungsdialog für den Anwendungsfall »Aktion löschen«

Zwar haben wir das Löschen einer Aktion noch nicht implementiert, wir haben aber bereits im Facelet listCampaigns.xhtml einen Link eingebaut, der die Methode zum Löschen im Controller aufruft (siehe Link mit der Bezeichnung »x« in Abb. 4–2). Das Löschen von Daten ist in Anwendungen ein sensibler Vorgang. Es kann schnell passieren, dass ein Benutzer aus Versehen auf den Link klickt und dadurch der Datensatz weg ist. Aus diesem Grund wollen wir einen Bestätigungsdialog (*engl. confirmation dialog*) einführen, der den Benutzer fragt, ob er die Aktion wirklich löschen möchte.

Die neuen Tags für den Bestätigungsdialog

Mit der PrimeFaces-Bibliothek kann man einen Bestätigungsdialog mit dem Tag <p:confirmDialog> definieren. Der ganze Dialog wird clientseitig mit JavaScript gesteuert. Dazu stellt die Komponente die JavaScript-Funktionen show() und hide() zum Anzeigen und zum Schließen des Dialogs zur Verfügung. Der folgende Steckbrief gibt die wichtigsten Attribute in einer Übersicht wieder.

Steckbrief <p:confirmDialog>

Komponenten zur Realisierung eines Bestätigungsdialogs

Ausgewählte Attribute:

message: Informationstext zum Dialog für den Benutzer

header: Titel des Dialogfensters

severity: Schweregrad der Meldung (alert/info)

widgetVar: Clientseitige Bezeichnung des Dialogs für JavaScript-Zugriffe aus anderen Komponenten. Über diesen Namen können die JavaScript-Funktionen show() und hide() aufgerufen werden.

Das Gerüst für unseren Bestätigungsdialog sieht also wie folgt aus:

```
<p:confirmDialog message="#{msg['listCampaigns.ask_delete_campaign']}"
    header="Aktion löschen"
    severity="alert"
    widgetVar="confirmation">
    …
</p:confirmDialog>
```

Innerhalb des <p:confirmDialog>-Tags können wir frei den Inhalt gestalten. In der Regel werden aber Schaltflächen verwendet, über die eine Aktion bestätigt oder abgebrochen werden kann.

Die Implementierung des Bestätigungsdialogs mit PrimeFaces

Neben der Einführung des Bestätigungsdialogs ersetzen wir auch den bisherigen Link mit dem Wert »x« zum Löschen der Aktion durch eine Schaltfläche (<p:commandButton>).

```
<p:commandButton onclick="confirmation.show()"
    actionListener="#{listCampaignsController.doDeleteCampaign(campaign)}"
    icon="ui-icon-close"
/>
```

Mit dieser Schaltfläche können wir zum einen über das Attribut onclick den Dialog starten (unter Verwendung der mit widgetVar definierten Bezeichnung des Dialogs confirmation und der Javascript-Funktion show()) und zum anderen über das Attribut actionListener die Java-Methode doDeleteCampaign im Controller ListCampaignsController aufrufen. Innerhalb des Facelets haben wir nur an dieser Stelle Zugriff auf die zu löschende Aktion und müssen deshalb auch hier die Methode zum Löschen aufrufen, obwohl noch nicht sicher ist, dass die Löschung wirklich gewünscht ist. Aus diesem Grund darf die Methode doDeleteCampaign die Löschung nur vormerken. Erst wenn die Löschung bestätigt wird, darf die Aktion tatsächlich entfernt werden. Dazu später mehr.

Das Attribut icon ist eine nette Möglichkeit von PrimeFaces, mitgelieferte CSS-Klassen des *ThemeRoller*-CSS-Frameworks (jqueryui.com/themeroller/) für die Darstellung der Schaltflächen zu verwenden. Für unsere Schaltfläche bietet sich die Klasse .ui-icon-close an, die ein »x« auf die Schaltfläche zeichnet.

Für die Implementierung des Facelets müssen zunächst wieder einige Texte lokalisiert werden (Kategorie # listCampaigns.xhtml). Wir fügen die folgenden Zeilen in die Datei messages_de.properties ein:

```
listCampaigns.ask_delete_campaign=Aktion wirklich löschen?
listCampaigns.delete_campaign=Aktion löschen
listCampaigns.yes=Ja
listCampaigns.no=Nein
```

Die entsprechenden englischen Übersetzungen ergänzen wir in der Datei messages_en.properties:

```
listCampaigns.ask_delete_campaign=Really delete campaign?
listCampaigns.delete_campaign=Delete campaign
listCampaigns.yes=Yes
listCampaigns.no=No
```

Schauen wir uns als Nächstes die neue Implementierung des Facelets listCampaigns.xhtml aus Listing 4–30 an, bevor wir auf die Änderungen im Controller ListCampaignsController eingehen. Auch hier ersetzen wir zusätzlich alle Standardkomponenten, für die es adäquate PrimeFaces-Komponenten gibt. Neu kommen hier <p:dataTable>, <p:column> und <p:commandLink> hinzu.

```
<html xmlns="http://www.w3.org/1999/xhtml"
    xmlns:ui="http://xmlns.jcp.org/jsf/facelets"
    xmlns:f="http://xmlns.jcp.org/jsf/core"
    xmlns:p="http://primefaces.org/ui"
    xmlns:h="http://xmlns.jcp.org/jsf/html">
<body>
    <f:view contracts="#{view.locale.language}">
        <ui:composition template="/template.xhtml">
            <ui:define name="content">
                <h1>#{msg['listCampaigns.my_campaigns']}</h1>
                <h:form>
                    <p:dataTable value="#{campaignListProducer.campaigns}"
                        var="campaign">
                        <p:column>
                            <p:commandButton onclick="confirmation.show()"
                                actionListener=
                                "#{listCampaignsController
                                    .doDeleteCampaign(campaign)}"
                                icon="ui-icon-close" />
                        </p:column>
                        <p:column>
                            <f:facet name="header">
                                #{msg['listCampaigns.name']}
                            </f:facet>
                            <h:outputText value="#{campaign.name}" />
                        </p:column>
                        <p:column>
                            <f:facet name="header">
                                #{msg['listCampaigns.target_amount']}
                            </f:facet>
                            <h:outputText value="#{campaign.targetAmount}">
                                <f:convertNumber type="currency"
                                    currencyCode="EUR" />
                            </h:outputText>
                        </p:column>
                        <p:column>
                            <f:facet name="header">
                                #{msg['listCampaigns.donated_so_far']}
                            </f:facet>
                            <h:outputText value="#{campaign.amountDonatedSoFar}">
                                <f:convertNumber type="currency"
                                    currencyCode="EUR" />
                            </h:outputText>
                        </p:column>
                        <p:column>
                            <p:commandLink value="#{msg['listCampaigns.edit']}"
                                ajax="false"
                                action=
                                    "#{listCampaignsController
                                        .doEditCampaign(campaign)}" />
                        </p:column>
```

```
                    <p:column>
                        <p:commandLink value=
                            "#{msg['listCampaigns.list_donations']}"
                            ajax="false"
                            action=
                                "#{listCampaignsController
                                    .doListDonations(campaign)}" />
                    </p:column>
                    <p:column>
                        <p:commandLink value="#{msg['listCampaigns.form']}"
                            ajax="false"
                            action="#{listCampaignsController
                                .doEditDonationForm(campaign)}" />
                    </p:column>
                </p:dataTable>
                <p:commandButton value=
                    "#{msg['listCampaigns.add_campaign']}"
                    ajax="false"
                    action="#{listCampaignsController.doAddCampaign}" />
                <p:confirmDialog
                    message="#{msg['listCampaigns.ask_delete_campaign']}"
                    header="#{msg['listCampaigns.delete_campaign']}"
                    severity="alert"
                    widgetVar="confirmation">
                    <p:commandButton value="#{msg['listCampaigns.yes']}"
                        oncomplete="confirmation.hide()" ajax="false"
                        actionListener="#{listCampaignsController
                            .commitDeleteCampaign}" />
                    <p:commandButton value="#{msg['listCampaigns.no']}"
                        onclick="confirmation.hide()" />
                </p:confirmDialog>
            </h:form>
        </ui:define>
    </ui:composition>
    </f:view>
</body>
</html>
```

Listing 4–30   *Facelet listCampaigns.xhtml*

Wir wollen an dieser Stelle noch einmal genauer auf die Kindelemente des Tags
`<p:confirmDialog>` eingehen. Wir fügen dem Dialog zwei Schaltflächen hinzu, die
erste für die Bestätigung der Löschung, die zweite für einen Abbruch des Löschvorgangs. Beide verwenden das Attribut `value`, um dem Benutzer eine Bezeichnung anzuzeigen, und `onclick`, um den Dialog über die JavaScript-Funktion
`hide()` zu schließen. Im Falle, dass das Löschen bestätigt wird, verwenden wir das
Attribut `actionListener`, um die Methode `commitDeleteCampaign` im Controller
`ListCampaignsController` aufzurufen. Diese Methode soll die Löschung tatsächlich durchführen. In unserer bisherigen Implementierung des Controllers fehlt sie,
weshalb wir nun die Änderungen am Controller besprechen sollten.

Wie oben bereits erwähnt wurde, benötigen wir zwei Methoden im Rahmen des Löschvorgangs. Die Methode void doDeleteCampaign(Campaign campaign) merkt ein Campaign-Objekt als zu löschen vor, die Methode void commitDeleteCampaign() führt die Löschung durch. Die Vormerkung realisieren wir über eine Instanzvariable in der Controller-Klasse (vgl. Listing 4–31).

```
...
public class ListCampaignsController implements Serializable {
    private static final long serialVersionUID = 8693277383648025822L;

    @Inject
    private CampaignProducer campaignProducer;

    private Campaign campaignToDelete;
    ...

    public void doDeleteCampaign(Campaign campaign) {
        this.campaignToDelete = campaign;
        System.out.println("Aktion zum löschen vorgemerkt");
    }

    public void commitDeleteCampaign() {
        System.out.println("Aktion löschen noch nicht implementiert");
    }
}
```

Listing 4–31 *Klasse ListCampaignsController*

Sobald alle Änderungen durchgeführt sind, können wir nach einem Deployment auf dem WildFly die Anwendung ausprobieren. In Abbildung 4–12 sehen wir, wie die PrimeFaces-Komponenten sich auf das Aussehen der Seite auswirken. Abbildung 4–13 zeigt den Bestätigungsdialog für das Löschen.

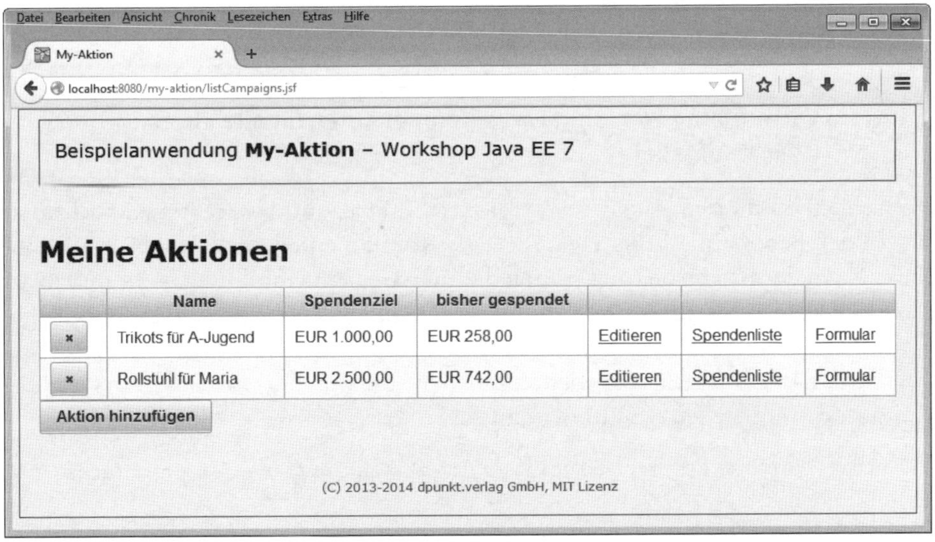

Abb. 4–12 *Aktionenliste mit PrimeFaces-Komponenten und neuer Schaltfläche zum Löschen*

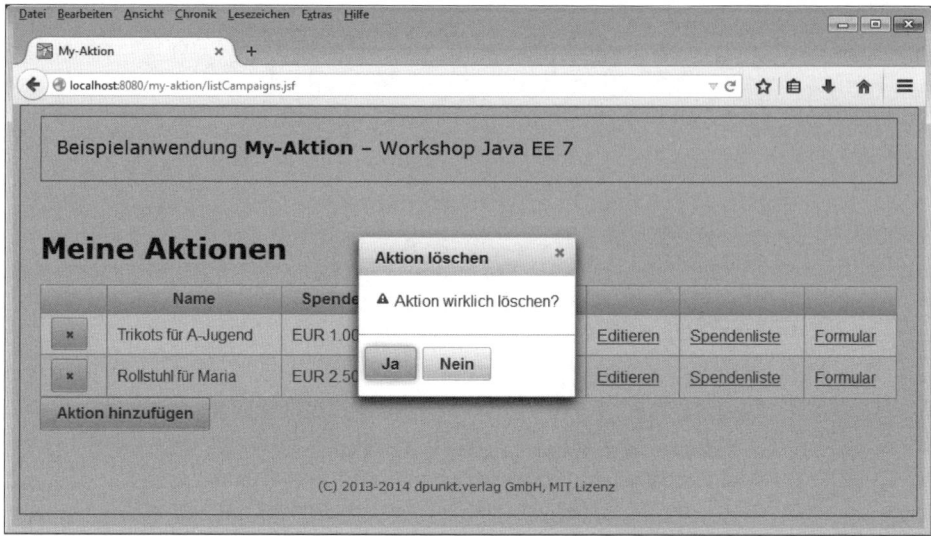

Abb. 4–13   *Bestätigungsdialog beim Löschen von Aktionen mit PrimeFaces*

Gratulation!

Sie haben die erste Iteration erfolgreich abgeschlossen! Bis auf eine Kleinigkeit: Damit der Workshop erfolgreich fortgesetzt werden kann, ist es zwingend notwendig, die erste Aufgabe (Abschnitt 4.10.1) zu bearbeiten. Alle anderen Aufgaben sind optional und müssen sogar, wenn es nicht explizit anders formuliert ist, vor der Fortsetzung des Workshops rückgängig gemacht werden, um Seiteneffekte zu vermeiden.

4.10   Aufgaben

4.10.1   Verwendung von PrimeFaces-Komponenten für alle Views (Pflichtaufgabe)

Verwenden Sie in den Facelets `listDonations.xhtml` und `donateMoney.xhtml`, analog zu den bereits überarbeiteten Facelets, Komponenten der PrimeFaces-Bibliothek. Nach der Überarbeitung sollten die Views wie in Abbildung 4–14 und 4–15 aussehen. Die Änderungen, die durch diese Aufgabe verursacht werden, dürfen Sie nicht zurücknehmen. Der Workshop kann sonst nicht ohne Seiteneffekte fortgesetzt werden. Um sicherzugehen, können Sie Ihr Ergebnis mit unserem GitHub-Repository vergleichen – zu finden unter:

`https://github.com/marcusschiesser/my-aktion-2nd/tree/jsf-primefaces.`

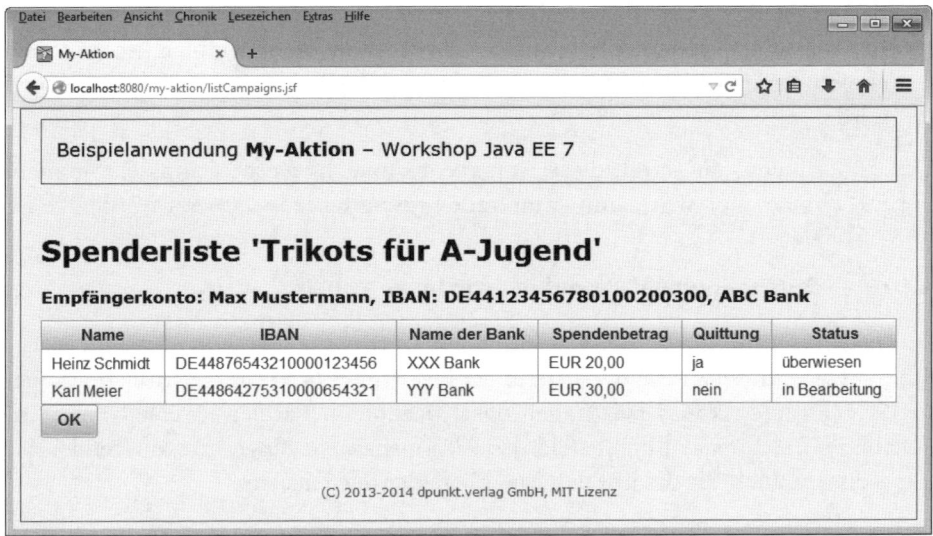

Abb. 4–14   *Die Spenderliste mit PrimeFaces-Komponenten*

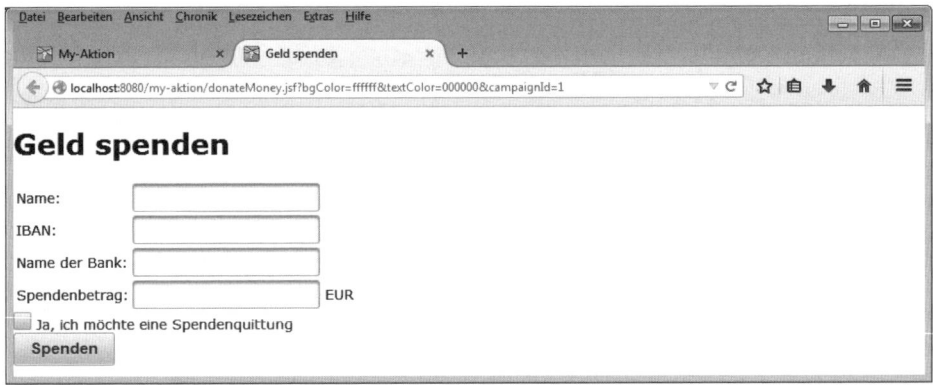

Abb. 4–15   *Das Geldspendeformular mit PrimeFaces-Komponenten*

4.10.2   Lokalisierung der Schaltfläche »Update URL«

Im Facelet editDonationForm.xhtml haben wir in Abschnitt 4.9.2 eine Schaltfläche eingeführt, die bei einem Klick mittels AJAX die auf der Seite angezeigte URL aktualisiert. Die Beschriftung der Schaltfläche lautet »Update URL«. Lokalisieren Sie die Beschriftung der Schaltfläche!

1. Führen Sie in den Eigenschaftsdateien messages_de.properties und messages_en.properties (Verzeichnis src\main\resources) einen geeigneten Schlüssel ein, der auf die deutsche Beschriftung »URL aktualisieren« bzw. die englische Beschriftung »Update URL« verweist.

2. Passen Sie das Facelet `editDonationForm.xhtml` so an, dass anstelle der festen Beschriftung »Update URL« durch Verwendung der Variablen `msg` und dem eingeführten Schlüssel die Beschriftung in der richtigen Sprache angezeigt wird.

Die Änderungen, die durch diese Aufgabe verursacht werden, müssen Sie nicht zurücknehmen. Der Workshop kann ohne Seiteneffekte fortgesetzt werden.

4.10.3   Durchgängige Verwendung von Inline-Labels

In Abschnitt 4.6.7 haben wir gelernt, wie man mithilfe des Tags `<f:passThrough-Attribute>` und dem HTML-5-Attribut `placeholder` *Inline-Labels* für Textfelder in JSF realisieren kann. Wir haben das Konzept im Facelet `editCampaign.xhtml` (Listing 4–21) für das Eingabefeld des Aktionsnamens eingesetzt. Verwenden Sie das Konzept auch für die übrigen Eingabefelder des Facelets.

1. Führen Sie in den Eigenschaftsdateien `messages_de.properties` und `messages_en.properties` (Verzeichnis `src\main\resources`) geeignete Schlüssel und die jeweiligen Übersetzungen für die *Inline-Labels* der Eingabefelder ein.
2. Betten Sie das Tag `<f:passThroughAttribute>` mit dem Attribut `placeholder` in alle Eingabefelder ein (analog zum Vorgehen beim Tag `<p:inputText>` mit `id="a_name"`).

Die Änderungen, die durch diese Aufgabe verursacht werden, müssen Sie nicht zurücknehmen. Der Workshop kann ohne Seiteneffekte fortgesetzt werden.

4.10.4   Auslagerung der Eigenschaften des Spendenformulars

Bisher werden Farbeinstellungen des Spendenformulars im Controller `EditDonationFormController` selbst verwaltet. Sollten noch mehr Eigenschaften wie Fontgröße und -familie, Text der Überschrift usw. dazukommen, ist es sinnvoll, die Einstellungen in einer eigenen Klasse `FormConfig` zu verwalten.

Auslagerung der Eigenschaften in eine Klasse

1. Erzeugen Sie die Klasse `FormConfig` im Paket `de.dpunkt.myaktion.model` und verschieben Sie die Attribute `bgColor` und `textColor` aus der Klasse `EditDonationFormController` hierhin. Die Klasse benötigt für die beiden Attribute entsprechende Getter- und Setter-Methoden.
2. Fügen Sie der Klasse `EditDonationFormController` ein neues Attribut `formConfig` vom Typ `FormConfig` mit den dazugehörigen Getter- und Setter-Methoden hinzu. Entfernen Sie die Getter- und Setter-Methoden der gelöschten Attribute `bgColor` und `textColor`. Fügen Sie einen parameterlosen Konstruktor ein, der das Attribut `formConfig` initialisiert.

3. Passen Sie die EL-Ausdrücke im Facelet `editDonationForm.xhtml` für die Bindung der Farbattribute an die Farbauswahlkomponente an. Dabei müssen Sie jetzt das neue Attribut `formConfig` der Controller-Bean `EditDonationForm-Controller` verwenden.

Einführung weiterer Formulareigenschaften

Durch die Einführung der Klasse `FormConfig` können wir jetzt mühelos weitere Eigenschaften für das Formular hinzufügen. Als Beispiel wollen wir die H1-Überschrift und den Titel des Spendenformulars parametrisieren. Bisher steht dort fix »Geld spenden«.

1. Wir fügen für die Überschrift ein neues Attribut `title` vom Typ `String` in der Fachklasse `FormConfig` ein und versehen die Klasse mit den dazugehörigen Getter- und Setter-Methoden. Sie können zur Vereinfachung an dieser Stelle die Internationalisierung etwas vernachlässigen und festlegen, dass das Attribut initial den Wert »Geld spenden« erhalten soll.
2. Das Facelet `editDonationForm.xhtml` wird um ein weiteres Textfeld (Tag `<h:inputText>`) für die Überschrift/den Titel erweitert und mittels eines EL-Ausdrucks an das neue Attribut `title` der `FormConfig`-Bean des Controllers gebunden.
3. In der Klasse `EditDonationFormController` müssen wir die Methode zur Generierung der URL des Spendenformulars anpassen. Die URL muss das neue Attribut `title` berücksichtigen.
4. Wir müssen die neue Eigenschaft im Facelet `donateMoney.xhtml` verwenden. Dazu müssen wir zum einen ein neues Attribut `title` vom Typ `String` in der Klasse `DonateMoneyController` mit entsprechenden Getter- und Setter-Methoden einführen. Zum anderen müssen wir im Facelet selbst das Attribut an einen neuen View-Parameter binden und dann bei der H1-Überschrift und beim Titel »Geld spenden« durch einen EL-Ausdruck an das neue Attribut `title` der Klasse `DonateMoneyController` ersetzen.

4.11 Weiterführende Literatur

Burns, E. (2014).
JSR 344: JavaServerTM Faces 2.2. Abgerufen am 17. September 2014 von `https://jcp.org/en/jsr/detail?id=344`

Marinschek, M., Kurz, M. & Müllan, G. (2013).
JavaServer Faces 2.2 – Grundlagen und erweiterte Konzepte.
Heidelberg: dpunkt.verlag.

Müller, B. (2010).
JavaServer Faces 2.0 – Ein Arbeitsbuch für die Praxis. München: Hanser-Verlag.

5 Iteration Nr. 2 – Funktionale Tests

Bei einem funktionalen Test wird, wie der Name schon andeutet, die korrekte Funktionsweise der Anwendung aus Anwendersicht überprüft. Im konkreten Fall wollen wir testen, ob die in Kapitel 3 beschriebenen Anwendungsfälle gemäß den Anforderungen durchlaufen.

5.1 Einleitung

Im vorherigen Kapitel haben wir die Oberfläche der Anwendung fertig erstellt. Dies bedeutet, dass ein Anwender die Software bereits komplett testen kann, da alle möglichen Aktionspunkte der Benutzeroberfläche erreichbar sind.

Manuelle Tests sind jedoch einerseits monoton und andererseits fehleranfällig. Besser wäre es daher, einen Test zu programmieren, der automatisch nach jedem Build ausgeführt wird und dadurch die Funktionalität der Anwendung gewährleistet.

In diesem Kapitel möchten wir nun genau dieses Problem angehen: Tests erstellen, die anstelle eines Benutzers die Oberfläche nach unseren Vorgaben durchklicken.

Für diese sogenannte Testautomatisierung gibt es eine Reihe von Tools[1]. Üblicherweise erstellt man diese Tests nicht rein programmatisch, sondern verwendet Software, die die Interaktionen einer Benutzersitzung aufzeichnet und dann zu einem späteren Zeitpunkt wieder abspielen kann.

Dieser Ansatz hat den Vorteil, dass man zur Testautomatisierung nicht Java beherrschen muss. Die dadurch generierten Tests sind gegenüber Änderungen der zu testenden Software jedoch nicht sehr stabil. Ändert sich beispielsweise das Label eines Buttons oder dessen Position, so muss in vielen Fällen der Test neu generiert werden.

Da Java-Kenntnisse für uns jedoch kein Hindernis darstellen, wollen wir einen eleganteren Weg gehen und die Tests komplett in Java erstellen.

---

1. http://greiterweb.de/spw/test_werkzeuge.htm

Hierbei helfen uns die Testframeworks Arquillian und Graphene, die wir im nächsten Abschnitt 5.2 konfigurieren werden. Anschließend erstellen wir in Abschnitt 5.3 Klassen, die wir in allen zu testenden Anwendungsfällen wiederverwenden können. In Abschnitt 5.4 werden schließlich die eigentlichen Testklassen erstellt, die die Funktion der Anwendung sicherstellen.

Das Kapitel ist übrigens so aufgebaut, dass Sie es gerne auch zu einem späteren Zeitpunkt, d.h. nach dem erfolgreichen Abschluss einer weiteren Iteration durcharbeiten können. Beachten Sie aber, dass Sie die Abschnitte 7.7 und 8.2.8 in diesem Fall nicht auslassen. In diesen erweitern wir unsere funktionalen Tests, sodass sie mit JPA bzw. EJB zusammenarbeiten.

5.2 Testframeworks Arquillian und Graphene konfigurieren

Um funktionale Tests gegen die auf einem Anwendungsserver laufende Anwendung zu erstellen, müssen wir zunächst innerhalb einer Testklasse einen Anwendungsserver starten und beenden können. Dies ist mit traditionellen JUnit-Tests nicht möglich.

Mit Arquillian[2] existiert ein sehr interessantes Testframework, das es uns erlaubt, innerhalb der Testklasse Anwendungsarchive zu erstellen, die auf einem Anwendungsserver unserer Wahl ausgeführt werden – in unserem Fall WildFly 8.1.

Mit Graphene[3] bietet Arquillian eine für unsere Zwecke ideale Erweiterung. Sie ermöglicht es, einen beliebigen Browser fernzusteuern. Dadurch können programmatisch Benutzerinteraktionen ausgeführt werden.

Beide Frameworks müssen nun in unsere Maven-Konfigurationsdatei `pom.xml` eingebunden werden. Hierzu fügen wir zunächst die in Listing 5–1 definierten Abhängigkeiten zu dem Tag `dependencies` unserer Maven-Konfiguration hinzu. Beachten Sie, dass für jede dieser Abhängigkeiten über `<scope>test</scope>` festgelegt wird, dass diese lediglich für unsere Testfälle verwendet werden sollen, jedoch nicht für unseren eigentlichen Programmcode.

```
<dependency>
    <groupId>junit</groupId>
    <artifactId>junit</artifactId>
    <scope>test</scope>
    <version>4.8.1</version>
</dependency>
<dependency>
    <groupId>org.jboss.arquillian.junit</groupId>
    <artifactId>arquillian-junit-container</artifactId>
    <version>1.1.2.Final</version>
    <scope>test</scope>
</dependency>
```

2. `www.jboss.org/arquillian.html`
3. `http://arquillian.org/modules/graphene-extension`

```
<dependency>
   <groupId>org.jboss.arquillian.graphene</groupId>
   <artifactId>graphene-webdriver</artifactId>
   <version>2.0.1.Final</version>
   <type>pom</type>
   <scope>test</scope>
</dependency>
<dependency>
   <groupId>org.wildfly</groupId>
   <artifactId>wildfly-arquillian-container-remote</artifactId>
   <version>8.1.0.Final</version>
   <scope>test</scope>
</dependency>
```

Listing 5–1   *Maven-Abhängigkeiten für die Frameworks Arquillian und Graphene*

Nun müssen wir noch dafür sorgen, dass unsere Tests am Ende des Maven-Builds ausgeführt werden, wenn das zu deployende Webarchiv und damit die komplette Anwendung bereits erzeugt wurden.

Dies ist notwendig, da wir im Gegensatz zu Unit-Tests, die einzelne Klassen testen, die gesamte Anwendung testen wollen. Maven bietet für diese Art von Tests, auch Integrationstests genannt, das Maven-Failsafe-Plugin an. Dieses aktivieren wir nun, indem wir den Inhalt von Listing 5–2 innerhalb des Tags `plugins` in der Datei `pom.xml` einfügen.

Integrationstests werden wie klassische Unit-Tests in dem Ordner `src\test` gespeichert. Um diese unterscheiden zu können, besteht die Konvention, die Klassennamen der Ersteren mit dem Suffix `ITCase` zu beenden.

Um die Integrationstests in den späteren Abschnitten zu starten, müssen Sie in der Kommandozeile `mvn verify` ausführen.

```
<plugin>
   <groupId>org.apache.maven.plugins</groupId>
   <artifactId>maven-failsafe-plugin</artifactId>
   <version>2.17</version>
   <executions>
      <execution>
         <goals>
            <goal>integration-test</goal>
            <goal>verify</goal>
         </goals>
      </execution>
   </executions>
</plugin>
```

Listing 5–2   *Konfiguration für Maven-Failsafe-Plugin*

Um Arquillian für die Tests zu aktivieren, bedarf es nur noch einer Konfigurationsdatei `arquillian.xml`, die Sie in Listing 5–3 finden und die Sie bitte in dem Pfad `src\test\resources` speichern.

Beachten Sie die Eigenschaft browser in der Konfigurationsdatei. Hier legen Sie fest, welcher Browser zum Ausführen der Tests verwendet werden soll. In unserem Beispiel haben wir diesen Wert auf firefox gestellt, wodurch die installierte Version von Firefox, falls vorhanden, eingesetzt wird. Alternative Werte sind:

- chrome
- internetExplorer
- phantomjs
- safari

Einer näheren Erklärung bedarf dabei lediglich der Wert phantomjs. Bei dieser Konfiguration wird PhantomJS[4] verwendet. Es handelt sich dabei um einen speziellen Browser, der keine Benutzeroberfläche besitzt und lediglich im Hintergrund über Skripte gesteuert wird. Dies ist insbesondere interessant, wenn Sie den Build-Prozess auf einem eigenen Build-Server starten, der nicht über eine Benutzeroberfläche gesteuert wird. Für unsere Zwecke setzen Sie den Wert bitte auf einen Browser Ihrer Wahl, um die Ausführung der Tests verfolgen zu können.

```
<?xml version="1.0" encoding="UTF-8"?>
<arquillian xmlns="http://jboss.org/schema/arquillian"
        xmlns:xsi="http://www.w3.org/2001/XMLSchema-instance"
        xsi:schemaLocation="http://jboss.org/schema/arquillian
        http://jboss.org/schema/arquillian/arquillian_1_0.xsd">
    <extension qualifier="webdriver">
        <property name="browser">firefox</property>
    </extension>
</arquillian>
```

Listing 5–3   *arquillian.xml*

Nun sind Sie bereit, eigene Testfälle hinzuzufügen, die Arquillian verwenden. Dies werden wir in den folgenden Abschnitten schrittweise angehen.

5.3   Wiederwendbare Klassen erstellen

In diesem Abschnitt stellen wir wiederverwendbare Klassen bereit, die in allen Testfällen zum Einsatz kommen. Zum einen handelt es sich dabei um die in Abschnitt 5.3.1 behandelte Klasse DataFactory, die Methoden zur Erzeugung von Campaign- und Donation-Objekten für Testzwecke zur Verfügung stellt. Die Testklassen benötigen diese zum Erstellen von Testdaten.

Im folgenden Abschnitt 5.3.2 stellen wir die abstrakte Klasse AbstractITCase vor. Alle spätere zu erstellenden Testklassen leiten von dieser Superklasse ab, welche dafür sorgt, dass Arquillian unsere Anwendung *My-Aktion* zu Testzwecken auf dem Anwendungsserver installiert.

---

4.   http://phantomjs.org

Schließlich finden Sie in Abschnitt 5.3.3 die abstrakte Klasse `AbstractPage`. Diese stellt Methoden zur Verfügung, um mittels Graphene den Inhalt von einzelnen Webseiten zu parsen und generelle Überprüfungen vorzunehmen.

5.3.1 Testdaten für Aktionen und Spenden bereitstellen

Für das Erstellen von Testfällen benötigt man Testdaten; in unserem Fall für Instanzen der Klassen `Donation` und `Campaign`. Listing 5–4 zeigt die Factory-Klasse `DataFactory`, die uns solche Testobjekte zur Verfügung stellt. Bitte speichern Sie diese in dem Ordner `src\test\java\de\dpunkt\myaktion\test` ab.

Achtung: Alle Klassen und sonstige Dateien aus diesem Kapitel müssen Sie in dem Ordner `src\test` oder einem der Unterordner speichern. Maven nimmt hier eine sinnvolle Trennung der eigentlichen Programmdateien in `src\main` und der Testdateien in `src\test` vor.

Die Klasse `DataFactory` enthält die Methoden `createTestCampaign` und `create-Donation`, die ein beispielhaftes `Campaign`-Objekt bzw. `Donation`-Objekt erstellen.

```java
package de.dpunkt.myaktion.test;

import de.dpunkt.myaktion.model.Account;
import de.dpunkt.myaktion.model.Campaign;
import de.dpunkt.myaktion.model.Donation;
import de.dpunkt.myaktion.model.Donation.Status;

public class DataFactory {
    public static Campaign createTestCampaign() {
        Campaign campaign = new Campaign();
        campaign.setName("Trikots für A-Jugend");
        campaign.setTargetAmount(1000d);
        campaign.setDonationMinimum(20d);
        campaign.setAccount(new Account("Max Mustermann", "ABC Bank",
            "DE44123456780100200300"));
        return campaign;
    }

    public static Donation createDonation() {
        Donation donation = new Donation();
        donation.setDonorName("Heinz Schmidt");
        donation.setAmount(20d);
        donation.setReceiptRequested(true);
        donation.setStatus(Status.TRANSFERRED);
        donation.setAccount(new Account(donation.getDonorName(),
            "XXX Bank", "DE44876543210000123456"));
        return donation;
    }

}
```

Listing 5–4   *Klasse DataFactory*

5.3.2 Anwendung My-Aktion mit Arquillian deployen

Bevor einer unserer Testfälle ausgeführt wird, muss zunächst sichergestellt werden, dass die zu testende Anwendung *My-Aktion* auf dem Anwendungsserver installiert ist.

In unserem Beispiel verwenden wir mit WildFly 8.1 für unsere Testfälle denselben Server wie für das eigentliche Deployment der Anwendung. Man könnte nun einfach davon ausgehen, dass die Anwendung bereits installiert ist, und die Testfälle ohne Vorbereitung durchführen. Dabei gibt es jedoch zwei Probleme: Wir wissen nicht, ob die Anwendung in der richtigen Version vorliegt und wir können die Anwendung nicht für Testzwecke modifizieren. Letzteres wird später notwendig, wenn wir eine eigene Testdatenbank verwenden.

Es ist daher besser, wenn wir vor dem Ausführen eines Testfalls ein eigenes Webarchiv speziell für den Test deployen und dieses nach dem Test wieder vom Anwendungsserver entfernen. Arquillian kümmert sich automatisch darum, wenn es in der Testklasse eine mit @Deployment[5] annotierte Methode vorfindet, die ein Objekt des Typs WebArchive[6] zurückliefert. Listing 5–5 zeigt die abstrakte Klasse AbstractITCase, die diese Methode für unsere Testfälle zur Verfügung stellt. Speichern Sie die Klasse bitte nun im Paket de.dpunkt.myaktion.test ab.

```
package de.dpunkt.myaktion.test;

import org.jboss.arquillian.container.test.api.Deployment;
import org.jboss.shrinkwrap.api.ShrinkWrap;
import org.jboss.shrinkwrap.api.importer.ZipImporter;
import org.jboss.shrinkwrap.api.spec.WebArchive;

import java.io.File;

public abstract class AbstractITCase {
    @Deployment(testable = false)
    public static WebArchive createDeployment() {
        return ShrinkWrap.create(ZipImporter.class, "test
            .war").importFrom(new File("target/my-aktion.war"))
            .as(WebArchive.class);
    }
}
```

Listing 5–5 *Klasse AbstractITCase*

Die Methode createDeployment erzeugt dabei eine exakte Kopie des vom Build-Prozess erzeugten Webarchivs my-aktion.war, ändert den Namen in test.war um und gibt eine Abstraktion als Instanz der Klasse WebArchive zurück. Da es sich bei WAR-Archiven eigentlich um Archive im ZIP-Format handelt, kommt dabei die Klasse ZipImporter zum Einsatz.

Verwendet nun eine Testklasse AbstractITCase als Superklasse, so wird daher vor dem Ausführen der Testmethoden mit test.war eine Kopie von my-aktion.war

---

5. Paket org.jboss.arquillian.container.test.api
6. Paket org.jboss.shrinkwrap.api.spec

auf dem Anwendungsserver installiert und nach dem Ausführen der Tests wieder deinstalliert.

Eine Besonderheit stellt noch der Parameter `testable` der Annotation `@Deployment` dar. Steht dieser auf `false`, so wird die Testklasse nicht im Kontext des Anwendungsservers ausgeführt, sondern in einer eigenständigen Java-VM.

Dies ist für unsere Zwecke sinnvoll, da wir mit Graphene einen Browser fernsteuern möchten, der auf den Anwendungsserver lediglich indirekt über die Benutzeroberfläche zugreift. Würden wir stattdessen in der Testklasse direkt CDI-Beans (mehr hierzu in Kap. 6) oder andere serverseitige Features verwenden, so müssten wir diesen Parameter auf `true` stellen.

5.3.3 Webseiten mit Graphene steuern

Unsere Testfälle werden später einzelne Webseiten der Anwendung aufrufen. Ein Testfall kann dabei auf mehrere Seiten zugreifen. Möchte man beispielsweise überprüfen, ob eine Aktion korrekt angelegt wurde, so muss man nach dem Anlegen auf der Startseite überprüfen, ob die Aktion in der Liste vorhanden ist.

Dies legt nahe, dass der Programmcode, der eine Webseite betrifft, in einer eigenen Klasse ausgelagert und wiederverwendet wird. Mit Graphene existieren daher mit sogenannten Pages Abstraktionen von Webseiten.

Unsere Webseiten haben wiederum Gemeinsamkeiten, beispielweise haben alle Webseiten einen Titel. Daher ist es sinnvoll, eine Superklasse zur Verfügung zu stellen, von der die anderen Pages-Klassen ableiten. Listing 5–6 zeigt diese abstrakte Klasse `AbstractPage`. Speichern Sie diese bitte im neu zu erstellenden Paket `de.dpunkt.myaktion.test.pages` ab.

```java
package de.dpunkt.myaktion.test.pages;

import org.jboss.arquillian.drone.api.annotation.Drone;
import org.openqa.selenium.By;
import org.openqa.selenium.WebDriver;
import org.openqa.selenium.WebElement;
import org.openqa.selenium.support.FindBy;

import java.util.Locale;
import java.util.ResourceBundle;

import static org.junit.Assert.assertEquals;

public abstract class AbstractPage {
    @Drone
    private WebDriver browser;

    @FindBy(xpath = "//h1")
    private WebElement title;

    @FindBy(xpath = "//span[@class='ui-messages-info-summary']")
    private WebElement facesMessages;
```

```
    private String getString(String key) {
        return ResourceBundle.getBundle("messages",
            Locale.GERMAN).getString(key);
    }

    protected WebElement getButtonByLabel(String label) {
        return browser.findElement(By.xpath(
            "//button/span[text()='" + getString(label) + "']"));
    }

    protected WebElement getTabButtonByLabel(String label) {
        return browser.findElement(By.xpath("//li/a[text()='" +
            getString(label) + "']"));
    }

    protected void assertTitle(String key) {
        assertEquals(getString(key), title.getText());
    }

    protected void assertFacesMessages(String key) {
        assertEquals(getString(key), facesMessages.getText());
    }
    }
}
```

Listing 5–6   *Klasse AbstractPage*

Jede unserer Webseiten hat einen Titel, der sich im HTML-Element H1 wiederfin-
den sollte. Wenn wir den Titel überprüfen wollen, müssen wir daher den Inhalt
dieses Tags auslesen. Graphene[7] stellt zum Finden eines Elements die Annotation
@FindBy zur Verfügung. Dieser muss als Parameter ein XPath-Ausdruck übergeben werden, über den das HTML-Element adressiert wird[8]. Um wie gewünscht
das HTML-Tag H1 zu finden, lautet der XPath-Ausdruck //h1. Diesen verwenden
wir nun, um in der Instanzvariable title vom Typ WebElement eine Abstraktion
des gesuchten HTML-Tags zu speichern:

```
@FindBy(xpath = "//h1")
private WebElement title;
```

In der Methode assertTitle kann man dann über title.getText() den Inhalt des
H1-Tags überprüfen. Beachten Sie, dass der Methode assertTitle nicht direkt der
zu überprüfende Titel übergeben wird, sondern ein Schlüssel des ResourceBundle-
Objekts messages. Dieser Schlüssel wird über die Methode getString in den zu
überprüfenden Titel aufgelöst. Um beispielsweise zu überprüfen, ob das HTML-
Tag H1 den Titel der »Geld spenden«-Seite enthält, müssen Sie folgenden Code
aufrufen:

```
assertTitle("donateMoney.donate_money");
```

---

7.   bzw. genauer Selenium (http://de.wikipedia.org/wiki/Selenium), das von Graphene verwendet
     wird
8.   Es gibt noch weitere Methoden, um HTML-Elemente zu adressieren, wir beschränken uns hier
     jedoch auf XPath, da es am ausdrucksstärksten ist.

Analog zu `assertTitle` bietet die Klasse `AbstractPage` die Methode `assertFaces-Messages`, um zu überprüfen, ob eine über den `FacesContext` generierte Nachricht angezeigt wird. Der dabei verwendete XPath-Ausdruck lautet: `//span[@class='ui-messages-info-summary']`. Er selektiert ein HTML-Element vom Typ `span` mit der CSS-Klasse `ui-messages-info-summary`.

Bisher haben wir über `@FindBy` lediglich Elemente mit statischen XPath-Ausdrücken selektiert. Als Nächstes möchten wir jedoch eine Methode bereitstellen, mit der wir einen beliebigen HTML-Button selektieren können. Es soll dabei möglich sein, das Label des Buttons über einen Parameter der Methode festzulegen.

Dies bedeutet, dass wir zur Laufzeit den XPath-Ausdruck in der Methode generieren müssen. `@FindBy` kann uns dabei nicht weiterhelfen, hier benötigen wir stattdessen die Methode `findElement` des in der Instanzvariable `browser` injizierten `WebDriver`-Objekts. Dieser kann ein beliebiger generierter XPath-Ausdruck als Zeichenkette übergeben werden. Die Methode liefert dann das gesuchte HTML-Element bzw. genauer ein entsprechendes Java-Objekt des Typs `WebElement` zurück.

In der Methode `getButtonByLabel` generieren wir einen XPath-Ausdruck der Art `//button/span[text()='label']`, wobei *label* ein Element des `ResourceBundle` ist, dessen Schlüssel wir zuvor der Methode als Parameter übergeben. Den erstellten XPath-Ausdruck verwenden wir anschließend, um über `browser.findElement` den gesuchten HTML-Button zu finden.

Analog hierzu existiert die Methode `getTabButtonByLabel`, die über den generierten Ausdruck `//li/a[text()='label']` einen Tab-Button findet.

Erstellen von XPath-Ausdrücken

Wir verwenden XPath, um in Graphene eindeutig HTML-Elemente zu selektieren. Eine Erklärung der Syntax von XPath würde den Rahmen sprengen, Sie finden eine deutschsprachige Einführung beispielsweise unter (SELFHTML e. V., 2007).

Wichtig für uns zu wissen ist, dass über / Kind-Elemente eines HTML-Elements adressiert werden können. So selektiert der XPath-Ausdruck `html/body/div/div/h1` die Menge der `H1`-Elemente mit zwei `DIV`-Elementen als Vater. Über den Operator `//` werden Elemente auf beliebiger Hierarchieebene ausgewählt. So selektiert der Ausdruck `//h1` alle `H1`-Elemente eines HTML-Dokuments.

Nähere Kenntnisse sind nicht unbedingt nötig, da moderne Browser XPath-Ausdrücke wie folgt generieren können.

Wenn Sie in Firebug[a], eine beliebte Firefox-Erweiterung, oder direkt in Chrome über die Inspektor-Funktion ein HTML-Element selektieren, so können Sie über die rechte Maustaste im Kontextmenü »Copy XPath« auswählen, um den XPath des HTML-Elements in die Zwischenablage zu kopieren.

Beide Browser unterstützen in der JavaScript-Konsole außerdem die Funktion `$x`. Diese liefert das HTML-Element des übergebenen XPath-Ausdrucks zurück – analog zu der Java-Methode `browser.findElement`. Beispielsweise liefert der Ausdruck `$x('//h1')` das HTML-Element des von uns gesuchten Titels als Rückgabewert.

$\rightarrow$

So können Sie zunächst im Inspektor einen XPath generieren, diesen modifizieren und über die Funktion $x testen. Mit dieser Methode haben die Autoren ebenfalls die hier verwendeten XPath-Ausdrücke erstellt.

a.   `http://getfirebug.com`

5.4   Anwendungsfälle testen

In den folgenden Abschnitten erstellen wir Schritt für Schritt Testfälle, um die durch unsere Anwendungsfälle gegebenen Anforderungen automatisch zu testen. Jeder Testfall muss dazu verschiedene Webseiten unserer Anwendung aufrufen. Wir gehen daher so vor, dass wir zunächst die fehlenden Page-Klassen (siehe Abschnitt 5.3.3) der aufzurufenden Webseiten erzeugen. Anschließend wird die eigentliche Klasse für den Testfall mit dem Suffix `ITCase` erstellt.

5.4.1   Den Anwendungsfall »Neue Aktion anlegen« testen

Um diesen Anwendungsfall zu testen, müssen wir programmatisch zwei JSF-Views der Anwendung aufrufen: zum Aufruf der Aktionsliste `listCampaigns.xhtml` und `editCampaign.xhtml`, um die Aktionsdaten für die neue Aktion einzugeben.

Diese Views können wir im Browser über die URLs *listCampaigns.jsf*[9] bzw. *editCampaign.jsf* aufrufen. Für diese erstellen wir in den nächsten Schritten jeweils eine Pages-Klasse, um programmatisch den Inhalt der generierten Webseite zu parsen und Aktionen auf der Seite auszuführen.

Auf Basis dieser Pages-Klassen können wir dann den eigentlichen Testfall erstellen, welchen wir in der Klasse `EditCampaignITCase` implementieren.

Pages-Klasse für listCampaigns.jsf implementieren

Zunächst starten wir mit der Implementierung der Pages-Klasse für die URL *list-Campaigns.jsf*. Speichern Sie hierzu den Inhalt von Listing 5–7 als Klasse `List-CampaignsPage` in dem Paket `de.dpunkt.myaktion.test.pages` ab.

```
package de.dpunkt.myaktion.test.pages;

import org.jboss.arquillian.graphene.page.Location;
import org.openqa.selenium.WebElement;
import org.openqa.selenium.support.FindBy;

import static org.jboss.arquillian.graphene.Graphene.guardHttp;
import static org.junit.Assert.assertEquals;
```

---

9.   Achtung, wir betrachten hier nur das Suffix der URLs, ohne Protokoll, Port, Server und Anwendungspfad.

```
@Location("listCampaigns.jsf")
public class ListCampaignsPage extends AbstractPage {
    @FindBy(xpath = "//tbody/tr[last()]/td[2]")
    private WebElement lastCampaignName;

    @FindBy(xpath = "//tbody/tr[last()]/td[7]/a")
    private WebElement lastEditFormLink;

    public void assertOnPage() {
        assertTitle("listCampaigns.my_campaigns");
    }

    public void assertCampaignName(String campaignName) {
        assertEquals(campaignName, lastCampaignName.getText());
    }
    public void doAddCampaign() {
        WebElement addCampaignButton =
            getButtonByLabel("listCampaigns.add_campaign");
        guardHttp(addCampaignButton).click();
    }

    public void clickCampaignUrl() {
        guardHttp(lastEditFormLink).click();
    }
}
```

Listing 5–7   *Klasse ListCampaignsPage*

Diese Klasse erweitert unsere abstrakte Klasse `AbstractPage` aus Listing 5–6 um zusätzliche Funktionen speziell für die von der URL *listCampaigns.jsf* generierte Webseite.

Da es sich um eine konkrete Pages-Klasse handelt, müssen wir zunächst über die Klassen-Annotation `@Location` aus dem Paket `org.jboss.arquillian.graphene.page` festlegen, unter welcher URL die zu testende Webseite zu finden ist. Hierzu übergeben wir der Annotation als Parameter mit *listCampaigns.jsf* die entsprechende URL.

Ebenso werden mit `lastCampaignName` und `lastEditFormLink` über XPath weitere HTML-Elemente lokalisiert. Es handelt sich dabei in beiden Fällen um Elemente der letzten Zeile der Aktionsliste, welche durch den XPath-Ausdruck `//tbody/tr[last()]` selektiert wird. Das HTML-Element `lastCampaignName` enthält dabei den Namen der letzten Aktion der Liste und `lastEditFormLink` den HTML-Link, der zur Bearbeitung des Spendenformulars der Aktion führt.

Über die Methode `assertCampaignName` wird der in `lastCampaignName` gefundene Name der letzten Aktion mit einem übergebenen Wert verglichen.

Der gefundene HTML-Link `lastEditFormLink` wird in der Methode `clickCampaignUrl` durch Aufruf der Methode `click` angeklickt. Hierzu wird zunächst über die statische Methode `guardHttp` des Graphene-Frameworks sichergestellt, dass die Seite bereits vollständig geladen wurde.

Außerdem stellt die Pages-Klasse die Methode `doAddCampaign` zur Verfügung, die den Button zum Hinzufügen einer neuen Aktion anklickt. Diese findet hierzu zunächst das entsprechende HTML-Element über die Methode `getButtonByLabel` der Klasse `AbstractPage`.

Schließlich testet die Methode `assertOnPage` durch Aufruf von `assertTitle`, ob die aufgerufene Seite den erwarteten Titel besitzt, der im `ResourceBundle` unter dem Schlüssel `listCampaigns.my_campaigns` registriert ist.

Pages-Klasse für editCampaign.jsf implementieren

Listing 5–8 zeigt die Implementierung der Klasse `EditCampaignPage` – speichern Sie diese bitte im Paket `de.dpunkt.myaktion.test.pages` ab.

Als konkrete Implementierung einer Pages-Klasse wird hier zunächst wieder über die `@Location`-Annotation die zu testende URL festgelegt.

Die Instanzvariablen `campaignName`, `targetAmount`, `donationMinimum`, `account-Name`, `iban`, `nameBank` speichern die HTML-Elemente der Eingabefelder, die der Nutzer zum Anlegen einer Aktion ausfüllen muss.

Wie üblich werden die Elemente über entsprechende XPath-Ausdrücke selektiert.

Die Methode `setCampaign` nutzt diese Eingabefelder, um in ihnen die Daten des übergebenen `Campaign`-Objekts `campaign` abzulegen.

Da die Eingabefelder auf zwei Felder verteilt sind, muss noch über die folgende Anweisung das Tab gewechselt werden:

```
getTabButtonByLabel("editCampaign.bank_account").click();
```

Nachdem die Eingabefelder mit den Daten der anzulegenden Aktion gefüllt sind, kann über Aufruf der Methode `doSave` der Button zum Speichern der Aktion gedrückt werden. Das HTML-Element dieses Buttons wird über die Methode `getButtonByLabel` gefunden.

Außerdem besitzt die Pages-Klasse noch eine Methode `assertOnPage`, über die überprüft wird, ob der Titel der Seite dem erwarteten Wert (`ResourceBundle`-Wert des Schlüssels `editCampaign.add_new_campaign`) entspricht.

```java
package de.dpunkt.myaktion.test.pages;

import de.dpunkt.myaktion.model.Campaign;
import org.jboss.arquillian.graphene.page.Location;
import org.openqa.selenium.WebElement;
import org.openqa.selenium.support.FindBy;

import static org.jboss.arquillian.graphene.Graphene.guardHttp;

@Location("editCampaign.jsf")
public class EditCampaignPage extends AbstractPage {
    @FindBy(xpath = "//input[contains(@id,'a_name')]")
    private WebElement campaignName;
    @FindBy(xpath = "//input[contains(@id,'a_targetAmount')]")
    private WebElement targetAmount;
    @FindBy(xpath = "//input[contains(@id,'a_donationMinimum')]")
    private WebElement donationMinimum;
```

```
@FindBy(xpath = "//input[contains(@id,'b_name')]")
private WebElement accountName;
@FindBy(xpath = "//input[contains(@id,'b_iban')]")
private WebElement iban;
@FindBy(xpath = "//input[contains(@id,'b_name_bank')]")
private WebElement nameBank;

public void setCampaign(Campaign campaign) {
    campaignName.sendKeys(campaign.getName());
    targetAmount.sendKeys(campaign.getTargetAmount().toString());
    donationMinimum.sendKeys(campaign.getDonationMinimum().toString());
    getTabButtonByLabel("editCampaign.bank_account").click();
    accountName.sendKeys(campaign.getAccount().getName());
    iban.sendKeys(campaign.getAccount().getIban());
    nameBank.sendKeys(campaign.getAccount().getNameOfBank());
}

public void doSave() {
    guardHttp(getButtonByLabel("editCampaign.save")).click();
}

public void assertOnPage() {
    assertTitle("editCampaign.add_new_campaign");
}

}
```

Listing 5–8   *Klasse EditCampaignPage*

Eigentlichen Testfall implementieren

Nachdem nun die beiden benötigten Pages-Klassen ListCampaignsPage und Edit-CampaignPage existieren, kann die eigentliche Testklasse EditCampaignITCase erstellt werden. Listing 5–9 zeigt den Code der Klasse, die Sie bitte unter dem Paket de.dpunkt.myaktion.test abspeichern.

```
package de.dpunkt.myaktion.test;

import de.dpunkt.myaktion.model.Campaign;
import de.dpunkt.myaktion.test.pages.EditCampaignPage;
import de.dpunkt.myaktion.test.pages.ListCampaignsPage;
import org.jboss.arquillian.drone.api.annotation.Drone;
import org.jboss.arquillian.graphene.page.InitialPage;
import org.jboss.arquillian.graphene.page.Page;
import org.jboss.arquillian.junit.Arquillian;
import org.junit.Test;
import org.junit.runner.RunWith;
import org.openqa.selenium.WebDriver;

@RunWith(Arquillian.class)
public class EditCampaignITCase extends AbstractITCase {

    @Drone
    private WebDriver browser;
    @Page
    private EditCampaignPage editCampaignPage;
```

```
@Test
public void testAddCampaign(@InitialPage ListCampaignsPage
        listCampaignsPage) {
    final Campaign testCampaign = DataFactory.createTestCampaign();
    listCampaignsPage.doAddCampaign();
    editCampaignPage.assertOnPage();
    editCampaignPage.setCampaign(testCampaign);
    editCampaignPage.doSave();
    listCampaignsPage.assertOnPage();
    listCampaignsPage.assertCampaignName(testCampaign.getName());
}

}
```

Listing 5–9   *Klasse EditCampaignITCase*

Zunächst fällt auf, dass die Klasse mit folgender Annotation versehen ist:

```
@RunWith(Arquillian.class)
```

Hierdurch wird festgelegt, dass dieser Testfall mit dem Framework Arquillian
ausgeführt werden soll.

Weiter injiziert die Testklasse eine Instanz der Pages-Klasse `EditCampaignPage`.
Hierzu wird die Instanzvariable `editCampaignPage` mit der Annotation `@Page` des
Pakets `org.jboss.arquillian.graphene.page` versehen.

Die Startseite, die von der Klasse `ListCampaignsPage` repräsentiert wird, wird
der eigentlichen Testmethode `testAddCampaign` als Parameter übergeben. Durch
die Annotation `@InitialPage` weiß Graphene, dass die URL dieser Seite vor dem
Start der Methode aufgerufen werden soll.

Der eigentliche Code der Testmethode ist dank der Abstraktion durch die
Pages-Klassen weitgehend selbsterklärend. Zunächst wird über die `DataFactory`
eine Beispielaktion angelegt. Auf der Startseite wird dann der Button zum Hinzufügen einer Aktion durch Aufruf der Methode `doAddCampaign` angeklickt.
Anschließend sollten wir uns auf der Seite zum Hinzufügen einer Aktion befinden, was durch den Ausdruck `editCampaignPage.assertOnPage()` validiert wird.

Über die Methode `setCampaign` werden dann die Daten der Beispielaktion in
die Eingabefelder eingetragen. Anschließend wird die Aktion durch Aufruf der
Methode `doSave` gespeichert. Durch die Methode `assertOnPage` überprüfen wir im
Folgenden, ob wir uns wieder auf der Startseite befinden. Ist dies der Fall, so wird
durch `assertCampaignName` noch sichergestellt, dass der Name der letzten Aktion
auf der Startseite dem Namen unserer neuen Beispielaktion entspricht.

Waren all unsere Überprüfungen (Methoden mit Präfix `assert`) erfolgreich
und wurde keine Ausnahme geworfen, so wird unser erster Testfall erfolgreich ausgeführt. Andernfalls wird eine entsprechende Fehlermeldung geworfen. Sie können
dies nun sicherstellen, indem Sie in der Kommandozeile `mvn verify` aufrufen.

5.4.2 Den Anwendungsfall »Geld spenden« testen

Betrachten wir nun unseren zweiten Testfall bezüglich des Hinzufügens einer Spende. Wieder müssen wir zunächst zwei weitere JSF-Views der Anwendung programmatisch steuern können: editDonationForm.xhtml, um an die eigentliche URL zum Spenden von Geld zu gelangen, und donateMoney.xhtml, um schließlich Geld zu spenden.

Diese Views können wir im Browser über die URLs editDonationForm.jsf bzw. donateMoney.jsf aufrufen. Für diese erstellen wir in den nächsten Schritten wieder jeweils eine Pages-Klasse, um programmatisch den Inhalt der generierten Webseite zu parsen und Aktionen auf der Seite auszuführen.

Um Geld spenden zu können, müssen wir zunächst überhaupt eine Aktion anlegen. Es ist daher eine Vorbedingung für unseren neuen Testfall, dass im Vorfeld eine Aktion existiert. Hierzu benötigen wir eine Klasse SetupDatabase, die uns dabei unterstützt, Testdaten programmatisch anzulegen.

Auf Basis dieser drei Klassen erzeugen wir dann den eigentlichen Testfall, welchen wir in der Klasse DonateMoneyITCase implementieren.

Pages-Klasse für editDonationForm.jsf implementieren

Die Implementierung der Pages-Klasse EditDonationFormPage für die URL *editDonationForm.jsf* gestaltet sich äußerst einfach. Sie finden Sie in Listing 5–10. Speichern Sie diese Testklasse bitte in dem Paket de.dpunkt.myaktion.test.pages ab.

Hauptaufgabe dieser Klasse ist es, an die URL des Spendenformulars zu gelangen. Auf der Seite *editDonationForm.jsf* findet sich diese URL in dem HTML-Element, das wir in der Instanzvariable formUrl speichern. Wie üblich verwenden wir einen XPath-Ausdruck, um das Element zu selektieren. Die Methode getFormURL gibt dann einfach den Inhalt des HTML-Elements zurück.

```
package de.dpunkt.myaktion.test.pages;

import org.jboss.arquillian.graphene.page.Location;
import org.openqa.selenium.WebElement;
import org.openqa.selenium.support.FindBy;

@Location("editDonationForm.jsf")
public class EditDonationFormPage extends AbstractPage {
    @FindBy(xpath = "//textarea[contains(@id,'url')]")
    private WebElement formUrl;

    public void assertOnPage() {
        assertTitle("editDonationForm.edit_donation_form");
    }

    public String getFormURL() {
        return formUrl.getText();
    }
}
```

Listing 5–10 *Klasse EditDonationFormPage*

Pages-Klasse für donateMoney.jsf implementieren

Die Implementierung der zweiten Page-Klasse DonateMoneyPage für die Steuerung der URL *donateMoney.jsf* gestaltet sich geringfügig schwieriger. Sie finden sie in Listing 5–11. Speichern Sie den Inhalt bitte im Paket de.dpunkt.myaktion.test. pages ab.

```java
package de.dpunkt.myaktion.test.pages;

import de.dpunkt.myaktion.model.Donation;
import org.jboss.arquillian.graphene.page.Location;
import org.openqa.selenium.WebElement;
import org.openqa.selenium.support.FindBy;

import java.text.NumberFormat;
import java.util.Locale;

import static org.jboss.arquillian.graphene.Graphene.guardHttp;

@Location("donateMoney.jsf")
public class DonateMoneyPage extends AbstractPage {
    @FindBy(xpath = "//input[contains(@id,'name')]")
    private WebElement name;
    @FindBy(xpath = "//input[contains(@id,'iban')]")
    private WebElement iban;
    @FindBy(xpath = "//input[contains(@id,'name_bank')]")
    private WebElement nameBank;
    @FindBy(xpath = "//input[contains(@id,'donationAmount')]")
    private WebElement donationAmount;

    public void assertOnPage() {
        assertTitle("donateMoney.donate_money");
    }

    public void setDonation(Donation donation) {
        NumberFormat numberFormat = NumberFormat
            .getNumberInstance(Locale.GERMANY);
        name.sendKeys(donation.getDonorName());
        iban.sendKeys(donation.getAccount().getIban());
        nameBank.sendKeys(donation.getAccount().getNameOfBank());
        donationAmount.sendKeys(numberFormat.format(donation.getAmount()));
    }

    public void doDonation() {
        guardHttp(getButtonByLabel("donateMoney.donate")).click();
    }

    public void assertThankYou() {
        assertFacesMessages("donateMoney.thank_you");
    }
}
```

Listing 5–11   *Klasse DonateMoneyPage*

Ebenso wie in Listing 5–8 wird in der Klasse `DonateMoneyPage` ein Webformular programmatisch ausgefüllt. Diesmal setzen wir jedoch nicht ein `Campaign`-Objekt, sondern übergeben in der Methode `setDonation` ein `Donation`-Objekt, dessen Daten wir in das Spendenformular einfügen.

Als Besonderheit benutzen wir hierzu die Klasse `NumberFormat`, um den Betrag der Spende in dem in Deutschland üblichen Format (Komma zur Trennung der Dezimalstelle) an das Formular zu übergeben.

Die Methode `doDonation` schließlich klickt den Button, der das eigentliche Spenden ausführt. Über `assertThankYou` wird überprüft, ob JSF eine Nachricht angezeigt, die die erfolgreiche Spende bestätigt.

Testdaten programmatisch erzeugen

Zwar bietet uns die Klasse `DataFactory` Methoden, um `Campaign`- und `Donation`-Objekte anzulegen – diese werden dadurch jedoch nicht in der Anwendung abgelegt.

Hierzu erstellen wir nun die Klasse `SetupDatabase`. Diese enthält die Methode `addCampaign`, welche in der Anwendung eine neue Aktion anlegt.

Die Implementierung erfolgt dabei analog zu der Methode `testAddCampaign` aus Listing 5–9. Hauptunterschied ist, dass wir an dieser Stelle die Instanzen der Pages-Klassen nicht injizieren können, da wir uns in einem statischen Kontext befinden.

Daher verwenden wir die Methode `goTo` der Klasse `Graphene`, die einerseits die URL der angegebenen Pages-Klasse ansteuert, aber auch andererseits eine Instanz der Pages-Klasse zurückliefert.

Da wir von `EditCampaignPage` lediglich eine Instanz benötigen, dessen URL jedoch nicht aufrufen müssen, wird dessen Instanz zunächst über `goTo` abgefragt, anschließend die von `ListCampaignsPage`.

Als Resultat haben wir die Instanzen beider Pages-Klassen, und der Browser befindet sich auf der von `ListCampaignsPage` repräsentierten URL *listCampaigns.jsf*.

Mit diesen Vorbedingungen können wir die Aktion wie in der Methode `testAddCampaign` (siehe Listing 5–9) hinzufügen.

```
package de.dpunkt.myaktion.test;

import de.dpunkt.myaktion.model.Campaign;
import de.dpunkt.myaktion.test.pages.EditCampaignPage;
import de.dpunkt.myaktion.test.pages.ListCampaignsPage;
import org.jboss.arquillian.graphene.Graphene;

public class SetupDatabase {

    public static void addCampaign(final Campaign campaign) {
        final EditCampaignPage editCampaignPage =
            Graphene.goTo(EditCampaignPage.class);
        final ListCampaignsPage listCampaignsPage =
            Graphene.goTo(ListCampaignsPage.class);
```

```
            listCampaignsPage.doAddCampaign();
            editCampaignPage.assertOnPage();
            editCampaignPage.setCampaign(campaign);
            editCampaignPage.doSave();
        }
    }
```

Listing 5–12   *Klasse SetupDatabase*

Eigentlichen Testfall implementieren

Nachdem wir in den letzten Abschnitten die notwendigen Pages-Klassen und die Klasse SetupDatabase erstellt haben, können wir nun die eigentliche Testklasse DonateMoneyITCase implementieren.

Diese finden Sie in Listing 5–13. Speichern Sie diese bitte in dem Paket de.dpunkt.myaktion.test ab.

```
package de.dpunkt.myaktion.test;

import de.dpunkt.myaktion.model.Donation;
import de.dpunkt.myaktion.test.pages.DonateMoneyPage;
import de.dpunkt.myaktion.test.pages.EditDonationFormPage;
import de.dpunkt.myaktion.test.pages.ListCampaignsPage;
import org.jboss.arquillian.drone.api.annotation.Drone;
import org.jboss.arquillian.graphene.page.InitialPage;
import org.jboss.arquillian.graphene.page.Page;
import org.jboss.arquillian.junit.Arquillian;
import org.junit.Before;
import org.junit.Test;
import org.junit.runner.RunWith;
import org.openqa.selenium.WebDriver;

@RunWith(Arquillian.class)
public class DonateMoneyITCase extends AbstractITCase {

    @Drone
    private WebDriver browser;
    @Page
    private EditDonationFormPage editDonationFormPage;
    @Page
    private DonateMoneyPage donateMoneyPage;

    @Before
    public void setupDatabase() {
        SetupDatabase.addCampaign(DataFactory.createTestCampaign());
    }

    @Test
    public void testDonateMoney(@InitialPage ListCampaignsPage
        listCampaignsPage) {
        listCampaignsPage.clickCampaignUrl();
        editDonationFormPage.assertOnPage();
        browser.get(editDonationFormPage.getFormURL());
        donateMoneyPage.assertOnPage();
```

```
        donateMoneyPage.setDonation(DataFactory.createDonation());
        donateMoneyPage.doDonation();
        donateMoneyPage.assertThankYou();
    }

}
```

Listing 5–13 *Klasse DonateMoneyITCase*

Wie zuvor gestaltet sich die Implementierung der Testklassen als äußerst einfach, da diese lediglich Funktionalitäten an die Pages-Klassen delegieren.

Als Besonderheit wird vor dem eigentlichen Ausführen der Testmethode die mit der Annotation @Before versehene Methode setupDatabase ausgeführt. Diese delegiert an die zuvor erstellte Klasse SetupDataBase die Erstellung einer Beispielaktion, damit eine Spende angelegt werden kann.

In der eigentlichen Testmethode testDonateMoney wird wie zuvor über die Annotation @InitialPage sichergestellt, dass vor Aufruf des Testfalls die Seite mit der Liste der Aktionen angezeigt wird.

Auf dieser wird durch Aufruf der Methode clickCampaignUrl zu der Seite gewechselt, über die sich das Spendenformular der letzten Aktion editieren lässt. Anschließend rufen wir editDonationFormPage.assertOnPage() auf, um sicherzustellen, dass dieser Wechsel erfolgreich war.

Dann können wir über die Methode getFormURL die URL des eigentlichen Spendenformulars in Erfahrung bringen, welche wir anschließend über die Methode get des browser-Objekts ansteuern.

Durch Aufruf von donateMoneyPage.assertOnPage() stellen wir sicher, dass wir uns auf der Seite mit dem Spendenformular befinden. Die Methode setDonation füllt dann das Formular mit den Daten des über die DataFactory erzeugten Donation-Objekts.

Schließlich wird über die Methode doDonation auf den Button zum Ausführen der Spende geklickt. Daraufhin sollte unsere Anwendung eine Nachricht anzeigen, dass die Spende erfolgreich war, was über die Methode assertThankYou sichergestellt wird.

Dadurch haben wir einen Testfall für den Anwendungsfall *Geld spenden* erstellt. Sie können diesen nun zusammen mit dem zuvor erstellten Testfall ausführen, indem Sie in der Kommandozeile mvn verify aufrufen.

Damit haben wir auch das Kapitel zu den funktionalen Tests erfolgreich abgeschlossen. Wenn Sie möchten, können Sie Ihr Ergebnis mit unserem GitHub-Repository vergleichen – zu finden unter: https://github.com/marcusschiesser/my-aktion-2nd/tree/tests – und im Anschluss noch ein paar Aufgaben machen.

5.5   Aufgaben

In diesem Kapitel haben wir einige wenige Testfälle für unsere Anwendung erstellt. In den folgenden Aufgaben wollen wir schrittweise die Testabdeckung verbessern. Die Änderungen, die durch die folgenden Aufgaben verursacht werden, müssen Sie nicht zurücknehmen. Der Workshop kann ohne Seiteneffekte fortgesetzt werden.

5.5.1   SetupDatabase erweitern

Aktuell können mit der Klasse `SetupDatabase` nur Aktionen zu der Anwendung hinzugefügt werden. Erweitern Sie diese Klasse um eine Methode `addDonation`, die programmatisch eine Spende hinzufügt.

Hinweis: Sie benötigen dafür das `browser`-Objekt, welches Sie nicht injizieren können. Verwenden Sie daher folgenden Ausdruck, um an das Objekt zu gelangen:

```
GrapheneContext.getContextFor(Default.class).getWebDriver()
```

Anschließend können Sie die beiden bestehenden Testfälle `DonateMoneyITCase` und `EditCampaignITCase` so umschreiben, dass sie, wo möglich, die beiden Methoden `addDonation` und `addCampaign` der `SetupDatabase`-Klasse verwenden.

5.5.2   Testfall für bisher gespendeten Betrag hinzufügen

In der Liste der Aktionen existiert eine Spalte für die Anzeige des bisher gespendeten Betrags. Aktuell wird er nicht berechnet, aber hier soll in Zukunft die Summe aller Spendenbeträge einer Aktion angezeigt werden.
Erstellen Sie hierfür einen Testfall, der dies überprüft.

Hinweis: Fügen Sie der Pages-Klasse `ListCampaignsPage` eine Methode `assertAmountDonatedSoFar` hinzu. Diese vergleicht für die letzte Aktion den übergebenen Parameter mit dem Betrag aus der zu überprüfenden Spalte. Verwenden Sie diese Methode dann in der neu zu erstellenden Testklasse `ListDonationsITCase`.

5.5.3   Weitere Testfälle erstellen

Sie können schrittweise weitere Testfälle erstellen, um die Anforderungen aus Kapitel 3 zu überprüfen. Achten Sie dabei darauf, dass Sie nicht nur den Erfolgsfall testen, sondern mindestens auch einen Fehlerfall, indem sie beispielsweise ein Formular fehlerhaft ausfüllen.

5.6   Literaturverzeichnis

SELFHTML e.V. (2007).
   XPath-Syntax. Abgerufen am 17. September 2014 von
   `http://de.selfhtml.org/xml/darstellung/xpathsyntax.htm`

6 Iteration Nr. 3 – CDI

Ohne es zu wissen, haben wir bereits in der ersten Iteration CDI (Contexts and Dependency Injection) verwendet. In diesem Abschnitt erfahren Sie zunächst die Hintergründe hierzu. Außerdem wird die Anwendung so umgebaut, dass sie der Zielarchitektur entspricht – hierdurch werden die Voraussetzungen für die spätere Implementierung der noch fehlenden Anwendungsfunktionalität geschaffen. Anschaulich werden bei dieser Umstellung weitere Features von CDI erklärt.

6.1 Warum CDI?

CDI (Contexts and Dependency Injection) ist ein Komponentenmodell, das für Java EE 6 in der Version 1.0 neu eingeführt wurde. Die Referenzimplementierung ist Weld von RedHat, herunterladbar unter seamframework.org/Weld. In unserem Beispiel benutzen wir Weld 2.1, das seit der Version 2.0 CDI 1.1 unterstützt und in dem von uns eingesetzten Anwendungsserver WildFly 8.1.0 bereits enthalten ist.

Den Leser, der sich in diesem Kapitel weitere Anwendungsfunktionalität erhofft, müssen wir vorab leider enttäuschen. Nach diesem Kapitel funktioniert unsere Anwendung immer noch genauso wie vorher – es ist an der Oberfläche nichts Neues dazugekommen.

Und es kommt noch schlimmer: Die gesamte Anwendung ließe sich vollständig ohne CDI entwickeln. Berechtigterweise stellt sich daher die Frage, warum überhaupt CDI?

Hierfür gibt es hauptsächlich drei gute Gründe: CDI verbessert die Erweiterungsfähigkeit, die Wartbarkeit und die Testbarkeit einer Anwendung. Gründe, die ab einer gewissen Größe einer Anwendung entscheidend für den langfristigen Erfolg sind. CDI gewährleistet diesen durch die Möglichkeit zur Entkopplung der Komponenten der Anwendung.

Enge und lose Kopplung von Komponenten

Anwendungskomponenten bestehen aus einer Menge von Klassen. Eine Klasse einer Komponente A kann eine Klasse einer anderen Komponente B direkt importieren. Dadurch entsteht eine starke Abhängigkeit von Komponente A zu B, da sie nur verwendet werden kann, wenn Komponente B im Klassenpfad enthalten ist. Man spricht von einer engen Kopplung mit der Folge, dass Änderungen an Komponente B oft Änderungen an Komponente A bedingen.

Führt Komponente B eine Schnittstelle ein, über die Komponente A ausschließlich auf die Funktionalität von B zugreift, so ist die Abhängigkeit der Komponenten geringer. Bei einer Änderung der Komponente B muss diese lediglich dafür sorgen, dass sich die Schnittstelle nicht ändert. Komponente A muss dann nicht geändert werden. Man spricht von einer losen Kopplung der Komponenten.

Die Abhängigkeit von Komponenten kann noch weiter verringert werden, indem diese lediglich wohldefinierte Nachrichten untereinander senden und empfangen. Wird eine Komponente aktualisiert, so muss das Format der Nachricht abwärtskompatibel sein, sodass keine Änderungen an der empfangenden Komponente notwendig sind.

Mehr über lose und enge Kopplung finden Sie in (Siedersleben, 2004).

Nach unserer ersten JSF-Iteration sind die Abhängigkeiten der Klassen noch nicht so groß wie in einer gewöhnlichen Java-Anwendung, da wir bereits (ohne es zu wissen) CDI verwenden. Ein schönes Beispiel für eine ungewünschte Kopplung ist allerdings, dass der EditCampaignController in der Methode doSave direkt auf die Liste der Campaign-Objekte des CampaignListProducer zugreift.

Besser wäre es hier, eine lose Kopplung beider Komponenten einzuführen. Im konkreten Fall könnte die Methode doSave die Nachricht an den CampaignListProducer senden, dass ein Campaign-Objekt hinzugefügt werden soll. Der CampaignListProducer könnte dann selbstständig entscheiden, wie er auf diese Nachricht reagieren möchte. Wenn später eine andere, noch zu entwickelnde Komponente auf diese Nachricht reagieren möchte, so ist dies einfach möglich, ohne die bestehenden sendenden Komponenten anzupassen. Dies sichert die zukünftige Erweiterbarkeit und Wartbarkeit der Anwendung.

In der Praxis finden sich bei großen Anwendungen Hunderte solcher Beispiele, die sich einfacher und eleganter mit CDI lösen lassen.

Sie sind immer noch nicht überzeugt? Schauen Sie sich einfach die nachfolgenden Abschnitte an und stellen Sie sich am besten dabei vor, dass unsere Anwendung aus Hunderten von Anwendungsfällen bestehen würde.

6.2   Der Laufzeit-Container

Bei einer normalen Java-Anwendung muss der Programmierer selbstständig dafür sorgen, dass Klassen instanziiert werden. Dies ist etwas anders mit CDI – dessen Hauptbestandteil ein sogenannter Container ist, der selbstständig Instanzen von Klassen erzeugt und diese auch wieder aus dem Speicher entfernt. Das

Objektdiagramm in Abbildung 6–1 veranschaulicht die Beziehung zwischen einem Container und den von ihm verwalteten Instanzen. In diesem Fall wird ein Objektdiagramm anstatt eines Klassendiagramms verwendet, da Instanzen anstelle von Klassen betrachtet werden.

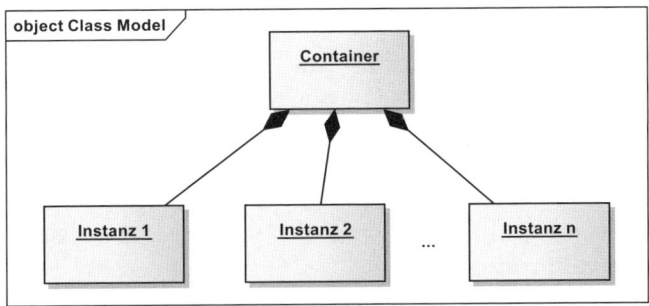

Abb. 6–1   *Objektdiagramm eines Containers und der von ihm verwalteten Instanzen*

Der Container von CDI kann, bis auf wenige Ausnahmen, Instanzen jeder konkreten Klasse verwalten. Dazu gehören insbesondere JavaBeans und auch EJB Session Beans (siehe Kap. 8). Die von CDI verwalteten Klassen heißen allgemein Beans. Damit CDI diese als Beans verwaltet, muss die Bean-Klasse lediglich mit einer Annotation versehen werden[1].

Instanzen der Beans besitzen übrigens keine Referenz auf den Container, jedoch umgekehrt der Container eine auf sie. In der Literatur ist dieses Konzept auch als Inversion of Control (siehe Abschnitt 1.2.2) bekannt.

Bei einem Container stellen sich insbesondere die Fragen, wann die Instanzen erstellt und gelöscht werden und wie man die Instanzen referenziert. Diese und weitere Fragen werden in den folgenden Abschnitten behandelt.

6.2.1   Der Sichtbarkeitsbereich (Scope) einer Bean

Der Zeitpunkt, wann die Beans erstellt und gelöscht werden, hängt vom Sichtbarkeitsbereich (engl. *scope*) der Beans ab. CDI ermöglicht es auch, eigene Scopes zu erzeugen; für uns von Bedeutung sind allerdings zunächst nur der *RequestScope*, der *SessionScope,* der *ViewScope* und der *DependentScope.*

6.2.1.1   RequestScope

Eine Bean mit *RequestScope* wird für jede eingehende Anfrage (engl. *request*) neu erzeugt. Wird die Anfrage beendet, wird die Bean wieder gelöscht. Genau genommen wird sie zunächst vom Container nur zum Löschen markiert, das eigentliche Löschen übernimmt dann zu einem späteren Zeitpunkt der Garbage Collector.

---

1.   Vor CDI 1.1 musste zur Aktivierung in dem Anwendungsarchiv noch zusätzlich eine leere Datei mit dem Namen WEB-INF\beans.xml enthalten sein.

Gehen also mehrere Anfragen gleichzeitig an den Server ein, so wird für jede Anfrage eine eigene Bean erzeugt. Daten, die in der Bean gespeichert sind, gehen nach dem Ende der Anfrage verloren. Da eine Anfrage üblicherweise eine sehr kleine Lebenszeit hat (kleiner als eine Sekunde), sind Beans mit *RequestScope* ebenfalls sehr kurzlebig. Sie eignen sich daher nicht, um Daten zu speichern, die für eine längere Zeit benötigt werden, wie beispielsweise Benutzerdaten. Dafür binden diese Beans nicht dauerhaft Ressourcen und gehen daher sparsam mit diesen um.

Natürlich instanziiert der Container eine Bean mit *RequestScope* in einer Anfrage nur dann, wenn sie auch in der Anfrage referenziert wird, sonst würden unnötig Ressourcen verbraucht werden.

Um zu definieren, dass eine Bean den Sichtbarkeitsbereich *RequestScope* hat, muss man der Bean-Klasse die Annotation @RequestScoped aus dem Paket javax. enterprise.context hinzufügen.

6.2.1.2 SessionScope

Eine Bean mit *SessionScope* wird für jede Benutzersitzung neu erzeugt. Erst wenn die Benutzersitzung beendet wird oder wenn sie nach einer längeren Inaktivität in einen Timeout läuft, wird die Bean wieder gelöscht.

Dies bedeutet, dass jeder Benutzer seine eigene Instanz von dieser Bean besitzt. Beans mit *SessionScope* sind daher ideal dafür geeignet, Benutzerdaten zu speichern. Ein gutes Beispiel in unserem Fall ist der CampaignListProducer, der die Liste aller Campaign-Objekte des Benutzers enthält.

Da eine Benutzersitzung sehr lange dauern kann (mehrere Stunden), ist es möglich, dass der Server eine inaktive Benutzersitzung aus Ressourcengründen zwischenspeichern muss. Daher müssen Beans mit *SessionScope* serialisierbar sein (das heißt, sie müssen die Schnittstelle Serializable aus dem Paket java.io implementieren). Der Server kann dann bei Bedarf eine solche Bean serialisieren, auf Festplatte speichern und bei Bedarf wieder deserialisieren. Beans mit *SessionScope* benötigen daher mehr Ressourcen als Beans mit *RequestScope*. Nur wenn es nötig ist, sollte eine Bean deshalb einen *SessionScope* bekommen.

Um zu definieren, dass eine Bean den *SessionScope* erhält, muss man der Bean-Klasse die Annotation @SessionScoped aus dem Paket javax.enterprise.context hinzufügen.

6.2.1.3 ViewScope

Für eine bessere Ressourcennutzung wurde mit Java EE 7 ein weiterer Scope für CDI-Beans, der sogenannte *ViewScope*[2], eingeführt. Dieser ist ausschließlich für Anwendungen von Interesse, die JavaServer Faces nutzen[3]. Beachten Sie, dass die-

---

2. Der ViewScope existierte in JSF eigentlich schon vor Version 2.2, jedoch nur für die JSF-eigenen Managed Beans, nicht aber für CDI-Beans.

ser Scope daher, obwohl er ein CDI-Scope ist, mit JSF 2.2 und nicht mit CDI 1.1 ausgeliefert wird.

Die Lebensdauer der Beans hängt bei diesem Scope von den aktuellen View-Komponenten ab. Wird in einer JSF-View eine Bean neu referenziert, dann wird eine neue Instanz der Bean angelegt. Wenn die View-Komponenten gelöscht werden, dann entfernt im Gegenzug der CDI-Container auch die Beans, die innerhalb der View initialisiert wurden und den *ViewScope* besitzen. Eine View existiert normalerweise über mehrere Anfragen hinweg. Daher hat eine Bean mit dem *ViewScope* eine höhere Lebensdauer als der *RequestScope*.

Interessant ist dies insbesondere für Beans, die zu validierende Daten speichern, da diese länger als eine Anfrage überleben müssen. Für solche Beans wäre es aber eine Verschwendung von Ressourcen, diese in der Benutzersitzung über den *SessionScope* zu speichern.

Um zu definieren, dass eine Bean den *ViewScope* erhält, muss man der Bean-Klasse die Annotation @ViewScoped aus dem Paket javax.faces.view hinzufügen. An dem abweichenden Paketnamen wird weiterhin deutlich, dass dieser Scope nicht zu CDI gehört.

6.2.1.4   DependentScope

Dieser Scope bedeutet schlicht, dass die Lebensdauer der Bean abhängig von einer anderen Bean ist und daher nicht unabhängig von einer anderen Bean existieren kann. Eine Bean mit *DependentScope* wird erzeugt, wenn die Bean, von der sie abhängig ist, erzeugt wird, und sie wird gelöscht, wenn diese gelöscht wird.

Der *DependentScope* wird über die Annotation @Dependent aus dem Paket javax.enterprise.context festgelegt.

6.2.1.5   Setzen der Scopes für unsere Anwendung

Zum besseren Verständnis hatten wir in unserer JSF-Iteration den Scope für alle Beans auf *SessionScope* gesetzt. Dadurch ist unsere Anwendung wie gewünscht lauffähig, die Ressourcennutzung ist jedoch nicht optimal.

Um die Ressourcennutzung zu verbessern, profitieren wir von der klaren Struktur, die wir in den vorherigen Kapiteln aufgebaut haben:

Daten, die länger als die Lebensdauer einer JSF-View überleben müssen, haben wir in die Klassen CampaignListProducer und CampaignProducer ausgelagert. Diese müssen daher weiterhin im *SessionScope* bleiben.

In den Controller-Beans, deren eigentliche Aufgabe die Steuerung des Kontrollflusses ist, speichern wir in einigen Fällen noch Daten, die über die Lebensdauer einer View erhalten bleiben müssen. Beispiele hierfür sind das zu löschende

---

3.   *SessionScope* und *RequestScope* benötigen hingegen kein JSF – sie funktionieren mit jeder Webanwendung, die lediglich auf Servlets aufbaut.

Campaign-Objekt in der Klasse `ListCampaignsController` und die Spende, die im `DonateMoneyController` neu angelegt wird.

Da diese Daten über mehrere Anfragen erhalten bleiben müssen, ist der *RequestScope* für diese Beans nicht ausreichend. Der *ViewScope* hingegen ist ideal, da es sich lediglich um Daten handelt, die lokal in der aktuellen View benötigt werden.

Dies ist eine bewusste Designentscheidung: Die Controller-Beans dürfen lediglich lokale Daten zwischenspeichern.

Der aufmerksame Leser wird beobachten, dass nicht jede Controller-Bean einen *ViewScope* benötigt. So kommt der `ListDonationsController` lediglich mit einem *RequestScope* aus, da er überhaupt keine Daten speichert.

Da es sich jedoch um eine Designentscheidung handelt, dass Daten gespeichert werden dürfen, kann sich dieser Zustand in der Zukunft für jede Bean ändern. Konsequenterweise setzen wir daher nun den Scope aller Controller-Beans auf den *ViewScope*. Zwar hat dies den Nachteil, dass die Ressourcennutzung nicht optimal ist, der Scope aller Controller-Beans ist dadurch jedoch einheitlich.

Aus der Sicht der Autoren führt dies zu einem klareren Design und vermeidet für die zukünftige Lebensdauer der Anwendung verwirrende Fragen und Diskussionen der Art, warum das eine Controller-Bean den *ViewScope* besitzt und ein anderes lediglich den *RequestScope*.

6.2.2   Beans referenzieren über Dependency Injection

Bisher haben wir geklärt, wie der Container eine Bean instanziiert und diese wieder löscht. Ungeklärt ist bis jetzt, wie eine Bean referenziert wird. Dies geschieht über die Annotation `@Inject` aus dem Paket `javax.inject`. Betrachten Sie hierzu den folgenden Ausschnitt aus dem `EditCampaignController`:

```
@Inject
private CampaignListProducer campaignListProducer;
```

Das Attribut `campaignListProducer` soll also eine Instanz der Bean `CampaignList-Producer` speichern. Ohne die Annotation `@Inject` hätte das Attribut einen undefinierten Wert. Diese Annotation ist jedoch für den Container der Hinweis, dass nach der Instanziierung der Bean (in diesem Fall `EditCampaignController`) in dem annotierten Attribut eine Instanz des Typs (in diesem Fall `CampaignListProducer`) referenziert werden soll.

Durch diese Annotation wird daher die Referenz einer Bean in einer anderen Bean zur Verfügung gestellt. Dieser Vorgang wird im Englischen Dependency Injection genannt. Die Beziehungen der beteiligten Klassen unseres Beispiels sind in dem Klassendiagramm in Abbildung 6–2 dargestellt.

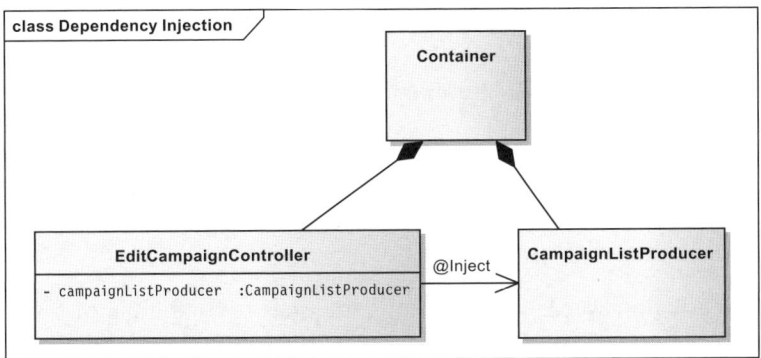

Abb. 6–2   *Beziehungen zwischen dem Container und den Beans EditCampaignController und CampaignListProducer*

Unklar ist noch, welche Instanz von `CampaignListProducer` zur Laufzeit genommen wird. Dies ist jedoch eindeutig, da die Bean `EditCampaignController` durch den *ViewScope* an die aktuelle JSF-View gebunden ist. Diese wiederum ist genau einer Sitzung zugeordnet – der des aktuellen Benutzers. Da sich weiterhin die Bean `CampaignListProducer` im *SessionScope* befindet, existiert pro Benutzersitzung exakt eine Instanz dieser Bean. Eben diese wird in unserem Beispiel referenziert.

Was ist jedoch, wenn der Typ der Instanzvariablen eine Superklasse oder eine Schnittstelle ist, die von mehreren Beans implementiert wird? Mit den aktuellen Kenntnissen kann der Container die Bean nicht eindeutig auflösen. Dieses Problem lässt sich mit sogenannten Qualifiern beheben und wird in Abschnitt 6.4.2 behandelt.

Die Annotation `@Inject` kann übrigens nicht nur bei Attributen, sondern auch bei Konstruktoren oder Methoden verwendet werden. Dies wird zwar in unserer Beispielanwendung nicht benötigt, der Vollständigkeit halber wird nachfolgend aber kurz dargestellt, wie dies aussehen würde.

Wird der Konstruktor mit `@Inject` annotiert, dann können andere Beans als Parameter übergeben werden. Der Container übergibt dann bei Instanziierung der Bean die anderen Beans. Bei unserem Beispiel sähe dies folgendermaßen aus:

```
private CampaignListProducer campaignListProducer;

@Inject
public EditCampaignController(CampaignListProducer campaignListProducer) {
    this.campaignListProducer = campaignListProducer;
}
```

Ebenso ist es möglich, Methoden mit `@Inject` zu annotieren. Der Container ruft nach der Instanziierung der Bean diese Methoden auf und übergibt die Beans, die in den Methodenparametern angegeben sind. Hier der Code für unser Beispiel:

```
private CampaignListProducer campaignListProducer;

@Inject
public void setCampaignListProducer(CampaignListProducer
campaignListProducer) {
   this.campaignListProducer = campaignListProducer;
}
```

6.2.3   Der Lebenszyklus

Wie bereits erwähnt werden Beans vom Container selbstständig instanziiert und
auch wieder gelöscht. Der Programmierer kann Methoden definieren, die vom
Container zu bestimmten Zeitpunkten dieses Lebenszyklus aufgerufen werden.
Im Folgenden stellen wir die beiden Lebenszyklusmethoden von CDI vor, die man
über die Annotationen @PostConstruct und @PreDestroy markiert.

6.2.3.1   Lebenszyklusmethode PostConstruct

Annotiert der Programmierer eine beliebige Methode der Bean mit der Annotation @PostConstruct aus dem Paket javax.annotation, dann wird diese Methode
direkt nach der Instanziierung der Bean von dem Container aufgerufen.

Im Gegensatz zum Konstruktor der Bean sind zum Zeitpunkt des Aufrufs der
PostConstruct-Methode bereits alle Abhängigkeiten zu anderen Beans aufgelöst,
das heißt, die mit @Inject annotierten Attribute enthalten schon die Referenzen
auf die Beans, und die mit @Inject annotierten Methoden wurden ebenfalls
bereits aufgerufen.

Beispielhaft ersetzen wir nun in den Beans DonateMoneyController und CampaignListProducer den Konstruktor durch eine Initialisierungsmethode init, die mit
@PostConstruct annotiert ist.

Für den DonateMoneyController bedeutet dies, dass

```
public DonateMoneyController() {
   this.donation = new Donation();
}
```

durch

```
@PostConstruct
public void init() {
   this.donation = new Donation();
}
```

ersetzt wird. Dies hat konkret den Vorteil, dass die Methode init im Gegensatz
zum Konstruktor erneut aufgerufen werden kann, wodurch die Bean reinitiali-
siert wird. Daher kann in der Methode doDonation die Zeile

```
this.donation = new Donation();
```

durch

```
init();
```

ausgetauscht werden.

Für den `CampaignListProducer` wird nun ebenfalls der Konstruktor ersetzt. Hierbei ist

```
public CampaignListProducer() {
    campaigns = createMockCampaigns();
}
```

durch

```
@PostConstruct
public void init() {
    campaigns = createMockCampaigns();
}
```

zu ersetzen.

Aktuell ist dies noch ohne Vorteil, in einer späteren Iteration werden wir jedoch in der Methode `init` eine weitere Bean aufrufen, die wir über `@Inject` einbinden und die daher im Konstruktor nicht zur Verfügung stehen würde. Wir schauen an dieser Stelle also ein wenig in die Zukunft.

6.2.3.2 Lebenszyklusmethode PreDestroy

Methoden einer Bean, die man mit der Annotation `@PreDestroy` aus dem Paket `javax.annotation` versieht, werden vom Container aufgerufen, bevor die Bean aus dem Speicher gelöscht wird. Hierdurch kann der Entwickler noch Ressourcen freigeben, die die Bean angelegt hat, beispielsweise temporär angelegte Dateien löschen.

In unserer Beispielanwendung wird diese Funktionalität nicht benötigt, daher sind keine Änderungen an dieser Stelle vorzunehmen.

6.2.4 Beliebige Klassen als Beans mit Producer-Methoden

Bisher konnten wir nur Klassen als Beans verwenden, die entweder einen parameterlosen oder einen mit `@Inject` annotierten Konstruktor besitzen. Durch diese Konvention kann der Container selbstständig Instanzen dieser Beans erstellen. Für Klassen mit beliebigem Konstruktor ist dies nach dem aktuellen Kenntnisstand jedoch nicht möglich.

Um beliebige Klassen verwenden zu können, stellt CDI spezielle Methoden zur Verfügung, die mit der Annotation `@Produces` aus dem Paket `javax.enterprise.inject` versehen werden. Solche Producer-Methoden erstellen Instanzen beliebiger Klassen, die dadurch als Bean innerhalb des Containers zur Verfügung stehen und über die Annotation `@Inject` wie in Abschnitt 6.2.2 besprochen verknüpft werden können.

Diese Funktionalität verwenden wir nun in der Klasse Resources, die eine Reihe von Producer-Methoden besitzt, die der Anwendung Ressourcen als Beans zur Verfügung stellen. Listing 6–1 enthält den Quelltext der Klasse, die im Paket de.dpunkt.myaktion.util gespeichert werden muss.

```
package de.dpunkt.myaktion.util;

import javax.enterprise.context.Dependent;
import javax.enterprise.context.RequestScoped;
import javax.enterprise.inject.Produces;
import javax.enterprise.inject.spi.InjectionPoint;
import javax.faces.context.FacesContext;
import java.util.logging.Logger;

@Dependent
public class Resources {
    @Produces
    public Logger produceLog() {
        return Logger.getLogger("MyLogger", "messages");
    }

    @Produces
    @RequestScoped
    public FacesContext produceFacesContext() {
        return FacesContext.getCurrentInstance();
    }

}
```

Listing 6–1   *Klasse Resources*

Die Klasse Resources stellt einen Logger mit dem Namen »MyLogger" und den aktuellen FacesContext zur Verfügung. Beide Ressourcen kann man über die Annotation @Inject in anderen Beans verwenden.

Bei einem Logger handelt es sich um eine Hilfsklasse, die Ausgaben in eine Log-Datei protokolliert. Der Logger verwendet für die Internationalisierung der Log-Ausgaben das in Kapitel 4 definierte Message-Bundle messages. Dies bedeutet, dass Nachrichten, die über den Logger ausgegeben werden, in den Dateien messages_de.properties und messages_en.properties definiert werden müssen. Dazu in Kürze mehr.

Die Bean DonateMoneyController profitiert direkt von dem Logger und dem FacesContext. Daher werden diese zunächst in dieser Bean als weitere Attribute eingefügt:

```
@Inject
private FacesContext facesContext;

@Inject
private Logger logger;
```

In der Methode doDonation der Bean können diese Ressourcen dann verwendet werden. Zunächst kann man nun die Zeile

```
final FacesContext facesContext = FacesContext.getCurrentInstance();
```

löschen, wodurch in der Methode stattdessen die injizierte Instanzvariable faces-Context referenziert wird.

Weiterhin ist es an dieser Stelle sinnvoll, eine Log-Meldung über die erfolgreiche Spende auszugeben. Hierbei kommt der Logger zum Einsatz. Die Methode doDonation sieht durch diese Änderungen nun insgesamt so aus:

```
public String doDonation() {
    logger.log(Level.INFO, "log.donateMoney.thank_you",
        new Object[]{getDonation().getDonorName(),
        getDonation().getAmount()});
    final ResourceBundle resourceBundle =
facesContext.getApplication().getResourceBundle(facesContext, "msg");
    final String msg = resourceBundle.getString("donateMoney.thank_you");
    facesContext.addMessage(
        null,
        new FacesMessage(FacesMessage.SEVERITY_INFO, msg, null));
    init();
    return Pages.DONATE_MONEY;
}
```

Die auszugebende Log-Meldung wird über den Schlüssel log.donateMoney.thank_you des Message-Bundles messages aufgelöst. Dieses müssen wir nun um den Ausgabetext der beiden Zielsprachen Deutsch und Englisch erweitern.

Für Deutsch fügen Sie hierzu der Datei messages_de.properties am Ende folgende Zeile hinzu:

```
log.donateMoney.thank_you={0} hat {1} Euro gespendet.
```

Für Englisch erweitern Sie die Datei messages_en.properties um diesen Eintrag:

```
log.donateMoney.thank_you={0} has donated {1} Euro.
```

Unschön ist, dass der Logger den Namen »MyLogger« hat anstatt, wie üblich, den Namen der Klasse, die den Logger aufruft.

Um dem Logger den Namen der aufrufenden Klasse zu geben, kann man der Producer-Methode für die Ressource Logger Laufzeitinformationen über die verknüpfte Bean-Klasse mitteilen. Hierzu wird der Methode produceLog der Klasse Resources als Parameter der Typ InjectionPoint aus dem Paket javax.enterprise.inject.spi übergeben:

```
@Produces
public Logger produceLog(InjectionPoint injectionPoint) {
    return Logger.getLogger(injectionPoint.getMember().getDeclaringClass()
        .getName(), "messages");
}
```

Der Ausdruck `injectionPoint.getMember().getDeclaringClass()` gibt dabei das
`Class`-Objekt der aufrufenden Klasse zurück, die den Logger über die Annotation
`@Inject` einbindet. Wird der Logger nun in der Bean `DonateMoneyController` verwendet, so hat er den Namen `DonateMoneyController` oder generell den Namen der
aufrufenden Bean.

Da es sich bei den von den Producer-Methoden erzeugten Instanzen um
Beans handelt, haben diese auch einen Scope. Standardmäßig ist dies der Scope
der Klasse, in unserem Fall durch die Annotation `@Dependent` der *DependentScope*
(siehe Abschnitt 6.2.1.4). Auf Wunsch kann dieser jedoch geändert werden,
indem die Producer-Methode mit dem gewünschten Scope annotiert wird.

In unserem Fall bleibt der Logger auf *DependentScope*, sodass für jede aufrufende Bean eine eigene Instanz des Loggers erstellt wird. Die Producer-Methode
für den `FacesContext` wird jedoch auf *RequestScope* gesetzt, da sich dieses Objekt
innerhalb einer Anfrage nicht ändert.

Java EE 7 stellt weiterhin intern eine Producer-Methode für den `HttpServle-
tRequest` zur Verfügung. Diese möchten wir an dieser Stelle nutzen, indem wir die
Methode `getAppUrl` in dem `EditDonationFormController` durch folgenden Codeab-
schnitt ersetzen:

```
@Inject
private HttpServletRequest req;

private String getAppUrl() {
   String scheme = req.getScheme();
   String serverName = req.getServerName();
   int serverPort = req.getServerPort();
   String contextPath = req.getContextPath();

   return scheme+"://"+serverName+":"+serverPort+contextPath;
}
```

Durch diese Änderung wird der `HttpServletRequest` der aktuellen Anfrage in den
Controller injiziert und direkt in der Methode `getAppUrl` genutzt. Zuvor war es bei
jedem Aufruf der Methode notwendig, diesen über den `FacesContext` abzufragen.

Es gibt noch zwei weitere Stellen in unserer Anwendung, die von Producer-
Methoden profitieren können: Es handelt sich um die Beans `CampaignProducer`
und `CampaignListProducer`.

Die Aufgabe des `CampaignListProducer` besteht darin, eine Liste von `Campaign`-
Objekten zur Verfügung zu stellen. Eine Klasse, die diese Liste verwenden
möchte, benötigt eigentlich keine Abhängigkeit zu dem `CampaignListProducer`,
sondern lediglich zu dieser Liste. Damit dies möglich ist, annotieren wir nun die
Methode `getCampaigns` des `CampaignListProducer` mit `@Produces`. Da anwendungs-
weit keine andere Bean eine Liste von `Campaign`-Objekten zur Verfügung stellt,
kann diese Liste nun folgendermaßen in andere Beans injiziert werden:

```
@Inject
private List<Campaign> campaigns;
```

Auf diesbezügliche Änderungen wollen wir aber verzichten, da wir im folgenden Abschnitt noch eine weitere Methode kennenlernen, um Abhängigkeiten zum CampaignListProducer zu vermeiden: anwendungsweite Nachrichten.

Wir wollen die neue Producer-Methode getCampaigns aber dazu nutzen, um sie in Facelets zu referenzieren. Hierzu annotieren wir die Methode zusätzlich noch mit @Named und entfernen dieselbe Annotation auf Klassenebene.

Dadurch kann die DataTable-Komponente der Datei listCampaigns.xhtml direkt auf die Liste der Campaign-Objekte über den Namen campaigns zugreifen und benötigt nicht mehr den Umweg über den CampaignListProducer. Um dies umzusetzen, ändern Sie folgende Zeile der Datei listCampaigns.xhtml:

```
<p:dataTable value="#{campaignListProducer.campaigns}" var="campaign">
```

in nachstehenden Ausdruck um:

```
<p:dataTable value="#{campaigns}" var="campaign">
```

Als Folge enthält die Klasse CampaignListProducer nun eine Producer-Methode, die eine Liste von Campaign-Objekten zur Verfügung stellt und damit ihrem Namen alle Ehre macht.

Analog hierzu möchten wir nun ähnliche Producer-Methoden auch für die Bean CampaignProducer einführen. Hierzu entfernen wir zunächst die @Named-Annotation der Bean auf Klassenebene und fügen den Getter-Methoden get-SelectedCampaign und isAddMode die Annotation @Named und @Produces hinzu.

Für Letztere ergeben sich dadurch die folgenden Definitionen:

```
@Produces
@Named
public Campaign getSelectedCampaign() {
    return campaign;
}
```

und

```
@Produces
@Named
public boolean isAddMode() {
    return mode == Mode.ADD;
}
```

Nach dieser Änderung können Sie die Producer-Methoden direkt in den Facelets verwenden. Hierzu müssen Sie alle Referenzen der Getter in den Dateien editCampaign.xhtml und listDonations.xhtml ersetzen. Betrachten Sie dabei lediglich die Ausdrücke der EL (*Expression Language*), also alles innerhalb von #{ und }.

Konkret müssen Sie in den Facelets den Ausdruck campaignProducer.selected-Campaign durch selectedCampaign und campaignProducer.addMode durch addMode ersetzen. Da es sich um einige Referenzen handelt, verwenden Sie dabei am besten die »*Suchen und Ersetzen*«-Funktion Ihres Editors. Seien Sie dabei aber vor-

sichtig und testen Sie anschließend Ihre Änderungen, um spätere Probleme zu
vermeiden.

6.3   Anwendungsweite Nachrichten

Bisher haben wir hauptsächlich CDI-Funktionen erklärt, die in der vorherigen
Iteration eingeführt wurden (abgesehen von den Producer-Methoden und der
Annotation @PostConstruct).

CDI kann jedoch nicht nur Beans, die von einem Container verwaltet werden, miteinander verknüpfen. Das Prinzip der losen Kopplung von Komponenten
bei CDI geht noch einen Schritt weiter. Komponenten können sich während der
Laufzeit beliebige Nachrichten senden und diese empfangen. Die Komponenten
haben dabei keine Abhängigkeit mehr untereinander, sondern nur noch jeweils
eine Abhängigkeit zu der Klasse, die die Nachricht an sich enthält. Durch diese
Art der losen Kopplung können neue Komponenten, die Nachrichten empfangen,
hinzugefügt werden, ohne dass die sendende Komponente angepasst werden
muss. Die Erweiterbarkeit und Wartbarkeit der Anwendung wird dadurch weiter
verbessert.

6.3.1   Events senden und empfangen

Wie in Abschnitt 6.1 erläutert, besteht eine störende Abhängigkeit der Bean Edit-
CampaignController zur Bean CampaignListProducer. Diese kann mit CDI einfach
entfernt werden, indem der EditCampaignController eine Nachricht sendet, wenn
eine Aktion hinzugefügt wird. Der CampaignListProducer kann dann auf diese
Nachricht reagieren und, da er die Liste aller Campaign-Objekte verwaltet, das
neue Campaign-Objekt zu dieser Liste hinzufügen.

Verändern wir zunächst den EditCampaignController so, dass dieser beim Hinzufügen einer Aktion eine entsprechende Nachricht sendet. Zunächst ist entscheidend, welche Nachricht gesendet werden soll: Da ein Campaign-Objekt hinzugefügt werden soll, ist es vorerst ausreichend, nur dieses als Nachricht zu senden.
Der zu sendende Nachrichtentyp ist daher vom Typ Campaign. Da CDI Nachrichten über die generische Klasse Event aus dem Paket javax.enterprise.event sendet, muss Campaign als Typparameter für diese Klasse festgelegt werden. Wir müssen daher der Bean EditCampaignController ein Attribut des Typs Event<Campaign>
injizieren, indem wir die folgenden Zeilen einfügen:

```
@Inject
private Event<Campaign> campaignAddEvent;
```

In der Methode doSave muss nun die entsprechende Nachricht gesendet werden,
anstatt direkt auf die Bean CampaignListProducer zuzugreifen. Hierzu muss die
folgende Zeile:

```
campaignListProducer.getCampaigns()
    .add(campaignProducer.getSelectedCampaign());
```

durch

```
campaignAddEvent.fire(campaignProducer.getSelectedCampaign());
```

ersetzt werden. Über die Methode fire des Event-Objektes wird dadurch die eigentliche Nachricht des Typs Campaign gesendet.

Da die Abhängigkeit zum CampaignListProducer nicht mehr benötigt wird (was gut ist), können folgende Zeilen entfernt werden:

```
@Inject
private CampaignListProducer campaignListProducer;
```

Jetzt sendet die Bean EditCampaignController beim Hinzufügen einer Aktion das neue Campaign-Objekt als Nachricht. Alle anderen Beans können diese Nachricht nun falls gewünscht empfangen. Hierzu muss die Bean eine Methode implementieren, die ein Campaign-Objekt als einzigen Parameter hat, der mit der Annotation @Observes aus dem Paket javax.enterprise.event versehen ist.

Aktuell ist die Nachricht nur für den CampaignListProducer interessant. Daher muss diese Bean die folgende Methode implementieren:

```
public void onCampaignAdded(@Observes Campaign campaign) {
    getCampaigns().add(campaign);
}
```

Diese Methode wird nun vom Container synchron aufgerufen, sobald der Edit-CampaignController die Nachricht zum Hinzufügen eines Campaign-Objektes sendet. Der Container übergibt als Parameter das hinzuzufügende Campaign-Objekt, das in dem Beispiel über die Methode add der Liste von Campaign-Objekten hinzugefügt wird.

6.3.2   Nachrichten gleichen Typs mit Qualifiern unterscheiden

Analog zur Nachricht zum Hinzufügen einer Aktion können wir nun auch eine Nachricht zum Löschen einer Aktion senden. Hierzu müssen wir die Bean List-CampaignsController um ein Event-Objekt erweitern, das eine Nachricht mit dem Typ Campaign sendet:

```
@Inject
private Event<Campaign> campaignDeleteEvent;
```

Damit die Nachricht auch gesendet wird, muss noch die Methode fire des Event-Objektes mit der zu löschenden Aktion als Parameter übergeben werden. Hierzu wird die Methode commitDeleteCampaign folgendermaßen ersetzt:

```
public void commitDeleteCampaign() {
    campaignDeleteEvent.fire(campaignToDelete);
}
```

Startet man das Programm nun, so ergibt sich das Problem, dass CDI nicht zwischen der Nachricht zum Hinzufügen und zum Löschen einer Aktion unterscheiden kann. CDI unterscheidet Nachrichten nämlich anhand ihres Typs, und dieser ist in beiden Fällen gleich. Die Folge ist, dass der CampaignListProducer in beiden Fällen ein Campaign-Objekt hinzufügt: Beim eigentlichen Hinzufügen (was in Ordnung ist), aber auch beim Löschen, das heißt, wenn der Nutzer ein Objekt löscht, wird es stattdessen ein weiteres Mal der Liste hinzugefügt.

Um die beiden Nachrichten nun zu differenzieren, wird ein weiteres zentrales Konzept von CDI benötigt, ein sogenannter Qualifier.

Bei einem Qualifier handelt es sich um eine selbst definierte Annotation, die dazu dient, Mehrdeutigkeiten aufzulösen. Konkret benötigen wir zur Differenzierung unserer zwei verschiedenen Nachrichten zwei Qualifier. Diese werden in der Klasse Events im Paket de.dpunkt.myaktion.util mit den Namen Added und Deleted definiert (siehe Listing 6–2).

```
package de.dpunkt.myaktion.util;

import static java.lang.annotation.ElementType.FIELD;
import static java.lang.annotation.ElementType.PARAMETER;
import static java.lang.annotation.RetentionPolicy.RUNTIME;

import java.lang.annotation.Retention;
import java.lang.annotation.Target;

import javax.inject.Qualifier;

public class Events {
    @Qualifier
    @Target({ FIELD, PARAMETER })
    @Retention(RUNTIME)
    public @interface Added {
    }
    @Qualifier
    @Target({ FIELD, PARAMETER })
    @Retention(RUNTIME)
    public @interface Deleted {
    }
}
```

Listing 6–2   *Klasse Events*

Beide Annotationen sind mit der Annotation @Qualifier aus dem Paket javax.inject versehen, außerdem sind beide für Attribute und Parameter gültig, was durch die Annotation @Target festgelegt wird.

Zur Differenzierung muss nun das Event-Objekt campaignAddEvent im Edit-CampaignController mit der Annotation @Added versehen werden:

```
@Inject @Added
private Event<Campaign> campaignAddEvent;
```

Und das Event-Objekt `campaignDeleteEvent` im `ListCampaignsController` mit der Annotation `@Deleted`:

```
@Inject @Deleted
private Event<Campaign> campaignDeleteEvent;
```

Dadurch kann CDI nun diese beiden Nachrichten trotz desselben Typs unterscheiden.

Damit die Anwendung nun abhängig von der Nachricht verschieden reagiert, muss noch der `CampaignListProducer` angepasst werden; hierzu wird in dieser Bean einerseits die bestehende Methode mit der Annotation `@Observes` um den Qualifier `@Added` erweitert:

```
public void onCampaignAdded(@Observes @Added Campaign campaign) {
    getCampaigns().add(campaign);
}
```

Andererseits wird eine weitere mit `@Observes` annotierte Methode hinzugefügt, die auf die Nachricht mit Qualifier `@Deleted` reagiert:

```
public void onCampaignDeleted(@Observes @Deleted Campaign campaign) {
    getCampaigns().remove(campaign);
}
```

Diese Methode entfernt einfach das übergebene `Campaign`-Objekt aus der Liste der `Campaign`-Objekte durch den Aufruf der Methode remove. Dies stellt übrigens erstmals eine Erweiterung der Funktionalität dar; wenn der Benutzer nun den Knopf zum Löschen einer Aktion betätigt, wird diese aus der Liste der Aktionen entfernt.

Abbildung 6–3 zeigt die Beziehungen der beteiligten Beans und Qualifier.

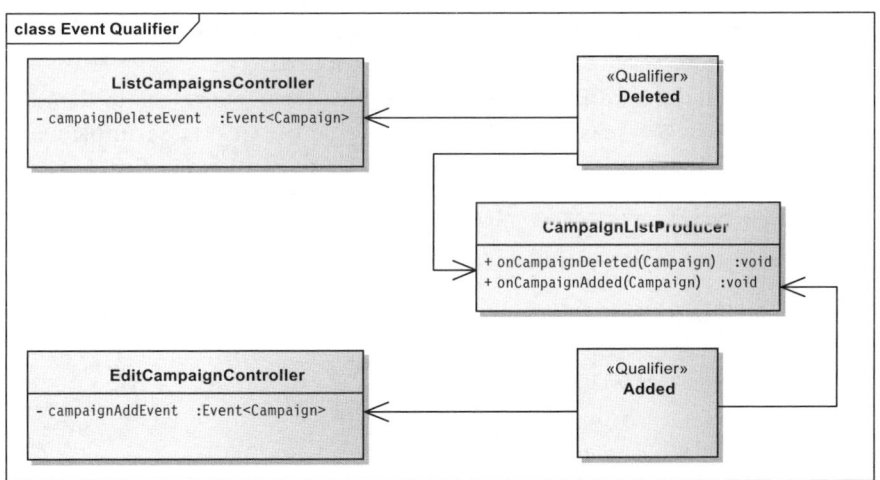

Abb. 6–3   *Beziehungen der Klassen, die an dem Senden und Empfangen der Nachrichten beteiligt sind*

6.4   Services

Bisher haben wir ausschließlich an der Präsentationsschicht gearbeitet. Wir benötigen nun eine weitere Schicht, die die eigentliche Geschäftslogik ausführt.

Wie in Abschnitt 1.3 beschrieben, setzen wir hierzu sogenannte Services ein. Es handelt sich dabei um einen prozeduralen Ansatz, wobei die einzelnen Serviceaufrufe die Geschäftsobjekte (Entitäten) modifizieren, während diese selbst keine Geschäftslogik enthalten.

Die einzelnen Serviceaufrufe werden dabei thematisch passend in Serviceklassen gruppiert; so wird beispielsweise im folgenden Abschnitt ein `CampaignService` eingeführt, der die `Campaign`-Objekte bearbeitet.

In späteren Iterationen werden den Serviceaufrufen noch weitere Aspekte hinzugefügt. Sie werden Entitäten persistieren, die Transaktionsklammer bilden und für die Absicherung der Anwendung sorgen.

In diesem Abschnitt führen wir ausschließlich die Struktur der Serviceklassen ein. Wieder einmal geht es nicht um das Hinzufügen neuer Funktionalitäten, sondern um die Anpassung an die Zielarchitektur. Dabei lernen wir auch wieder ein paar wichtige Features von CDI kennen.

Wer gerne mehr über das Service-Pattern erfahren möchte, dem sei zur Lektüre »Real World Java EE Patterns – Rethinking Best Practices« (Bien & Bien, 2009) empfohlen.

6.4.1   Die Mock-Methode in eine Serviceklasse auslagern

Aktuell erzeugen wir in der Bean `CampaignListProducer` eine Liste von Beispielaktionen über die Methode `createMockCampaigns`. Der Aufruf dieser Methode findet in der Methode `init` statt. Diese wollen wir nun so umstellen, dass die Liste von Aktionen von einem Serviceaufruf zurückgeliefert wird.

Hierzu erstellen wir zunächst die Schnittstelle `CampaignService` aus dem Paket `de.dpunkt.myaktion.services`, die von der späteren Serviceklasse implementiert wird. Die Implementierung der Schnittstelle findet sich in Listing 6–3.

```
package de.dpunkt.myaktion.services;

import de.dpunkt.myaktion.model.Campaign;

import java.util.List;

public interface CampaignService {
   List<Campaign> getAllCampaigns();
}
```

Listing 6–3   *Schnittstelle CampaignService*

Aktuell enthält die Schnittstelle des Service nur eine Methode `getAllCampaigns`, die die Liste der `Campaign`-Objekte zurückliefern soll. Wir könnten den Service auch direkt, ohne Schnittstelle, implementieren, da wir jedoch sowohl eine

Mock-Implementierung als auch eine Implementierung mit realen Daten verwenden wollen, benötigen wir eine Schnittstelle.

Um den nun deklarierten Service aufzurufen, müssen wir die Methode init der Bean CampaignListProducer folgendermaßen anpassen:

```
@Inject
private CampaignService campaignService;

@PostConstruct
public void init() {

    campaigns = campaignService.getAllCampaigns();
}
```

Wir fügen also über die Annotation @Inject eine weitere Bean des Typs Campaign-Service ein und rufen in der Methode init deren Methode getAllCampaigns auf, um die Liste der Campaign-Objekte zu bekommen. Nun wird auch klar, warum wir den Konstruktor in Abschnitt 6.2.3 in eine Methode mit Annotation @PostConstruct umgewandelt haben: Ansonsten wäre die Bean CampaignService an dieser Stelle nicht verfügbar.

Startet man nun die Anwendung, so gibt es jedoch noch ein kleines Problem – da wir bisher nur die Schnittstelle des Service definiert, aber noch keine Serviceklasse implementiert haben, kann der Container keine Implementierung finden – beim Deployment erscheint daher die Fehlermeldung: *WELD-001408 Unsatisfied dependencies for type [CampaignService]*.

Wir benötigen daher eine Implementierung des CampaignService. Diese Implementierung wird nur die Methode getAllCampaigns enthalten, die wir von der Methode createMockCampaigns der Bean CampaignListProducer übernehmen. Die vollständige Implementierung ist in Listing 6–4 zu finden, die Klasse MockCampaignServiceBean muss in dem Paket de.dpunkt.myaktion.services gespeichert werden. Nach dem erneuten Start der Anwendung ist die Abhängigkeit korrekt aufgelöst, und CDI findet daher mit MockCampaignServiceBean die korrekte Implementierung der Bean CampaignService.

Leser, die schon mit Java EE vertraut sind, merken, dass wir bereits die Namenskonvention von EJBs verwenden, indem wir bei der Implementierung einer Bean das Suffix *Bean* benutzen. Hier sei vorweggenommen, dass in der folgenden Iteration aus den Serviceklassen EJBs werden – dies soll den Leser allerdings noch nicht beschäftigen.

```
package de.dpunkt.myaktion.services;

import de.dpunkt.myaktion.model.Account;
import de.dpunkt.myaktion.model.Campaign;
import de.dpunkt.myaktion.model.Donation;

import javax.enterprise.context.RequestScoped;
import javax.enterprise.inject.Alternative;
import java.util.LinkedList;
import java.util.List;
```

```java
@RequestScoped
public class MockCampaignServiceBean implements CampaignService {
    public List<Campaign> getAllCampaigns() {
        Donation donation1 = new Donation();
        donation1.setDonorName("Heinz Schmidt");
        donation1.setAmount(20d);
        donation1.setReceiptRequested(true);
        donation1.setStatus(Donation.Status.TRANSFERRED);
        donation1.setAccount(new Account(donation1.getDonorName(), "XXX Bank",
                "DE44876543210000123456"));
        Donation donation2 = new Donation();
        donation2.setDonorName("Karl Meier");
        donation2.setAmount(30d);
        donation2.setReceiptRequested(false);
        donation2.setStatus(Donation.Status.IN_PROCESS);
        donation2.setAccount(new Account(donation2.getDonorName(), "YYY Bank",
                "DE44864275310000654321"));
        List<Donation> spenden = new LinkedList<>();
        spenden.add(donation1);
        spenden.add(donation2);

        Campaign campaign1 = new Campaign();
        campaign1.setName("Trikots für A-Jugend");
        campaign1.setTargetAmount(1000d);
        campaign1.setAmountDonatedSoFar(258d);
        campaign1.setDonationMinimum(20d);
        campaign1.setId(1L);
        campaign1.setAccount(new Account("Max Mustermann", "ABC Bank",
                "DE44123456780100200300"));
        campaign1.setDonations(spenden);

        Campaign campaign2 = new Campaign();
        campaign2.setName("Rollstuhl für Maria");
        campaign2.setTargetAmount(2500d);
        campaign2.setAmountDonatedSoFar(742d);
        campaign2.setDonationMinimum(25d);
        campaign2.setId(2L);
        campaign2.setAccount(campaign1.getAccount());
        campaign2.setDonations(spenden);
        List<Campaign> ret = new LinkedList<>();
        ret.add(campaign1);
        ret.add(campaign2);
        return ret;
    }
}
```

Listing 6–4   *Klasse MockCampaignServiceBean*

6.4.2 Die verwendete Serviceimplementierung mit Qualifiern auswählen

Unsere Beispielaktionen aus der Mock-Implementierung `MockCampaignServiceBean` sind zwar schön und gut, aber erfüllen nicht die Anforderungen an die Anwendung. Daher wird nun mit `CampaignServiceBean` eine weitere Implementierung von `CampaignService` eingeführt. Diese wird wieder in dem Paket `de.dpunkt.myaktion.services` gespeichert und ist in Listing 6–5 zu finden.

```
package de.dpunkt.myaktion.services;

import de.dpunkt.myaktion.model.Campaign;

import javax.enterprise.context.RequestScoped;
import java.util.LinkedList;
import java.util.List;

@RequestScoped
public class CampaignServiceBean implements CampaignService {
    @Override
    public List<Campaign> getAllCampaigns() {
        return new LinkedList<Campaign>();
    }
}
```

Listing 6–5 *Klasse CampaignServiceBean*

Aktuell gibt diese Implementierung nur eine leere Liste von `Campaign`-Objekten zurück, dies wird sich in den folgenden Iterationen schrittweise ändern.

Startet man die Anwendung ein weiteres Mal, so führt dies nun zu einer neuen Fehlermeldung: *WELD-001409 Ambiguous dependencies for type [CampaignService].*

Im Gegensatz zu dem vorherigen Abschnitt haben wir nun das Problem, dass CDI mehrere Implementierungen der Bean `CampaignService` findet und nicht von sich aus entscheiden kann, welche verwendet werden soll.

Analog zu den Mehrdeutigkeiten bei Nachrichten (siehe Abschnitt 6.3.2) können Sie diese nun wieder mit Qualifiern auflösen. Wir benötigen dies nicht für die Anwendung, da wir den Konflikt mit einem alternativen Ansatz beheben werden. Wenn Sie jedoch sehen wollen, wie dies mit Qualifiern funktioniert, erstellen Sie testweise die Klasse `TestQualifier` mit dem Qualifier `@MyService` aus Listing 6–6 und speichern Sie diese in dem Paket `de.dpunkt.myaktion.util`.

```
package de.dpunkt.myaktion.util;

import static java.lang.annotation.ElementType.FIELD;
import static java.lang.annotation.ElementType.TYPE;
import static java.lang.annotation.RetentionPolicy.RUNTIME;

import java.lang.annotation.Retention;
import java.lang.annotation.Target;

import javax.inject.Qualifier;
```

```
public class TestQualifier {
  @Qualifier
  @Target({ FIELD, TYPE })
  @Retention(RUNTIME)
  public @interface MyService {
  }
}
```

Listing 6–6   *Klasse TestQualifier*

Den Qualifier @MyService müssen Sie dann einerseits zu dem Attribut campaign-
Service innerhalb der Bean CampaignListProducer hinzufügen:

```
@Inject @MyService
private CampaignService campaignService;
```

Und andererseits mit CampaignServiceBean zu der zu verwendenden Implementierung des CampaignService:

```
@RequestScoped
@MyService
public class CampaignServiceBean implements CampaignService {
```

Wenn Sie die Anwendung nun erneut starten, werden Sie sehen, dass die Mehr-
deutigkeiten aufgelöst sind und die Anwendung die Implementierung Campaign-
ServiceBean für den CampaignService verwendet. Zur Veranschaulichung zeigt
Abbildung 6–4 das Klassendiagramm der beteiligten Klassen.

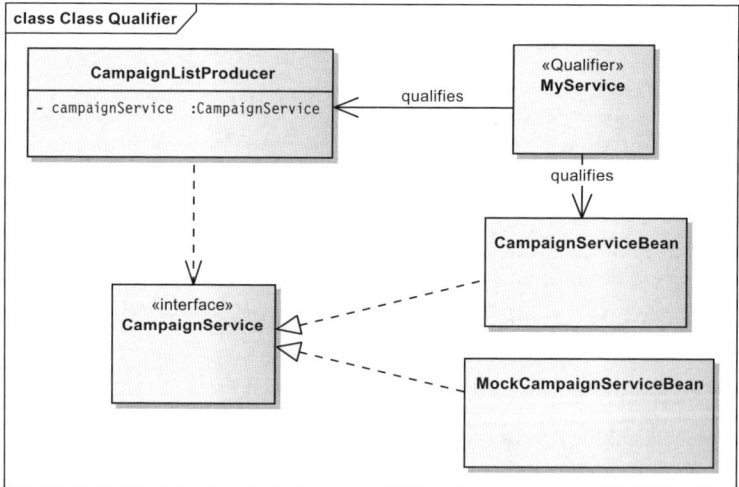

Abb. 6–4   *Beziehungen der Klassen, die an dem eindeutigen Injizieren einer Bean beteiligt sind*

Wir haben gezeigt, wie man mit Hilfe des Qualifier-Konzepts Mehrdeutigkeiten
am Injection-Point auflösen kann. Entfernen Sie nun bitte wieder die im letzten
Schritt vorgenommenen Annotationen und die Klasse TestQualifier.

Anstatt mit Qualifiern können Sie die Mehrdeutigkeit auch mit der Annotation @Alternative aus dem Paket javax.enterprise.inject auflösen.

Hierzu müssen Sie diese Annotation einfach der Bean MockCampaignService-Bean hinzufügen:

```
@RequestScoped
@Alternative
public class MockCampaignServiceBean implements CampaignService {
```

Diese Bean gilt dadurch als alternative Implementierung, die standardmäßig nicht verwendet wird. Stattdessen verwendet der Container die übriggebliebene Implementierung CampaignServiceBean. Da nur noch eine aktivierte Implementierung vorhanden ist, ist die Auflösung wieder eindeutig.

Wenn Sie eine alternative Implementierung aktivieren möchten, so müssen Sie dies explizit in der Konfigurationsdatei von CDI vornehmen. Bisher haben wir diese nicht benötigt, da wir lediglich die Standardkonfiguration von CDI verwendet haben.

Zur Aktivierung der alternativen Implementierung wollen wir dies nun testweise ändern, indem wir die Beispielkonfiguration aus Listing 6–7 in der Datei WEB-INF\beans.xml speichern. Nach einem Neustart der Anwendung wird nun wiederum die Mock-Implementierung verwendet. So ist es einfach möglich, abhängig vom Deployment-Szenario verschiedene Serviceimplementierungen zu verwenden.

Da für die weiteren Iterationen jedoch die Implementierung CampaignService-Bean benötigt wird, löschen Sie nun bitte die Datei WEB-INF\beans.xml, wodurch CDI wieder zur Standardkonfiguration zurückkehrt.

CDI und beans.xml

Bei der CDI 1.0 (Bestandteil von Java EE 6) war die bloße Existenz der Konfigurationsdatei beans.xml (sogar wenn diese leer war), der Schalter für die Aktivierung von CDI für alle Klassen der Anwendung. Bisher hatten wir jedoch keine beans.xml im Projekt und CDI hat dennoch funktioniert!

Seit der Version 1.1 von CDI (Bestandteil von Java EE 7) ist es möglich mittels beans.xml zu beeinflussen, welche Klassen der Anwendung als CDI-Beans erkannt werden (Attribut bean-discovery-mode). Besitzt eine Anwendung keine Datei beans.xml, dann verhält sich CDI so, als hätte man dem Attribut bean-discovery-mode den Wert annotated zugewiesen. In diesem Fall werden nur Klassen als CDI-Beans erkannt, die explizit mit einer Scope-Annotation versehen wurden. Weisen Sie dem Attribut den Wert all zu, erreichen wir das gleiche Verhalten wie bei CDI 1.0. Weitere Details zu den Einstellungsmöglichkeiten finden Sie in der CDI-Spezifikation (King, 2013).

```xml
<?xml version="1.0" encoding="UTF-8"?>
<beans xmlns="http://xmlns.jcp.org/xml/ns/javaee"
       xmlns:xsi="http://www.w3.org/2001/XMLSchema-instance"
       xsi:schemaLocation="http://xmlns.jcp.org/xml/ns/javaee
       http://xmlns.jcp.org/xml/ns/javaee/beans_1_1.xsd"
       bean-discovery-mode="annotated">
  <alternatives>
     <class>de.dpunkt.myaktion.services.MockCampaignServiceBean</class>
  </alternatives>
</beans>
```

Listing 6–7   *beans.xml*

Alternatives oder Qualifier?

In diesem Abschnitt haben wir zwei Methoden vorgestellt, um Mehrdeutigkeiten aufzulösen: Qualifier und Alternatives. Beide werden für unterschiedliche Fälle verwendet:
        Qualifier kommen zum Einsatz, wenn während der Laufzeit der Anwendung meh-
rere Implementierungen desselben Typs verwendet werden. Welche dann wann eingesetzt wird, legt der Programmierer zur Entwicklungszeit über den Qualifier eindeutig fest.
        Über Alternatives werden hingegen eindeutige Implementierungen pro Deploy-
ment definiert. Zur Laufzeit existiert dann jeweils nur eine Implementierung.

Damit hätten wir die dritte Iteration unserer Entwicklung geschafft. Zum Vergleich finden Sie diesen Stand des Projektes in unserem GitHub-Repository
`https://github.com/marcusschiesser/my-aktion-2nd/tree/cdi`.

6.5   Was noch nicht behandelt wurde

CDI enthält noch einige andere Features, die für unsere Anwendung nicht benö-
tigt werden. In den folgenden Abschnitten werden diese kurz beschrieben. Falls
Sie weitere Informationen zu einem der Themen wünschen, empfehlen wir die
Dokumentation der Referenzimplementierung Weld (King, 2013)

6.5.1   ApplicationScope und ConversationScope

Neben den bereits beschriebenen Scopes gibt es bei CDI noch weitere interessante
Scopes. Dazu gehören insbesondere *ApplicationScope* und *ConversationScope*.
        Beim *ConversationScope* kann die Bean selbstständig über ein drittes Objekt,
die sogenannte `Conversation`, seinen Lebenszyklus steuern. Dies empfiehlt sich,
wenn man Benutzerdaten über mehreren Views speichern möchte, wie dies beispielsweise bei einem Wizard der Fall ist. Beim Starten des Wizards wird dann die
`Conversation` und damit der Lebenszyklus der Bean gestartet, und beim Beenden
des Wizards wird die `Conversation` beendet, wodurch auch der Lebenszyklus der

Bean beendet wird. Das Starten und Beenden der `Conversation` geschieht dabei über die Methoden `begin` bzw. `end`.

ApplicationScope ist der Scope, der sich am einfachsten erklären lässt: Beans mit diesem Scope existieren für alle Benutzer applikationsweit nur genau einmal. Daher können Beans mit diesem Scope Daten zwischen allen Benutzern austauschen; in unserer Beispielanwendung könnte man die Summe aller getätigten Spenden zwischenspeichern.

Die zu den Scopes dazugehörigen Annotationen lauten `@ConversationScoped` respektive `@ApplicationScoped` – beide sind wieder im Paket `javax.enterprise.context` zu finden.

6.5.2 Der FlowScope

Durch die Einführung von *Faces Flows* mit JSF 2.2 (siehe Abschnitt 4.8.1) gibt es ein neues Konzept in JSF, das Beans mit einer höheren Lebensdauer verlangt, als sie der *ViewScope* bietet.

Definiert ein Entwickler einen *Faces Flow*, so möchte er Daten speichern, die für seine gesamte Dauer erhalten bleiben. Ein Grund hierfür kann sein, dass die an dem *Faces Flow* beteiligten Views Daten austauschen sollen.

Ein *Faces Flow* hat eine klar definierte Dauer, festgelegt durch die Zeitpunkte, wann er gestartet und wann er beendet wird. JSF 2.2 liefert für CDI einen neuen Scope, den sogenannten *FlowScope*. Beans, die mit diesem versehen werden, existieren für die Dauer eines *Faces Flow*.

Um ein Bean mit diesem Scope zu versehen, müssen Sie die Annotation `@Flow-Scoped` aus dem Paket `javax.faces.flow` verwenden. Da wir in unserer Anwendung keinen *Faces Flow* einsetzen, ist diese Funktionalität für uns jedoch nicht von Interesse.

6.5.3 Interzeptoren und Dekoratoren

Sowohl Interzeptoren als auch Dekoratoren erweitern Methoden von Beans durch Methoden unabhängiger weiterer Klassen.

Interzeptoren erlauben es bei einem Methodenaufruf, einen weiteren Aufruf vorweg- und/oder nachzuschalten. In CDI wird über eine Annotation der zu erweiternden Methode festgelegt, welcher Interzeptor verwendet werden soll. Interzeptoren behandeln wir ausführlicher in Abschnitt 8.3.3, daher sei hier nur darauf verwiesen.

Dekoratoren müssen dieselbe Schnittstelle der zu erweiternden Bean implementieren, ein Dekorator enthält jedoch zusätzlich ein Delegations-Objekt, das ebenfalls die Schnittstelle implementiert und zur Laufzeit der zu erweiternden Bean entspricht. Wird ein Dekorator über die CDI-Konfigurationsdatei `beans.xml` aktiviert, so wird beim Aufruf einer Methode einer Bean zunächst dieselbe

Methode des Dekorators aufgerufen. Diese Methode kann dann beliebigen Code ausführen und bei Bedarf über das Delegations-Objekt Methoden der zu erweiternden Bean aufrufen. Dekoratoren werden im Rahmen dieses Workshops nicht behandelt.

Interzeptoren werden üblicherweise für die Entkopplung technischer Aspekte wie Logging und Transaktionsbehandlung verwendet. Dekoratoren finden ihren Einsatz bei der Entkopplung von fachlichen Aspekten, wie der Auslagerung von Geschäftsregeln.

In Java EE 7 ist für Dekoratoren und Interzeptoren eine neue Funktionalität hinzugekommen: Wenn eine Anwendung mehrere Dekoratoren bzw. Interzeptoren definiert, so kann festgelegt werden, in welcher Reihenfolge diese aufgerufen werden.

6.5.4   Stereotypes

Stereotypes fassen mehrere Annotationen zu einer einzigen zusammen. Dadurch kann eine Bean lediglich mit einer einzelnen Annotation anstatt mit einer Vielzahl annotiert werden. Dies ist nicht nur einfacher, die Annotationen können auch an zentraler Stelle, in der Datei, in der die neue Annotation definiert wird, geändert werden.

Würde die neue Annotation `@Action` beispielsweise die Annotationen `@Request-Scoped`, `@Transactional` und `@Named` zusammenfassen, so wäre es einfacher, eine Bean lediglich mit

```
@Action
```

anstatt jedes Mal mit

```
@RequestScoped
@Transactional
@Named
```

zu annotieren. Bei `@Transactional` handelt es sich übrigens um eine Annotation zur Durchführung einer Transaktion; diese wird später in Abschnitt 8.3.3 behandelt.

6.5.5   Der BeanManager

Über den `BeanManager` kann eine Methode programmatisch vom CDI-Container eine Referenz auf eine CDI-Bean anfordern. Dies bedeutet, dass die Bean nicht wie üblich über die Annotation `@Inject` injiziert wird.

Nachfolgend ist ein einfaches Beispiel angegeben, um eine Referenz auf unseren `CampaignListProducer` zu bekommen:

```
BeanManager bm = CDI.current().getBeanManager();
Bean<CampaignListProducer> bean =
    (Bean<CampaignListProducer>) bm.getBeans(CampaignListProducer.class)
        .iterator().next();
CreationalContext<CampaignListProducer> ctx =
    bm.createCreationalContext(bean);
CampaignListProducer producer = (CampaignListProducer) bm.getReference(bean,
    CampaignListProducer.class, ctx);
```

Neu in Java EE 7 ist, dass der Ausdruck CDI.current().getBeanManager() eine Referenz auf den BeanManager zurückliefert. Vor Java EE 7 war dies lediglich über Injizieren des BeanManager-Objekts oder über einen JNDI-Lookup auf java:comp/BeanManager möglich.

6.5.6   Erweiterungen

CDI ermöglicht über sogenannte Extensions, den Container auf vielfältige Art zu erweitern. Das Apache-Projekt Deltaspike ist ein gutes Beispiel für eine Sammlung solcher Erweiterungen. Schauen Sie sich am besten einmal auf der Deltaspike-Webseite (deltaspike.apache.org) um. Sie finden dort insbesondere Module, um CDI-Beans um Funktionalitäten zu erweitern, die CDI im Vergleich zu EJBs (siehe Kap. 8) fehlen.

6.5.7   Disposer-Methoden

In Abschnitt 6.2.4 hatten wir sogenannte Producer-Methoden eingeführt. Da diese eine CDI-Bean erzeugen, stellt sich die Frage, wie man als Entwickler darüber informiert wird, wenn der Container die Bean entfernen möchte. Dies ist insbesondere für abhängige Ressourcen interessant, die explizit aufgeräumt werden müssen, wie eine Datenbankverbindung.

Betrachten wir hierzu das folgende vereinfachte Beispiel, das für jede Anfrage eine neue Datenbankverbindung vom Typ Connection erzeugt:

```
@Produces
@RequestScoped
public Connection connect() {
    …
}
```

Bevor die Anfrage beendet wird, muss die Datenbankverbindung durch Aufruf der Methode close geschlossen werden. Dies wird von folgender Disposer-Methode erledigt:

```
void close(@Disposes Connection connection) {
    connection.close();
}
```

Offen ist noch, wie der Container für eine Producer-Methode die passende Disposer-Methode findet. Dies ist denkbar einfach gehalten. Erstens müssen beide Methoden in derselben Klasse definiert sein. Zweitens muss der Rückgabetyp der Producer-Methode mit dem Typ des Eingabeparameters der Disposer-Methode übereinstimmen, welcher zusätzlich mit der @Disposes-Annotation versehen wird.

6.6   Aufgaben

6.6.1   Fachliches und technisches Log unterscheiden

In Abschnitt 6.2.4 hatten wir einen Logger über eine Producer-Methode eingeführt. In der Praxis ist es nicht unüblich, verschiedene Logger einzusetzen, z.B. einen für die Protokollierung fachlicher Meldungen (z.B. Aktion hinzugefügt) und einen für technische Meldungen (z.B. Datenbank nicht erreichbar).

Um dies für unsere Anwendung umzusetzen, gehen Sie folgendermaßen vor:

1. Erstellen Sie zwei Qualifier mit den Namen FachLog und TecLog im Paket de.dpunkt.myaktion.util.
2. Ersetzen Sie die Producer-Methode für den Logger durch eine mit @FachLog und eine mit @TecLog annotierte Producer-Methode. Zur Differenzierung der Logger fügen Sie dem String-Parameter der statischen Methode getLogger jeweils ein unterschiedliches Präfix hinzu: einmal den String "FachLog:" und einmal "TecLog:".
3. Annotieren Sie den Logger der Bean DonateMoneyController mit @FachLog.
4. Injizieren Sie einen Logger in die CampaignServiceBean und annotieren Sie diesen mit @TecLog. Geben Sie über diesen Logger eine Meldung in der Methode getAllCampaigns aus.

6.6.2   Nachricht zur Aktualisierung einer Aktion hinzufügen

In Abschnitt 6.3 haben Sie gelernt, wie man anwendungsübergreifend Nachrichten versenden kann. Aktuell werden Nachrichten für das Hinzufügen und Löschen einer Aktion versendet. Im folgenden Kapitel benötigen wir ebenfalls eine Nachricht für das Aktualisieren einer Aktion.

Zum besseren Verständnis der CDI-Events können Sie diese Nachricht bereits jetzt zur Übung versenden. Gehen Sie dabei folgendermaßen vor:

1. Erweitern Sie die Klasse Events um den Qualifier Updated.
2. Senden Sie die Nachricht an geeigneter Stelle im EditCampaignController.
3. Erstellen Sie eine Observer-Methode onCampaignUpdated im CampaignListProducer. Da diese noch nicht komplett implementiert werden kann, soll sie lediglich über einen Logger eine Meldung ausgeben.
4. Vergleichen Sie Ihren Code mit dem Ergebnis aus Abschnitt 7.3.4.

6.7 Weiterführende Literatur

Bien, A. & Bien, K. (2009).
Real World Java EE Patterns – Rethinking Best Practices.
`http://press.adam-bien.com`.

King, G. et al. (2013).
Weld JSR 346 Reference Implementation (v2.0 Ausg.). Red Hat Inc.
Abgerufen von `http://docs.jboss.org/weld/reference/latest/en-US/html_single/`
am 17. September 2014

Siedersleben, J. (2004).
Moderne Softwarearchitektur. Heidelberg: dpunkt.verlag.

7 Iteration Nr. 4 – Java Persistence API

In unserer vierten Iteration werden die Beispieldaten aus den früheren Iterationen durch reale Daten ersetzt, z.B. wird nun gespendetes Geld in der Spendenliste angezeigt. Ermöglicht wird dies durch die Java Persistence API (JPA). Sie erlaubt es uns, die Entitäten in einer Datenbank zu speichern und zu einem späteren Zeitpunkt wieder einzulesen.

7.1 Einleitung

Für die Persistierung von Entitäten in einer Datenbank enthält Java EE 7 die Java Persistence API (JPA) in der Version 2.1.

Referenzimplementierung von JPA 2.1 ist EclipseLink 2.5[1]. Der von uns benutzte WildFly 8.1.0 verwendet mit Hibernate 4.3.5 stattdessen eine andere bekannte JPA-Implementierung, die JPA 2.1 unterstützt.

JPA ermöglicht es, Instanzen der Entitätsklassen in einer relationalen Datenbank zu speichern und zu einem späteren Zeitpunkt wieder aus der Datenbank zu lesen.

Die Entitäten werden dabei in einer Datenbanktabelle gespeichert, und pro Instanz wird eine Zeile angelegt. In welcher Datenbanktabelle eine Entität gespeichert wird, entscheidet JPA per Konvention anhand des Namens: Es speichert die Entität in einer Tabelle mit demselben Namen wie die Entitätsklasse. Lautet der Name der Entitätsklasse beispielsweise Campaign, so werden die Instanzen der Entität in der Tabelle CAMPAIGN gespeichert. Diese Konvention kann auf Wunsch pro Entitätsklasse auch gebrochen werden, indem der Entwickler für diese Entität den Tabellennamen explizit angibt.

Dieser Vorgang wird allgemein als objektrelationale Abbildung (engl. O/R-Mapping) bezeichnet, siehe auch Abschnitt 1.2.4. Diese geschieht völlig unbemerkt für den Entwickler, für ihn verhält sich die relationale Datenbank dank JPA wie eine objektorientierte Datenbank. Die Details im Hintergrund bleiben ihm erspart, er greift auf die Persistenzschicht über eine Instanz der Klasse

---

1. www.eclipse.org/eclipselink

EntityManager aus dem Package javax.persistence zu. Der EntityManager kann über Dependency Injection (siehe Abschnitt 6.2.2) der aufrufenden Klasse einfach zur Verfügung gestellt werden.

Beispielsweise kann er mit dem EntityManager über einen einfachen Aufruf der Methode persist eine Instanz der Entität Campaign persistieren:

```
em.persist(campaign);
```

In dem Beispiel lautet der Bezeichner für den EntityManager em und für das Campaign-Objekt campaign.

Natürlich ist es in der Realität nicht immer ganz so einfach; Unklarheiten werden jedoch die folgenden Abschnitte beseitigen.

7.2   Entitäten annotieren

Aktuell besitzt unsere Anwendung lediglich die Entitäten Donation und Campaign. Die abhängige Entität Account nimmt eine Sonderrolle ein und wird daher am Anfang nicht behandelt.

Damit JPA die Entitäten verwalten kann, sind die Klassen mit verschiedenen Annotationen zu versehen, die wir im Folgenden beschreiben werden. Alternativ ist es auch möglich, anstatt der Annotationen eine eigene Konfigurationsdatei zu erstellen, die das O/R-Mapping definiert. Dieser alternative Ansatz wird in unserer Anwendung allerdings nicht verwendet.

Ebenso sei erwähnt, dass JPA auch Vererbung von Entitäten unterstützt. Dabei gibt es unterschiedliche Strategien, wie die Klassenhierarchie auf das relationale Modell der Datenbank abgebildet wird. Standardmäßig wird pro Klassenhierarchie eine Tabelle verwendet, die in einer zusätzlichen Spalte den genauen Typ speichert. Da Vererbung in unserem Beispiel nicht eingesetzt wird, gehen wir nicht weiter auf die unterschiedlichen Strategien ein; Sie finden jedoch Näheres dazu in (Ihns, et al., 2011).

7.2.1   Als Entität markieren und Primärschlüssel festlegen

Zunächst muss jede Klasse, die JPA als Entität verwalten soll, als solche mit der Annotation @Entity aus dem Package javax.persistence annotiert werden. Dies erledigen wir im ersten Schritt nun für die Klassen Donation und Campaign:

```
@Entity
public class Donation {
...
```

und

```
@Entity
public class Campaign {
...
```

Da jede Entität einen Primärschlüssel benötigt, um eindeutig identifiziert zu werden, erstellen wir diesen im Folgenden für die Klassen `Campaign` und `Donation`.

Um dies zu bewerkstelligen, fügen wir zunächst der Klasse `Donation` ein Attribut mit dem Namen `id` hinzu, das wir mit den Annotationen `@Id` und `@Generated-Value` (beide aus dem Package `javax.persistence`) versehen:

```
@GeneratedValue
@Id
private Long id;
```

Die Annotation `@Id` legt dabei fest, dass es sich bei dem Attribut um den Primärschlüssel handelt. `@GeneratedValue` bewirkt, dass der Wert des Primärschlüssels von JPA erzeugt wird, sich der Entwickler also nicht um die Generierung einer eindeutigen Identität kümmern muss.

Strategien zur Primärschlüsselerzeugung

JPA unterstützt verschiedene Strategien zur Erzeugung eines Primärschlüssels; per Konvention wird `GenerationType.AUTO` verwendet, wodurch die JPA-Implementierung automatisch die beste Strategie anhand der unterliegenden Datenbank wählt. Alternativ stehen noch `GenerationType.TABLE`, `GenerationType.SEQUENCE` und `GenerationType.IDENTITY` zur Verfügung. Im ersten Fall wird die Identität über eine Tabelle mit einem hochzählenden Wert realisiert, im zweiten über eine Datenbanksequenz und im letzten Fall über eine Identitätsfunktion der Datenbank. Die Strategie kann über den Parameter `strategy` der Annotation `@GeneratedValue` geändert werden.

Im Anschluss erstellen wir noch einen Getter und Setter für das neue Attribut des Primärschlüssels:

```
public Long getId() {
    return id;
}

public void setId(Long id) {
    this.id = id;
}
```

Für die Klasse `Campaign` haben wir bereits im JSF-Kapitel ein Attribut mit dem Namen `id` vom Typ `Long` erstellt. Dieses können wir einfach in einen Primärschlüssel umwandeln, indem wir es mit den Annotationen `@GeneratedValue` und `@Id` versehen. Es ergibt sich dadurch folgende Definition:

```
@GeneratedValue
@Id
private Long id;
```

Nachdem die Klassen mit einem Primärschlüssel versehen und als Entität markiert wurden, können sie bereits über den `EntityManager` wie in Abschnitt 7.1 beschrieben persistiert werden.

Zu beachten ist, dass JPA lediglich Attribute mit den folgenden Typen persistiert:

- primitive Datentypen und Strings
- serialisierbare Typen (implementieren java.io.Serializable)
- Aufzählungstypen (engl. Enumerations)
- andere Entitäten oder Listen von Entitäten
- mit @Embeddable annotierte Klassen (siehe Abschnitt 7.2.3)

Wenn man ein Attribut von einem der obigen Typen nicht persistieren möchte, so muss man es mit der Annotation @Transient aus dem Package javax.persistence versehen. Diese Funktionalität wird später noch in unserem Beispiel benötigt.

7.2.2   Relationen der Entitäten festlegen

Die Objekte in einer Datenbank können in einer Relation zueinander stehen. So können Objekte eines Typs einem anderen Typ zugeordnet werden.

In unserem Beispiel gibt es eine 1:n-Relation zwischen den Entitäten Campaign und Donation. Einem Campaign-Objekt werden daher 0 bis n Donation-Objekte zugeordnet und einem Donation-Objekt ist jeweils genau ein Campaign-Objekt zugeordnet.

Um eine 1:n-Relation in JPA zu definieren, gibt es die Annotationen @ManyToOne und @OneToMany aus dem Package javax.persistence. Mit diesen Annotationen wird jeweils das Attribut annotiert, das von dem Typ ist, der zugeordnet werden soll. Welche Annotation verwendet wird, ist abhängig von der Richtung der Relation.

In unserem Beispiel werden wir nun eine bidirektionale Relation zwischen den Entitäten Campaign und Donation erstellen. Der Entwickler kann dadurch von beiden Klassen auf die zugeordneten Instanzen der jeweils anderen Klasse zugreifen. Bei einer unidirektionalen Relation kann er dies lediglich von einer Klasse.

Fangen wir mit der Richtung an, mit der wir die einem Campaign-Objekt zugeordneten Objekte des Typs Donation erhalten. Hierzu muss das Attribut mit der Liste der Objekte vom Typ Donation in der Klasse Campaign einfach mit @OneToMany annotiert werden:

```
@OneToMany
private List<Donation> donations;
...
```

Das war es schon. Mit dieser einen zusätzlichen Zeile wurde eine unidirektionale 1:n-Relation von der Entität Campaign auf die Entität Donation definiert. Jedes Objekt des Typs Donation ist dadurch eindeutig genau einem Campaign-Objekt zugeordnet. In der zugehörigen Datenbanktabelle entsteht dadurch in der Tabelle DONATION ein Fremdschlüssel auf die Tabelle CAMPAIGN, sodass die Einhaltung dieser Relation durch die Datenbank überwacht wird.

Wie Sie richtig vermuten, wird die andere Richtung der Relation über die Annotation @ManyToOne definiert. Wir erstellen daher ein Attribut mit dieser Annotation in der Klasse Donation, das das zugeordnete Campaign-Objekt speichert:

```
@ManyToOne
private Campaign campaign;
...
```

Ebenso müssen Sie der Klasse die entsprechende Getter- und Setter-Methode für
den Zugriff auf das Attribut hinzufügen:

```
public Campaign getCampaign() {
    return campaign;
}

public void setCampaign(Campaign campaign) {
    this.campaign = campaign;
}
```

Nun besteht lediglich das Problem, dass wir mit dem aktuellen Stand zwei komplett verschiedene Relationen erstellt haben – eine zwischen Aktion und Spende
und eine andere zwischen Spende und Aktion. Jede der Relationen ordnet eine
Spende genau einer Aktion zu. Da es sich jedoch um zwei verschiedene Relationen handelt, kann eine Spende dadurch zu zwei unterschiedlichen Aktionen
gehören. Dies ist jedoch nicht erwünscht. Ziel ist es stattdessen, eine einzige bidirektionale Relation zwischen Aktion und Spende zu definieren, die eine Spende
genau einer Aktion zuordnet.

Um eine bidirektionale Relation zu realisieren, müssen die beiden mit
@ManyToOne bzw. @OneToMany annotierten Attribute miteinander verknüpft werden.
In JPA wird dies über den Parameter mappedBy geregelt, in dem der Name eines
Attributs der zugeordneten Klasse angegeben wird. Das Attribut muss dabei vom
Typ der aktuellen Klasse sein. Die beiden an der Relation beteiligten Attribute bil-
den dadurch ein Paar.

In unserem Beispiel erweitern wir die @OneToMany-Annotation in der Klasse
Campaign:

```
@OneToMany(mappedBy = "campaign")
private List<Donation> donations;
```

Dadurch ist unsere bidirektionale Relation eindeutig definiert und die zugeordneten Objekte können von beiden Seiten traversiert werden.

Neben der 1:n-Relation können Sie mit JPA auch weitere Beziehungen festlegen. So definiert die Annotation @OneToOne eine 1:1-Relation. Dabei wird ein Objekt
jeweils genau einem anderen Objekt zugeordnet. Dieser einfachere Fall wird von
unserer Anwendung jedoch nicht benötigt und wird daher hier nicht betrachtet.

Ebenso ist es auch möglich, m:n-Beziehungen mit JPA zu definieren. Hierzu
verwenden Sie die Annotation @ManyToMany. Diese werden in der Praxis allerdings
kaum verwendet, da sie sich über zwei 1:n-Beziehungen und einer weiteren ver-
bindenden Entität abbilden lassen. Dies hat den Vorteil, dass sich bei Bedarf in
der zusätzlichen Entität weitere Informationen speichern lassen.

7.2.3   Abhängige Entitäten einbinden

Im Gegensatz zu einer normalen Entität existiert eine abhängige Entität nur in
Abhängigkeit einer anderen Entität. Sie benötigt daher keinen Primärschlüssel
zur Identifikation, sondern wird immer über die Entität identifiziert, von der sie
abhängig ist.

In unserem Beispiel handelt es sich bei `Account` um eine solche abhängige Entität. Ein Konto besteht aus dem Namen des Besitzers, der IBAN und dem Namen
der Bank. Sowohl eine Spende als auch eine Aktion benötigen diese Kontoinfor-
mationen und haben daher, um Redundanzen zu vermeiden, jeweils die abhängige Entität `Account` eingebunden, anstatt diese Attribute selbst zu definieren.
Näheres hierzu finden Sie in der Definition der Fachklassen in Abschnitt 3.3.

Um nun in JPA eine abhängige Entität zu definieren, muss diese mit der
Annotation `@Embeddable` aus dem Package `javax.persistence` versehen werden. In
unserem Fall also:

```
@Embeddable
public class Account {
```

Wenn eine abhängige Entität eingebunden wird, so muss andererseits das Attribut, das die abhängige Entität speichert, mit `@Embedded` annotiert werden (ebenfalls aus dem Package `javax.persistence`). In unserem Fall muss daher in beiden
Klassen, `Donation` und `Campaign`, das Attribut account annotiert werden:

```
@Embedded
private Account account;
```

Dies bewirkt, dass die Datenbanktabellen der Entitäten `Donation` und `Campaign`
jeweils alle drei Spalten zum Speichern der Kontoinformation enthalten, also
Name des Besitzers, IBAN und Name der Bank.

Dies führt allerdings zu einem Problem bei der Entität `Campaign`. Diese enthält
ebenso wie die abhängige Entität `Account` das Attribut name. Die von JPA zu gene-
rierende Datenbanktabelle müsste daher zweimal die Spalte name enthalten, dies
ist bei einer Datenbank jedoch nicht möglich.

Unsere JPA-Implementierung Hibernate würde diesen Missstand beim
Deployment merken und folgende Exception liefern:

```
org.hibernate.MappingException: Repeated column in mapping for entity:
de.dpunkt.myaktion.model.Campaign column: name
```

Um das Problem zu lösen, teilen wir JPA mit, dass das Attribut name der Entität
`Account` nicht in der Spalte name, sondern in der Spalte accountName gespeichert
werden soll. Hierzu annotieren wir das Attribut account in der Klasse `Campaign`
mit der Annotation `@AttributeOverrides` aus dem Package `javax.persistence`:

```
@AttributeOverrides({@AttributeOverride(name = "name", column = @Column(name =
"accountName"))})
@Embedded
private Account account;
```

Die Annotation enthält eine Liste von Annotationen des Typs @AttributeOverride.
Diese Annotation gibt an, dass der Name eines zu persistierenden Attributs in der
Datenbanktabelle einen anderen Namen besitzen soll. In unserem Beispiel soll
also das Attribut name der abhängigen Entität account in der Spalte accountName
persistiert werden.

7.3   Services um Datenzugriffe erweitern

Vergleicht man JPA mit einer Datenbank, so haben wir über die Annotationen
aus dem letzten Abschnitt das Schema unserer Beispieldatenbank definiert. Sie
entsprachen also dem Teil der SQL, der die Datenstruktur beschreibt, auch als
DDL (Data Definition Language) bekannt. In diesem Abschnitt geht es um die
Bearbeitung der Daten, also um den Teil der SQL, den man unter dem Namen
DML (Data Manipulation Language) kennt.

Dieses Wissen ist notwendig, um die Services und deren Methoden zu erstellen, die Instanzen von Entitäten anlegen, ändern oder löschen.

7.3.1   EntityManager einbinden

Für die Bearbeitung von Daten benötigen wir eine Instanz der Klasse EntityManager (siehe Abschnitt 7.1). Normalerweise wird diese über die Annotation @Persi-
stenceContext aus dem Package javax.persistence über Dependency Injection folgendermaßen in eine Klasse eingebunden:

```
@PersistenceContext
private EntityManager em;
```

Für Dependency Injection benutzen wir in unserer Beispielanwendung jedoch
durchgängig die CDI-Annotation @Inject (siehe Abschnitt 6.2.2). Um diese Konvention auch für den EntityManager zu wahren, benötigen wir eine Producer-
Methode (siehe Abschnitt 6.2.4), die den EntityManager als CDI-Bean zur Verfügung stellt. Da der EntityManager schon über die Annotation @PersistenceContext
erstellt wird, reicht es, das Attribut zusätzlich mit @Produces zu annotieren. In diesem Fall wird die in dem Attribut gespeicherte Instanz als CDI-Bean zur Verfügung gestellt. Daher fügen wir lediglich den folgenden Abschnitt in die Klasse
Resources, in der unsere anderen Producer-Methoden gespeichert sind, hinzu:

```
@Produces
@PersistenceContext
private EntityManager em;
```

Dadurch kann in anderen CDI-Beans der `EntityManager` über die Annotation `@Inject` eingebunden werden. Dies erledigen wir nun für die Klasse `CampaignServiceBean`:

```
@Inject
EntityManager entityManager;
```

Hierdurch kann über das Attribut `entityManager` in der CDI-Bean `CampaignServiceBean` auf eine Instanz der Klasse `EntityManager` zugegriffen werden.

7.3.2　Datenbankabfragen hinzufügen

Als Nächstes wollen wir die Methode `getAllCampaigns` der `CampaignServiceBean` um eine Datenbankabfrage erweitern, sodass diese alle in der Datenbank gespeicherten `Campaign`-Objekte zurückliefert.

Datenbankabfragen werden in JPA über sogenannte *NamedQueries* realisiert. Die Abfragen (engl. *queries*) werden dabei direkt in der Entität gespeichert und bekommen einen eindeutigen Namen zugewiesen, daher *NamedQueries*.

Wir wollen nun folgende Abfrage hinzufügen, die wir zum besseren Verständnis zunächst in SQL schreiben:

```
SELECT * FROM CAMPAIGN c ORDER BY c.name
```

Diese Abfrage liefert alle Zeilen der Tabelle `CAMPAIGN` zurück, sortiert nach der Spalte name. Wie bei SQL üblich ist der Rückgabewert eine Relation, wir benötigen jedoch eine Liste von kompletten Objekten. Für die Abfrage in JPA wird also eine Sprache benötigt, über die Abfragen auf einer objektorientierten Datenbank durchgeführt werden können. Daher und um einen datenbankunabhängigen Zugriff auf die Persistenzschicht zu gewährleisten, führt JPA eine eigene Sprache, die sogenannte JPQL (Java Persistence Query Language), ein. Zum Glück müssen wir nicht wirklich eine neue Sprache lernen, denn die Ausdrücke sind SQL sehr ähnlich. Wenn Sie dennoch mehr als in diesem Abschnitt über JPQL erfahren möchten, hilft Ihnen (Ihns, et al., 2011) weiter. In unserem Beispiel lautet der Ausdruck in JPQL folgendermaßen:

```
SELECT c FROM Campaign c ORDER BY c.name
```

Der einzige erkennbare Unterschied ist, dass der Ausdruck in JPQL c anstatt * enthält. Bei SQL liefert * alle Spalten der in der FROM-Klausel angegebenen Tabelle, in unserem Fall also der Tabelle `CAMPAIGN`. Bei JPQL gibt c das Objekt mit dem Namen c, in unserem Fall also das komplette `Campaign`-Objekt zurück. Da die Tabelle `CAMPAIGN` mehrere Einträge enthält und wir über alle Einträge selektieren, wird eine Liste von `Campaign`-Objekten zurückgegeben, die Liste aller `Campaign`-Objekte. Würde die Anweisung eine Einschränkung über eine WHERE-Klausel enthalten, würde der Ausdruck lediglich eine Teilmenge der `Campaign`-Objekte zurückliefern.

Dieser JPQL-Ausdruck benötigt nun noch einen eindeutigen Namen. Wir verwenden `Campaign.findAll`. Durch das Präfix `Campaign.` zeigen wir, dass die Abfrage zu der Entität `Campaign` gehört. Über die Annotation `@NamedQuery` (wieder aus dem Package `javax.persistence`) kann die Abfrage folgendermaßen definiert werden:

```
@NamedQuery(name="Campaign.findAll",query="SELECT c FROM Campaign c ORDER BY
c.name")
```

Üblicherweise speichert man die *NamedQuery* in der Klasse der betroffenen Entität, in unserem Fall wird also die Klasse `Campaign` folgendermaßen erweitert:

```
@NamedQueries({

    @NamedQuery(name = Campaign.findAll, query = "SELECT c FROM Campaign c ORDER
BY c.name")

})
@Entity
public class Campaign {
    public static final String findAll = "Campaign.findAll";
    …
```

Damit auf den Namen der *NamedQuery* typsicher zugegriffen werden kann, wurde noch eine Konstante `findAll` hinzugefügt, die den Namen speichert.

Im nächsten Schritt müssen wir die Methode `getAllCampaigns` der `Campaign-ServiceBean` um den eigentlichen Datenbankzugriff erweitern.

Um auf eine *NamedQuery* zuzugreifen, stellt der `EntityManager` die Methode `createNamedQuery` zur Verfügung. Sie erstellt ein typsicheres Abfrage-Objekt des generischen Typs `TypedQuery` anhand des Namens der *NamedQuery*. Als zweiten Parameter muss man noch die Klasse des zurückzugebenden Objektes angeben, in unserem Beispiel also `Campaign.class`.

Insgesamt ergibt sich dadurch folgender Ausdruck:

```
TypedQuery<Campaign> query = entityManager.createNamedQuery(Campaign.findAll,
Campaign.class);
```

Auf der erstellten `TypedQuery` kann dann die Methode `getResultList` ausgeführt werden, wenn man eine Liste von Objekten als Ergebnis erwartet, oder `getSingleResult`, wenn die Abfrage lediglich ein Objekt zurückliefert. Beide Methoden führen die eigentliche Abfrage aus und liefern deren Ergebnis zurück.

Da wir eine Liste von `Campaign`-Objekten zurückliefern wollen, sieht unsere Methode daher insgesamt so aus:

```
public List<Campaign> getAllCampaigns() {
    TypedQuery<Campaign> query =
entityManager.createNamedQuery(Campaign.findAll, Campaign.class);
    List<Campaign> campaigns = query.getResultList();
    return campaigns;
}
```

7.3.3   CRUD-Operationen ausführen

Neben den Datenbankzugriffen über eine Abfragesprache kann man über den `EntityManager` auch folgende grundlegenden Datenbankoperationen ausführen:

- neue Entitäten anlegen (Create)
- bestehende Entitäten lesen (Read)
- Entitäten aktualisieren (Update)
- Entitäten löschen (Delete)

Nach den Anfangsbuchstaben der englischen Übersetzung sind diese auch als CRUD-Operationen bekannt.

Um den Service `CampaignService` nun um diese Operationen zu erweitern, fügen wir zunächst in das Interface des Service (ebenfalls `CampaignService`) die Methodendeklarationen `addCampaign`, `deleteCampaign` und `updateCampaign` hinzu.

Für das Lesen einer bestehenden Entität benötigen wir keine spezielle Methode. Für unsere Zwecke ist die bestehende Methode `getAllCampaigns` ausreichend, die über eine JPQL-Query eine Liste aller `Campaign`-Objekte zurückliefert.

Als Ergebnis erhält man den Code aus Listing 7–1 für das Interface `Campaign-Service`. Speichern Sie diesen im Package `de.dpunkt.myaktion.services`.

```
package de.dpunkt.myaktion.services;

import de.dpunkt.myaktion.model.Campaign;

import java.util.List;

public interface CampaignService {
   List<Campaign> getAllCampaigns();

   void addCampaign(Campaign campaign);

   void deleteCampaign(Campaign campaign);

   void updateCampaign(Campaign campaign);
}
```

Listing 7–1   *Schnittstelle CampaignService*

Die fehlenden Methoden müssen nun in dem eigentlichen Service `CampaignServiceBean` implementiert werden. Wir betrachten im Folgenden lediglich diese Klasse und nicht die Mock-Implementierung `MockCampaignServiceBean` der Schnittstelle. Diese wird nicht mehr benötigt. Daher können Sie diese Klasse entweder einfach löschen oder die fehlenden Methoden durch leere Methodenstummel (engl. *stubs*) auffüllen.

Implementieren wir zunächst die Methode `addCampaign`. Wie bereits in Abschnitt 7.1 beschrieben, kann über die Methode `persist` der Klasse `EntityManager` eine neue Entität angelegt werden. Daher ergibt sich folgende Implementierung für die Methode `addCampaign`:

```
public void addCampaign(Campaign campaign) {
   entityManager.persist(campaign);
}
```

Analog erfolgt die Implementierung der Methode updateCampaign:

```
public void updateCampaign(Campaign campaign) {
    entityManager.merge(campaign);
}
```

Hier wird statt der Methode persist jedoch die Methode merge aufgerufen. Diese erstellt keine neue Entität, sondern aktualisiert eine bestehende. Dabei wird zunächst ein Objekt mit derselben Identität aus der Datenbank geladen. In dieses werden dann die Werte des übergebenen Objekts übernommen. Das aktualisierte Objekt wird dann an die Datenbank übergeben[2].

Geringfügig komplexer ist die Implementierung der Methode deleteCampaign. Zwar hat der EntityManager eine Methode remove zum Löschen von Entitäten, diese kann jedoch nur auf Instanzen angewendet werden, die vom EntityManager verwaltet werden. Dies ist für einen möglichen Client des Service jedoch nicht zwingend der Fall; er wird in der Regel neue Instanzen von Campaign-Objekten verwenden, die der EntityManager nicht kennt. Daher muss der EntityManager zunächst das Campaign-Objekt in der Datenbank anhand der Identität des übergebenen Campaign-Objekts finden. Hierzu dient die folgende Zeile:

```
Campaign managedCampaign = entityManager.find(Campaign.class,
campaign.getId());
```

Das zurückgelieferte Campaign-Objekt holt sich der EntityManager aus der Datenbank anhand der Identität campaign.getId() und verwaltet es ab diesem Zeitpunkt. Anschließend kann die Entität aus der Datenbank über die Methode remove entfernt werden.

Hierdurch ergibt sich folgende Definition für die Methode deleteCampaign:

```
public void deleteCampaign(Campaign campaign) {
    Campaign managedCampaign = entityManager.find(Campaign.class,
campaign.getId());
    entityManager.remove(managedCampaign);
}
```

Verwaltet oder nicht verwaltet?

Für den Einsteiger in die JPA-Programmierung ist es zunächst sehr verwirrend, zwischen verwalteten (engl. *managed*) oder nicht verwalteten (engl. *unmanaged*) Instanzen der Entitäten zu unterscheiden. Generell werden verwaltete Instanzen von den Methoden der Klasse EntityManager zurückgegeben, und manche Methoden erwarten eine verwaltete Instanz als Parameter (beispielsweise die Methode remove).

→

---

2. Streng genommen geschieht dies erst mit dem Aufruf der Methode flush des Objekts EntityManager, diese wird jedoch implizit durch die Transaktionsklammer aufgerufen.

Verwaltete Instanzen haben im Gegensatz zu nicht verwalteten Instanzen eine aktive Verbindung zu der Datenbank. Daher kann man auf verwalteten Instanzen alle Methoden der Entität aufrufen, auch solche, die Zugriff auf die Datenbank implizieren, wie beispielsweise Methoden, die über eine Relation zugeordnete Entitäten zurückliefern. Ruft man eine solche Methode auf einer nicht verwalteten Instanz auf, so erhält man stattdessen eine LazyInitializationException. Dieser werden wir im Laufe des Kapitels noch öfter begegnen.

7.3.4   CampaignListProducer um Servicedelegation erweitern

Der CampaignListProducer ist unsere Bean, die die Liste der Campaign-Objekte verwaltet. Hierzu reagiert die Bean auf Ereignisse von anderen Beans, wenn eine Aktion zu der Liste hinzugefügt oder gelöscht werden muss.

Nachdem nun der CampaignService um die fehlenden Methoden zum Löschen und Hinzufügen erweitert wurde, ist es Zeit, dass der CampaignListProducer an die entsprechenden Servicemethoden delegiert, um die Liste der Campaign-Objekte in der Datenbank aktuell zu halten.

Bearbeiten wir hierzu zunächst die Observer-Methode im CampaignListProducer, die auf das Ereignis reagiert, dass ein Campaign-Objekt hinzugefügt werden soll. Es handelt sich um die Methode onCampaignAdded, die nun das hinzuzufügende Campaign-Objekt direkt an die Methode addCampaign des CampaignService delegiert:

```
public void onCampaignAdded(@Observes @Added Campaign campaign) {
    campaignService.addCampaign(campaign);
    init();
}
```

Anschließend wird die Methode init des CampaignListProducer aufgerufen. Sie aktualisiert die im CampaignListProducer gespeicherte Liste der Campaign-Objekte direkt aus der Datenbank.

Analog dazu lässt sich das Ereignis zum Löschen einer Aktion abändern. Hierzu muss die Methode onCampaignDeleted folgendermaßen angepasst werden:

```
public void onCampaignDeleted(@Observes @Deleted Campaign campaign) {
    campaignService.deleteCampaign(campaign);
    init();
}
```

Bisher musste der CampaignListProducer nicht auf ein Ereignis reagieren, wenn ein Campaign-Objekt aktualisiert wurde. Hintergrund ist, dass eine Campaign-Instanz pro User nur einmal existierte, und zwar im CampaignListProducer. Nun existiert diese jedoch sowohl in dem CampaignListProducer als auch in der Datenbank. Daher muss die Datenbank über jede Änderung an einem Campaign-Objekt informiert werden.

Hierzu erstellen wir zunächst den Qualifier @Updated für das Ereignis des Aktualisierens einer Aktion. In der Klasse Events fügen wir daher folgenden Abschnitt hinzu:

```
@Qualifier
@Target({ FIELD, PARAMETER })
@Retention(RUNTIME)
public @interface Updated {
}
```

Das neue Ereignis kann dadurch vom EditCampaignController ausgelöst werden, wenn der Benutzer ein Campaign-Objekt aktualisiert. Hierzu muss dem EditCampaignController zunächst ein Attribut des Typs Event<Campaign> hinzugefügt werden, das mit dem Qualifier @Updated versehen ist:

```
@Inject @Updated
private Event<Campaign> campaignUpdateEvent;
```

Über dieses Attribut kann das Ereignis nun ausgelöst werden, indem dessen Methode fire aufgerufen wird. Hierzu wird die Methode doSave um die Zeile

```
campaignUpdateEvent.fire(campaignProducer.getSelectedCampaign());
```

erweitert. Diese Zeile soll aufgerufen werden, wenn der Benutzer ein bereits vorhandenes Campaign-Objekt aktualisiert.

Dadurch ergibt sich folgender Inhalt für die Methode doSave:

```
public String doSave() {
    if (campaignProducer.isAddMode()) {
        campaignAddEvent.fire(
            campaignProducer.getSelectedCampaign());
    } else {
        campaignUpdateEvent.fire(
            campaignProducer.getSelectedCampaign());
    }
    return Pages.LIST_CAMPAIGNS;
}
```

Der CampaignListProducer muss nun nur noch auf dieses neue Ereignis mit dem Qualifier @Updated reagieren. Hierzu wird folgende Methode onCampaignUpdated dem CampaignListProducer hinzugefügt:

```
public void onCampaignUpdated(@Observes @Updated Campaign campaign) {
    campaignService.updateCampaign(campaign);
    init();
}
```

Die Ereignisbehandlung funktioniert analog zu den anderen Methoden. Das Campaign-Objekt wird an die Methode updateCampaign des CampaignService delegiert und anschließend wird die Liste der Campaign-Objekte über die Methode init neu aus der Datenbank geladen.

Damit ist die Servicedelegation der Bean `CampaignListProducer` abgeschlossen.
Da der `CampaignListProducer` nun über die Methode `init` jeweils den aktuellen
Status der Aktionen aus der Datenbank holt und diesen daher nicht mehr zwischenspeichern muss, benötigt die Bean nicht mehr den *SessionScope*. Dieser
kann daher in den *RequestScope* abgeändert werden. Hierzu muss die Annotation `@SessionScoped` in der Klasse `CampaignListProducer` durch die Annotation
`@RequestScoped` ersetzt werden:

```
@RequestScoped
public class CampaignListProducer {
…
```

Da es sich durch diese Änderung um eine Bean mit *RequestScope* handelt, muss
die Klasse auch nicht mehr `Serializable` implementieren. Entfernen Sie diese
Schnittstelle daher bitte zusammen mit der Klassenvariablen `serialVersionUID`.

Dadurch ist die Implementierung des `CampaignListProducer` für diese Iteration
abgeschlossen. Dieser delegiert nun erfolgreich die Aktualisierung der Liste der
`Campaign`-Objekte an den `CampaignService`.

7.4   Daten transaktional speichern

In diesem Abschnitt werden wir nun die Iteration das erste Mal starten und Entitäten in der Datenbank transaktional speichern.

Dazu muss zunächst die Datenquelle konfiguriert werden. Nach dem Starten
treten dann noch ein paar kleinere »unerwartete« Probleme auf, die wir allerdings ebenfalls Schritt für Schritt lösen werden.

7.4.1   Datenquelle konfigurieren

JPA benötigt eine eigene XML-Konfigurationsdatei, in der die zu verwendende
Datenquelle (engl. *data source*) und deren Zugriff festgelegt werden.

Die Konfigurationsdatei für unsere Beispielanwendung finden Sie in Listing 7–2.
Bitte speichern Sie diese im Ordner `src\main\resources\META-INF` unter dem
Namen `persistence.xml` ab.

```
<?xml version="1.0" encoding="UTF-8"?>
<persistence xmlns="http://xmlns.jcp.org/xml/ns/persistence"
          xmlns:xsi="http://www.w3.org/2001/XMLSchema-instance"
          xsi:schemaLocation="http://xmlns.jcp.org/xml/ns/persistence
http://xmlns.jcp.org/xml/ns/persistence/persistence_2_1.xsd"
          version="2.1">
   <persistence-unit name="primary">
       <jta-data-source>java:jboss/datasources/MyAktionDS</jta-data-source>
       <properties>
          <property name="hibernate.hbm2ddl.auto" value="update"/>
```

```
            <property name="hibernate.show_sql" value="false"/>
        </properties>
    </persistence-unit>
</persistence>
```

Listing 7–2   *persistence.xml*

In der Datei legen wir neben dem üblichen XML-Header inkl. XML-Schemareferenzierung folgende Konfigurationsparameter fest:

- den JNDI-Namen der Datenquelle, in unserem Fall `java:jboss/datasources/MyAktionDS`
- Setzen des Hibernate-Parameters `hibernate.show_sql` auf `false` – hierdurch wird das von Hibernate generierte SQL nicht auf der Konsole ausgegeben. Für Debug-Zwecke kann man diesen auf `true` setzen.
- Setzen des Hibernate-Parameters `hibernate.hbm2ddl.auto` auf `update`

Der letzte Parameter bedarf einer genaueren Erklärung. Mit der Einstellung `update` wird das Schema unserer Datenbank automatisch nach dem Deployment aktualisiert, sodass unsere Entitäten fehlerfrei persistiert werden können. Für unsere Testzwecke ist dies ideal, da wir dadurch keine SQL-Anweisungen benötigen, die das Datenbankschema aufbauen (z. B. `CREATE TABLE....`). In einer Produktionsumgebung möchte man sicherlich nicht automatisch Datenbankskripte nach dem Deployment ausführen. Allenfalls nach dem Deployment der ersten Version ist dies sinnvoll, um initial ein funktionierendes Datenbankschema aufzubauen.

Handelt es sich jedoch um eine spätere Version, sollte man den `hibernate.hbm2ddl.auto`-Parameter nur auf `validate` setzen. In diesem Fall validiert Hibernate lediglich, ob das Datenbankschema geeignet ist, die Entitäten zu speichern. Bei einer Änderung der Entitäten muss man dann manuell SQL-Skripte erstellen, die das Datenbankschema so modifizieren, dass die Entitäten fehlerfrei verarbeitet werden können. Beispielsweise muss in der zur Entität korrespondierenden Tabelle eine neue Spalte hinzugefügt werden, wenn die Entität um ein Attribut erweitert wurde.

Die innerhalb des <properties>-Tags definierten Hibernate-Parameter gehören im Gegensatz zum Rest der Datei nicht zum JPA-Standard. Wenn man daher eine andere JPA-Implementierung einsetzt, werden die Parameter entweder nicht existieren oder einen anderen Namen haben.

Wir haben nun in der Konfigurationsdatei den Namen der Datenquelle (`MyAktionDS`) referenziert, diese muss im nächsten Schritt allerdings noch angelegt werden.

Hierzu speichern wir die Datei aus Listing 7–3 in dem Ordner `src\main\webapp\WEB-INF` unter dem Namen `myaktion-ds.xml`[3]. Stellen Sie bitte außerdem

---

3.   Das Suffix –ds ist dabei von großer Bedeutung. Hierdurch erkennt WildFly, dass es sich um die Konfigurationsdatei einer Datenquelle handelt.

sicher, dass sich keine anderen Konfigurationsdateien mit dem Suffix -ds in dem
Verzeichnis befinden.

```xml
<?xml version="1.0" encoding="UTF-8"?>
<datasources xmlns="http://www.jboss.org/ironjacamar/schema"
    xmlns:xsi="http://www.w3.org/2001/XMLSchema-instance"
    xsi:schemaLocation="http://www.jboss.org/ironjacamar/schema
    http://docs.jboss.org/ironjacamar/schema/datasources_1_0.xsd">
    <datasource jndi-name="java:jboss/datasources/MyAktionDS"
            pool-name="myaktion" enabled="true"
            use-java-context="true">
        <connection-url>jdbc:h2:file:~/data/myaktion</connection-url>
        <driver>h2</driver>
        <security>
            <user-name>sa</user-name>
            <password>sa</password>
        </security>
    </datasource>
</datasources>
```

Listing 7–3　　*myaktion-ds.xml*

Es handelt sich dabei um eine WildFly-spezifische Datei[4], die nicht zum Java-EE-
Standard gehört. Dieser bietet keine Möglichkeit zur standardisierten Definition
einer Datenquelle, daher unterscheidet sich die Konfiguration der Datenquelle je
nach verwendetem Anwendungsserver.

Wieder ist nur ein kleiner Teil der Datei von Interesse. Neben dem JNDI-
Namen java:jboss/datasources/MyAktionDS der Datenquelle, den wir in dem Tag
<datasource> festlegen, ist dies insbesondere die URL unserer JDBC-Verbindung,
die wir in dem Tag <connection-url> definieren. Schauen wir uns diese URL etwas
näher an:

```
jdbc:h2:file:~/data/myaktion
```

Über den Wert h2 legen wir fest, dass wir die H2-Datenbank (www.h2database.com)
benutzen. Dabei handelt es sich um eine kleine, in den WildFly eingebundene
Datenbank, die ihre Daten pro Datenquelle in einer einzigen Datei persistiert und
daher insbesondere für Entwicklungszwecke interessant ist. Als Datei legen wir in
unserer Verbindungs-URL ~/data/myaktion fest. Da H2 als Suffix für den Dateinamen .h2.db hinzufügt, speichern wir die Datenbank in unserem Home-Verzeichnis (dessen Synonym die Tilde ~ ist) in dem Ordner data in der Datei myaktion.
h2.db ab.

Ferner werden in der Datei myaktion-ds.xml noch der zu verwendende Daten-
banktreiber in dem Tag <driver> sowie Benutzername und Passwort (Tag <user-
name> bzw. <password>) festgelegt. Da wir eine H2-Datenbank verwenden, wird

---

4.　　Dies können Sie auch dem Namensraum der XML-Datei entnehmen – JBoss ist der kommerzielle Name von WildFly.

der entsprechende Treiber, in diesem Fall h2, konfiguriert. Als Benutzername und Passwort legen wir jeweils sa fest.

7.4.2   Services um Transaktionen erweitern

Durch die Konfiguration der Datenbank im letzten Abschnitt können wir nun endlich unsere Iteration starten. Hierzu führen wir bei gestartetem WildFly folgendes Kommando aus:

```
mvn package wildfly:deploy
```

Nach dem Starten der Anwendung und dem Hinzufügen einer Aktion erhalten wir jedoch eine seltsame javax.persistence.TransactionRequiredException. Diese bedeutet, dass keine Transaktion verfügbar ist. Achten Sie bitte darauf, dass Sie genau diese Ausnahme erhalten. Erscheint eine andere, so ist die Wahrscheinlichkeit groß, dass sie sich an irgendeiner Stelle vertippt haben. Ein guter Kandidat sind hierbei die JPQL-Anweisungen oder die Konfigurationsdateien, da beide vom Compiler nicht überprüft werden.

Die Ausnahme erscheint aus einem guten Grund. Um Änderungen an der Datenbank durchzuführen, braucht man in Java EE eine Transaktion. Bei einer Transaktion werden mehrere Datenbankoperationen zu einer logischen Operation zusammengefasst. Diese logische Operation wird entweder komplett oder gar nicht ausgeführt werden.

Kann während einer Transaktion eine Operation nicht ausgeführt werden, beispielsweise weil ein anderer Datenbanknutzer denselben Datensatz geändert hat, so werden alle Datenbankänderungen, die innerhalb unserer Transaktion durchgeführt wurden, rückgängig gemacht (engl. *rollback*) – hat jedoch alles funktioniert, so werden die Änderungen in der Datenbank endgültig festgeschrieben (engl. *commit*).

Dieses Konzept ist in vielen Fällen unabdingbar. So ist es in unserem Beispiel wichtig, zu wissen, ob ein Donation-Objekt beim Aufrufen des Anwendungsfalls *Geld spenden* korrekt angelegt wurde oder nicht.

Nur wenn kein Fehler aufgetreten ist, werden die Daten festgeschrieben und es wird eine Nachricht über die erfolgreiche Spende an den Benutzer gesendet. Tritt während der Transaktion jedoch ein Fehler auf, so werden alle Datenbankänderungen innerhalb der Transaktion rückgängig gemacht und eine Exception wird geworfen, über die der Benutzer informiert wird.

Um nun eine Transaktion zu erstellen, gibt es verschiedene Methoden, auf die wir näher in den folgenden Kapiteln eingehen. In unserem Beispiel verwenden wir die einfachste: Wir wandeln unsere CDI-Bean in eine EJB (Enterprise JavaBean) um, genauer in eine sogenannte SSB (Stateless Session Bean). Die SSB ist einer CDI-Bean mit *RequestScope* sehr ähnlich, so speichert sie innerhalb einer Benutzersitzung (engl. *session*) ebenfalls keine Daten. Ein wichtiger Unterschied gegenüber der CDI-Bean ist jedoch, dass die Methoden einer SSB standardmäßig so konfiguriert sind, dass diese bei Aufruf eine neue Transaktion starten und beim Beenden der Methode diese Transaktion beenden. Die Operationen, die zu einer Transaktion gehören, werden also durch die Methodenbegrenzung vorgegeben.

Dieses Transaktionsverhalten ist für unsere Situation sehr praktisch, da wir dadurch pro Serviceoperation genau eine Transaktion haben, was zuvor, ohne den Begriff Transaktion näher zu kennen, unserem intuitiven Verständnis eines Service entsprach.

Nach dieser längeren Erklärung gestaltet sich die Umsetzung sehr einfach. In der Bean `CampaignServiceBean` muss die Annotation `@RequestScoped` durch die Annotation `@Stateless` aus dem Package `javax.ejb` ersetzt werden:

```
@Stateless
public class CampaignServiceBean implements CampaignService {
…
```

Nach erneutem Deployment der Anwendung durch die Ausführung von

```
mvn package wildfly:deploy
```

in der Kommandozeile und anschließendem Neustart der Anwendung ist das Problem mit der fehlenden Transaktion behoben. Die Anwendung lässt sich nun benutzen.

Durch diese kleine Änderung haben wir im Hintergrund einiges verändert: Der Lebenszyklus der Service-Beans wird nun nicht mehr von CDI verwaltet, sondern vom EJB-Container. Im nächsten Kapitel erfahren wir neben den Transaktionen noch weitere Möglichkeiten, die sich für die Services durch die Umstellung auf EJBs ergeben.

7.5   Spenden persistieren und anzeigen

Bisher haben wir ausschließlich Methoden erstellt, um Entitäten des Typs `Campaign` zu persistieren. Die Fachlichkeit erfordert jedoch auch, dass wir `Donation`-Objekte bearbeiten können. In diesem Abschnitt wollen wir diesen Missstand schrittweise beheben und dabei das bisher gelernte Wissen anwenden.

7.5.1   Service zur Bearbeitung von Spenden erstellen

Zur Bearbeitung von `Donation`-Objekten benötigen wir zunächst einen Service, den wir in unserem Fall konsequenterweise `DonationService` nennen. Dieser wird unserer Anwendung zwei Methoden zur Verfügung stellen: `getDonationList` und `addDonation`. Die Methode `getDonationList` liefert anhand der ID eines `Campaign`-Objektes eine Liste der `Donation`-Objekte zurück, die für die zugehörige Aktion getätigt wurden. Ebenso existiert die Methode `doDonation`, über die eine Spende für eine Aktion durchgeführt wird. Als Parameter benötigt diese Methode die ID des `Campaign`-Objekts und das zu erstellende `Donation`-Objekt. Das resultierende Interface des Service finden Sie in Listing 7–4, bitte speichern Sie es in dem Package `de.dpunkt.myaktion.services`.

```
package de.dpunkt.myaktion.services;

import de.dpunkt.myaktion.model.Donation;

import java.util.List;

public interface DonationService {
    List<Donation> getDonationList(Long campaignId);

    void addDonation(Long campaignId, Donation donation);
}
```

Listing 7–4   *Schnittstelle DonationService*

Starten wir nun mit der Implementierung der `DonationServiceBean`. Betrachten wir zunächst deren Methode `getDonationList`:

```
public List<Donation> getDonationList(Long campaignId) {
    Campaign managedCampaign = entityManager.find(Campaign.class, campaignId);
    List<Donation> donations = managedCampaign.getDonations();
    return donations;
}
```

Hier wird über die Methode `find` der Klasse `EntityManager` die Instanz der Klasse `Campaign` zurückgeliefert, die die angegebene Identität besitzt.

Auf dieser Instanz wird anschließend die Methode `getDonations` aufgerufen, die die Liste der `Donation`-Objekte zurückgibt, die dem `Campaign`-Objekt zugeordnet sind. Diese Liste kann dann über `return` an den Aufrufer des Service weitergegeben werden.

Betrachten wir nun die zweite Methode `addDonation`:

```
public void addDonation(Long campaignId, Donation donation) {
    Campaign managedCampaign = entityManager.find(Campaign.class, campaignId);
    donation.setCampaign(managedCampaign);
    entityManager.persist(donation);
}
```

Wieder wird zunächst über die Methode `find` der Klasse `EntityManager` eine verwaltete Instanz des `Campaign`-Objekts mit der übergebenen ID erstellt.

Dem übergebenen `Donation`-Objekt wird diese Instanz über die Methode `setCampaign` als Aktion zugewiesen. Über die Methode `persist` der Klasse `EntityManager` kann darauf das `Donation`-Objekt persistiert werden. JPA kümmert sich dabei automatisch um die Relationen; in der Tabelle `DONATION` wird daher in der Spalte `campaign` der Fremdschlüssel des `Campaign`-Objekts mit der übergebenen ID eingetragen.

Die komplette Implementierung des Service finden Sie in Listing 7–5. Bitte speichern Sie die Datei in dem Package `de.dpunkt.myaktion.services`.

```
package de.dpunkt.myaktion.services;

import de.dpunkt.myaktion.model.Campaign;
import de.dpunkt.myaktion.model.Donation;

import javax.ejb.Stateless;
import javax.inject.Inject;
import javax.persistence.EntityManager;
import java.util.List;

@Stateless
public class DonationServiceBean implements DonationService {
    @Inject
    private EntityManager entityManager;

    @Override
    public List<Donation> getDonationList(Long campaignId) {
        Campaign managedCampaign = entityManager.find(Campaign.class, campaignId);
        List<Donation> donations = managedCampaign.getDonations();
        return donations;
    }

    @Override
    public void addDonation(Long campaignId, Donation donation) {
        Campaign managedCampaign = entityManager.find(Campaign.class, campaignId);
        donation.setCampaign(managedCampaign);
        entityManager.persist(donation);
    }
}
```

Listing 7–5   *Klasse DonationServiceBean*

7.5.2   Anwendungsfall *Geld spenden* finalisieren

Nachdem wir durch die Implementierung des DonationService nun Donation-
Objekte persistieren können, ist es möglich, den Anwendungsfall *Geld spenden*
zu finalisieren.

Dies lässt sich sehr einfach umsetzen. Zunächst erhält die Bean DonateMoney-
Controller über die @Inject-Annotation Zugriff auf den DonationService:

```
@Inject
private DonationService donationService;
```

Anschließend müssen an den Anfang der Methode doDonation des DonateMoney-
Controller lediglich die folgenden zwei Zeilen hinzugefügt werden:

```
getDonation().setStatus(Status.IN_PROCESS);
donationService.addDonation(getCampaignId(), getDonation());
```

Die erste Zeile ändert den Status des `Donation`-Objekts auf `IN_PROCESS`. Dadurch weiß ein noch zu erstellender Hintergrundprozess (siehe Abschnitt 8.4), dass diese `Donation`-Objekte noch zu bearbeiten sind.

In der zweiten Zeile wird das `Donation`-Objekt an den `DonationService` zusammen mit der ID der Aktion übergeben, die dem Spendenformular zugeordnet ist. Damit ist die Implementierung des Anwendungsfalls *Geld spenden* schon abgeschlossen.

Starten Sie nun die Anwendung erneut mit den Änderungen der vorherigen Abschnitte. Sie können nun über den Anwendungsfall *Geld spenden* neue `Dona`-`tion`-Objekte anlegen. Aber Achtung! Der Aufruf der Spendenliste einer Aktion führt noch zu einem Fehler, um den wir uns aber erst in Abschnitt 7.5.4 kümmern werden.

7.5.3   Den bisher gespendeten Betrag berechnen

Unsere fachlichen Anforderungen beinhalten, dass der bisher gespendete Betrag einer Aktion dem Organisator in der Übersichtsliste der Aktionen angezeigt wird.

Hierzu haben wir in der Entität `Campaign` das Attribut `amountDonatedSoFar` vorgesehen. Aktuell hat dieses jedoch keinen Wert. Der bisher gespendete Betrag einer Aktion lässt sich jedoch einfach über folgende JPQL-Abfrage bestimmen:

```
SELECT SUM(d.amount) FROM Donation d WHERE d.campaign = :campaign
```

Die Abfrage bildet die Summe des Attributs `amount` aller `Donation`-Objekte, die der angegebenen Aktion zugeordnet sind. Diese Abfrage entspricht nahezu ihrem Pendant in SQL. Der einzige Unterschied liegt in dem zu übergebenden Parameter und dessen Typ.

Bei JPQL werden Parameter über einen vorangestellten Doppelpunkt »`:`« aufgelöst; der Ausdruck `:campaign` referenziert daher den Wert des Parameters `campaign`. Da JPQL im Gegensatz zu SQL mit Objekten arbeitet, muss dieser ein `Campaign`-Objekt speichern, während er bei SQL einen Primärschlüssel der Tabelle `CAMPAIGN` enthalten würde.

Wieder zeigt sich, das JPQL und SQL in ihrer Syntax sehr ähnlich sind, jedoch mit unterschiedlichen Datentypen arbeiten (JPQL mit Objekten und SQL mit Tabellen).

Der von der Abfrage zurückgelieferte Wert muss nun in dem Attribut `amount`-`DonatedSoFar` gespeichert werden. Hierzu ist zunächst die obige Abfrage als *NamedQuery* in der Klasse `Campaign` zu speichern. Als *NamedQuery* lautet diese:

```
@NamedQuery(name = Campaign.getAmountDonatedSoFar, query = "SELECT
SUM(d.amount) FROM Donation d WHERE d.campaign = :campaign")
```

Wir erweitern nun die Klasse `Campaign` um diese Abfrage:

```
@NamedQueries({
        @NamedQuery(name = Campaign.findAll, query = "SELECT c FROM Campaign c
ORDER BY c.name"),
        @NamedQuery(name = Campaign.getAmountDonatedSoFar, query = "SELECT
SUM(d.amount) FROM Donation d WHERE d.campaign = :campaign")
})
@Entity
public class Campaign {
    public static final String findAll = "Campaign.findAll";
    public static final String getAmountDonatedSoFar =
"Campaign.getAmountDonatedSoFar";
…
```

Um die *NamedQuery* typsicher zu referenzieren, haben wir wieder eine Kons-tante angelegt. Diesmal lautet der Bezeichner des Attributs `Campaign.getAmount-DonatedSoFar`.

Über diesen Bezeichner kann die `CampaignServiceBean` diese Abfrage verwen-den, um den bisher gespendeten Betrag zu berechnen. Hierzu wird der Bean fol-gende Methode hinzugefügt:

```
private Double getAmountDonatedSoFar(Campaign campaign) {
    TypedQuery<Double> query =
entityManager.createNamedQuery(Campaign.getAmountDonatedSoFar, Double.class);
    query.setParameter("campaign", campaign);
    Double result = query.getSingleResult();
    if (result == null)
        result = 0d;
    return result;
}
```

In dieser Methode wird zunächst das Objekt `TypedQuery<Double>` der *Named-Query* über die Methode `createNamedQuery` der Klasse `EntityManager` erstellt. Auf diesem Objekt wird über die Methode `setParameter` die `Campaign`-Entität überge-ben, für die der bisher gespendete Betrag berechnet werden soll. Der Name des Parameters lautet `campaign` und entspricht daher der Bezeichnung in der *Named-Query*.

Die Abfrage wird über die Methode `getSingleResult` ausgeführt und liefert die Summe der bisher getätigten Spenden als `Double` zurück. Wurden noch keine Spenden getätigt, so ist dieser Wert `null`. Da dies unerwünscht ist, wird dieser Fall abgefangen und stattdessen der Wert `0d` zurückgeliefert.

Um nun in eine Aktion `campaign` den bisher gespendeten Betrag zu injizieren, müssen wir folgenden Code ausführen:

```
campaign.setAmountDonatedSoFar(getAmountDonatedSoFar(campaign))
```

Dies erfolgt nun an geeigneter Stelle: in unserem Fall, wenn wir über die `Campa-ignServiceBean` die Liste der `Campaign`-Objekte aus der Datenbank holen. Hierzu erweitern wir die Methode `getAllCampaigns` der Bean so, dass für jede Aktion obiger Code ausgeführt wird. Mit Hilfe eines Lambda-Ausdrucks kann der Code dafür sehr kompakt gestaltet werden, weshalb wir im Laufe des Workshops noch häufiger davon Gebrauch machen werden. Lambda-Ausdrücke wurden mit Java 8 eingeführt. Einen schnellen Einstieg in Lambda-Ausdrücke liefert der Blog (Rückemann, 2013). Für eine detaillierte Einführung in die Neuerungen von Java 8 verweisen wir auf (Inden, 2014). Es ergibt sich folgende Implementierung:

```
public List<Campaign> getAllCampaigns() {
        TypedQuery<Campaign> query =
entityManager.createNamedQuery(Campaign.findAll, Campaign.class);
        List<Campaign> campaigns = query.getResultList();
        campaigns.forEach(campaign ->
campaign.setAmountDonatedSoFar(getAmountDonatedSoFar(campaign)));
        return campaigns;
}
```

Aktuell wird das Attribut `amountDonatedSoFar` in der Datenbank persistiert. Dies ist jedoch nicht nötig, da wir das Attribut nach dem Lesen eines `Campaign`-Objekts jedes Mal neu berechnen. JPA bietet nun die Möglichkeit, ein Attribut einer Entität nicht zu persistieren. Hierzu muss dieses Attribut mit der Annotation `@Transient` aus dem Package `javax.persistence` versehen werden. Dies erledigen wir nun für das Attribut `amountDonatedSoFar` in der Klasse `Campaign`:

```
@Transient
private Double amountDonatedSoFar;
```

Damit wird das Attribut nicht mehr persistiert und die Berechnung unseres bisher gespendeten Betrages einer Aktion ist abgeschlossen. Wenn Sie nun nach einem Neustart zum Testen die Spendenliste aufrufen, erscheint jedoch eine Ausnahme, die im folgenden Abschnitt behoben wird.

7.5.4 Spenden in der Spendenliste anzeigen

Wenn Sie aktuell in der Anwendung die Spendenliste aufrufen, erscheint eine Ausnahme des Typs `LazyInitializationException`. Dieser Art von Exception begegnet man bei der Programmierung mit JPA öfter. Ursache ist, dass auf ein Attribut der Entität zugegriffen wurde, für das eine Datenbankverbindung benötigt wird, die Instanz der Entität aber nicht mehr unter der Verwaltung eines `EntityManager`-Objekts steht (siehe Merksatz in Abschnitt 7.3.3). Dies ist üblicherweise der Fall, sobald eine Transaktion beendet wurde.

In unserem Beispiel hat das vom `CampaignProducer` gelieferte `Campaign`-Objekt in dem Kontext der Bean `ListDonationsController` keine Datenbankverbindung mehr. Daher kann nicht auf das Attribut `donations` zugegriffen werden, das über eine Relation die zugeordneten `Donation`-Objekte enthalten würde.

Eine einfache Lösung des Problems ist es, die Liste der Donation-Objekte vom DonationService abzufragen und diese über die Methode setDonations in dem Campaign-Objekt abzulegen, das von der View des Anwendungsfalls *Spendenliste anzeigen* (Datei listDonations.xhtml) verwendet wird.

Hierzu müssen wir die Methode doListDonations der Bean ListCampaignsController um diesen Servicezugriff erweitern, da diese die Weiterleitung auf die View durchführt und das Campaign-Objekt an den CampaignProducer übergibt.

Zunächst werden wir dem ListCampaignsController den DonationService über die Annotation @Inject hinzufügen:

```
@Inject
private DonationService donationService;
```

Anschließend wird die Methode doListDonations so erweitert, dass dem übergebenen Campaign-Objekt die Liste der zugeordneten Donation-Objekte mit der Methode setDonations zugewiesen werden:

```
public String doListDonations(Campaign campaign) {
    final List<Donation> donations =
donationService.getDonationList(campaign.getId());
    campaign.setDonations(donations);
    campaignProducer.setSelectedCampaign(campaign);
    return Pages.LIST_DONATIONS;
}
```

Nach einem erneuten Build inklusive Neustart der Anwendung erscheint zu unserer Überraschung jedoch eine weitere LazyInitializationException.

Zwar ist nun eine Liste von Donation-Objekte in dem Campaign-Objekt enthalten, diesmal hat diese Liste selbst jedoch keine Datenbankverbindung, denn es handelt sich wie das Campaign-Objekt um eine nicht verwaltete Instanz.

Hintergrund ist, dass die Methode getDonationList der DonationServiceBean zwar die Methode getDonations zur Erstellung einer Liste der Donation-Objekte aufruft, diese jedoch nur das Attribut donations zurückliefert, das nur einen Proxy speichert, der im initialen Zustand keine Daten enthält.

Erst wenn auf diesem Attribut ein Zugriff erfolgt, wird eine entsprechende Anfrage an die Datenbank gestellt. Dieser muss allerdings innerhalb der aktuellen Transaktion geschehen – also innerhalb der Methode getDonationList -, ein Zugriff nach der Transaktion führt zu der beobachteten LazyInitializationException.

Ein einfacher Trick ist, dass man auf dem Proxy eine Methode ausführt, die keine Änderung an den Daten vornimmt. Bei einer Liste ist dies beispielsweise die Methode size, die die Anzahl der Elemente der Liste zurückliefert[5].

---

5. Alternativ können Sie das Problem auch über eine eigene *NamedQuery* lösen, die alle zu einer Aktion gehörigen Spenden zurückliefert – dies soll hier allerdings nicht gezeigt werden.

Der Aufruf dieser Methode führt dazu, dass die Liste der `Donation`-Objekte aus der Datenbank geholt wird. Dies bedeutet, dass wir die Methode `getDona-tionList` in der Klasse `DonationServiceBean` folgendermaßen erweitern müssen:

```
public List<Donation> getDonationList(Long campaignId) {
    Campaign managedCampaign = entityManager.find(Campaign.class, campaignId);
    List<Donation> donations = managedCampaign.getDonations();
    donations.size();
    return donations;
}
```

Nach einem weiteren Build inklusive Neustart sind alle Fehler behoben und die Spendenliste wird schließlich korrekt angezeigt.

7.6   Eingaben über Bean Validation überprüfen

In Abschnitt 3.3 wurden für die Attribute der Fachklassen verschiedene Bedingungen definiert, die erfüllt sein müssen. So findet sich dort beispielsweise folgende Bedingung:

Attributname	Bedingung	Benutzermeldung
Name	Min. 4 Zeichen und max. 30 Zeichen	Der Name einer Aktion muss min. 4 und darf max. 30 Zeichen lang sein.

Bisher haben wir über JSF-Validatoren (siehe Abschnitt 4.6.2) teilweise[6] sichergestellt, dass Benutzer der Anwendung keine Eingaben vornehmen, die diese Bedingungen verletzen. Dies hat jedoch zwei Nachteile:

1. Die Bedingungen können auch an anderer Stelle, d.h. außerhalb einer JSF-View, im Programmcode verletzt werden, z.B. durch eine fehlerhafte Businessmethode oder durch ein über eine Schnittstelle angebundenes drittes System.
2. Die Bedingungen sind Eigenschaften der Fachklassen und sollten daher besser in den Entitäten definiert werden anstatt in der View.

Beide Nachteile werden seit Java EE 6 über die sogenannte Bean Validation mit der Version 1.0 behoben. Mit Java EE 7 wurde die Version dieser API auf 1.1 aktualisiert. Hibernate Validator 5.0[7] ist dabei die Referenzimplementierung. Bean Validation ist eigentlich unabhängig von JPA; da die Änderungen jedoch die Entity-Klassen betreffen, finden Sie diesen Abschnitt in diesem Kapitel.

Die Bean Validation API stellt Annotationen zur Verfügung, über die man die Attribute von JavaBeans direkt mit den gewünschten Bedingungen annotieren

---

6.   Wir haben beispielhaft nur einige Bedingungen mit einem JSF-Validator umgesetzt – wohl-wissend, dass dies nun von der Bean Validation übernommen wird.

7.   `www.hibernate.org/subprojects/validator/download`

kann. Für obige Beispielbedingung müsste man das Attribut name der Klasse Campaign dann folgendermaßen annotieren:

```
@Size(min=4, max=30, message="Der Name einer Aktion muss min. 4 und darf max.
30 Zeichen lang sein.")
```

Sowohl JSF als auch JPA überprüfen dann zur Laufzeit die Einhaltung der Bedingungen, die in solchen Annotationen definiert sind. Dabei verhalten sich JSF und JPA jedoch unterschiedlich:

- JSF erzeugt in der Validierungsphase (siehe Abschnitt 4.6.2) die in der Annotation angegebene Nachricht (steht immer in dem Attribut message), wenn ein Benutzer einen Wert eingibt, der eine Bedingung verletzt. Diese Validierungsnachricht wird anschließend angezeigt.
- JPA erzeugt zur Laufzeit eine sogenannte ConstraintViolationException, wenn eine Bedingung der zu persistierenden Entität fehlschlägt. Die Entität wird dann nicht persistiert und die Exception wird stattdessen geworfen.

Beide Mechanismen erfolgen vollständig automatisch, der Programmierer muss hierzu keine einzige Zeile Code erstellen, sondern lediglich das zu überprüfende Attribut der Entität mit einer Annotation der Bean Validation API versehen.

7.6.1　Entitäten mit Bedingungen annotieren

Damit die Entitäten Bean Validation verwenden, müssen die einzelnen Attribute der Entitäten mit Annotationen der Bean Validation API versehen werden. Die Annotationen finden sich dabei generell in dem Package javax.validation.constraints. Bei unserer Beispielanwendung können wir direkt eine Definition der Bedingung aus Abschnitt 3.3 in eine entsprechende Annotation übertragen.

Fangen wir mit dem Attribut targetAmount des Typs Double der Klasse Campaign an. Hier fügen wir zunächst eine @NotNull-Annotation hinzu. Diese legt fest, dass der Wert des Attributs niemals null sein darf. Zur Laufzeit überprüfen dann JSF und JPA, wie in Abschnitt 7.6 beschrieben, dass die Bedingung nicht verletzt wird.

Außerdem fügen wir eine weitere @DecimalMin-Annotation hinzu, über die sichergestellt wird, dass der Wert des Attributs größer oder gleich 10 beträgt.

```
@NotNull(message = "{campaign.targetAmount.notNull}")
@DecimalMin(value = "10.00", message = "{campaign.targetAmount.decimalMin}")
private Double targetAmount;
```

Beachten Sie bitte, dass wir in dem Attribut message nicht direkt den Ausgabetext festlegen, sondern über geschweifte Klammern einen Schlüssel festlegen, der über eine sprachspezifische Properties-Datei aufgelöst wird. Diese Datei definieren wir im Anschluss, nachdem wir die Entitäten annotiert haben.

Zunächst fahren wir mit der Annotation des Attributs `donationMinimum` fort – diese erfolgt analog zu `targetAmount`; lediglich der minimal erlaubte Wert ist ein anderer sowie die Fehlermeldungen:

```
@NotNull(message = "{campaign.donationMinimum.notNull}")
@DecimalMin(value = "1.00", message = "{campaign.donationMinimum.decimalMin}")
private Double donationMinimum;
```

Betrachten wir nun die Annotationen für das Attribut `name` vom Typ `String`:

```
@NotNull
@Size(min = 4, max = 30, message = "{campaign.name.size}")
private String name;
```

Hier wird über die `@Size`-Annotation die minimale und maximale Länge der Zeichenkette festgelegt. Entspricht der Wert des Attributs nicht dieser Bedingung, wird wiederum die angegebene Fehlermeldung erzeugt. Eine Besonderheit in diesem Fall ist, dass wir bei der `@NotNull`-Annotation keine Fehlermeldung über den Parameter `message` angeben. Dies liegt daran, dass diese Fehlermeldung nie angezeigt werden würde. Den Hintergrund erfahren Sie in folgendem Merksatz.

Null ist nicht gleich leer

Wenn der Benutzer in einer JSF-View bei einem Textfeld keine Eingabe tätigt, so wird an den Validator kein `null`-Wert geliefert, sondern lediglich eine leere Zeichenkette (»«). Diese leere Zeichenkette wird in unseren Beispielen allerdings von der Überprüfung der `@Size`-Annotation abgefangen (da eine leere Zeichenkette keine Länge hat). Gibt der Benutzer also keinen Wert an, wird immer die Meldung aus der `@Size`-Annotation angezeigt, wodurch die `@NotNull`-Annotation keine benutzerdefinierte Meldung benötigt, da sie für den Benutzer nie sichtbar wäre. Möchte man eine eigene Meldung für den Fall erzeugen, dass der Benutzer keine Eingabe tätigt, dann muss man zunächst folgenden Parameter in der Konfigurationsdatei `web.xml` setzen:

```
<context-param>
    <param-
name>javax.faces.INTERPRET_EMPTY_STRING_SUBMITTED_VALUES_AS_NULL</param-
name>
    <param-value>true</param-value>
</context-param>
```

Dadurch werden leere Benutzereingaben als `null`-Werte interpretiert, wodurch die Überprüfung einer `@NotNull`-Annotation bei Zeichenketten wirksam ist.

Aus Sicht der Autoren handelt es sich dabei um ein inkonsistentes Zusammenspiel von JSF und Bean Validation, das hoffentlich in einer der nächsten Versionen behoben ist.

Bei den zuvor behandelten Werten des Typs `Double` war dies übrigens kein Problem – die in der View angegebenen Converter leiten hier bei leerer Eingabe einen `null`-Wert weiter. Daher musste in diesem Fall auch eine benutzerspezifische Meldung angegeben werden.

Die Annotationen für die Klasse `Donation` bieten nichts Neues und verlaufen vollständig analog zu denen der Klasse `Campaign`. Bitte vergleichen Sie sie am einfachsten mit den Bedingungen der Fachklassen aus Abschnitt 3.3.

```
@NotNull(message = "{donation.amount.notNull}")
@DecimalMin(value = "1.00", message = "{donation.amount.decimalMin}")
private Double amount;

@NotNull
@Size(min = 5, max = 40, message = "{donation.donorName.size}")
private String donorName;
```

Außerdem setzen wir eine `@NotNull`-Annotation für die restlichen Attribute, sodass diese einen Wert haben müssen, andernfalls kann die Entität nicht persistiert werden. Dies ist zwar keine Bedingung aus der Definition der Fachklassen, aber dennoch fachlich sinnvoll:

```
@NotNull
private Boolean receiptRequested;

@NotNull
private Status status;

@NotNull
@Embedded
private Account account;

@NotNull
@ManyToOne
private Campaign campaign;
```

Jetzt fehlen noch die Bedingungen der Klasse `Account`, die sich 1:1 aus den Bedingungen der Fachklassen ableiten lassen:

```
@NotNull
@Size(min = 5, max = 60, message = "{account.name.size}")
private String name;

@NotNull
@Size(min = 4, max = 40, message = "{account.nameOfBank.size}")
private String nameOfBank;

@NotNull
@Pattern(regexp = "[A-Z]{2}[0-9]{2}[A-Z0-9]{12,30}", message =
"{account.iban.pattern}")
private String iban;
```

Neu hinzugekommen ist diesmal die Annotation `@Pattern`. Sie legt eine Validierungsprüfung mit einem regulären Ausdruck fest. Der reguläre Ausdruck wird dabei in dem Parameter `regexp` angegeben. Der verwendete Ausdruck stellt sicher, dass in dem Attribut `iban` lediglich eine Zeichenkette gespeichert werden kann, die dem Format einer IBAN entspricht[8].

Wie bereits angesprochen fehlen nun noch die sprachspezifischen Properties-Dateien zum Auflösen der Fehlermeldungen. Bean Validation verwendet dafür eigene Dateien, die mit dem Präfix `ValidationMessages` beginnen.

Listing 7–6 zeigt die deutschsprachige Version der Datei. Speichern Sie diese bitte in dem Verzeichnis `src/main/resources` unter dem Namen `ValidationMessages_de.properties` ab. Sie werden feststellen, dass einige Fehlermeldungen Parameter enthalten, die in geschweiften Klammern angegeben sind. Diese werden zur Laufzeit mit dem Wert des gleichnamigen Attributs der Bean Validation Annotation ersetzt. Dies ist sinnvoll, da dadurch bei einer Änderung des Attributs nicht die Property-Datei angepasst werden muss.

```
# resource file for bean validation
# campaign model
campaign.name.size=Der Name einer Aktion muss min. {min} und darf max. {max}
Zeichen lang sein.
campaign.targetAmount.notNull=Bitte ein Spendenziel angeben.
campaign.targetAmount.decimalMin=Das Spendenziel für die Aktion muss min.
{value} Euro sein.
campaign.donationMinimum.notNull=Bitte einen Spendenbetrag angeben.
campaign.donationMinimum.decimalMin=Der Spendenbetrag muss min. {value} Euro
sein.
# donation model
donation.amount.notNull=Bitte einen Spendenbetrag angeben.
donation.amount.decimalMin=Der Spendenbetrag muss min. {value} Euro sein.
donation.donorName.size=Der Name eines Spenders muss min. {min} und darf max.
{max} Zeichen lang sein.
# account model
account.name.size=Der Name des Besitzers eines Kontos muss min. {min} und darf
max. {max} Zeichen lang sein.
account.nameOfBank.size=Der Name einer Bank muss min. {min} und darf max.
{max} Zeichen lang sein.
account.iban.pattern=Eine IBAN besteht aus zwei Buchstaben, gefolgt von zwei
Ziffern und 12 bis 30 alphanumerischen Zeichen.
```

Listing 7–6   *Deutschsprachige Version der ValidationMessages*

Die englischsprachige Version der Properties-Datei finden Sie in Listing 7–7. Speichern Sie diese in demselben Verzeichnis, diesmal unter dem Namen `ValidationMessages_en.properties`.

```
# resource file for bean validation
# campaign model
campaign.name.size=The name of a campaign must be between {min} and {max}
characters long.
campaign.targetAmount.notNull=Please specify a target amount.
campaign.targetAmount.decimalMin=The target amount for the campaign must be at
least {value} Euro.
```

---

8. Beachten Sie, dass der Validator lediglich das Format der IBAN überprüft, jedoch nicht, ob die zweistellige Checksumme eingehalten wird. Für diesen Fall müsste ein eigener Validator entwickelt werden. Im Rahmen dieses Workshops wurde darauf verzichtet.

```
campaign.donationMinimum.notNull=Please specify a donation minimum.
campaign.donationMinimum.decimalMin=The donation minimum must be at least
{value} Euro.
# donation model
donation.amount.notNull=Please specify a donation amount.
donation.amount.decimalMin=The donation amount must be at least {value} Euro.
donation.donorName.size=The donor's name must be between {min} and {max}
characters long.
# account model
account.name.size=The name of the account owner must be between {min} and {max}
characters long.
account.nameOfBank.size=The name of a bank must be between {min} and {max}
characters long.
account.iban.pattern=An IBAN contains of two letters, followed by two digits
and between 12 and 30 alphanumeric characters.
```

Listing 7–7   *Englischsprachige Version der ValidationMessages*

Nach dem Hinzufügen der Properties-Dateien kann die Anwendung neu gestartet
werden. Versuchen Sie in der Anwendung nun, ein paar Mal Werte einzugeben,
die die fachlichen Bedingungen verletzen. Konzentrieren Sie sich dabei auf den
Anwendungsfall *Geld spenden*, da dieser nicht über JSF-Validatoren in der View
abgesichert wurde.

Sie werden sehen, dass durch das einfache Hinzufügen von Annotationen nun
umfangreiche Validierungen der Eingabewerte veranlasst werden und im Fehlerfall eine dazugehörende Meldung ausgegeben wird. Aber nicht nur das, durch die
Überprüfung der Bedingungen der Bean Validation durch JPA wird generell auch
verhindert, dass die Entitäten überhaupt invalide Daten speichern können.

7.6.2   Validatoren aus Views entfernen

Um Bean Validation nun bei allen Views zu verwenden, müssen etwaige vorhan-
dene Validatoren aus den Views entfernt werden. Beispielhaft hatten wir in den
Abschnitten 4.7.1 und 4.7.4 einige Validatoren in den Views `editCampaign.xhtml`
und `donateMoney.xhtml` angelegt. Diese sind nun obsolet und müssen bis auf die
Validatoren der View-Parameter ausnahmslos entfernt werden. View-Parameter
sind unabhängig von den Entitäten und werden daher nicht von der Bean Validation überprüft.

Zur Entfernung muss man alle Tags, die mit `f:validate` beginnen, und die
`validatorMessage`-Attribute aus den oben genannten Views löschen. Nicht betrof-
fen sind jedoch die Tags innerhalb von `<f:viewParam>`, da es sich dabei um View-
Parameter handelt.

Folgendes Beispiel für das InputText-Control `a_targetAmount` aus der View
`editCampaign.xhtml` demonstriert den Vorgang:

```
<p:inputText id="a_targetAmount"
    value="#{selectedCampaign.targetAmount}"
    validatorMessage=
                "#{msg['editCampaign.target_amount_validation']}">
    <f:convertNumber maxFractionDigits="2" minFractionDigits="2"/>
    <f:validateRequired/>
    <f:validateDoubleRange minimum="10.0"/>
</p:inputText>
```

wird zu:

```
<p:inputText id="a_targetAmount"
    value="#{selectedCampaign.targetAmount}">
    <f:convertNumber maxFractionDigits="2" minFractionDigits="2"/>
</p:inputText>
```

Das Beispiel verdeutlicht weiterhin, dass die in den validatorMessage-Attributen referenzierten Properties nicht mehr benötigt werden – löschen Sie diese daher ebenfalls aus den Dateien messages_de.properties und messages_en.properties. Stattdessen finden sich die Fehlermeldungen nun in den ValidationMessages-Properties, die im vorherigen Abschnitt definiert wurden.

Nach einem Neustart wird für die betroffenen Attribute die Bean Validation für JSF verwendet. JSF greift dabei in der Validation-Phase auf die in den Annotationen der Bean Validation gespeicherten Informationen zu und verwendet diese, um Validierungsprüfungen durchzuführen.

7.6.3   Zugeordnete Spenden beim Löschen einer Aktion automatisch entfernen

Die Methode deleteCampaign des CampaignService (siehe Abschnitt 7.3.3), über die man ein Campaign-Objekt löscht, hat nach dem Hinzufügen der Überprüfungen der Bean Validation ein kleines Problem: Führt man diese Methode für eine Aktion aus, für die bereits Spenden eingegangen sind, so wird die Transaktion durch eine ConstraintViolationException zurückgerollt. Hintergrund ist, dass durch die neu hinzugekommene @NotNull-Annotation des Attributs campaign der Klasse Donation sichergestellt wird, dass eine Spende immer einer Aktion zugeordnet sein muss. Diese Bedingung wird aktuell durch die Methode deleteCampaign verletzt, da nach dem Löschen einer Aktion dessen Spenden keiner Aktion mehr zugeordnet sein können.

Mit dem aktuellen Wissen können wir das Problem lösen, indem wir die Methode so erweitern, dass vor dem Löschen des Campaign-Objekts über alle dazugehörigen Donation-Objekte iteriert wird und diese vor dem Campaign-Objekt entfernt werden.

Dies ist etwas umständlich, wenn man bedenkt, dass die Notwendigkeit des Löschens der Donation-Objekte in unserem Fall eigentlich eine Eigenschaft der Relation zwischen Campaign-Objekten und Donation-Objekten ist: Ein Donation-

Objekt soll nicht existieren, wenn es keinem `Campaign`-Objekt zugeordnet ist. Man spricht in der Fachliteratur hier auch von einer Komposition[9].

Besser wäre es daher, in der Relation festzulegen, dass beim Löschen des `Campaign`-Objekts die dazugehörigen `Donation`-Objekte ebenfalls gelöscht werden müssen. Praktischerweise besitzt JPA eine solche Funktionalität, das sogenannte kaskadierte Löschen (engl. *cascade delete*). Um es zu aktivieren, fügen Sie bitte in der Klasse `Campaign` der Definition der Relation (Annotation `@OneToMany`) das Attribut cascade mit dem Wert `CascadeType.REMOVE` hinzu. Aus der Definition des Attributs `donations`:

```
@OneToMany(mappedBy = "campaign")
private List<Donation> donations;
```

wird somit

```
@OneToMany(mappedBy = "campaign", cascade = CascadeType.REMOVE)
private List<Donation> donations;
```

Nach einem Neustart der Anwendung wird beim Löschen einer Aktion die Transaktion erfolgreich ausgeführt und die zugeordneten `Donation`-Objekte werden ebenfalls gelöscht. Und dies geschieht vollständig automatisch; der Entwickler muss lediglich die Relation wie oben beschrieben definieren.

Der Vollständigkeit halber sei erwähnt, dass man neben der Operation *Löschen* auch weitere Operationen an zugeordnete Objekte weiterreichen kann. Hierzu muss man im Attribut cascade einen anderen Wert des Aufzählungstyps `CascadeType` angeben. Für diesen Aufzählungstyp existieren die folgenden Werte:

- `REMOVE` (siehe obiges Beispiel)
- `MERGE` (leitet eine *Merge*-Operation weiter, siehe Abschnitt 7.3.3)
- `PERSIST` (leitet eine *Persist*-Operation weiter, siehe Abschnitt 7.3.3)
- `DETACH`
- `REFRESH`

Detach- und *Refresh*-Operationen wurden bisher nicht behandelt. Bei der *Detach*-Operation (deutsch: loslösen) werden von dem `EntityManager` verwaltete Instanzen aus dem Speicher des `EntityManager`-Objekts entfernt; dadurch handelt es sich anschließend um nicht verwaltete Instanzen.

Bei der *Refresh*-Operation wird die angegebene Entität neu aus der Datenbank geladen. Diese Operation lässt sich nur auf bereits verwaltete Instanzen ausführen, ansonsten wird eine Ausnahme geworfen.

Die verschiedenen Operationen zum Kaskadieren können in der Definition der Relation beliebig kombiniert werden. So ist es beispielsweise möglich, `REFRESH` und `REMOVE` festzulegen. Wünscht man, dass alle möglichen Operationen kaskadiert werden, muss man diese jedoch nicht einzeln aufzählen. In diesem Fall

---

9.   http://de.wikipedia.org/wiki/Komposition_%28UML%29#Komposition

besteht auch die Möglichkeit, das Attribut cascade auf den Wert CascadeType.ALL zu setzen.

Eine kaskadierende Operation funktioniert übrigens auch rekursiv: Ist einer zugeordneten Entität eine weitere Entität zugeordnet und haben beide Relationen dieselbe kaskadierende Operation festgelegt, dann wird die Operation über zwei Entitäten weitergereicht. Hätte unser Donation-Objekt also noch weitere Objekte mit CascadeType.REMOVE zugeordnet, dann werden diese auch entfernt, wenn das übergeordnete Campaign-Objekt gelöscht wird.

7.7 Eigene In-Memory-Datasource für Tests benutzen

Fall Sie die in Kapitel 5 behandelten Testfälle erstellt haben und diese nun ausführen, werden Sie feststellen, dass man diese nun höchstens einmal erfolgreich ausführen kann. Hintergrund ist, dass die Testfälle davon ausgehen, dass die Datenbank vor dem Start der Tests keine Daten enthält. Durch unsere Änderungen werden die Daten nun jedoch persistiert, sodass bei einem Neustart der Tests bereits Daten vorhanden sind.

Weiterhin besteht das Problem, dass die Testfälle unsere bestehende Datenbank verändern. Aus diesen beiden Gründen ist es notwendig, eine eigene Datenbank für die Tests zu verwenden.

Hierzu benötigen wir zunächst eine weitere JPA-Konfigurationsdatei mit dem Namen test-persistence.xml. Listing 7–8 zeigt den Inhalt dieser Datei, die Sie bitte in dem Ordner src\test\resources\META-INF abspeichern.

```xml
<?xml version="1.0" encoding="UTF-8"?>
<persistence xmlns="http://xmlns.jcp.org/xml/ns/persistence"
             xmlns:xsi="http://www.w3.org/2001/XMLSchema-instance"
             xsi:schemaLocation="http://xmlns.jcp.org/xml/ns/persistence
             http://xmlns.jcp.org/xml/ns/persistence/persistence_2_1.xsd"
             version="2.1">
    <persistence-unit name="primary">
        <jta-data-source>java:jboss/datasources/MyAktionTestDS</jta-data-source>
        <properties>
            <property name="hibernate.hbm2ddl.auto" value="create-drop"/>
            <property name="hibernate.show_sql" value="true"/>
        </properties>
    </persistence-unit>
</persistence>
```

Listing 7–8   *test-persistence.xml*

Die Datei entspricht im Aufbau der Konfigurationsdatei aus Listing 7–2. Der Unterschied ist, dass als Datenquelle java:jboss/datasources/MyAktionTestDS verwendet wird und die Hibernate-Parameter anders konfiguriert wurden. So steht der Parameter hibernate.show_sql auf true, wodurch die von Hibernate generierten SQL-Anweisungen auf der Konsole beim Ausführen der Tests angezeigt werden. Dies ist hilfreich beim Debuggen der Tests.

Außerdem steht der Parameter hibernate.hbm2ddl.auto auf dem Wert create-drop. Dieser sorgt dafür, dass die Datenbank vor dem Start der Testfälle neu aufgebaut (engl. *create*) und nach dem Beenden der Testfälle wieder komplett entfernt wird (engl. *drop*). Dadurch arbeiten die Testfälle jedes Mal mit einem initialen Datenstand und sind daher reproduzierbar.

Es fehlt noch die Definition der eigentlichen Datenquelle. Diese finden Sie in Listing 7–9. Bitte speichern Sie diese Datei unter dem Namen test-ds.xml in dem Ordner src\test\resources ab.

Der Inhalt entspricht hauptsächlich der ursprünglichen Konfiguration aus Listing 7–3, lediglich der Name der Datenquelle lautet nun MyAktionTestDS und die JDBC-Verbindung ist nun folgende:

```
jdbc:h2:mem:myaktion-test;DB_CLOSE_DELAY=-1
```

Von Interesse ist dabei insbesondere das Attribut mem, das im Gegensatz zu dem Attribut file aus Listing 7–3 verwendet wird. Dies sorgt dafür, dass die Datenbank nicht in einer Datei gespeichert, sondern lediglich im Hauptspeicher verarbeitet wird (engl. *In-Memory Database*). Dies beschleunigt die Durchführung unserer Testfälle, da für diese die Persistierung der Daten in einer Datei nicht notwendig ist.

Der zusätzliche Parameter DB_CLOSE_DELAY=-1 sorgt bei H2 außerdem dafür, dass der Inhalt einer In-Memory-Datenbank so lange erhalten bleibt, wie der Prozess der Java-VM besteht. Ansonsten würde der Inhalt der Datenbank nach dem Schließen der letzten Verbindung zu ihr gelöscht werden, was für unsere Testfälle unerwünscht ist.

```xml
<?xml version="1.0" encoding="UTF-8"?>
<datasources xmlns="http://www.jboss.org/ironjacamar/schema"
    xmlns:xsi="http://www.w3.org/2001/XMLSchema-instance"
    xsi:schemaLocation="http://www.jboss.org/ironjacamar/schema
    http://docs.jboss.org/ironjacamar/schema/datasources_1_0.xsd">
  <datasource jndi-name="java:jboss/datasources/MyAktionTestDS"
pool-name="myaktion-test" enabled="true" use-java-context="true">
    <connection-url>jdbc:h2:mem:myaktion-test;DB_CLOSE_DELAY=-1
    </connection-url>
    <driver>h2</driver>
    <security>
      <user-name>sa</user-name>
      <password>sa</password>
    </security>
  </datasource>
</datasources>
```

Listing 7–9 *test-ds.xml*

Beide Konfigurationsdateien, test-ds.xml und test-persistence.xml, müssen wir nun in der Methode createDeployment der Klasse AbstractITCase in das zu testende WAR-Archiv einfügen.

Hierzu ändern wir die Methode folgendermaßen ab:

```
@Deployment(testable = false)
public static WebArchive createDeployment() {
  WebArchive archive = ShrinkWrap.create(ZipImporter.class,
"test.war").importFrom(new File("target/my-aktion.war"))
        .as(WebArchive.class);
  archive.delete("/WEB-INF/classes/META-INF/persistence.xml");
  archive.delete("/WEB-INF/myaktion-ds.xml");
  archive.addAsResource("META-INF/test-persistence.xml",
        "META-INF/persistence.xml");
  archive.addAsWebInfResource("test-ds.xml", "test-ds.xml");
  return archive;
}
```

Da es sich um einen Integrationstest handelt, verwenden wir weiterhin eine Kopie des vom Build-Prozess generierten WAR-Archivs. In diesem löschen wir jedoch durch Aufruf der Methode delete die bestehende Datenquelle und die JPA-Konfigurationsdatei. Anschließend fügen wir die spezielle Testkonfiguration über die Methode addAsResource und die neue Testdatenquelle über die Methode addAsWebInfResource hinzu.

Durch diese Änderungen verwenden die Testfälle nun eine eigene Testdatenbank, die vor jedem Start der Tests neu initialisiert wird und daher keine Daten enthält.

Geben Sie nun folgenden Befehl in der Kommandozeile ein, um alle Testfälle auszuführen:

```
mvn verify
```

7.8 Was noch nicht behandelt wurde

Neben den vielen neuen Funktionalitäten, die wir in diesem Kapitel kennengelernt haben, bietet JPA 2 noch eine Menge mehr. Auch wenn wir für unsere Beispielanwendung nichts davon benötigen, empfiehlt es sich trotzdem, die wichtigsten Begriffe noch kurz kennenzulernen, um dann bei einer späteren Eigenentwicklung die dazugehörigen Funktionen einsetzen zu können. Neben der Analyse im Netz kann dabei auch eine JPA-2-Referenz wie (Ihns, et al., 2011) hilfreich sein.

7.8.1 CriteriaQuery als Alternative zur NamedQuery

In Abschnitt 7.3.2 haben wir das Konzept der *NamedQueries* verwendet, um über JPQL Datenbankabfragen durchzuführen. Hierzu haben wir als Beispiel folgende *NamedQuery* in der Entität Campaign mit dem Namen findAll definiert:

```
SELECT * FROM Campaign c ORDER BY c.name
```

Über die Methode `createNamedQuery` des `EntityManager`-Objekts wurde anschließend ein `TypedQuery`-Objekt erstellt, auf das später die eigentliche Abfrage ausgeführt werden kann:

```
TypedQuery<Campaign> query = entityManager.createNamedQuery(Campaign.findAll,
Campaign.class);
```

Dieser Ansatz hat den Nachteil, dass die *NamedQuery* zur Laufzeit nicht verändert werden kann. Außerdem lassen sich JPQL-Anweisungen nicht debuggen. Daher existiert ein alternatives Konzept zu den *NamedQueries*, die sogenannten *CriteriaQueries*.

Diese haben den Vorteil, dass sie zur Laufzeit in Java erstellt werden und daher verändert werden können. Jedoch sind sie dadurch auch komplexer zu erzeugen und schwerer zu lesen als mit der eigens dafür entwickelten Abfragesprache JPQL.

Erstellen wir zum besseren Verständnis einfach dieselbe Abfrage wie in der *NamedQuery* noch einmal als *CriteriaQuery*. Zunächst benötigt man hierzu eine Instanz des `CriteriaBuilder`, die man über den `EntityManager` bekommt:

```
CriteriaBuilder cb = entityManager.getCriteriaBuilder();
```

Auf dem `CriteriaBuilder` kann man dann über die Methode `createQuery` unter Angabe des Typs des Rückgabewertes ein `CriteriaQuery`-Objekt erstellen. Da wir als Rückgabewert ein `Campaign`-Objekt wünschen, lautet der Ausdruck:

```
CriteriaQuery<Campaign> criteria = cb.createQuery(Campaign.class);
```

Des Weiteren erstellen wir ein `Root`-Objekt, das der `FROM`-Klausel von JPQL entspricht:

```
Root<Campaign> campaign = criteria.from(Campaign.class);
```

Anschließend kann die Abfrage fertig konfiguriert werden. In unserem Beispiel selektieren wir auf alle `Campaign`-Objekte, die nach dem Attribut name sortiert werden sollen.

```
criteria.select(campaign).orderBy(cb.asc(campaign.get("name")));
```

Das `CriteriaQuery`-Objekt ist dadurch fertig definiert, und es entspricht nun inhaltlich der zuvor verwendeten `NamedQuery`. Analog zu dieser kann nun über den `EntityManager` ein `TypedQuery`-Objekt erstellt werden, diesmal jedoch über die Methode `createQuery`:

```
TypedQuery<Campaign> query = entityManager.createQuery(criteria);
```

Wenn Sie anschließend auf diesem `TypedQuery`-Objekt die Methode `getResultList` aufrufen, wird die Abfrage auf der Datenbank ausgeführt; dieser Schritt ist also derselbe wie bei einer *NamedQuery*.

7.8.2   LazyInitialisationException über FetchType vermeiden

In Abschnitt 7.5.4 hatten wir ziemlich viel Ärger mit der `LazyInitialisatio-`
`nException`. Die Ursache war, dass die einer Aktion zugeordneten `Donation`-
Objekte von JPA nur bei Zugriff auf das Attribut `donations` aus der Datenbank
geladen werden. Dieses Verhalten nennt man bei JPA einen *lazy fetch* (deutsch:
faules Holen). Neben dem *lazy fetch* gibt es auch noch die Möglichkeit eines
eager fetch (deutsch: eifriges Holen). In diesem Fall werden die zugeordneten
Objekte schon beim Laden der übergeordneten Entität aus der Datenbank geladen. Greift man dann später auf das zuordnende Attribut zu, ist kein Datenbankzugriff mehr notwendig, da die zugeordneten Objekte bereits geladen wurden.

Für jede Relation kann man in JPA festlegen, welche Strategie für das Laden
der Daten verwendet werden soll. Hierzu muss man dem Attribut `fetch` der
betroffenen Relation einen Wert des Aufzählungstyps `FetchType` zuweisen. Dieser
hat zwei Werte: `EAGER` (für *eager fetch*) und `LAZY` (für *lazy fetch*). Wird kein Wert
angegeben, verwendet JPA für die Relation den *lazy fetch*, daher erschien auch
unsere `LazyInitialisationException`. Um diesen nun auf *eager fetch* zu setzen,
muss die Annotation des Attributs `donations` in der Klasse `Campaign` angepasst
werden. Aus dem Abschnitt:

```
@OneToMany(mappedBy = "campaign")
private List<Donation> donations;
```

wird daher:

```
@OneToMany(mappedBy = "campaign", fetch = FetchType.EAGER)
private List<Donation> donations;
```

Nun fragen Sie sich sicherlich, warum wir das nicht sofort gemacht haben. Der
Hintergrund ist, dass es sehr gefährlich sein kann, den *eager fetch* bei einer Relation zu aktivieren. Schließlich werden dadurch sehr viel mehr Objekte aus der
Datenbank geladen – Objekte, die für den aktuellen Anwendungsfall möglicher-
weise nicht benötigt werden. Setzt man jede Relation sorglos auf *eager fetch*,
kann es passieren, dass im Extremfall bei einem Zugriff auf die Datenbank alle
Daten geladen werden. Dies ist natürlich bei einer performanten Webanwendung,
wie wir sie entwickeln möchten, nicht tragbar.

Aktiviert man den *eager fetch* in einer Relation, so wird er global für alle
Anwendungsfälle verwendet, die Entitäten bearbeiten, die an der Relation beteiligt sind.

Als Faustregel empfiehlt es sich daher, den *eager fetch* nur zu aktivieren,
wenn er von allen betroffenen Anwendungsfällen benötigt wird. In unserem Beispiel ist dies jedoch nicht der Fall. Der Anwendungsfall *Aktionen anzeigen und
bearbeiten* (Abschnitt 3.4.2) benötigt nicht die Liste der `Donation`-Objekte. Daher
wäre es eine Verschwendung von Ressourcen, diese in diesem Anwendungsfall
ebenfalls zu laden. Bitte setzen Sie daher die Definition der Relation wieder auf
lazy fetch zurück.

7.8.3   Object Locking

In vielen Anwendungen kann es vorkommen, dass mehrere Benutzer gleichzeitig an demselben Objekt arbeiten. Um Inkonsistenzen zu verhindern, muss daher das Objekt vorher für den Zugriff des Benutzers gesperrt werden. JPA bietet hierzu die Möglichkeit der *optimistischen Sperre* (engl. *optimistic locking*) und der *pessimistischen Sperre* (engl. *pessimistic locking*), die in den folgenden Abschnitten behandelt werden.

In unserer Beispielanwendung ist eine Sperrung übrigens nicht notwendig, da Benutzer mit der Rolle *Organisator* lediglich ihre eigenen Objekte bearbeiten und Benutzer mit der Rolle *Spender* lediglich neue Objekte anlegen, diese aber nicht bearbeiten können.

7.8.3.1   Optimistische Sperre

Optimismus ist immer eine gute Sache. Man geht zunächst einmal davon aus, dass nichts schiefgeht, und löst etwaig auftretende Probleme später. Bei der optimistischen Sperre ist dies ähnlich: Man nimmt einfach an, dass gleichzeitige Zugriffe fast nie auftreten, und wenn doch, werden diese gesondert behandelt.

Dies bedeutet, dass bei der optimistischen Sperre im eigentlichen Sinne keine Objekte gesperrt werden. Wie wird jedoch der Sonderfall behandelt, wenn wirklich zwei gleichzeitige Zugriffe stattfinden?

Hierzu enthält jede Entität ein spezielles Attribut, in dem die Version des Objekts gespeichert wird. Dieses Attribut wird mit der Annotation `@Version` aus dem Package `javax.persistence` versehen.

In jeder Transaktion wird dieses Attribut automatisch von JPA inkrementiert. Außerdem wird dieses Attribut beim Beginn einer Transaktion mit dem aktuellen Stand in der Datenbank verglichen. Ist die Version des Objekts in der Datenbank aktueller als die in der stattfindenden Transaktion, dann muss eine andere Transaktion vorab das Objekt aktualisiert haben. Die Transaktion schlägt daher fehl, und eine `OptimisticLockException` wird geworfen.

Dies führt dazu, dass die Transaktion, die zuerst einen Commit ausführt, die Änderung in der Datenbank vornimmt. Nach dem Motto: Wer zuerst kommt, mahlt zuerst. Spätere Transaktionen haben einfach Pech. Diese schlagen fehl, und die Anwendung muss dann zunächst den aktuellen Stand aus der Datenbank laden, um diesen dann erneut zu bearbeiten.

Im einfachsten Fall kann die Anwendung es dem Benutzer überlassen, die Änderungen auf der neuen Version des Objekts noch einmal einzupflegen. Anwendungen, die etwas benutzerfreundlicher sind, stellen ihren Benutzern in diesem Fall eine *Merge*-Operation zur Verfügung, die den Anwender bei der Aktualisierung unterstützt.

Dies ist übrigens dasselbe Verhalten, wie Sie es von Ihrer Versionsverwaltung des Quelltextes (z.B. SVN oder GIT) kennen: Wer zuerst die Änderungen des Quelltextes einpflegt, hat Glück, und diese werden in das Repository übernommen. Der nächste Benutzer muss jedoch die *Merge*-Operation der Versionsverwaltung nutzen und damit seine vorgenommenen Änderungen manuell in den aktuellen Stand einpflegen.

7.8.3.2   Pessimistischen Sperre

Bei der pessimistischen Sperre geht man davon aus, dass ein gleichzeitiger Zugriff sehr wahrscheinlich ist, daher wird das betroffene Objekt vorab für die gesamte Dauer der Transaktion gesperrt. Versucht eine andere Transaktion auf ein gesperrtes Objekt zuzugreifen, dann schlägt diese fehl.

Für die pessimistische Sperre bietet der `EntityManager` die Methode `lock` an. Diese enthält als ersten Übergabeparameter das zu sperrende Objekt und den Sperrmodus als zweiten Parameter. JPA unterstützt zwei verschiedene Sperrmodi:

- `PESSIMISTIC_READ` für eine Lesesperre
- `PESSIMISTIC_WRITE` für eine Schreibsperre

Die folgende Anweisung führt beispielsweise eine Schreibsperre für das Objekt `campaign` in der aktuellen Transaktion durch:

```
entityManager.lock(campaign, LockModeType.PESSIMISTIC_WRITE);
```

Bei einer Schreibsperre handelt es sich um eine *exklusive Sperre* (engl. *exclusive lock*) für die aktuelle Transaktion. Da die Transaktion exklusiven Zugriff auf das Objekt erhält, kann die Transaktion auch Änderungen, also Schreiboperationen, an dem Objekt vornehmen. Versucht jedoch eine weitere Transaktion während der Laufzeit der sperrenden Transaktion dasselbe Objekt ebenfalls zu ändern oder zu reservieren (mit einer Schreib- oder Lesesperre), so wird die zweite Transaktion mit einer Exception abgebrochen.

Bei einer Lesesperre möchten wir das gesperrte Objekt nicht ändern, sondern lediglich sicherstellen, dass sich das Objekt während der Laufzeit der Transaktion nicht ändert. Werte des Objekts sollen also nicht verändert werden, es kann aber durchaus mehrfach gelesen werden. Daher können mehrere Transaktionen eine Lesesperre durch Angabe des Sperrmodus `PESSIMISTIC_READ` vornehmen. Eine Lesesperre anzufordern, schlägt daher nur fehl, wenn in einer anderen Transaktion bereits eine Schreibsperre vorgenommen wurde. Ebenso schlagen natürlich generell Schreiboperationen auf einem Objekt fehl, das eine Lesesperre enthält, da sich ja sonst der Wert des Objekts ändern würde.

7.8.4   Lebenszyklusmethoden bei Zustandsänderungen

Wie wir bereits gelernt haben, kann man über den `EntityManager` den Zustand von Entitäten ändern. Dies ist einerseits über die CRUD-Operationen (siehe Abschnitt 7.3.3), aber auch über JPQL-Anweisungen (siehe Abschnitt 7.3.2) möglich. Allgemein lassen sich die Änderungen, die an einer Entität vorgenommen werden, verschiedenen Operationen zuordnen:

- Persistieren einer Entität (engl. *persist*)
- Laden einer Entität aus der Datenbank (engl. *load*)
- Aktualisieren einer Entität (engl. *update*)
- Entfernen einer Entität (engl. *remove*)

Ein Entwickler kann spezielle Methoden definieren, die vor oder nach diesen Operationen von JPA aufgerufen werden. In beiden Fällen haben sie als auslösendes Ereignis eine Zustandsänderung, die eine neue Phase des Lebenszyklus der Entität einleitet. Wir nennen sie daher Lebenszyklusmethoden.

Diese Lebenszyklusmethoden kann man bei Bedarf in der Klasse einer Entität definieren. Es muss sich dabei um eine parameterlose Methode ohne Rückgabewert handeln. Abhängig von der Annotation, mit der man die Methode versieht, wird sie zu einem anderen Zeitpunkt aufgerufen. Die Annotationen finden sich wie immer für JPA in dem Package `javax.persistence`.

Tabelle 7–1 zeigt die Liste der Annotationen der Lebenszyklusmethoden und das dazugehörige Ereignis, das festlegt, wann eine mit der Annotation versehene Methode aufgerufen wird.

Annotation	Ereignis
`@PrePersist`	Wenn der EntityManager feststellt, dass eine neue Entität angelegt werden muss
`@PostPersist`	Nachdem die neue Entität in der Datenbank persistiert wurde
`@PostLoad`	Nachdem eine Entität aus der Datenbank geladen wurde, z.B. mit EntityManager.find
`@PreUpdate`	Wenn der EntityManager feststellt, dass eine Entität aktualisiert werden muss
`@PostUpdate`	Nachdem eine Entität in der Datenbank aktualisiert wurde
`@PreRemove`	Wenn der EntityManager feststellt, dass eine Entität entfernt werden muss
`@PostRemove`	Nachdem eine Entität aus der Datenbank entfernt wurde

Tab. 7–1   *Annotationen der Lebenszyklusmethoden in JPA*

Diese Lebenszyklusmethoden eignen sich gut, um Log-Meldungen auszugeben, die eine Zustandsänderung der Entität protokollieren.

Die Lebenszyklusmethoden, deren Annotation mit dem Präfix @Pre beginnen, können auch verwendet werden, um den Zeitstempel des Ereignisses in der Datenbank zu speichern. So protokolliert folgende Methode das Änderungsdatum der Entität:

```
@PreUpdate
void onPreUpdate() {
    changedDate = Calendar.getInstance().getTime();
}
```

Natürlich setzt dies voraus, dass die Entität ein Attribut changedDate besitzt, in dem das Änderungsdatum gespeichert werden soll.

Des Weiteren kann es gewünscht sein, dass das Änderungsdatum für mehr als nur eine Entität protokolliert werden soll. In diesem Fall wäre es redundant, dieselbe Lebenszyklusmethode in allen Entitäten zu implementieren. Lebenszyklusmethoden können daher in einer eigenen Klasse, einem sogenannten *EntityListener,* zusammengefasst werden. Damit die Lebenszyklusmethoden wissen, welche Entität aktuell verändert wird, bekommt jede Funktion die Entität als Parameter übergeben. Da der Typ der Entität zur Übersetzungszeit nicht bekannt ist, wird die Superklasse Objekt verwendet. Als Beispiel geben wir obige Lebenszyklusmethode als wiederverwendbaren *EntityListener* an:

```
public class DateUpdateEntityListener {
    @PreUpdate
    void onPreUpdate(Object entity) {
        DateEntity dateEntity = (DateEntity) entity;
        dateEntity.changedDate = Calendar.getInstance().getTime();
    }
}
```

Wie Sie sehen, setzt dieser *EntityListener* voraus, dass die ihn verwendende Entität vom Typ DateEntity erbt, der das Attribut changedDate definiert[10].

Um den *EntityListener* zu verwenden, müssen Sie die Entität mit der Annotation @EntityListeners aus dem Paket javax.persistence versehen. Als Parameter enthält die Annotation die Klasse des *EntityListener.* In unserem Beispiel:

```
@Entity
@EntityListeners(DateUpdateEntityListener.class)
public class Something extends DateEntity{…
```

Durch diese Annotation wird die Instanzvariable changedDate der fiktiven Entität Something bei jeder Änderung aktualisiert.

---

10. Um das Beispiel so einfach wie möglich zu halten, überprüfen wir den Typecast in diesem Fall nicht.

7.9   Neue Funktionalitäten in Java EE 7

Wie in den vorherigen Kapiteln werden in diesem Abschnitt die neuen Funktionalitäten von Java EE 7 erläutert. Es handelt sich um kleinere Neuerungen, die in unserer Beispielanwendung keine Anwendung gefunden haben, aber dennoch wissenswert sind.

7.9.1   Bean Validation auf Methodenebene

Aus Sicht der Autoren handelt es sich bei der Bean Validation auf Methodenebene um die interessanteste Neuerung von Java EE 7 bzgl. JPA und Bean Validation.

In Abschnitt 7.6 haben Sie gelernt, wie Bedingungen von Attributen durch Annotationen eingehalten und überprüft werden können. Mit Bean Validation 1.1 ist dies nun auch für die Parameter und Rückgabewerte von Methoden möglich. In unserer Beispielanwendung findet sich für eine Verwendung aktuell kein gutes Beispiel, daher betrachten wir folgende Methode zur Anlage einer Spende über Parameter:

```
@NotNull
public Donation createSpende(Long campaignId,
    @Size(min=5, max=40) String donorName,
    @DecimalMin(value="1.00") Double amount,
    @Pattern(regexp="[A-Z]{2}[0-9]{2}[A-Z0-9]{12,30}") String iban,
    @Size(min=4, max=40) String nameOfBank) {…
```

Die Methode erzeugt ein `Donation`-Objekt anhand der übergebenen Parameter. Über die Annotationen aus der Bean Validation API wird dabei sichergestellt, dass die Eingabeparameter den fachlichen Bedingungen eines `Donation`-Objekts entsprechen und dass ein nicht leeres `Donation`-Objekt (über die Annotation `@Not-Null`) zurückgeliefert wird.

7.9.2   Erweiterte CDI-Unterstützung

In Abschnitt 7.8.4 haben Sie das Konzept des *EntityListener* von JPA kennengelernt. Dieser kann mit JPA 2.1 nun auch CDI-Beans injizieren. Wenn Sie sich das Beispiel aus dem Abschnitt noch einmal anschauen, so können Sie in dem `DateUpdateEntityListener` über `@Inject` den Logger aus der Klasse `Resources` einfügen. Die Rückrufmethode des *EntityListener* kann dann Methoden des Loggers verwenden, z.B. um den Aufruf in einer Log-Datei zu protokollieren.

Auch die Bean Validation API profitiert von einer erweiterten Unterstützung von CDI. So war es in Bean Validation 1.0 bereits möglich, eigene Bedingungen anzulegen. Hierzu müssen Sie unverändert eine Klasse mit der Schnittstelle `ConstraintValidator` implementieren. Näheres dazu finden Sie in (Ferentschik & Morling, 2012). Neu hinzugekommen ist nun, dass die Implementierung ebenfalls CDI-Beans injizieren kann.

7.9.3   Aufruf gespeicherter Prozeduren und Funktionen

Nahezu jede Datenbank unterstützt sogenannte gespeicherte Prozeduren (engl. *stored procedures*). Dabei handelt es sich um Methoden, die nicht im Anwendungsserver, sondern direkt auf dem Datenbankserver ausgeführt werden. Datenbanksysteme stellen zur Erzeugung solcher *Stored Procedures* üblicherweise eigene Sprachen zur Verfügung – die Oracle-Datenbank beispielsweise die PL/SQL[11]. Aus diesem Grund sind *Stored Procedures* nicht einfach auf andere Datenbanksysteme zu portieren.

Ihr Vorteil liegt jedoch in der häufig größeren Ausführungsgeschwindigkeit, da weniger Daten zwischen Anwendungs- und Datenbankserver ausgetauscht werden müssen als bei der Ausführung einer Java-Methode.

Normalerweise werden *Stored Procedures* daher für die Bearbeitung großer Datenmengen verwendet, z. B. innerhalb eines Hintergrundjobs.

Vor JPA 2.1 existierte kein Standard zum Aufruf von *Stored Procedures*. Mit JPA 2.1 kann man nun analog zu den *NamedQueries* (siehe Abschnitt 7.3.2) eine sogenannte *NamedStoredProcedureQuery* für den Aufruf einer *Stored Procedure* anlegen. Im folgenden Beispiel wird eine solche spezielle Abfrage definiert, über die dann die *Stored Procedure* mit dem Namen doBackgroundJob gestartet werden kann:

```
@Entity
@NamedStoredProcedureQuery(name="backgroundJob",
procedureName="doBackgroundJob")
public class Something { …
```

Über den EntityManager kann die dadurch erstellte *NamedStoredProcedureQuery* mit dem Bezeichner backgroundJob aufgelöst werden:

```
StoredProcedureQuery query =
entityManager.createNamedStoredProcedureQuery("backgroundJob");
```

Als Rückgabewert erhält man das Objekt query des Typs StoredProcedureQuery. Diesem Objekt kann man daraufhin Parameter für den Aufruf der *Stored Procedure* hinzufügen, bevor man diese über die Methode execute aufruft. In folgendem Beispiel wird der Ganzzahl-Parameter 20 verwendet:

```
query.registerStoredProcedureParameter(1, Integer.class, ParameterMode.IN);
query.setParameter(1, 20);
query.execute();
```

Neben *Stored Procedures* unterstützen Datenbanksysteme auch die Entwicklung eigener Funktionen. In Oracle werden diese ebenfalls mit PL/SQL erstellt. JPA 2.1 unterstützt als neue Funktionalität den Aufruf solcher Funktionen innerhalb von JPQL-Abfragen. Hierzu wird das Schlüsselwort FUNCTION innerhalb der Anfrage verwendet.

---

11. http://de.wikipedia.org/wiki/PL/SQL

Nehmen wir nun an, es gäbe eine Datenbankfunktion mit dem Namen vali-
dIban, die bestimmt, ob eine angegebene IBAN valide ist. Dann können über folgenden Ausdruck alle Aktionen mit valider IBAN selektiert werden:

```
SELECT c FROM CAMPAIGN c WHERE FUNCTION('validIban', c.account.iban)
```

7.9.4   Schreibende Massenoperationen mit der Criteria API

Vor JPA 2.1 war es bereits möglich, über eine JPQL-Abfrage mehrere Datensätze
auf einmal zu bearbeiten. Im Folgenden einfachen Beispiel wird das Spendenziel
aller Aktionen auf 1000,– Euro gesetzt, sofern diese einen minimalen Spendenbetrag von mehr als 10,– Euro aufweisen:

```
UPDATE CAMPAIGN AS c SET c.targetAmount = 1000.00 WHERE c.donationMinimum >
10.00
```

Solche schreibenden Massenoperationen sind nun auch mit der Criteria API
(siehe Abschnitt 7.8.1) möglich. Um unser Beispiel umzusetzen, benötigen wir
zunächst eine Instanz der Klasse CriteriaUpdate, die für ein Campaign-Objekt wie
folgt über den CriteriaBuilder cb erstellt wird:

```
CriteriaUpdate<Campaign> q = cb.createCriteriaUpdate(Campaign.class);
```

Auf diesem Objekt können wir die gewünschte Abfrage folgendermaßen festlegen:

```
Root<Campaign> c = q.from(Campaign.class);
q.set(c.get("targetAmount"), 1000.00).where(cb.gt(c.get("donationMinimum"),
10.00));
```

Anschließend kann die dadurch definierte Abfrage über den EntityManager wie
gewohnt ausgeführt werden:

```
Query query = entityManager.createQuery(q);
query.executeUpdate();
```

7.10   Zusammenfassung

In diesem Kapitel haben Sie eine Menge über die Persistierung von Java-Objekten
gelernt. Dabei haben Sie zunächst aus den Klassen der Domain-Objekte über
Annotationen Entitäten erstellt.

Instanzen dieser Klassen können Sie dadurch über den EntityManager in einer
Datenbank speichern, um diese zu einem späteren Zeitpunkt über die Criteria
API oder JPQL wieder aus der Datenbank zu holen.

Dabei werden über Bean Validation automatisch Bedingungen überprüft, die
Sie in den Entitäten über Annotationen festgelegt haben.

Um die Funktionalität Ihres Programmcodes sicherzustellen, haben Sie
gelernt, wie Sie bei automatischen Tests auf eine eingebettete Testdatenbank
zugreifen.

Schließlich war für die Ausführung der Datenbankabfragen ein Transaktions-
kontext notwendig. Dieser wurde durch die Konvertierung der Services in EJBs
zur Verfügung gestellt. Über diese interessante, aber noch weithin unbekannte
Technologie lernen Sie nun mehr im folgenden Kapitel.

Sie können Ihren aktuellen Stand mit unserem GitHub-Repository vergleichen. Diesen finden Sie unter: `https://github.com/marcusschiesser/my-aktion-`
`2nd/tree/jpa`.

7.11 Aufgaben

Nachfolgend finden Sie einige Aufgaben, mit denen Sie Ihr bisheriges Wissen über
JPA erweitern und festigen können.

7.11.1 JPQL-Abfragen mit Criteria API ersetzen

In den bisherigen Services werden die Datenbankabfragen aktuell mit *Named-*
Queries durchgeführt. Erstellen Sie nun zur Übung eine alternative Implementierung der `CampaignServiceBean`, die stattdessen die Criteria API (siehe Abschnitt
7.8.1) verwendet. Gehen Sie dabei folgendermaßen vor:

1. Erstellen Sie eine Kopie der Klasse `CampaignServiceBean` und nennen Sie diese
   `CriteriaCampaignServiceBean`.
2. Markieren Sie die bestehende `CampaignServiceBean` als alternative Implementierung, die nicht verwendet werden soll (siehe Abschnitt 6.4.2).
3. Entfernen Sie alle Aufrufe von `createNamedQuery` in der `CriteriaCampaign-`
   `ServiceBean` und ersetzen Sie diese durch einen äquivalenten Einsatz der
   Criteria API.

7.11.2 Zeitstempel der Aktualisierung hinzufügen

In Abschnitt 7.8.4 haben Sie den *EntityListener* kennengelernt. Nutzen Sie dessen
Funktionalität nun, um für alle Entitäten den Zeitpunkt zu speichern, wann diese
erstellt wurden. Gehen Sie dabei folgendermaßen vor:

1. Leiten Sie alle Entitäten von einer neuen Klasse `DateEntity` ab. Diese enthält
   ein Attribut `createdAt` zur Speicherung des Erstellungsdatums.
2. Erstellen Sie einen entsprechenden *EntityListener* und annotieren Sie alle
   Entitäten mit diesem.

7.11.3   Minimalen Spendenbetrag der Aktion überprüfen

In der Klasse `Campaign` haben wir mit `donationMinimum` ein Attribut definiert, das den minimalen Spendenbetrag einer Aktion speichert. Aktuell wird beim Hinzufügen einer Spende dieser jedoch nicht überprüft.

Fügen Sie diese Überprüfung der Methode `addDonation` innerhalb der Klasse `DonationServiceBean` hinzu. Falls die Überprüfung fehlschlägt, werfen Sie eine `RuntimeException`. Diese führt zum Abbruch der Transaktion, wodurch keine Spende in der Datenbank gespeichert wird.

7.11.4   Organisator über Spendenziel informieren

In der Klasse `Campaign` haben wir mit `donationTarget` ein Attribut definiert, das den Zielbetrag der Aktion speichert. Dieser wird momentan jedoch nicht verwendet.

Eine sinnvolle Erweiterung der Anwendung wäre, dem Organisator eine E-Mail zu senden, sobald die aktuelle Summe der Spendenbeträge den Zielbetrag erreicht oder überschreitet. Gehen Sie dabei folgendermaßen vor:

1. Fügen Sie die fehlende Überprüfung bezüglich des Zielbetrags der Methode `addDonation` innerhalb der Klasse `DonationServiceBean` hinzu. Erzeugen Sie im ersten Schritt nur eine Log-Meldung, wenn das Spendenziel erreicht wird.
2. Erstellen Sie eine Testklasse, die zur Ausgabe der Log-Meldung führt.
3. Erstellen Sie eine Hilfsklasse zum Senden von E-Mails. Dabei hilft die Information in Abschnitt 9.6.2.
4. Erweitern Sie schließlich die Methode `addDonation` um das Senden einer E-Mail an den Organisator der Aktion, falls der Zielbetrag erreicht wird.

7.12   Weiterführende Literatur

Ferentschik & Morling. (2012).
> *Hibernate Validator, JSR 303 Reference Implementation.* Abgerufen am
> 3. November 2012 von Reference Guide:
> `http://docs.jboss.org/hibernate/validator/5.0/reference/en-US/pdf/hiber-`
> `nate_validator_reference.pdf`

Ihns, Heldt, Koschek, Ehm, Sahlig & Schlömmer. (2011).
> *EJB 3.1 professionell.* Heidelberg: dpunkt.verlag.

Inden, M. (2014).
> *Java 8 – Die Neuerungen.* dpunkt.verlag.

Rückemann, L. (2013).
> *blog.codecentric.de.* Abgerufen am 3. September 2014 von
> `https://blog.codecentric.de/2013/10/java-8-erste-schritte-mit-lambdas-`
> `und-streams`

8 Iteration Nr. 4 – Enterprise JavaBeans

Sicherheit war für uns bisher kein Thema. Dies soll sich in der vorletzten Iteration ändern, in der wir die Anwendung mit den Funktionalitäten von EJBs (Enterprise JavaBeans) absichern. Java-EE-Anwendungen benötigen EJBs hauptsächlich für zwei Dinge: Sicherheit und Transaktionen. Letzteres haben wir implizit schon im vorigen Kapitel mit JPA eingeführt, dieses Kapitel beseitigt diesbezüglich noch letzte Unklarheiten. Außerdem lernen Sie weitere Funktionalitäten von EJBs und die Unterschiede zu CDI kennen.

8.1 Einleitung

In Kapitel 6 hatten wir mit CDI bereits ein Komponentenmodell für JavaBeans eingeführt und dessen Vorzüge kennengelernt. Bei CDI handelt es sich um eine neue Technologie, die erst mit Java EE Version 6 hinzugekommen ist, während die EJBs (Enterprise JavaBeans) von Anfang an bei der Java Enterprise Edition dabei waren. In der nun vorliegenden Java EE Version 7 wurden diese auf Version 3.2 aktualisiert.

Die Existenz zweier Komponentenmodelle ist für Anfänger sicherlich sehr verwirrend, insbesondere da es möglich ist, manche Funktionalitäten mit dem einen und dem anderen Modell umzusetzen.

Daher wollen wir es für Sie zunächst so einfach wie möglich machen: EJBs unterscheiden sich von CDI-Beans bezüglich der Programmierung lediglich durch eine Klassenannotation, die angibt, um welche EJB oder welche CDI-Bean es sich handelt. In Abschnitt 7.4.2 haben wir für unsere Services die Klassenannotation in @Stateless abgeändert. Durch diese Änderung handelt es sich nicht mehr um CDI-Beans, sondern um EJBs, genauer um sogenannte *Stateless Session Beans* (nachfolgend SSBs genannt).

In den folgenden Abschnitten können wir darauf aufbauend die neuen Funktionalitäten der EJBs für unsere Services nutzen. Wir benötigen hierzu EJBs, da die erforderlichen Funktionen zumindest in dem Umfang von CDI nicht zur Verfügung gestellt werden. Daher eignen sich EJBs hervorragend, um unsere Services umzusetzen.

Eine weitere Besonderheit sorgt für zusätzliche Verwirrung: Der Standard definiert mit *EJB Lite* eine Untermenge, die zum *Web Profile* gehört, während die komplette Funktionalität von EJB dem *Full Profile* zugeordnet wird. Wir gehen hauptsächlich auf die Funktionalitäten von *EJB Lite* ein. Falls ein erwähntes Feature in diesem nicht enthalten ist, weisen wir explizit darauf hin.

In Abschnitt 8.2 lernen Sie, wie man die Anwendung vor unbefugtem Zugriff absichert. Weiterführende Informationen zur Transaktionssteuerung finden Sie in Abschnitt 8.3, während wir Ihnen in Abschnitt 8.4 erklären, wie man zeitgesteuerte Abläufe mit EJBs realisiert. Der interessierte Leser kann anschließend in Abschnitt 8.5 mehr über die Unterschiede zwischen EJBs und CDI-Beans erfahren.

Starten wir nun jedoch mit einem wichtigen Thema: der Absicherung der Anwendung vor unbefugtem Zugriff.

8.2   Sicherheit

In den folgenden Abschnitten lernen Sie, wie man die Anwendung vor unbefugtem Zugriff absichert. Da es sich bei der Absicherung um ein Querschnittsthema handelt, sind mehrere Technologien neben EJBs davon betroffen. Da mit der Absicherung der Geschäftslogik der Hauptteil allerdings auf die EJBs fällt, finden Sie dieses Thema im EJB-Kapitel.

8.2.1   Organisatoren speichern

Laut unserer Anforderungen sollen mehrere Organisatoren die Anwendung nutzen können. Dies ist in unserem Datenmodell bisher jedoch noch nicht umgesetzt. Hierzu benötigen wir daher zunächst eine weitere Klasse, die die Entität `Organizer` speichert.

Listing 8–1 zeigt die Implementierung dieser Klasse, die Sie bitte im Ordner `src\main\java\de\dpunkt\myaktion\model` speichern.

Beachten Sie bitte, dass wir in dem Attribut `message` der Bean-Validation-Annotation, wie bereits in Kapitel 7 praktiziert, nicht direkt den Ausgabetext festlegen, sondern über geschweifte Klammern einen Schlüssel festlegen, der über eine sprachspezifische Properties-Datei[1] aufgelöst wird.

```
package de.dpunkt.myaktion.model;

import javax.persistence.Entity;
import javax.persistence.Id;
import javax.persistence.NamedQueries;
import javax.persistence.NamedQuery;
import javax.validation.constraints.NotNull;
import javax.validation.constraints.Pattern;
import javax.validation.constraints.Size;
```

---

1.   ValidationMessages_xx.properties

```
@NamedQueries({ @NamedQuery(name = Organizer.findByEmail,
    query = "SELECT o FROM Organizer o WHERE o.email = :email") })
@Entity
public class Organizer {
    public static final String findByEmail = "Organizer.findByEmail";
    @NotNull
    @Size(min = 3, max = 20, message = "{organizer.firstName.size}")
    private String firstName;
    @NotNull
    @Size(min = 3, max = 30, message = "{organizer.lastName.size}")
    private String lastName;
    @Id
    @Pattern(regexp = ".+@.+", message = "{organizer.email.pattern}")
    private String email;
    @NotNull
    private String password;

    public String getFirstName() {
        return firstName;
    }
    public void setFirstName(String firstName) {
        this.firstName = firstName;
    }
    public String getLastName() {
        return lastName;
    }
    public void setLastName(String lastName) {
        this.lastName = lastName;
    }
    public String getEmail() {
        return email;
    }
    public void setEmail(String email) {
        this.email = email;
    }
    public String getPassword() {
        return password;
    }
    public void setPassword(String password) {
        this.password - password;
    }
}
```

Listing 8–1 *Klasse Organizer*

Die Implementierung dieser Klasse entspricht den Implementierungen der anderen Entitäten. Sie enthält vier Attribute des Typs String mit den Bezeichnern firstName, lastName, email und password.

Der Wertebereich dieser Attribute wird über Bean Validation entsprechend den fachlichen Bedingungen aus Abschnitt 3.3 sichergestellt. Die Validierungsmeldungen sind sprachabhängig. Wir ergänzen daher die Datei ValidationMessages_de.properties im Verzeichnis src\main\resources um die folgenden Einträge:

```
# organizer model
organizer.firstName.size=Der Vorname eines Organisators muss min. {min} und
darf max. {max} Zeichen lang sein.
organizer.lastName.size=Der Nachname eines Organisators muss min. {min} und
darf max. {max} Zeichen lang sein.
organizer.email.pattern=Bitte eine valide E-Mail-Adresse angeben.
```

Die Datei ValidationMessages_en.properties wird um die folgenden Zeilen ergänzt:

```
# organizer model
organizer.firstName.size=The first name of an organizer must be between {min}
and {max} characters long.
organizer.lastName.size=The last name of an organizer must be between {min}
and {max} characters long.
organizer.email.pattern=Please enter a valid email address.
```

Eine Besonderheit ist die Validierung der E-Mail-Adresse. Bean Validation bietet hierfür keinen speziellen Validator, daher wird dies über einen eigenen regulären Ausdruck überprüft. Dieser stellt der Einfachheit halber lediglich sicher, dass die angegebene E-Mail-Adresse ein @-Zeichen enthält.

Des Weiteren ist die E-Mail-Adresse der Primärschlüssel der Entität, was über die Annotation @Id festgelegt wird. Schließlich existiert mit findByEmail auch eine *NamedQuery*, über die nach der E-Mail gesucht werden kann.

Um die Datenmodellierung nun noch abzuschließen, müssen wir jedem Campaign-Objekt noch einen eindeutigen Organisator zuordnen. Hierzu fügen wir in der Klasse Campaign ein Attribut hinzu, das den Organisator speichert:

```
@ManyToOne
private Organizer organizer;
```

Da es sich um eine 1:n-Relation handelt, wurde diese außerdem mit der Annotation @ManyToOne versehen. Um diese Relation setzen und abfragen zu können, fehlt noch der übliche Getter und Setter:

```
public Organizer getOrganizer() {
    return organizer;
}

public void setOrganizer(Organizer organizer) {
    this.organizer = organizer;
}
```

Im Unterschied zur Relation zwischen Aktionen und Spenden handelt es sich diesmal um eine unidirektionale Relation. Diese führt dazu, dass man den Organisator einer Aktion über obige Methode getOrganisator abfragen kann, es aber keine Methode in der Klasse Organisator gibt, die die zugeordneten Aktionen zurückliefert. Hierzu verwenden wir zur Abwechslung folgende JPQL-Abfrage, über die wir die Aktionen bekommen, die einem Organisator zugeordnet sind:

```
SELECT c FROM Campaign c WHERE c.organizer = :organizer ORDER BY c.name
```

Diese fügen wir ebenfalls der Klasse als *NamedQuery* hinzu. Der Anfang der Klasse ändert sich dadurch folgendermaßen:

```
@NamedQueries({
    @NamedQuery(name = Campaign.findByOrganizer,
        query = "SELECT c FROM Campaign c
                    WHERE c.organizer = :organizer ORDER BY c.name"),
    @NamedQuery(name = Campaign.findAll,
        query = "SELECT a FROM Campaign a ORDER BY a.name"),
    @NamedQuery(name = Campaign.getAmountDonatedSoFar,
        query = "SELECT SUM(d.amount) FROM Donation d
                    WHERE d.campaign = :campaign")
})
@Entity
public class Campaign {
    public static final String findByOrganizer = "Campaign.findByOrganizer";
    public static final String findAll = "Campaign.findAll";
    public static final String getAmountDonatedSoFar =
                                "Campaign.getAmountDonatedSoFar";
```

Die Entität Organizer ist dadurch fertig definiert, wenn Sie die Anwendung nun erneut deployen, werden ebenfalls die dazugehörigen Datenbanktabellen von JPA aktualisiert. Nun müssen wir nur noch einige Organisatoren in der Datenbank anlegen. Hierzu könnten wir nun ein eigenes Registrierungsformular in JSF erstellen. Da dies allerdings nur eine Wiederholung wäre, überlassen wir Ihnen dies als Übungsaufgabe (siehe Abschnitt 8.7.1). Um die Anwendung ohne Registrierungsformular dennoch nutzen zu können, werden wir die SQL-Anweisungen aus Listing 8–2 ausführen und die zwei Organisatoren als Beispiel anlegen: den berühmten Max Mustermann und seine ebenfalls fiktive Frau Martha Mustermann. Beide verwenden in dem Beispiel *secret* als Passwort, das wir aus Sicherheitsgründen nicht im Klartext speichern, sondern über die Einwegfunktion SHA[2]-256 verschlüsseln.

```
insert into Organizer (email, firstname, lastname, password) values
('max@mustermann.de', 'Max', 'Mustermann', hash('SHA256',
stringtoutf8('secret'), 1));
insert into Organizer (email, firstname, lastname, password) values
('martha@mustermann.de', 'Martha', 'Mustermann', hash('SHA256',
stringtoutf8('secret'), 1));
```

Listing 8–2   *SQL-Anweisungen für zwei Beispiel-Organisatoren*

Unklar ist nun jedoch, wie diese SQL-Anweisungen auszuführen sind, schließlich setzen wir mit H2 eine Embedded-Datenbank ein, für die wir bisher noch keine Konsole gesehen haben. Diese Konsole ist aber natürlich vorhanden. Bevor Sie sie starten können, stellen Sie zunächst sicher, dass WildFly heruntergefahren ist. Dies ist notwendig, da die Datenbank nur aus einer einzelnen Datei besteht, auf

---

2.   siehe http://de.wikipedia.org/wiki/Secure_Hash_Algorithm

die nur ein Prozess zugreifen kann: entweder WildFly oder die Datenbankkonsole. Um Letztere zu starten, führen Sie bitte folgende Kommandos aus:

```
cd %JBOSS_HOME%\modules\system\layers\base\com\h2database\h2\main
java -jar h2-1.3.173.jar
```

Nach kurzer Zeit sollte sich Ihr Webbrowser mit dem Anmeldebildschirm aus Abbildung 8–1 öffnen. Geben Sie dort unter *JDBC URL* mit `jdbc:h2:~/data/myaktion` die URL unserer Datenbankverbindung aus Abschnitt 7.4.1 ein. Als Benutzername und Passwort verwenden Sie jeweils sa.

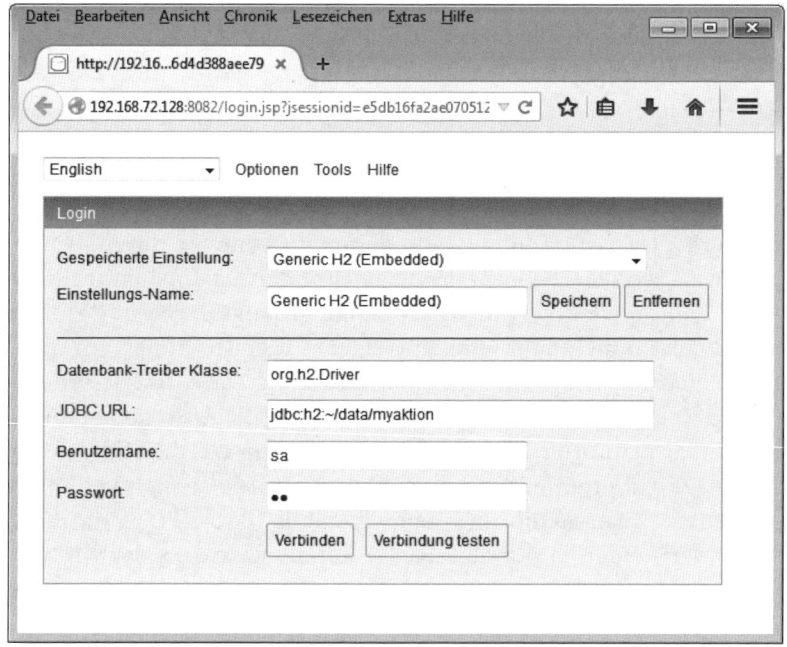

Abb. 8–1   *Login für die H2-Datenbankkonsole*

Nach der Anmeldung erscheint eine neue Seite, auf der Sie die Webkonsole aus Abbildung 8–2 finden. In diese kopieren Sie bitte die SQL-Anweisungen aus Listing 8–2 und betätigen Sie die Ausführung der Anweisungen mit der Tastenkombination *STRG+Enter*.

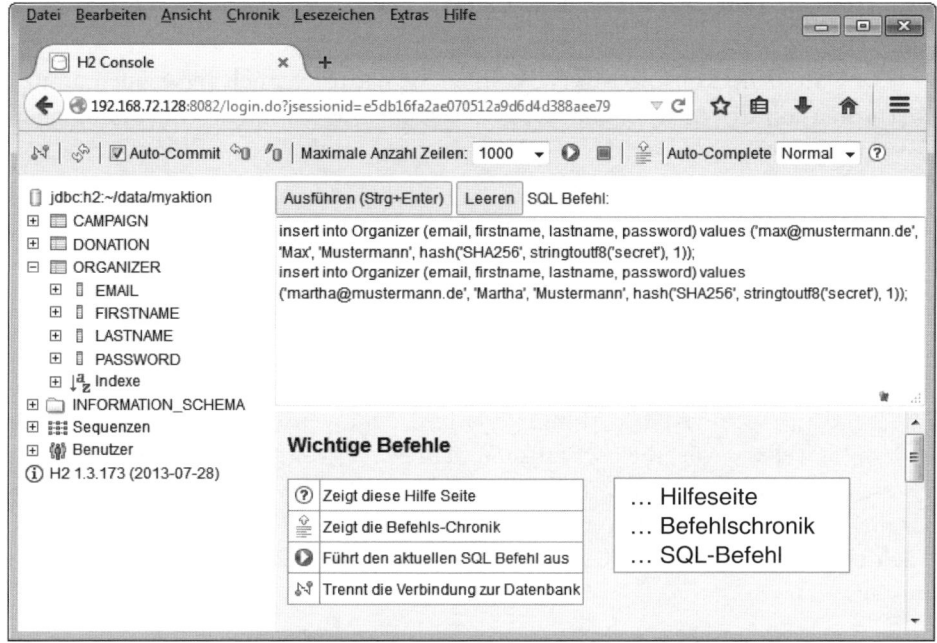

Abb. 8–2   *Webkonsole zur Ausführung von SQL-Befehlen*

Als Bestätigung erhalten wir in der Konsole zwei Meldungen:

```
insert into Organizer (email, firstname, lastname, password) values
('max@mustermann.de', 'Max', 'Mustermann', hash('SHA256',
stringtoutf8('secret'), 1));
Änderungen: 1
(15 ms)

insert into Organizer (email, firstname, lastname, password) values
('martha@mustermann.de', 'Martha', 'Mustermann', hash('SHA256',
stringtoutf8('secret'), 1));
Änderungen: 1
(0 ms)
```

Anschließend können Sie in derselben Konsole folgende Anweisung ausführen und dadurch überprüfen, ob die Datensätze korrekt angelegt wurden:

```
SELECT * FROM ORGANIZER;
```

Ebenso können Sie sich über

```
SELECT * FROM CAMPAIGN;
```

die bisher angelegten Aktionen anzeigen lassen. Damit die bereits bestehenden Aktionen einem Organisator zugeordnet werden, führen Sie anschließend folgenden Befehl aus:

```
update campaign set organizer_email='max@mustermann.de' where organizer_email
is null;
```

Dadurch weisen Sie jeder Aktion ohne Organisator den Benutzer *Max Muster-mann* als Organisator zu.

Die Datenbankkonsole von H2 können Sie natürlich auch verwenden, um zu überprüfen, ob die Anwendung die gewünschten Werte in der Datenbank speichert. Einziger Nachteil ist, dass Sie hierzu jedes Mal den Anwendungsserver herunterfahren müssen. Um das zu umgehen, können Sie eine H2-Datenbank auch im Servermodus starten, der dann mehrere parallele Zugriffe auf die Datenbank ermöglicht. Hierzu müssen Sie zunächst die Webkonsole beenden und über folgenden Befehl den H2-Server starten:

```
java -cp h2-1.3.173.jar.jar org.h2.tools.Server
```

Anschließend ändern Sie in der Datei `myaktion-ds.xml` die JDBC-URL in `jdbc:h2:tcp://localhost/~/data/myaktion` und deployen die Anwendung erneut. In der H2-Webkonsole, die ebenfalls mit dem H2-Server gestartet wurde, können Sie sich dann ebenfalls mit dieser neuen JDBC-URL verbinden und dadurch parallel dieselbe Datenbank mit WildFly und der Datenbankkonsole nutzen. Nachteil von dieser Methode ist, dass Sie immer den H2-Server gestartet haben müssen.

8.2.2   Security-Domain für WildFly anlegen

Um eine Anwendung innerhalb von WildFly abzusichern, muss sie einer Security-Domain zugeordnet sein. Jede solche Security-Domain enthält mindestens ein Login-Modul, optional mehrere. Über diese werden die Authentifizierung der Benutzer und die Zuweisung zu deren Rollen durchgeführt. Dabei handelt es sich um ein von JBoss geerbtes, WildFly-spezifisches Konzept, das daher hier nicht näher erläutert wird. Mehr über Login-Module und Security-Domains können Sie in dem Benutzerhandbuch des JBoss EAP 6[3] (Gilda, Logue & Mison, 2012) erfahren.

Für unsere Anwendung benötigen wir lediglich ein Login-Modul, das die Authentifizierung anhand der im vorherigen Abschnitt angelegten Datenbanktabelle zur Speicherung des Organisators übernimmt.

Hierzu müssen wir den Abschnitt aus Listing 8–3 in die Datei `%JBOSS_HOME%\standalone\configuration\standalone.xml` und dort an das Ende des XML-Tags `<security-domains>` einfügen.

---

3.   Es handelt sich um die kommerzielle Variante des JBoss, die in der Konfiguration dem von uns verwendeten WildFly-Applikationsserver am ehesten entspricht. (Stand September 2014)

```
<security-domain name="my-aktion" cache-type="default">
  <authentication>
    <login-module code="Database" flag="required">
      <module-option name="dsJndiName"
        value="java:jboss/datasources/MyAktionDS"/>
      <module-option name="principalsQuery"
        value="select password from organizer where email=?"/>
      <module-option name="rolesQuery" value=
        "select 'Organizer','Roles' from organizer where email=?"/>
      <module-option name="hashAlgorithm" value="SHA-256" />
      <module-option name="hashEncoding" value="hex" />
      <module-option name="hashCharset" value="UTF-8" />
    </login-module>
  </authentication>
</security-domain>
```

Listing 8–3 *Abschnitt zur Konfiguration der Security-Domain*

Da wir die Authentifizierung anhand der in einer Datenbanktabelle gespeicherten Daten vornehmen möchten, spezifizieren wir dies, indem wir den Parameter code des Tags <login-module> auf Database setzen.

Für die Authentifizierung über eine Datenbank benötigt man neben der zu verwendenden Datenquelle, die wir im Parameter dsJndiName festlegen, zwei Datenbankabfragen: principalsQuery und rolesQuery. Die principalsQuery lautet bei unserem Beispiel folgendermaßen:

```
select password from organizer where email=?
```

Über diese selektieren wir das Passwort eines Benutzers anhand dessen E-Mail-Adresse. WildFly kann dadurch überprüfen, ob ein Benutzer mit der angegebenen E-Mail-Adresse existiert und ob er das vom Benutzer übergebene Passwort verwendet.

Die Abfrage rolesQuery soll die vom Benutzer verwendeten Rollen zurückgeben. Sie lautet bei uns:

```
select 'Organizer','Roles' from organizer where email=?
```

Diese Abfrage liefert für jeden existierenden Benutzer über dessen E-Mail-Adresse das Paar *('Organizer','Roles')* zurück. Existiert der Benutzer nicht, wird kein Ergebnis zurückgeliefert. Dadurch besitzt jeder in der Tabelle ORGANIZER eingetragene Benutzer die fachliche Rolle *Organisator*[4]. Dies ist für unsere Zwecke ausreichend, da in unserer Anwendung jeder angemeldete Benutzer die Rolle *Organisator* besitzt. Die zweite fachliche Rolle *Spender* wird einfach über nicht angemeldete Benutzer abgebildet.

Komplexere Anwendungen, die pro Benutzer die Zuordnung einer beliebigen Rolle ermöglichen, benötigen hier eine zweite Tabelle, in der die verfügbaren Rol-

---

4. Bitte beachten: Im Quelltext wird jeweils der technische Name der Rolle verwendet. Dieser lautet *Organizer* – die englische Übersetzung.

len gespeichert werden. Die Abfrage `rolesQuery` würde dann über einen Verbund (engl. *join*) der Benutzer- und der Rollentabelle die Rolle eines Benutzers zurückliefern. Dies ist in unserem Fall allerdings nicht notwendig.

Die Konfiguration des Login-Moduls enthält außerdem noch die Parameter `hashAlgorithm`, `hashEncoding` und `hashCharset`. Über diese wird festgelegt, dass die Passwörter der Organisatoren mit der Einwegfunktion SHA-256 in dem von H2 verwendeten Encoding verschlüsselt sind. Dies entspricht unseren Angaben aus Listing 8–2.

Starten Sie nach dieser Änderung WildFly erneut, damit die Security-Domain *My-Aktion* aktiviert wird. In den folgenden Abschnitten werden wir lernen, wie unsere Anwendung diese einsetzt.

8.2.3   Benutzeroberfläche absichern

Zunächst werden wir den Zugriff auf die Benutzeroberfläche absichern. Benutzer der Anwendung können anschließend auf die Anwendungsfälle nur dann zugreifen, wenn sie vorab mit der Rolle *Organisator* authentifiziert wurden. Eine Ausnahme soll der Anwendungsfall *Geld spenden* sein, da er auch von nicht angemeldeten Benutzern ausgeführt werden soll.

Hierzu müssen wir zunächst festlegen, welche Security-Domain unsere Anwendung verwendet. Im vorherigen Abschnitt haben wir die Security-Domain *My-Aktion* definiert. Damit unsere Anwendung dieser zugeordnet wird, müssen wir die Datei `jboss-web.xml` aus Listing 8–4 in dem Ordner `src\main\webapp\WEB-INF` speichern.

```
<jboss-web>
   <security-domain>my-aktion</security-domain>
</jboss-web>
```

Listing 8–4   *jboss-web.xml*

Als Nächstes werden wir ein bestimmtes URL-Pattern festlegen. Wenn eine vom Benutzer angeforderte URL dieses Pattern enthält, dann wird dem Benutzer der Zugriff auf die URL nur gestattet, wenn er zuvor mit einer bestimmten Rolle authentifiziert wurde.

Diese Konfiguration muss in der Datei `web.xml` vorgenommen werden. Bitte speichern Sie dazu den Inhalt aus Listing 8–5 unter dem Namen `web.xml` in dem Ordner `src\main\webapp\WEB-INF` ab. Falls Sie in einem vorherigen Abschnitt schon eine Datei `web.xml` angelegt haben, fügen Sie bitte lediglich die neuen Einträge der bestehenden Datei hinzu.

```xml
<?xml version="1.0" encoding="UTF-8"?>
<web-app xmlns="http://xmlns.jcp.org/xml/ns/javaee"
    xmlns:xsi="http://www.w3.org/2001/XMLSchema-instance"
    xsi:schemaLocation="http://xmlns.jcp.org/xml/ns/javaee
        http://xmlns.jcp.org/xml/ns/javaee/web-app_3_1.xsd"
    version="3.1">
    <login-config>
        <auth-method>BASIC</auth-method>
        <realm-name>MyAktion – Basic Authentifications</realm-name>
    </login-config>
    <security-constraint>
        <web-resource-collection>
            <web-resource-name>organizer</web-resource-name>
            <url-pattern>/organizer/*</url-pattern>
        </web-resource-collection>
        <auth-constraint>
            <role-name>Organizer</role-name>
        </auth-constraint>
    </security-constraint>
    <security-role>
        <role-name>Organizer</role-name>
    </security-role>
</web-app>
```

Listing 8–5   *web.xml*

In Listing 8–5 definieren wir das abzusichernde URL-Pattern innerhalb des Tags
<security-constraint>. Dort legen wir fest, dass URLs, die mit /organizer beginn-
nen, nur von der Rolle *Organisator* aufgerufen werden sollen. Ferner geben wir
in dem Tag <security-role> vor, dass die Anwendung überhaupt eine entsprechende Rolle kennt.

Außerdem definieren wir in dem Abschnitt <login-config>, dass eine Authentifizierung über die HTTP-Basic-Authentication stattfinden soll. Dadurch wird
bei einem Zugriff auf einen geschützten Bereich der Anwender über eine einfache
Dialogbox des Browsers nach seinen Authentifizierungsdaten gefragt. Der Vorteil
dieser Methode ist, dass wir dadurch keinen eigenen Anmeldebildschirm erstellen
müssen.

Unschön ist allerdings, dass unsere Anwendung noch keine URLs anbietet,
die mit /organizer beginnen. Um dies zu ändern, führen wir den folgenden Refac-
tor-Schritt durch, der die Views der abzusichernden Anwendungsfälle in diesem
Bereich zur Verfügung stellt.

Hierzu erstellen wir zunächst den Ordner src\main\webapp\organizer und
legen alle Dateien der betroffenen Views in dieses Verzeichnis. Konkret handelt es
sich um die Dateien editCampaign.xhtml, listCampaigns.xhtml, editDonation-
Form.xhtml und listDonations.xhtml. Lediglich die Datei donateMoney.xhtml ist von
der Änderung nicht betroffen. Sie bleibt an ihrem bestehenden Ort, da der dazugehörige Anwendungsfall *Geld spenden* nicht abgesichert werden soll.

Durch diese Änderung stimmen nun allerdings unsere Navigationspfade der Anwendung nicht mehr. Diese haben wir vorausschauend zentral in der Klasse Pages im Package de.dpunkt.myaktion.controller gepflegt. Hier müssen wir nun für die betroffenen Views das Präfix /organizer/ hinzufügen. Dadurch ergibt sich der in Listing 8–6 angegebene Dateiinhalt.

```
package de.dpunkt.myaktion.controller;

public class Pages {
    public static final String LIST_CAMPAIGNS = "/organizer/listCampaigns";
    public static final String EDIT_CAMPAGN = "/organizer/editCampaign";
    public static final String EDIT_DONATION_FORM =
            "/organizer/editDonationForm";
    public static final String LIST_DONATIONS =
            "/organizer/listDonations";
    public static final String DONATE_MONEY = "donateMoney";
}
```

Listing 8–6   *Klasse Pages*

Als letzte Änderung müssen wir nun nur noch die Start-URL der Anwendung aktualisieren. Diese URL lautet durch unsere Anpassungen nun nicht mehr list-Campaigns.jsf, sondern organizer/listCampaigns.jsf. Diese legen wir, wie in Listing 8–7 angegeben, in der Datei index.html im Ordner src\main\webapp fest.

```
<html>
<head>
<meta http-equiv="Refresh" content="0; URL=organizer/listCampaigns.jsf">
</head>
</html>
```

Listing 8–7   *index.html*

Wenn Sie nun die Anwendung nach einem weiteren Deployment erneut durch Aufruf der URL localhost:8080/my-aktion starten, werden Sie direkt zur URL /organizer/listCampaigns.jsf weitergeleitet. Da diese nach unserer Konfiguration durch die Security-Domain *My-Aktion* abgesichert ist, werden Sie nach einem Benutzernamen und einem Passwort gefragt. Verwenden Sie an dieser Stelle einen Eintrag aus der Datenbanktabelle ORGANIZER, z. B. als Benutzername *max@mustermann.de* und als Passwort *secret*.

8.2.4   Eigene Aktionen für jeden Organisator

Im vorherigen Abschnitt haben wir dafür gesorgt, dass ein Benutzer sich authentifizieren muss, bevor er die Anwendungsfälle der Rolle *Organisator* nutzen kann. Dadurch ist dem System seine eindeutige Identität über dessen E-Mail-Adresse bekannt.

Ruft nun ein Benutzer die Anwendungsfälle auf, so greift jeder Benutzer immer auf die komplette Liste aller Aktionen zu. Dies ist allerdings nicht erwünscht: Jeder Organisator soll nur seine eigenen Aktionen mit dem System bearbeiten können.

Ziel dieses Abschnitts ist es daher, den `CampaignService` so abzuändern, dass dessen Methode `getAllCampaigns` nicht die Liste aller `Campaign`-Objekte aller Benutzer, sondern nur die `Campaign`-Objekte des angemeldeten Benutzers zurückliefert.

Hierzu benötigen wir zunächst den angemeldeten Organisator. Dieser wird in unserem Fall über seine E-Mail-Adresse identifiziert, die wir bei der Anmeldung als Benutzername verwenden. Den Benutzernamen eines angemeldeten Benutzers können wir über den sogenannten `SessionContext` bekommen. Dieses Objekt speichert Informationen über die aktuelle Session, unter anderem auch die gewünschte E-Mail-Adresse. Der `SessionContext`, der sich selbst im Package `javax.ejb` befindet, kann jeder EJB über die Annotation `@Resource` aus dem Package `javax.annotation` hinzugefügt werden. Dies erledigen wir nun im ersten Schritt für die Implementierung des `CampaignService`. Hierzu fügen wir folgende Instanzvariable der Klasse `CampaignServiceBean` hinzu:

```
@Resource
private SessionContext sessionContext;
```

Anschließend können wir die Methoden des `SessionContext` in der `CampaignServiceBean` nutzen. Von Interesse ist in unserem Fall die Methode `getCallerPrincipal`, die eine Instanz der Klasse `Principal` zurückliefert, die Informationen über den angemeldeten Benutzer enthält. Die Methode `getName` des `Principal`-Objekts liefert den Benutzernamen, in unserem Fall also die E-Mail-Adresse des angemeldeten Organisators. Diese verwenden wir als Parameter in der *NamedQuery* `Organizer.findByEmail`, um das dazugehörige `Organizer`-Objekt zu finden. Beide Aufrufe fassen wir in der Methode `getLoggedinOrganizer` zusammen, die als Ergebnis das `Organizer`-Objekt des angemeldeten Benutzers zurückliefert. Diese Methode fügen wir nun der `CampaignServiceBean` hinzu:

```
private Organizer getLoggedinOrganizer() {
    String organizerEmail = sessionContext
            .getCallerPrincipal().getName();
    Organizer organizer = entityManager
            .createNamedQuery(Organizer.findByEmail, Organizer.class)
            .setParameter("email", organizerEmail).getSingleResult();
    return organizer;
}
```

Als nächsten Schritt können wir in der Methode `getAllCampaigns` anstatt der *NamedQuery* `Campaign.findAll` die *NamedQuery* `Campaign.findByOrganisator` verwenden, um anhand des `Organizer`-Objekts dessen zugeordnete Aktionen zurückzuliefern. Dazu ersetzen wir den folgenden Abschnitt:

```
TypedQuery<Campaign> query = entityManager
        .createNamedQuery(Campaign.findAll, Campaign.class);
```

durch diesen Ausdruck:

```
TypedQuery<Campaign> query = entityManager
            .createNamedQuery(Campaign.findByOrganizer, Campaign.class);
query.setParameter("organizer", getLoggedinOrganizer());
```

Insgesamt ergibt sich dadurch folgende Implementierung für die Methode `getAll-Campaigns`:

```
public List<Campaign> getAllCampaigns() {
    TypedQuery<Campaign> query = entityManager
        .createNamedQuery(Campaign.findByOrganizer, Campaign.class);
    query.setParameter("organizer", getLoggedinOrganizer());
    List<Campaign> campaigns = query.getResultList();
    campaigns.forEach(campaign -> campaign
        .setAmountDonatedSoFar(getAmountDonatedSoFar(campaign)));
    return campaigns;
}
```

Durch diese Änderung bekommt ein angemeldeter Organisator nur seine Aktionen angezeigt.

Nun fehlt lediglich, dass beim Hinzufügen einer Aktion der angemeldete Organisator der Aktion zugeordnet wird. Dazu erweitern wir die Methode `addCampaign` folgendermaßen:

```
public void addCampaign(Campaign campaign) {
    Organizer organizer = getLoggedinOrganizer();
    campaign.setOrganizer(organizer);
    entityManager.persist(campaign);
}
```

Im Gegensatz zur vorherigen Implementierung wird dem zu persistierenden `Campaign`-Objekt über die Methode `setOrganizer` der angemeldete Organisator zugeordnet, dessen Objekt zuvor über die Methode `getLoggedinOrganizer` ermittelt wurde.

Nach einem Neustart besitzt jeder Organisator seine eigenen Aktionen. Dadurch ist die Anwendung aus funktionaler Sicht abgeschlossen. In den folgenden Abschnitten werden wir die Sicherheit weiter erhöhen bzw. Look & Feel der Anwendung verbessern.

8.2.5   Services über Annotationen absichern

Bisher haben wir die Anwendung lediglich über die Benutzeroberfläche abgesichert. Dies ist allerdings aus zwei Gründen nicht ausreichend. Einerseits kann es sein, dass wir einen zusätzlichen Zugriff auf unsere Serviceschicht, z. B. über Webservices, wünschen. In diesem Fall wären unsere Services aktuell jedoch nicht abgesichert. Andererseits besteht auch die Gefahr, dass ein Angreifer eine Möglichkeit findet, Methoden unserer Services direkt aufzurufen, beispielsweise über eine Sicherheitslücke der *JavaServer Faces*. Auch dann wäre es erwünscht, wenn diese zusätzlich gesichert wären.

Aus diesen Gründen sichern wir die Methoden unserer Services generell ab. Dies lässt sich bei EJBs sehr einfach über Annotationen erledigen. Über diese kann für jede Methode festgelegt werden, von welcher Rolle sie ausgeführt werden darf.

Vorab müssen wir jedoch analog zu der Absicherung der Benutzeroberfläche (siehe Abschnitt 8.2.3) die EJBs einer Security-Domain zuordnen. Leider nimmt WildFly hier als Standardwert nicht einfach die Security-Domain, die wir vorab für die Benutzeroberfläche in der Datei jboss-web.xml festgelegt haben.

Stattdessen müssen wir über einen weiteren WildFly-spezifischen Deployment-Deskriptor diese Zuordnung vornehmen. Für unsere Anwendung finden Sie diesen in Listing 8–8. Speichern Sie diese Datei daher unter dem Namen jboss-ejb3.xml in dem Ordner src\main\webapp\WEB-INF ab.

```xml
<?xml version="1.1" encoding="UTF-8"?>
<jboss:ejb-jar xmlns:jboss="http://www.jboss.com/xml/ns/javaee"
    xmlns="http://java.sun.com/xml/ns/javaee"
    xmlns:xsi="http://www.w3.org/2001/XMLSchema-instance"
    xmlns:s="urn:security"
    xsi:schemaLocation="http://www.jboss.com/xml/ns/javaee
        http://www.jboss.org/j2ee/schema/jboss-ejb3-2_0.xsd
        http://java.sun.com/xml/ns/javaee
        http://java.sun.com/xml/ns/javaee/ejb-jar_3_1.xsd"
    version="3.1" impl-version="2.0">
    <assembly-descriptor>
        <s:security>
            <ejb-name>*</ejb-name>
            <s:security-domain>my-aktion</s:security-domain>
        </s:security>
    </assembly-descriptor>
</jboss:ejb-jar>
```

Listing 8–8 *jboss-ejb3.xml*

Der Aufbau des Deployment-Deskriptors gestaltet sich sehr einfach. Innerhalb des Tags `<s:security>` legen wir fest, dass alle EJBs, die auf den Ausdruck * matchen (und damit ausnahmslos alle der Anwendung), der im Tag `<s:security-domain>` festgelegten Security-Domain zugeordnet werden. Man sieht, dass man über diese Konfigurationsdatei auch unterschiedliche Beans verschiedenen Security-Domains zuordnen könnte; diese Funktionalität wird für unsere Anwendung allerdings nicht benötigt.

Beachten Sie, dass es sich um eine von WildFly-spezifische Konfiguration handelt, die auf anderen Anwendungsservern keine Auswirkung zeigt. Für andere Server müssen Sie die Security-Domain über eine andere Methode konfigurieren, da dies nicht Bestandteil des Java-EE-Standards ist.

Fahren wir nun jedoch mit der Festlegung fort, welche Methoden der EJBs über welche Rollen abgesichert werden sollen. Diese Konfiguration findet wieder unabhängig vom Anwendungsserver über standardkonforme Annotationen statt.

Unsere Anforderungen verlangen, dass alle Methoden des `CampaignService` generell nur von der Rolle *Organisator* aufgerufen werden sollen. Um dies festzulegen, verwenden wir die Annotation `@RolesAllowed` aus dem Package `javax.annotation.security`. Als Parameter verwenden wir den technischen Namen der erlaubten Rolle, in unserem Fall also `Organizer`.

Für die Implementierung der Klasse `CampaignServiceBean` ergibt sich daher folgende Annotation der Klasse:

```
@RolesAllowed("Organizer")
@Stateless
public class CampaignServiceBean implements CampaignService {
...
```

Durch diese eine Zeile sind nach einem Neustart der Anwendung alle Methoden des `CampaignService` über die Rolle *Organisator* abgesichert.

Da nicht alle Methoden des `DonationService` von der Rolle *Organisator* ausgeführt werden, ist die Absicherung des `DonationService` geringfügig umfangreicher. Konkret enthält dieser Service die Methode `getDonationList`, die ausschließlich von der Rolle *Organisator* ausgeführt werden soll, und die Methode `addDonation`, auf die jeder Benutzer Zugriff haben soll. Bisher wurden alle Methoden einer Bean abgesichert, nun besteht die Anforderung, lediglich eine Methode einer Bean abzusichern. Hierzu können wir ebenfalls die Annotation `@RolesAllowed` verwenden, über die sowohl Klassen als auch Methoden annotiert werden können. Werden Methoden annotiert, dann ist lediglich die Methode abgesichert. Zur Absicherung der Methode `getDonationList` muss diese daher folgendermaßen erweitert werden:

```
@RolesAllowed("Organizer")
public List<Donation> getDonationList(Long campaignId) {
...
```

Wie bereits erwähnt soll die Methode `addDonation` für jeden Benutzer zugänglich sein. Um dies sicherzustellen, existiert die Annotation `@PermitAll`, die sich ebenfalls im Package `javax.annotation.security` befindet. Fügen Sie diese der Methode `addDonation` hinzu, dann kann sie von jedem Benutzer aufgerufen werden:

```
@PermitAll
public void addDonation(Long campaignId, Donation donation) {
...
```

Wenn Sie eine abgesicherte Servicemethode aufrufen, ohne dass der Benutzer der Session Zugriff hat, wird eine `EJBAccessException` ausgeführt. Sie können dies überprüfen, indem Sie testweise die Methode `addDonation` über `@RolesAllowed` absichern, dann die Anwendung neu starten und den Anwendungsfall *Geld spen-*

den ausführen. In diesem Fall sollte der Anwendungsserver die Ausführung durch eine `EJBAccessException` unterbrechen. Bevor Sie fortfahren, machen Sie bitte diese Änderung wieder rückgängig.

Die Absicherung der Servicemethoden ist dadurch abgeschlossen.

8.2.6 Mehr Sicherheit durch SSL

Ein Nachteil der HTTP-Basic-Authentication ist, dass die Passwörter der Benutzer im Klartext übertragen werden. Aus diesem Grund bietet sich eine Verschlüsselung der Kommunikation über SSL[5] (Secure Sockets Layer) an. Diese kann innerhalb von Java-EE-7-Anwendungen sehr einfach konfiguriert werden. Hierzu müssen wir in der Datei web.xml im Ordner `src\main\webapp\WEB-INF` innerhalb des Tags `<security-constraint>` lediglich den folgenden Abschnitt hinzufügen:

```
<user-data-constraint>
  <transport-guarantee>CONFIDENTIAL</transport-guarantee>
</user-data-constraint>
```

Nach einem Neustart der Anwendung wird bei einem Zugriff auf die URL unserer Anwendung automatisch auf das sichere Protokoll HTTPS umgeleitet; die Anwendung erlaubt keinen Zugriff mehr über das unsichere Protokoll HTTP.

Damit wären wir eigentlich schon fertig; das Problem ist jedoch, dass WildFly in der Standardkonfiguration keinen Zugriff über das Protokoll HTTPS definiert. Als Folge reagiert der Anwendungsserver nicht, wenn man mit HTTPS auf ihn zugreift; unsere Anfragen liefern daher nach einem Timeout überhaupt kein Ergebnis zurück. Glücklicherweise lässt sich das Problem relativ einfach beheben.

Im ersten Schritt müssen wir zunächst mit dem vom JDK mitgelieferten Werkzeug keytool einen Java Keystore (JKS) erzeugen. Der Keystore ist ein Speicher für kryptografische Schlüssel und Zertifikate mit deren Hilfe Clients SSL-verschlüsselte Verbindungen zum Server aufbauen können. Über das folgende Kommando erzeugen wir einen JKS, der 30 Jahre (10950 Tage) lang gültig ist:

```
keytool.exe -genkey -alias my-aktion -keyalg RSA -keystore my-aktion.keystore
-validity 10950
```

Nach dem Aufruf des Kommandos fragt das Programm weitere Informationen bezüglich des JKS ab, die wir wie folgt beantworten:

```
Geben Sie das Keystore-Passwort ein:  changeit
Geben Sie das Passwort erneut ein: changeit
Wie lautet Ihr Vor- und Nachname?
  [Unknown]:  MS
Wie lautet der Name Ihrer organisatorischen Einheit?
  [Unknown]:  dpunkt
```

---

5. Näheres zu SSL finden Sie hier: http://de.wikipedia.org/wiki/Transport_Layer_Security.

```
Wie lautet der Name Ihrer Organisation?
   [Unknown]:  dpunkt.verlag GmbH
Wie lautet der Name Ihrer Stadt oder Gemeinde?
   [Unknown]:  Heidelberg
Wie lautet der Name Ihres Bundeslandes oder Ihrer Provinz?
   [Unknown]:  BW
Wie lautet der Landescode (zwei Buchstaben) für diese Einheit?
   [Unknown]:  DE
Ist CN=MS, OU=dpunkt, O=dpunkt.verlag GmbH, L=Heidelberg, ST=BW, C=DE richtig?
   [Nein]:  Ja

Geben Sie das Passwort für <my-aktion> ein.
      (EINGABETASTE, wenn Passwort dasselbe wie für Keystore):  changeit
Geben Sie das Passwort erneut ein: changeit
```

Das Werkzeug erzeugt dadurch eine Keystore-Datei my-aktion.keystore, die über das Passwort *changeit* abgesichert ist. Kopieren Sie diese Datei bitte in das Wild-Fly-Konfigurationsverzeichnis %JBOSS_HOME%\standalone\configuration.

Bitte beachten Sie, dass dieser Keystore lediglich ein selbst signiertes SSL-Zertifikat enthält, das nur für die Entwicklung und den Test geeignet ist. Für den Produktionsbetrieb müssen Sie in jedem Fall ein Zertifikat bei einer Zertifizierungsstelle erwerben.

Den neu angelegten Keystore benötigen wir für die SSL-Konfiguration des Servers. Nach dem Herunterfahren des Servers führen wir die folgenden Änderungen in der WildFly-Konfiguration standalone.xml durch. Wir fügen innerhalb des Tags <security-realm name="ApplicationRealm"> den folgenden Abschnitt ein. Er definiert die für HTTPS-Verbindungen notwendigen Parameter [6]:

```
<server-identities>
  <ssl>
    <keystore path="my-aktion.keystore"
          relative-to="jboss.server.config.dir"
          keystore-password="changeit"
          alias="my-aktion"
          key-password="changeit" />
  </ssl>
</server-identities>
```

Anschließend müssen wir die so veränderte *Security-Realm* in der Webserver-Konfiguration referenzieren. Wir fügen dazu den folgenden Abschnitt innerhalb des Tags <subsystem xmlns="urn:jboss:domain:undertow:1.1"> ein[7]:

```
<https-listener name="default-ssl" socket-binding="https"
     security-realm="ApplicationRealm" />
```

---

6.   Wir referenzieren den JKS durch einen relativen Pfad. Der Wert des Attributs path ist relativ zum Wert des Attributs relative-to. Hier wird der Wert der Variable jboss.server.config.dir gesetzt, der standardmäßig %JBOSS_HOME%\standalone\configuration ist. Zusammen ergibt das den korrekten Speicherort %JBOSS_HOME%\standalone\configuration\my-aktion.keystore.

7.   Undertow ist der Name des Webservers im WildFly-Applikationsserver.

Nach einem Neustart des Anwendungsservers und einem erneuten Deployment der Anwendung über Maven werden Sie bei einem Zugriff auf

```
http://localhost:8080/my-aktion
```

automatisch auf die neue URL der Anwendung

```
https://localhost:8443/my-aktion
```

weitergeleitet. Natürlich können Sie ab sofort auch direkt diese neue URL angeben. Je nachdem, welchen Browser Sie benutzen, erhalten Sie nun auch eine Fehlermeldung, dass das verwendete Zertifikat nicht vertrauenswürdig ist. Diese Meldung können Sie jedoch ignorieren. Ursache ist, dass Sie wie oben beschrieben ein selbst signiertes Zertifikat einsetzen. Wenn Sie in der Produktionsumgebung ein gekauftes Zertifikat verwenden, wird dieser Fehler nicht auftreten.

8.2.7   Eigenen Anmeldebildschirm festlegen

Durch die letzten durchgeführten Schritte ist unsere Anwendung nun zwar ausreichend abgesichert, der Anmeldeschirm der HTTP-Basic-Authentication ist jedoch alles andere als schön. Viel besser wäre es, wenn wir daher ein eigenes Login-Formular erstellen könnten, das auf unserem existierenden JSF-Template basiert.

Um dies zu erreichen, müssen wir in der Datei web.xml im Ordner src\main\ webapp\WEB-INF die Authentifizierungsmethode auf FORM festlegen sowie zwei URLs für die JSF-Seiten des Anmeldebildschirms: eine für die eigentliche Anmeldung und eine weitere für den Fehlerfall, wenn der Benutzer ein falsches Passwort oder eine nicht existierende E-Mail-Adresse angegeben hat. Hierzu müssen wir den Inhalt des Tags <login-config> der Datei web.xml folgendermaßen anpassen:

```
<login-config>
  <auth-method>FORM</auth-method>
  <form-login-config>
    <form-login-page>/login.jsf</form-login-page>
    <form-error-page>/loginError.jsf</form-error-page>
  </form-login-config>
</login-config>
```

Als Anmeldeseite haben wir die URL /login.jsf und für den Fehlerfall die URL /loginError.jsf festgelegt. Für diese URLs müssen wir nun noch die korrespondierenden Facelets anlegen. Für die Anmeldung wäre dies die Datei login.xhtml aus Listing 8–9, die wir im Ordner src\main\webapp speichern.

```
<html xmlns="http://www.w3.org/1999/xhtml"
    xmlns:ui="http://xmlns.jcp.org/jsf/facelets"
    xmlns:f="http://xmlns.jcp.org/jsf/core"
    xmlns:h="http://xmlns.jcp.org/jsf/html">
<body>
```

```
<f:view contracts="#{view.locale.language}">
  <ui:composition template="/template.xhtml">
    <ui:define name="content">
      <form method="post" action="j_security_check">
        <h:panelGrid columns="2">
          <h:outputLabel value="#{msg['login.email']}:" />
          <input type="text" name="j_username" />
          <h:outputLabel value="#{msg['login.password']}:" />
          <input type="password" name="j_password" />
        </h:panelGrid>
        <input type="submit" value="#{msg['login.login']}" />
      </form>
    </ui:define>
  </ui:composition>
</f:view>
</body>
</html>
```

Listing 8–9   *login.xhtml*

Es handelt sich hierbei um eine gewöhnliche Facelet-Datei, die unser JSF-Template referenziert. Der einzige Unterschied ist, dass es mit dem Tag <form> ein gewöhnliches HTML-Formular enthält, das die Action-URL j_security_check verwendet. Über diese URL wird durch einen HTTP-POST-Request die eigentliche Authentifizierung durchgeführt. Diese Anfrage muss dabei zwei Parameter besitzen: j_username für den Namen des zu authentifizierenden Benutzers (in unserem Fall die E-Mail-Adresse) und j_password für dessen Passwort. Damit das HTML-Formular eine entsprechende Anfrage absendet, enthält es für beide Parameter INPUT-Elemente, die die Benutzereingaben speichern. Beim Absenden der Anfrage wird deren Inhalt in die entsprechenden POST-Parameter gewandelt.

Beachten Sie, dass wir in diesem Fall ein reines HTML-Formular verwenden müssen, da die Festlegung der Action-URL auf j_security_check mit JSF nicht möglich wäre. Eine Anmeldeseite muss sich sowohl mit JSP- als auch mit JSF-Seiten realisieren lassen, daher kommt als kleinster gemeinsamer Nenner bei Java EE ein HTML-Formular zum Einsatz.

Der Anmeldebildschirm erscheint bei jedem Zugriff auf einen geschützten Bereich (in unserem Fall bei allen URLs, die mit /organizer beginnen). Gibt der Benutzer eine existierende E-Mail-Adresse und das dazugehörige Passwort an, wird er auf den geschützten Bereich weitergeleitet. War die Authentifizierung jedoch nicht erfolgreich, so wird der Benutzer auf eine Fehlerseite weitergeleitet. Da wir in der Konfigurationsdatei web.xml als URL für diese Fehlerseite /loginError.jsf festgelegt haben, müssen wir nun eine Datei loginError.xhtml erstellen, die bei einem Zugriff auf diese URL aufgerufen wird.

Um dies in unserem Beispiel so einfach wie möglich zu halten, unterscheidet sich die Datei für den Fehlerfall nur marginal von der zuvor erstellten login.xhtml. Um den Benutzer auf die fehlgeschlagene Authentifizierung hinzuweisen, wird neben dem Formular lediglich eine Fehlermeldung angezeigt. Dazu enthält die Datei zusätzlich folgenden HTML-Abschnitt:

```
<b style="color: red;">#{msg['login.errorMsg']}</b>
```

In Listing 8–10 finden Sie den kompletten Inhalt der Datei loginError.xhtml. Bitte speichern Sie diese im Ordner src\main\webapp ab.

```
<html xmlns="http://www.w3.org/1999/xhtml"
    xmlns:ui="http://xmlns.jcp.org/jsf/facelets"
    xmlns:f="http://xmlns.jcp.org/jsf/core"
    xmlns:h="http://xmlns.jcp.org/jsf/html">
<body>
    <f:view contracts="#{view.locale.language}">
        <ui:composition template="/template.xhtml">
            <ui:define name="content">
                <b style="color: red;">#{msg['login.errorMsg']}</b>
                <form method="post" action="j_security_check">
                    <h:panelGrid columns="2">
                        <h:outputLabel value="#{msg['login.email']}:" />
                        <input type="text" name="j_username" />
                        <h:outputLabel value="#{msg['login.password']}:" />
                        <input type="password" name="j_password" />
                    </h:panelGrid>
                    <input type="submit" value="#{msg['login.login']}" />
                </form>
            </ui:define>
        </ui:composition>
    </f:view>
</body>
</html>
```

Listing 8–10 *loginError.xhtml*

Wie unschwer in Listing 8–9 und 8–10 zu erkennen ist, sind auch hier wieder einige Beschriftungen sprachabhängig zu gestalten. Wir ergänzen deshalb die Datei messages_de.properties um die folgenden Zeilen:

```
# login.xhtml
login.email=E-Mail
login.password=Passwort
login.login=Anmelden
```

Die Datei messages_en.properties erhält analog die englischen Übersetzungen:

```
# login.xhtml
login.email=Email
login.password=Password
login.login=Log in
```

Nach einem weiteren Deployment und Neustart der Anwendung begrüßt uns diese mit einem eigenen Anmeldebildschirm.

8.2.8   Automatisches Login für die Tests

Ein Nutzer muss sich nun bei der Anwendung authentifizieren, um sie verwenden zu können. Gleiches gilt dann natürlich auch für unsere funktionalen Tests. Wir müssen deshalb für die Ausführung der Tests ein automatisches Login realisieren.

Zunächst müssen dem Verschieben der Facelets in das Verzeichnis organizer Rechnung tragen. Dazu ergänzen wir in allen diesen Klassen, die eine verschobene View repräsentieren, das Argument der Annotation @Location um das Pfadelement organizer. Beispielsweise müssen wir in der Klasse EditCampaignPage die Annotation @Location("editCampaign.jsf") durch @Location("organizer/editCampaign.jsf") ersetzen. Diese Änderung führen wir analog auch in den Klassen EditDonationFormPage und ListCampaignsPage durch. In der Klasse DonateMoneyPage ist das nicht notwendig, da das dazugehörige Facelet nicht verschoben wurde.

Als Nächstes erzeugen wir gemäß Listing 8–11 eine Klasse LoginPage im Paket de.dpunkt.myaktion.test.pages, die unsere gerade erstellte Login-View im Test repräsentiert. Sie definiert eine Methode doLogin, welche den eigentlichen Login-Vorgang realisiert.

```
package de.dpunkt.myaktion.test.pages;

import org.jboss.arquillian.graphene.page.Location;
import org.openqa.selenium.WebElement;
import org.openqa.selenium.support.FindBy;
import static org.jboss.arquillian.graphene.Graphene.guardHttp;

@Location("login.jsf")
public class LoginPage extends AbstractPage {
   @FindBy(xpath = "//input[@name='j_username']")
   private WebElement email;
   @FindBy(xpath = "//input[@name='j_password']")
   private WebElement password;
   @FindBy(xpath = "//input[@type='submit']")
   private WebElement loginLink;

   public void doLogin(final String email, final String password) {
       this.email.sendKeys(email);
       this.password.sendKeys(password);
       guardHttp(loginLink).click();
   }
}
```

Listing 8–11   *Klasse LoginPage*

Als Nächstes widmen wir uns den eigentlichen Testfällen. Da wir für alle ein Login durchführen müssen, erweitern wir die abstrakte Klasse AbstractITCase, die ihre Funktionalität an die eigentlichen Testklassen vererbt. Dazu fügen wir die folgende Methode login in die Klasse AbstractITCase ein:

```
protected void login() {
   final LoginPage loginPage = Graphene.goTo(LoginPage.class);
   loginPage.doLogin("max@mustermann.de", "secret");
}
```

Über die Klasse Graphene aus dem Paket org.jboss.arquillian.graphene können wir eine Instanz der Klasse LoginPage erzeugen und uns mit gültigen Zugangsdaten anmelden. Die login-Methode können wir nun in den Klassen der eigentlichen Testfälle verwenden. Für alle Testklassen ist eine Authentifizierung notwendig.

Wie bereits in Abschnitt 5.4.2 besprochen, werden Methoden in Testklassen mit der Annotation @Before (Paket org.junit) zur Initialisierung vor der Ausführung des Tests ausgeführt. Das ist der geeignete Ort, um den Aufruf der Methode login durchzuführen. In der Klasse EditCampaignITCase gibt es eine solche Methode noch nicht, weshalb wir eine neue Methode setup wie folgt einführen:

```
@Before
public void setup() {
   login();
}
```

In den Klassen DonateMoneyITCase und ListDonationsITCase gibt es bereits die Methode setupDatabase, in die wir jeweils den Aufruf der login-Methode einfügen:

```
@Before
public void setupDatabase() {
   login();
…
```

Damit wären wir bis auf eine Kleinigkeit fertig: In Abschnitt 7.7 haben wir für den Test eine eigene In-Memory-Datenbank eingeführt, um eine saubere Trennung zwischen den Daten der Anwendung und den Tests zu bekommen. Dadurch sind die in Abschnitt 8.2.1 hinzugefügten Einträge in der Tabelle ORGANIZER jedoch nicht in der Testdatenbank vorhanden, was für eine erfolgreiche Ausführung der Anwendung nun unabdingbar ist.

Dieses Problem kann mit Hibernate jedoch sehr elegant gelöst werden. Wenn eine Datei namens import.sql im Klassenpfad existiert, führt Hibernate die enthaltenen SQL-Befehle nach der Erzeugung des Datenbankschemas aus. Das wollen wir für den Import der Benutzerdaten in unsere Testdatenbank ausnutzen. Wir erzeugen die Datei import.sql im Verzeichnis src\main\resources mit dem Inhalt aus Listing 8–2. Bei jedem Testdurchlauf wird dadurch nach dem Erzeugen des Datenbankschemas auch die Tabelle ORGANIZER mit Daten gefüllt[8].

Durch die Änderungen können die funktionalen Tests unserer Anwendung wieder erfolgreich durchlaufen werden. Überprüfen Sie das bitte durch einen erneuten Aufruf vom mvn verify.

---

8. Das Prinzip funktioniert natürlich auch für die Datenbank der Anwendung. Wenn diese neu angelegt wird, müssen Sie die Benutzer nicht mehr manuell über die H2-Konsole importieren.

8.3   Transaktionssteuerung

Im vorherigen Kapitel über JPA haben wir in Abschnitt 7.4.2 bereits erklärt, was eine Transaktion ist. Außerdem wurde die Transaktionssteuerung von EJBs genutzt, indem wir unsere Services in EJBs umgewandelt haben. Dies war äußerst einfach: Wir mussten lediglich die Annotation @RequestScoped durch die Annotation @Stateless austauschen. Dadurch nutzten wir das Standardverhalten von EJBs, wobei ein Methodenaufruf eine neue Transaktion startet und bei Beendung der Methode die Transaktion ebenfalls beendet wird. Wirft die Methode eine Ausnahme, so wird die Transaktion zurückgerollt, andernfalls werden die Daten in der Datenbank nach Methodenende festgeschrieben. Bei dieser Standardkonfiguration kümmert sich der EJB-Container um die Transaktionssteuerung. Der Container unterstützt dabei verschiedene Strategien, die im folgenden Abschnitt erläutert werden.

Alternativ kann sich der Entwickler auch selbst programmatisch um die Transaktionssteuerung kümmern; diese Variante wird in Abschnitt 8.3.2 näher behandelt.

8.3.1   Transaktionssteuerung durch den Container

Standardmäßig kümmert sich der EJB-Container um die Transaktionssteuerung. In der englischen Literatur spricht man daher auch von *Container-Managed Transactions* (CMT). Der Container unterstützt dabei verschiedene Strategien für die Steuerung der Transaktion, die sich hauptsächlich damit beschäftigen, was passieren soll, wenn bereits eine Transaktion zum Zeitpunkt des Methodenaufrufs existiert. Diese Situation kann beispielsweise auftreten, wenn eine EJB eine weitere aufruft. Die verschiedenen Strategien werden in Tabelle 8–1 erläutert und können pro Methodenaufruf festgelegt werden.

Transaktionsstrategie	Erklärung
REQUIRED	Existiert bereits eine Transaktion, so wird diese von der aufzurufenden Methode verwendet. Ansonsten wird bei Methodenstart eine neue Transaktion angelegt und diese bei Beendigung der Methode beendet.
MANDATORY	Zur Ausführung der Methode ist eine Transaktion erforderlich (engl. *mandatory*), es wird jedoch keine neue Transaktion gestartet. Wird die Methode aufgerufen, ohne dass eine Transaktion aktiv ist, wird eine Ausnahme geworfen.
REQUIRES_NEW	Für die Ausführung der Methode ist eine neue Transaktion erforderlich, die nach Beendigung der Methode beendet wird. Existiert bereits eine Transaktion vor Aufruf der Methode, so wird diese angehalten und nach Methodenende wieder aktiviert. EJB unterstützt keine verschachtelten Transaktionen!

→

Transaktionsstrategie	Erklärung
SUPPORTS	Ist bereits eine Transaktion aktiv, so wird diese verwendet. Falls nicht, so wird aber auch keine neue Transaktion gestartet. Existiert bereits eine Transaktion, so kann die neue Methode diese auch durch das Werfen einer Ausnahme zurückrollen.
NOT_SUPPORTED	Ist bereits eine Transaktion aktiv, so wird diese angehalten und nach Methodenende weitergeführt. Wirft die aktuelle Methode eine Ausnahme, so wird die angehaltene Transaktion nicht zurückgerollt.
NEVER	Eine Methode, die diese Strategie verwendet, läuft nie in einer Transaktion. Ist bereits eine Transaktion aktiv, so wird eine Ausnahme geworfen. Es wird keine neue Transaktion gestartet.

Tab. 8–1   *Strategien für die Container-Transaktionssteuerung*

Wenn Sie die Erklärung für die Strategie *REQUIRED* lesen, wird sie Ihnen bekannt vorkommen: Es handelt sich um die Strategie, die von unseren Services verwendet wird. Dies liegt daran, dass EJB 3.2 per Konvention diese Strategie für Methodenaufrufe verwendet, ohne dass sie explizit festgelegt werden muss.

Wollen wir eine andere Strategie für unsere Methode verwenden, so müssen wir diese mit der Annotation `@TransactionAttribute` aus dem Paket `javax.ejb` versehen und die gewünschte Strategie als Parameter angeben. Die Strategie wird über den Aufzählungstyp `@TransactionAttributeType` aus demselben Paket festgelegt. Dieser Aufzählungstyp hat als mögliche Werte die Namen der Strategien aus Tabelle 8–1. Möchte man beispielsweise für eine Methode die Strategie *MANDATORY* festlegen, so muss man sie mit folgender Annotation versehen:

```
@TransactionAttribute(TransactionAttributeType.MANDATORY)
```

Alternativ kann man auch einer ganzen Klasse eine solche Annotation geben, dann gilt die gewählte Strategie für alle Methoden der Klasse.

Zurückrollen einer Transaktion

Wir hatten bereits erwähnt, dass eine Transaktion beim Auftreten einer Ausnahme zurückgerollt wird. Genau genommen muss es sich dabei um eine Ausnahme des Typs `RuntimeException` handeln. Dies sind die Ausnahmen, die während der Laufzeit auftreten und nicht explizit durch einen `try-catch`-Block behandelt werden müssen.

Wenn jedoch eine überprüfte Ausnahme (engl. *checked exception*) auftritt, also eine, die vom Typ `Exception` abgeleitet ist und explizit vom Programmcode behandelt werden muss, so wird die Transaktion nicht automatisch zurückgerollt. Möchte der Entwickler dennoch die Transaktion zurückrollen, so kann er in dem `catch`-Block der Ausnahmebehandlung eine `EJBException` werfen. Da diese vom Typ `Runtime-Exception` abgeleitet ist, wird die Transaktion in diesem Fall ebenfalls zurückgerollt.

Alternativ kann der Entwickler auch die Methode `setRollbackOnly` der Klasse `SessionContext` aufrufen. Dadurch wird der Anwendungsserver angewiesen, die Transaktion zurückzurollen.

Unterschiedliche Transaktionsstrategien einsetzen

Um den Einsatz von verschiedenen Strategien besser zu verstehen, gehen wir beispielhaft ein Entwurfsmuster durch, das in der Praxis oft zum Einsatz kommt.

Das Sequenzdiagramm in Abbildung 8–3 zeigt hierzu eine mit REQUIRED annotierte TransactionBean, wodurch deren Methoden ausnahmslos diese Transaktionsstrategie einsetzen. Diese Bean kümmert sich ausschließlich um die Transaktionssteuerung, während die eigentliche Geschäftslogik durch die BusinessBean implementiert wird, die wiederum mit MANDATORY annotiert ist. Dadurch stellt der Anwendungsserver sicher, dass die Methoden der Bean in einer Transaktion laufen – ist dies nicht der Fall, wird eine Ausnahme geworfen.

In dem Beispiel gehen wir davon aus, dass im Kontext des *Methodenaufrufers* keine Transaktion existiert. Durch den Aufruf der Methode doBusiness der TransactionBean wird daher eine neue Transaktion gestartet. Diese wiederum delegiert die eigentliche Aufgabe an die Methode doBusinessDelegate der BusinessBean. Sobald die Methode beendet wurde, übernimmt die TransactionBean wieder die Ausführung, die die laufende Transaktion beendet.

Würde der *Methodenaufrufer* hingegen direkt eine Methode der BusinessBean starten, so würde der Anwendungsserver eine Ausnahme werfen. Durch dieses Entwurfsmuster wird für die Businessmethoden sichergestellt, dass sie in einer Transaktion laufen, sie müssen sich allerdings nicht um die eigentliche Transaktionssteuerung kümmern. Diese Aufgabe wird von der vorgelagerten TransactionBean übernommen. Dieses Vorgehen hat den Vorteil, dass man die BusinessBean nicht anpassen muss, um die Transaktionssteuerung zu ändern.

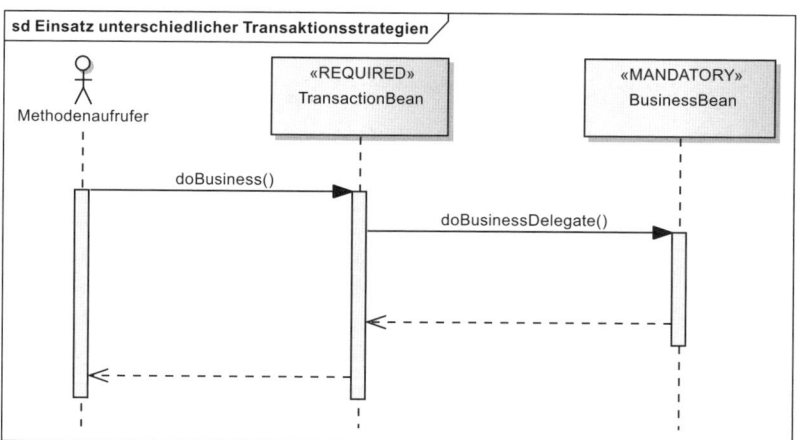

Abb. 8–3   *Beispiel für den Einsatz unterschiedlicher Transaktionsstrategien*

In unserem Beispiel verzichten wir der Einfachheit halber auf dieses Entwurfsmuster: Unsere Services implementieren die Geschäftslogik und kümmern sich ebenso um die Transaktionssteuerung. Sie sind daher mit keiner zusätzlichen Annotation versehen und verwenden dadurch die Standardstrategie *REQUIRED*.

8.3.2 Transaktionssteuerung über die Bean

Neben der Möglichkeit, die Transaktionssteuerung dem Container zu überlassen, kann man sich als Entwickler alternativ auch selbst um die Transaktionssteuerung kümmern. In diesem Fall spricht man in der englischen Fachliteratur von einer *Bean-Managed Transaction* (BMT), also davon, dass die Transaktionssteuerung von der Bean übernommen wird.

Da per Konvention die Transaktionssteuerung jedoch Aufgabe des Containers ist, muss die Bean zunächst mit folgender Annotation versehen werden:

```
@TransactionManagement(TransactionManagementType.BEAN)
```

Dadurch teilen wir dem Anwendungsserver mit, dass wir uns selbst um die Transaktionssteuerung kümmern wollen. Beide Typen (`TransactionManagement` und `TransactionManagementType`) befinden sich im Paket `javax.ejb`.

Führen Sie diese Änderung nun beispielhaft für die `CampaignServiceBean` durch. Wenn wir anschließend die Anwendung neu deployen und starten, erscheint beim Hinzufügen einer Aktion eine `javax.persistence.TransactionRequiredException`. Diese Ausnahme hatten wir bereits in Abschnitt 7.4.2 kennengelernt. Um sie zu beheben, hatten wir den Service in eine EJB umgewandelt, für die sich per Konvention der Container um die Transaktionssteuerung kümmert (siehe Abschnitt 8.3.1). Nachdem wir dem Anwendungsserver über obige Annotation jedoch mitgeteilt haben, dass wir selbst für die Transaktionssteuerung sorgen möchten, jedoch noch keine Transaktion gestartet haben, erscheint bei einer Datenbankmanipulation konsequenterweise wieder diese Ausnahme.

Um die Transaktion steuern zu können, benötigen wir ein Objekt, über das wir eine Transaktion starten und beenden können. Die in Java EE 7 enthaltene *Java Transaction API* (JTA) 1.2 liefert hierzu in dem Package `javax.transaction` das Interface `UserTransaction`. Wir können daher das Interface `UserTransaction` aus dem Paket `javax.transaction` in unseren Beans injizieren und verwenden. In unserem Beispiel fügen wir es der `CampaignServiceBean` hinzu:

```
@Resource
private UserTransaction userTransaction;
```

Anschließend kann die Transaktion über dieses Interface in der Bean gesteuert werden. Natürlich steht hinter dem Interface eine konkrete Implementierung, die vom Anwendungsserver zur Verfügung gestellt wird. Diese Implementierungsdetails sind für unsere Zwecke jedoch ohne Bedeutung.

Verwenden wir das Interface nun, indem wir die Methode `addCampaign` der `CampaignServiceBean` um die fett dargestellten Anweisungen aus Listing 8–12 erweitern. Man sieht sehr schön, dass die drei ursprünglichen Anweisungen zum Hinzufügen einer Aktion durch eine Klammer von Anweisungen eingeschlossen werden, die sich um die Transaktionssteuerung kümmern. Relevant sind dabei insbesondere die Methoden `begin` und `commit` der `UserTransaction`, die eine Transaktion starten bzw. in der Datenbank festschreiben (engl. *commit*) und dadurch beenden.

Der restliche Quelltext kümmert sich ausschließlich um den Fehlerfall, wenn eine Ausnahme geworfen wird. Dann wird versucht, die Transaktion über die Methode rollback zurückzurollen. Schlägt auch dies fehl, so wird dies in der Fehlerausgabe geloggt.

```
public void addCampaign(Campaign campaign) {
    try {
        userTransaction.begin();
        Organizer organizer = getLoggedinOrganizer();
        campaign.setOrganizer(organizer);
        entityManager.persist(campaign);
        userTransaction.commit();
    } catch (Exception e) {
        try {
            userTransaction.rollback();
            System.err.println("addCampaign - Transaktion wurde
            zurückgerollt. Aktion: " + campaign.getName());
        } catch (Exception e2) {
            System.err.println("addCampaign - Fehler beim
            Zurückrollen von Transaktion. Aktion: " + campaign.getName());
        }
    }
}
```

Listing 8–12   *Implementierung der Methode addCampaign mit eigener Transaktionssteuerung*

Nun haben wir auch die zweite Möglichkeit der Transaktionssteuerung durch die Bean kennengelernt. Wie Sie sehen, ist diese Art komplexer, als wenn man sie dem Container überlässt. Sie sollte daher nur verwendet werden, wenn die vom Container unterstützten Strategien nicht eingesetzt werden können.

8.3.3   Transaktionssteuerung über Interzeptoren

Im vorherigen Abschnitt hatten wir gelernt, wie man die Transaktionssteuerung nicht dem Container überlässt, sondern diese stattdessen selbst programmiert. Hierzu haben wir die Methode addCampaign der CampaignServiceBean als Beispiel um die fettgedruckten Anweisungen aus Listing 8–12 erweitert.

Bei der Transaktionssteuerung handelt es sich jedoch üblicherweise um einen Aspekt, den man einer Vielzahl von Methoden hinzufügen möchte, nicht nur einer einzelnen Methode wie addCampaign. Dies bedeutet, dass wir die fettgedruckten Anweisungen zu jeder Methode, die transaktionsgesteuert ablaufen soll, hinzufügen müssten. Dies wäre jedoch ein äußerst fehleranfälliges Unternehmen, das bei einer Änderung der Transaktionssteuerung zu Änderungen in jeder transaktionalen Methode führt. Diese Wiederholungen können – noch schlimmer – zu Inkonsistenzen führen, wenn man die Anweisungen in allen Methoden nicht gleichartig ändert. Hier gilt wie immer die wichtige Programmierregel DRY (Don't repeat yourself) – auf Deutsch: Wiederhole dich nicht![9]

Unklar ist jedoch, wie man eine Wiederholung vermeiden kann, schließlich findet die Transaktionssteuerung vor und nach der eigentlichen fachlichen Logik (den nicht fettgedruckten Anweisungen der Methode addCampaign) statt, und Java SE liefert hierfür keine einfache Lösung.

Java EE 7 bietet daher das Konzept der Interzeptoren. Es handelt sich dabei um eine Klasse, die eine mit @AroundInvoke (aus dem Paket javax.interceptor) annotierte Methode enthält.

Ein solcher Interzeptor kann über eine Annotation einer bereits bestehenden Methode (aus einer anderen Klasse) zugewiesen werden. Wird eine derart annotierte Methode aufgerufen, wird zunächst die Methode des Interzeptors ausgeführt. Innerhalb des Interzeptors kann an beliebiger Stelle die Ausführung an die ursprünglich aufgerufene Methode delegiert werden. Hierzu muss die Methode proceed der Klasse InvocationContext (Paket javax.interceptor) aufgerufen werden.

Durch dieses Konzept ist es möglich, durch eine Annotation eine Methode um Funktionalitäten zu erweitern, die vor und nach der Methode ausgeführt werden: Genau das, was wir für unsere Transaktionssteuerung benötigen!

Listing 8–13 zeigt die Implementierung eines Interzeptors, der sich um die Transaktionssteuerung kümmert. Speichern Sie die Datei bitte im Verzeichnis src\main\java\de\dpunkt\myaktion\util ab.

```java
package de.dpunkt.myaktion.util;

import javax.annotation.Resource;
import javax.interceptor.AroundInvoke;
import javax.interceptor.InvocationContext;
import javax.transaction.UserTransaction;

public class TransactionInterceptor {

    @Resource
    private UserTransaction transaction;

    @AroundInvoke
    public Object doTransaction(InvocationContext ctx) throws Exception {
        try {
            transaction.begin();
            Object ret = ctx.proceed();
            transaction.commit();
            return ret;
        } catch (Exception e) {
            try {
                transaction.rollback();
                System.err.println("addCampaign -
                                Transaktion wurde zurückgerollt.");
```

---

9. http://de.wikipedia.org/wiki/Don%E2%80%99t_repeat_yourself

```
        } catch (Exception e2) {
            System.err.println("addCampaign –
                                    Fehler beim Zurückrollen von Transaktion.");
        }
        throw e;
    }
  }
}
```

Listing 8–13   *Klasse TransactionInterceptor*

Vergleichen Sie anschließend die fettgedruckten Zeilen von Listing 8–12 und 8–13
– Sie werden feststellen, dass diese identisch sind. Dies ist kein Zufall: Der `Trans-`
`actionInterceptor` enthält wie gewünscht die komplette Logik der Transaktionssteuerung. Anstelle der fachlichen Logik der Methode `addCampaign` ruft der Interzeptor im Vergleich jedoch die Methode `proceed` des `InvocationContext` auf. Der
Container delegiert dadurch wiederum an die eigentliche Methode, die mit dem
`TransactionInterceptor` annotiert wurde. Das Sequenzdiagramm aus Abbildung 8–4
verdeutlicht diesen Ablauf.

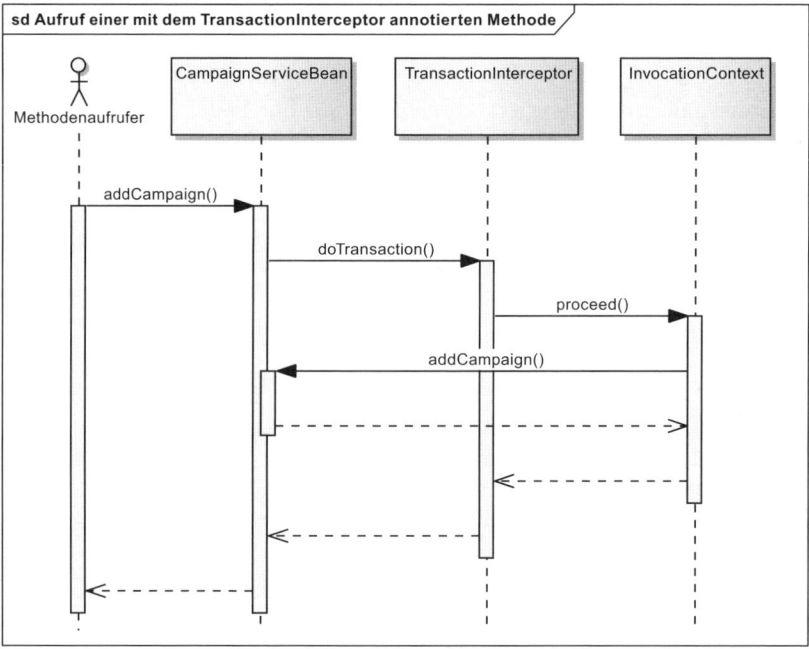

Abb. 8–4   *Sequenzdiagramm des Aufrufs einer mit dem TransactionInterceptor annotierten Methode*

Entfernen Sie nun die fettgedruckten Anweisungen aus Listing 8–12 aus der
Methode `addCampaign` und löschen Sie ebenfalls das dadurch nicht mehr benötigte
Objekt `UserTransaction` aus der Klasse `CampaignServiceBean`. Ein Neustart würde
wieder zu einer `javax.persistence.TransactionRequiredException` führen. Um dies

zu vermeiden, weisen wir der gesamten Klasse `CampaignServiceBean` den `Transac-tionInterceptor` durch folgende Annotation zu:

```
@Interceptors(TransactionInterceptor.class)
```

Dadurch erfolgt der Aufruf aller Methoden der Klasse über den `TransactionInterceptor`. Bitte überprüfen Sie die Funktionalität der Anwendung nun durch erneutes Deployen und Starten.

Durch die Einführung der Klasse `TransactionInterceptor` konnten wir einen technischen Aspekt (die Transaktionssteuerung) von der eigentlichen fachlichen Logik trennen und dadurch die Codequalität erheblich verbessern.

Erwähnenswert ist auch noch, dass man Interzeptoren auch mit CDI-Beans verwenden kann. Außerdem unterstützen CDI-Beans auch das Injizieren einer `UserTransaction`. Dies bedeutet, dass der `TransactionInterceptor` auch mit CDI-Beans funktioniert.

Da die Transaktionssteuerung unserer Anwendung jedoch vom Container übernommen werden kann (siehe Abschnitt 8.3.1), diente dieser Abschnitt ausschließlich dazu, Ihnen das Konzept von Interzeptoren zu erklären. Entfernen Sie daher die folgenden Annotationen aus der Klasse `CampaignServiceBean`:

```
@TransactionManagement(TransactionManagementType.BEAN)
@Interceptors(TransactionInterceptor.class)
```

Durch diese Änderung steuert der Container wieder ausschließlich unsere Transaktionen.

In Java EE 7 ist die Annotation `@Transactional` aus dem Paket `javax.transaction.cdi` neu hinzugekommen. Über diese kann analog zu unserem `TransactionInterceptor` ebenfalls eine Methode einer CDI-Bean annotiert werden, für die eine Transaktionssteuerung gewünscht ist. Im Gegensatz zu unserem einfach gehaltenen `TransactionInterceptor` unterstützt dieses Feature jedoch alle Transaktionsstrategien aus Abschnitt 8.3.1. Standardmäßig wird dabei wieder die Strategie *REQUIRED* verwendet. Um eine andere einzusetzen, muss die gewünschte Transaktionsstrategie der Annotation `@Transactional` als Parameter übergeben werden. Um beispielsweise die Strategie *MANDATORY* zu verwenden, müssen Sie die Methode folgendermaßen annotieren:

```
@Transactional(TxType.MANDATORY)
```

Interessant ist weiterhin, dass dieses Feature ebenfalls auf CDI-Beans angewendet werden kann. Dies legt die Vermutung nahe, dass schrittweise Aspekte der EJBs in Annotationen ausgelagert werden, um diese CDI-Beans ebenfalls zur Verfügung zu stellen. Im Ergebnis wären EJBs als Komponentenmodell obsolet und könnten komplett durch CDI ersetzt werden.

Momentan ist dies mit Standardmitteln allerdings noch nicht möglich: CDI-Beans unterstützen nicht die Annotationen zur Absicherung einer Methode aus Abschnitt 8.2.5. Zwar könnte man diese ebenfalls über selbst zu entwickelnde

Interzeptoren abbilden, aber dann würden Sie einerseits nichts über EJBs lernen und andererseits müssten Sie auf einige weiterhin bestehende Vorteile von EJBs verzichten (siehe Abschnitt 8.5).

8.4   Zeitgesteuerte Abläufe realisieren

Für den Anwendungsfall *Geld spenden* (siehe Abschnitt 3.4.9) haben wir einen Hintergrundjob vorgesehen, der alle 5 Minuten noch nicht bearbeitete Spenden überweisen soll. Zu dieser Anforderung passt hervorragend die Möglichkeit, durch den *EJB Timer Service* Methoden zeitgesteuert aufrufen zu lassen.

Im folgenden Abschnitt behandeln wir die Methode zur Überweisung von Spenden; Abschnitt 8.4.2 befasst sich dann mit dem zeitlich gesteuerten Aufruf dieser Methode.

8.4.1   Spenden überweisen

In unserer Beispielanwendung können wir leider nicht wirkliche Überweisungen durchführen, da wir keine Schnittstelle zu einem Banksystem besitzen. Trotzdem wollen wir zumindest die Durchführung von Überweisungen simulieren. Dazu erweitern wir zunächst die Schnittstelle `DonationService` um die Methode `transferDonations`. Fügen Sie hierzu die folgende Zeile der Datei `DonationService.java` hinzu:

```
void transferDonations();
```

Dies hat zur Folge, dass wir in der `DonationServiceBean` diese Methode nun auch implementieren müssen. Bevor wir dies jedoch tun, benötigen wir noch eine *NamedQuery*, über die wir diejenigen `Donation`-Objekte abfragen können, die sich in einem bestimmten Status befinden. Dadurch können wir in der Methode `transferDonations` jene `Donation`-Objekte selektieren, die sich im Status `IN_PROCESS` befinden und daher noch überwiesen werden müssen.

Ändern Sie nun den Anfang der Klasse `Donation` folgendermaßen ab, um die *NamedQuery* hinzuzufügen:

```
@NamedQueries({
  @NamedQuery(name = Donation.findByStatus, query =
    "SELECT d FROM Donation d WHERE d.status = :status")
})
@Entity
public class Donation {
  public static final String findByStatus = "Donation.findByStatus";
```

Anschließend können Sie die Methode `transferDonations` in der Klasse `DonationS-`
`erviceBean` implementieren:

```
@Override
@PermitAll
public void transferDonations() {
    logger.log(Level.INFO, "log.transferDonation.start");
    TypedQuery<Donation> query = entityManager.createNamedQuery(
            Donation.findByStatus, Donation.class);
    query.setParameter("status", Status.IN_PROCESS);
    List<Donation> donations = query.getResultList();
    donations.forEach(donation -> donation.setStatus(Status.TRANSFERRED));
    logger.log(Level.INFO, "log.transferDonation.done",
            new Object[] { donations.size() });
}
```

Diese Dummy-Methode selektiert lediglich alle `Donation`-Objekte im Status
`IN_PROCESS` und setzt deren Status auf `TRANSFERRED`. Außerdem wird die Anzahl der
veränderten Objekte über den Logger ausgegeben. Um diesen zu verwenden,
müssen Sie ihn zuvor noch der Bean hinzufügen:

```
@Inject
private Logger logger;
```

Die Meldungen, die über den Logger ausgegeben werden, enthalten sprachabhängige Texte. Wir fügen daher die folgenden Zeilen in der Datei `messa-`
`ges_de.properties` ein:

```
log.transferDonation.start=Zu bearbeitende Spenden werden überwiesen.
log.transferDonation.done=Es wurden {0} Spenden überwiesen.
```

Analog dazu ergänzen wir die englischen Übersetzungen in der Datei `messa-`
`ges_en.properties`:

```
log.transferDonation.start=Starting transfering donations.
log.transferDonation.done={0} donations have been transfered.
```

Wenn Sie ein reales Banksystem zur Durchführung von realen Überweisungen
anbinden möchten, wäre die Methode `transferDonations` Ihr Einstiegspunkt für
eine Anpassung unseres Systems.

8.4.2   Hintergrundjob zeitlich gesteuert aufrufen

Die im vorherigen Abschnitt erstellte Methode soll nun zeitlich gesteuert alle 5
Minuten aufgerufen werden.

Hierzu benötigen wir eine EJB, die eine mit `@Schedule` (aus dem Paket
`javax.ejb`) annotierte Methode enthält. Diese wird nach dem Deployment der
Anwendung vom *EJB Timer Service* periodisch aufgerufen. Über die Parameter
der Annotation kann gesteuert werden, wann dies geschehen soll.

Folgende selbsterklärende Annotation würde die Methode beispielsweise jeden Tag um 2 Uhr (engl. *hour*) und 30 Minuten (engl. *minute*) aufrufen:

```
@Schedule(hour="2", minute="30")
```

Würde man die Methode jede Minute zu jeder Stunde aufrufen wollen, wäre hingegen diese Annotation notwendig:

```
@Schedule(minute="*", hour="*")
```

Der Ausdruck * gibt dabei an, dass jeder Wert der entsprechenden Zeiteinheit (ob Minute oder Stunde) bei der Auswertung berücksichtigt werden soll. Ebenso ist es möglich, nur jeden x-ten Wert der Zeiteinheit auszuwerten. Dabei kommt der Ausdruck */x zum Einsatz. Um eine Methode daher wie gefordert alle 5 Minuten aufzurufen, benötigen wir folgende Annotation:

```
@Schedule(minute="*/5", hour="*")
```

Neben den Parametern `minute` und `hour` gibt es außerdem welche für die Zeiteinheiten Sekunden (`second`), Wochentag (`dayOfWeek`), Monatstag (`dayOfMonth`), Monat (`month`) und Jahr (`year`). Für `second` ist der Standardwert 0, während für die anderen Parameter dieser auf * steht.

Standardmäßig wird der Timer persistiert, der den Methodenaufruf steuert. Dies hat zwei Auswirkungen: Einerseits wird dadurch sichergestellt, dass der Timer innerhalb eines Clusters nur einmal existiert und nicht einmal pro Java VM des Clusters. Unerwünschte Mehrfachaufrufe in Clustern werden dadurch vermieden. Andererseits überlebt der Timer durch die Persistierung Ausfallzeiten des Servers. Letzteres führt dazu, dass bei einem Neustart diejenigen Timer-Methoden neu gestartet werden, die durch den Ausfall vergessen wurden. Beide Funktionalitäten sind für eine ausfallsichere Anwendung unabdingbar, werden für unser Beispiel jedoch nicht benötigt. Daher können Sie den Parameter `persistent` auf den Wert `false` setzen. Es ergibt sich folgende Annotation:

```
@Schedule(hour="*", minute="*/5", persistent=false)
```

Diese Änderung hat einen angenehmen Nebeneffekt: Nicht persistierte Timer wurden mit Java EE 7 zu *EJB Lite* hinzugefügt und sind daher im *Web Profile* nutzbar.

In Listing 8–14 finden Sie als Ergebnis die zeitgesteuerte `SchedulerBean`, die Sie bitte im Verzeichnis src\main\java\de\dpunkt\myaktion\scheduler speichern.

```
package de.dpunkt.myaktion.scheduler;

import de.dpunkt.myaktion.services.DonationService;
import javax.ejb.Schedule;
import javax.ejb.Singleton;
import javax.inject.Inject;
```

```
@Singleton
public class SchedulerBean {
    @Inject
    private DonationService donationService;

    @Schedule(hour = "*", minute = "*/5", persistent = false)
    public void doTransferDonations() {
        donationService.transferDonations();
    }
}
```

Listing 8–14 *Klasse SchedulerBean*

Die Bean enthält lediglich die mit `@Schedule` annotierte Methode `doTransferDona-tions`, die an die Methode `transferDonations` des injizierten `DonationService` dele-giert.

Als Besonderheit ist noch anzumerken, dass es sich um eine Bean handelt, von der nur eine Instanz pro Java VM[10] existieren darf. Dies wird vom Container durch die Annotation `@Singleton` aus dem Paket `javax.ejb` sichergestellt. Für einen zeitgesteuerten Ablauf ist dies sinnvoll, da dieser nicht mehrfach parallel gestartet werden soll.

Im Gegensatz zu einer *Stateless Session Bean* kann eine *Singleton Session Bean* außerdem auch Werte speichern. So könnten Sie beispielsweise die Anzahl der Timer-Aufrufe in einer Instanzvariable ablegen und diese über den Logger bei Bedarf ausgeben.

Damit ist die vierte Iteration unseres Workshops abgeschlossen. Ihren aktuellen Stand können Sie wieder mit unserem GitHub-Repository auf der Webseite `https://github.com/marcusschiesser/my-aktion-2nd/tree/ejb` vergleichen.

8.5 Vergleich EJBs und CDI

Instanzen von EJBs werden wie CDI-Beans von einem Container verwaltet. Sie unterscheiden sich dabei in ihrem Lebenszyklus – dies wird in Abschnitt 8.5.1 näher behandelt. Neben dem Container hat jede Technologie ihre spezifischen Vorteile, auf die in Abschnitt 8.5.2 näher eingegangen wird.

8.5.1 Unterschiedlicher Lebenszyklus

Wenn wir den Lebenszyklus einer EJB mit einer CDI-Bean vergleichen, müssen wir zunächst festlegen, welche EJB und welche CDI-Bean wir betrachten. In unserem Beispiel haben wir unsere Services, die zunächst CDI-Beans mit *Request-Scope* waren, in EJBs des Typs SSB (*Stateless Session Bean*) verwandelt. Wir

---

10. Läuft Ihre Anwendung auf mehreren Virtual Machines, z. B. in Cluster-Umgebungen, so existieren mehrere Instanzen.

erklären daher in diesem Abschnitt den Lebenszyklus einer SSB im Vergleich mit einer CDI-Bean mit *RequestScope*.

Die Lebensdauer einer CDI-Bean mit *RequestScope* ist an die Lebensdauer einer Anfrage gebunden (siehe Abschnitt 6.2.1). Während derselben Anfrage greift man dabei immer auf dieselbe Instanz der Bean zu. Ähnlich ist dies bei einer SSB. Hier wird jedoch pro Methodenaufruf eine verfügbare Instanz der Bean aus einem Pool von bereits vorbereiteten Instanzen genommen. Da pro Anfrage mehrere Methodenaufrufe auf dieselbe Bean auftreten können, ist im Gegensatz zu CDI jedoch nicht sichergestellt, dass es sich während einer Anfrage immer um dieselbe Instanz der Bean handelt.

In einer SSB können daher keine Informationen in Instanzvariablen länger als die Dauer eines Methodenaufrufs gespeichert werden. Daher auch der Name *Stateless* (deutsch: zustandslos). Im Gegensatz dazu ist es bei CDI-Beans jedoch möglich, während der Lebensdauer der Anfrage Informationen in der Bean zu speichern. Der große Unterschied bezüglich des Lebenszyklus ist also, dass eine EJB nicht an einen Scope gebunden ist.

Für unsere Services war dies jedoch unerheblich, da wir in diesen keine Informationen gespeichert haben. Daher konnten wir ohne Probleme die Umstellung von EJB auf CDI vollziehen.

Das Pooling der *Stateless Session Beans* hat natürlich auch einen Vorteil: Die Größe des Pools kann man in der Konfiguration des Anwendungsservers festlegen und dadurch die Anzahl der zur Verfügung gestellten Instanzen einer Bean limitieren.

Ist bei einer Anfrage die Größe des Pools erschöpft, sodass in diesem keine freien Instanzen mehr verfügbar sind, so wird eine Ausnahme geworfen. Man wählt die Größe des Pools daher so, dass Instanzen des Pools immer ausreichende Ressourcen zur Verfügung haben. Dann ist sichergestellt, dass diese immer bearbeitet werden, unabhängig davon, wie viele Anfragen in einen Server eingehen. Eine sogenannte DoS-Attacke (*Denial of Service*, auf Deutsch etwa Dienstverweigerung) ist dadurch nicht möglich. Bei diesem Angriff gehen so viele Anfragen an einen Server ein, dass dieser beispielsweise durch einen Speicherüberlauf in einen Fehlerzustand gerät.

Bevor eine Instanz einer SSB im Pool abgelegt wird, muss diese zunächst erstellt werden. Wie bei einer CDI-Bean wird nach dem Konstrukturaufruf zuerst das Dependency Injection durchgeführt und anschließend eine mit `@PostConstruct` annotierte Methode (sofern vorhanden) ausgeführt. Daraufhin steht die Instanz der SSB im Pool zur Verfügung. Entfernt der Container eine Instanz aus dem Pool (z. B. beim Herunterfahren des Servers), so wird vorher ebenfalls wie bei einer CDI-Bean eine mit `@PreDestroy` annotierte Methode (sofern vorhanden) ausgeführt. In dieser Methode können dann etwaig allokierte Ressourcen freigegeben werden. Das Zustandsdiagramm aus Abbildung 8–5 verdeutlicht diesen Ablauf.

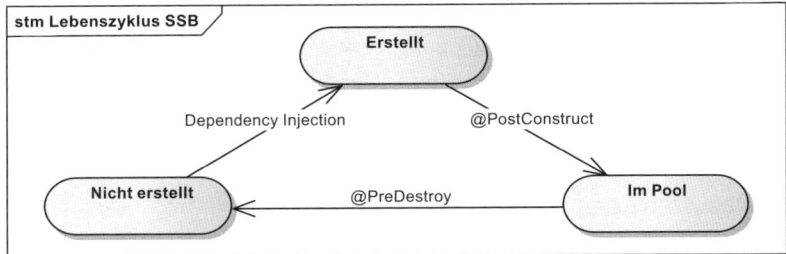

Abb. 8–5 *Zustandsdiagramm des Lebenszyklus einer Stateless Session Bean*

8.5.2 Vorteile der jeweiligen Technologie

Neben dem unterschiedlichen Lebenszyklus haben EJBs und CDI-Beans verschiedene Vorteile gegenüber der jeweils anderen Technologie. Diese werden hier stichwortartig erwähnt; zusätzlich wird der jeweilige Abschnitt angegeben, in dem Sie weitere Details zu dem Thema finden.

Vorteile von EJBs:

- zeitgesteuerte Abläufe (siehe Abschnitt 8.4.2)
- JMS-Unterstützung über Message-Driven Beans (siehe Abschnitt 8.6.5)
- asynchroner Methodenaufruf (siehe Abschnitt 8.6.4)
- deklarative Sicherheit (siehe Abschnitt 8.2.5)
- entfernter Methodenaufruf (siehe Abschnitt 8.6.2)
- Pooling (siehe Abschnitt 8.5.1)

Vorteile von CDI-Beans:

- Lebensdauer über Scopes steuerbar (siehe Abschnitt 6.2.1)
- Erweiterbarkeit (siehe Abschnitt 6.5.6)
- anwendungsweite Nachrichten (siehe Abschnitt 6.3)
- erweitertes DI über Qualifier (siehe Abschnitt 6.4.2)

Generell gilt, dass bei den EJBs mehr Funktionalitäten umgesetzt sind, während CDI-Beans den moderneren Container bieten. Dank der Erweiterbarkeit von CDI sind die von EJB gelieferten Features generell auch mit dem neuen Komponentenmodell von CDI umsetzbar. Dies erfordert jedoch eine zusätzliche Bibliothek[11] oder aufwendige Eigenentwicklungen.

Wenn Ihre Anwendung wie unser Beispiel daher Funktionalitäten benötigt, die standardmäßig durch EJBs zur Verfügung stehen, so sollten Sie diese in jedem Fall nutzen, auch wenn in Ihrem System dadurch zwei Komponententechnologien zum Einsatz kommen. Sie sollten das Komponentenmodell allerdings nicht

---

11. Eine Sammlung finden Sie auf Apache DeltaSpike: `https://deltaspike.apache.org`.

innerhalb einer Schicht wechseln. Beispielsweise ist davon abzuraten, Services sowohl mit EJBs als auch mit CDI zu entwickeln. Dies kann nicht nur zu unerwünschten Seiteneffekten führen, sondern erschwert auch unnötig die Wartbarkeit des Systems.

8.6　Was nicht behandelt wurde

Wie in den vorherigen Kapiteln wurden einige Technologien durch unsere Beispielanwendung nicht abgedeckt. Diese werden hier nun näher erklärt. Darüber hinaus finden Sie weitere Details in einer der zahlreichen EJB-Referenzen, wie (Ihns, et al., 2011) oder (Eberling & Lessner, 2011).

8.6.1　Stateful Session Beans

Bisher haben wir zwei Arten von Session Beans kennengelernt: *Stateless* und *Singleton Session Beans*. Außerdem gibt es noch einen dritten Typ: SFSBs (*Stateful Session Beans*). Diese werden über die Annotation @Stateful aus dem Paket javax.ejb festgelegt.

Im Gegensatz zu den SSBs (*Stateless Session Beans*) können SFSBs methodenübergreifend Informationen in Instanzvariablen speichern. Dies wird dadurch erreicht, dass Instanzen von SFSBs nicht gepoolt werden: Jeder Client erhält seine eigene Instanz. Als Client gilt dabei das Objekt, das die SFSB aufruft. Bitte verwechseln Sie dies nicht mit dem Webclient des Benutzers. Ein Client kann beispielsweise eine weitere Bean sein, die eine SFSB injiziert, oder eine andere Klasse, die sich eine Instanz der SFSB über einen Namensdienst besorgt.

Beachten Sie außerdem, dass eine *Session Bean* im Gegensatz zu einer CDI-Bean nicht automatisch an einen Scope gebunden wird. Die SFSB ist daher an die Lebensdauer des Clients gebunden. Standardmäßig existiert sie so lange wie der Client. Handelt es sich bei dem Client beispielsweise um eine CDI-Bean mit *RequestScope*, so existiert die SFSB für die Lebensdauer einer Anfrage, handelt es sich jedoch um eine CDI-Bean mit *SessionScope*, so überdauert die SFSB eine komplette Benutzersitzung.

Benötigt der Client die SFSB nicht während ihrer gesamten Lebensdauer, kann er die Instanz der SFSB explizit vom Container entfernen lassen. Hierzu ruft der Client eine mit @Remove (ebenfalls aus dem Paket javax.ejb) annotierte Methode auf.

Da SFSBs mehr Ressourcen erfordern als SSBs[12], kann der Container eine gerade nicht benötigte Instanz einer SFSB in einen passiven Zustand versetzen. Dabei wird die Instanz serialisiert und aus dem Hauptspeicher ausgelagert. Damit dies funktioniert, müssen die Attribute der Bean serialisierbar sein. Wird

---

12. Instanzen von SSBs werden clientübergreifend durch das Pooling wiederverwendet.

die Instanz der SFSB wieder benötigt (durch einen Methodenaufruf des Clients), so wird die Instanz deserialisiert und in den Hauptspeicher geladen.

Standardmäßig kann der Entwickler diesen Prozess nicht beeinflussen. In Java EE 7 ist nun jedoch für die Annotation `@Stateful` der Parameter `passivationCapable` neu hinzugekommen. Wird dieser auf `false` gesetzt, so werden SFSBs nicht passiviert. Vorteil ist, dass die Attribute der Bean dadurch nicht mehr serialisierbar sein müssen. Nachteil ist jedoch, dass der Ressourcenverbrauch zu groß werden kann und es dadurch zu unerwünschten Ausnahmen kommt. Beachten Sie dies bitte, wenn Sie durch folgende Annotation den Parameter setzen:

```
@Stateful(passivationCapable=false)
```

Des Weiteren kann der Entwickler mit `@PrePassivate` und `@PostActivate` (beide aus dem Paket `javax.ejb`) annotierte Methoden implementieren, die der Container vor der Passivierung bzw. der Aktivierung aufruft. Diese werden selbstverständlich nur dann aufgerufen, wenn der Parameter `passivationCapable` nicht explizit auf `false` gesetzt wurde. Abbildung 8–6 zeigt zur Verdeutlichung das Zustandsdiagramm des Lebenszyklus einer SFSB für diesen Standardfall.

In Java EE 7 gibt es übrigens eine weitere Neuerung für SFSBs. Die Lebenszyklusmethoden (annotiert mit `@PostConstruct`, `@PreDestroy`, `@PrePassivate` oder `@PostActivate`) können nun, falls gewünscht, an einer Transaktion teilnehmen. Hierzu müssen diese Methoden zusätzlich mit der aus Abschnitt 8.3.1 bekannten Annotation `@TransactionAttribute` versehen werden. Dieser Annotation kann, wie in Abschnitt 8.3.1 beschrieben, eine Transaktionsstrategie als Parameter übergeben werden.

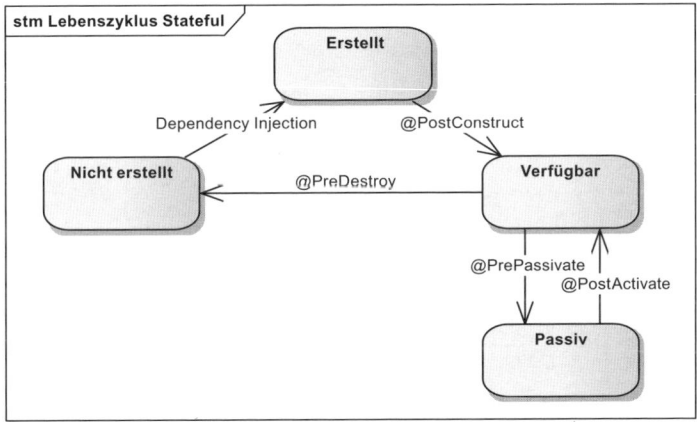

Abb. 8–6   *Zustandsdiagramm des Lebenszyklus einer Stateful Session Bean*

8.6.2   Entfernter Methodenaufruf

Eine Webanwendung, wie in unserem Beispiel, läuft normalerweise komplett in einer einzigen Java VM. Dies gilt auch für die Präsentationsschicht, die für jeden Browser die Ausgabe generiert, abhängig vom Zustand der Benutzersitzung. Der Browser selbst läuft dabei in einem eigenständigen Prozess auf dem Rechner des Benutzers.

Es gibt jedoch auch Szenarien, wo es sinnvoll ist, die Präsentationsschicht in einem eigenständigen Prozess auf dem Rechner des Benutzers laufen zu lassen. Solche Anwendungen reagieren dadurch schneller auf Benutzereingaben, da die Ausgabe nicht vom Server an den Client übertragen werden muss. Man spricht in diesem Fall von einem *Rich Client*.

Rich Clients greifen üblicherweise über einen entfernten Methodenaufruf auf eine vom Server bereitgestellte Schicht von Services zu. Mit Java EE 7 ist es einfach, solche Services zur Verfügung zu stellen. Hierzu müssen wir lediglich die entsprechende *Session Bean* des Service mit der Annotation @Remote aus dem Paket javax.ejb versehen. Als Parameter erhält die Annotation die Klasse der Schnittstelle, über die der Rich Client auf die Methoden des Service zugreifen soll.

Hier ein Beispiel für unseren DonationService:

```
@Stateless
@Remote(DonationService.class)
public class DonationServiceBean implements DonationService { …
```

Ist der entfernte Prozess ein in Java geschriebenes Programm, kann dieser über folgenden Befehl eine Referenz auf den DonationService bekommen:

```
DonationService service = (DonationService) context
    .lookup("java:global/my-aktion/DonationService");
```

Bei dem Objekt context handelt es sich um eine Instanz der Klasse InitialContext aus dem Paket javax.naming. Die Erzeugung dieses Objekts ist abhängig vom Anwendungsserver. Für den WildFly geschieht dies beispielsweise über folgenden Programmcode:

```
final Properties env = new Properties();
env.put(Context.INITIAL_CONTEXT_FACTORY,
org.jboss.naming.remote.client.InitialContextFactory.class.getName());
env.put(Context.PROVIDER_URL, "remote://localhost:4447");
context = new InitialContext(env);
```

Die entfernten Methoden des Service können anschließend einfach über das Objekt service aufgerufen werden.

Trotz dieser scheinbaren Einfachheit ist es nachvollziehbar, dass entfernte Methodenaufrufe im Hintergrund wesentlich komplexer sind als lokale: Sowohl Parameter als auch Rückgabewerte müssen codiert, übertragen und decodiert werden. Dadurch ergibt sich neben der längeren Laufzeit[13] auch noch folgende

Besonderheit: Durch die Codierung der Objekte werden auf dem entfernten Prozess nicht Referenzen der Objekte, sondern Kopien derselben bearbeitet. Ändert der Service beispielsweise einen Parameter, so ist diese Änderung auf dem Client dadurch nicht automatisch sichtbar. Sie sollten dies bei der Entwicklung Ihrer *Session Beans* berücksichtigen, sodass diese ohne Änderungen entfernt oder lokal aufgerufen werden können.

Selbstverständlich gibt es außer Rich Clients auch weitere Einsatzgebiete für einen entfernten Methodenaufruf. So können Sie beispielsweise innerhalb einer *Session Bean* Methoden von *Session Beans* anderer Anwendungsserver aufrufen. Dadurch lässt sich einfach die Integration verschiedener Anwendungen, die auf verschiedenen Servern laufen, durchführen. Am Prinzip ändert dies nichts: Sie benötigen serverseitig die Annotation @Remote und auf der Clientseite einen InitialContext.

Die am entfernten Methodenaufruf beteiligten Clients und Server kommunizieren übrigens über das sogenannte RMI-IIOP-Protokoll[14]. Sie müssen nicht wissen, wie dieses Protokoll aufgebaut ist, es ist jedoch sehr hilfreich, diesen Begriff einmal gehört zu haben.

Beachten Sie bitte außerdem, dass entfernte Methodenaufrufe nicht Bestandteil von *EJB Lite* sind und daher nicht zum *Web Profile* gehören.

8.6.3   Nebenläufigkeit

Vor Java EE 7 war es in EJBs nicht erlaubt, eigene Threads für nebenläufige Aktionen zu starten. Hintergrund ist, dass von einer EJB gestartete Threads nicht unter der Kontrolle des Anwendungsservers stehen. Dies widerspricht dem Grundprinzip, dass ausschließlich der Server die benötigten Ressourcen verwaltet und den Anwendungskomponenten bei Bedarf zur Verfügung stellt. Allokiert eine Komponente hingegen eigenständig eine knappe Ressource, wie einen Thread, so kann dies zum Absturz der Java VM führen. Werden beispielsweise zu viele Threads gestartet, so ist ein OutOfMemoryError unvermeidbar.

Mit JSR 236 bietet Java EE 7 nun die sogenannten *Concurrency Utilities*. Über diese ist es möglich, vom Anwendungsserver verwaltete Threads zu starten. Hierzu erstellen Sie für Ihre nebenläufige Aufgabe (engl. *task*) wie bei Java SE einfach eine Klasse, die die Schnittstelle java.lang.Runnable implementiert, oder java.util.concurrent.Callable, falls Sie einen Rückgabewert benötigen.

Um zur Laufzeit eine nebenläufige Aufgabe zu starten, übergeben Sie eine Instanz der Klasse dem sogenannten ManagedExecutorService aus dem Paket javax.enterprise.concurrent. Dieser holt sich aus einem vom Anwendungsserver verwalteten Pool einen verfügbaren Thread zur parallelen Ausführung der Aufgabe.

---

13. Ein entfernter Methodenaufruf benötigt in einem lokalen Ethernet zusätzlich ca. 1ms.
14. http://de.wikipedia.org/wiki/Remote_Method_Invocation

Betrachten wir als Beispiel die Klasse `MyTask`:

```
public class MyTask implements Callable<String> {
    public String call() {
        return "Antwort von einem anderen Thread.";
    }
}
```

Um diese Aufgabe in einer EJB auszuführen, müssen wir zunächst den `Manage-dExecutorService` über JNDI referenzieren:

```
@Resource
ManagedExecutorService executor;
```

In einer Methode der EJB kann dann die nebenläufige Aufgabe in einem eigenen Thread gestartet werden:

```
Future<String> future = executor.submit(new MyTask());
```

Der Rückgabewert wird zu einem späteren Zeitpunkt über die Methode `get` des Future-Objekts abgefragt:

```
String result = future.get();
```

Beachten Sie bitte, dass dieser Aufruf den aktuellen Thread blockiert, falls die nebenläufige Aufgabe noch nicht beendet wurde.

Neben dem `ManagedExecutorService` existiert noch der `ManagedScheduledExecutorService`. Wie der Name vermuten lässt, dient dieser zum zeitversetzten Starten von nebenläufigen Aufgaben. Hier ein einfaches Beispiel, das unsere Aufgabe `MyTask` erst nach Ablauf von 15 Sekunden startet:

```
ScheduledFuture<String> future = scheduledExecutor.schedule(new MyTask(), 15,
TimeUnit.SECONDS);
```

Dies setzt natürlich voraus, dass der `ManagedScheduledExecutorService` zuvor über JNDI referenziert wurde:

```
@Resource
ManagedScheduledExecutorService scheduledExecutor;
```

Möchte man direkt Thread-Objekte erzeugen und diese bei Bedarf manuell starten, so bietet die neue API eine `ManagedThreadFactory` an. Zuvor muss aber ein `Runnable` für die Aufgabe definiert worden sein. Ist dies der Fall, kann man über die Methode `newThread` einen neuen Thread anlegen. Einziger Parameter der Methode ist eine Instanz des zuvor definierten `Runnable`.

8.6.4   Asynchroner Methodenaufruf

Bei der Ausführung einer Methode einer *Session Bean* wartet der Client standardmäßig so lange, bis die Methode beendet ist. Man spricht dabei von einem syn-
chronen Methodenaufruf.

Wenn der Methodenaufruf jedoch langwierig ist und der Client den Rückgabewert der Methode nicht sofort benötigt, so ist es oft unerwünscht, den Client
für die gesamte Laufzeit der Methode zu blockieren. In diesem Fall ist ein asynchroner Methodenaufruf von Vorteil. Dabei startet der Client lediglich den Aufruf und wartet nicht auf das Ergebnis.

Die Umsetzung von asynchronen Methodenaufrufen in Java EE 7 ist äußerst
einfach. Die gewünschte Methode muss lediglich mit der Annotation @Asynchro-
nous aus dem Paket javax.ejb versehen werden.

Für die Methode addDonation der DonationServiceBean sieht dies folgendermaßen aus:

```
@PermitAll
@Asynchronous
public void addDonation(Long campaignId, Donation donation) { …
```

Ein Aufruf dieser Servicemethode (egal ob entfernt oder lokal) erfolgt dadurch
asynchron.

Möchte man eine Methode mit einem Rückgabewert vom Typ V asynchron
aufrufen, so muss diese stattdessen den Typ Future<V> zurückliefern. Bei Future
handelt es sich um eine Schnittstelle aus dem Paket java.util.concurrent, die
daher Bestandteil der Java SE ist. Nähere Informationen zu dieser Schnittstelle
und ihrer Verwendung finden Sie in (Inden, 2012). Die Signatur einer asynchronen Methode mit einem Rückgabewert vom Typ String sieht dann beispielsweise
so aus:

```
@Asynchronous
public Future<String> doSomething() { …
```

Auf dem zurückgegebenen Future-Objekt kann dann die Methode get ausgeführt
werden, die den eigentlichen Rückgabewert der Methode (im Beispiel vom Typ
String) zurückliefert. Es ist natürlich möglich, dass die asynchrone Methode zum
Zeitpunkt des Aufrufs von get noch nicht beendet wurde. In diesem Fall blockiert
der Aufruf von get den Client.

Um diese Blockierung zu vermeiden (was schließlich die ursprüngliche Motivation für die Einführung des asynchronen Methodenaufrufs war), kann der Client auf dem Future-Objekt die Methode isDone aufrufen. Diese liefert nur dann
true zurück, wenn die Ausführung der asynchronen Methode beendet wurde.
Wird für diesen Fall anschließend die Methode get aufgerufen, blockiert diese
nicht den aktuellen Thread des Clients. Die Methode isDone kann clientseitig in
einem eigenen Thread in einer Schleife überprüft werden.

Unklar ist noch, wie eine mit @Asynchronous annotierte Methode ein Objekt des Typs Future zurückliefert. Hierbei hilft die Wrapper-Klasse AsyncResult aus dem Paket javax.ejb. Diese implementiert die Schnittstelle Future und packt einen Rückgabewert des beliebigen Typs V in ein Objekt des Typs Future<V>. Wenn in unserer Beispielmethode doSomething der String value zurückgegeben werden soll, so muss man anstatt

```
return status;
```

folgenden Ausdruck schreiben:

```
return new AsyncResult<String>(status);
```

Der Rückgabewert ist dadurch vom Typ Future<String> und entspricht daher der Signatur der Methode.

Asynchrone Methodenaufrufe wurden mit Java EE 7 zu *EJB Lite* hinzugefügt und sind daher im *Web Profile* enthalten.

8.6.5   Message-Driven Beans

In Abschnitt 6.3 haben wir gelernt, wie CDI-Beans anwendungsweite Nachrichten innerhalb einer Java VM versenden und empfangen können. Einen vergleichbaren Mechanismus gibt es für EJBs zwar nicht, es gibt jedoch sogenannte *Message-Driven Beans*, die Nachrichten eines bestimmten Typs empfangen können. Üblicherweise handelt es sich dabei um Nachrichten des *Java Message Service* (JMS).

JMS-Nachrichten können über die ebenfalls zum Java-EE-Standard gehörende JMS-API gesendet werden. Im Unterschied zu den CDI-Events müssen diese jedoch nicht von derselben Java VM gesendet werden, es kann sich daher um verteilte Nachrichten von einem anderen Anwendungsserver handeln. Mehr über JMS finden Sie in Abschnitt 9.6.1, hier wollen wir uns lediglich auf die *Message-Driven Beans* konzentrieren.

Eine Bean-Klasse wird über die Annotation @MessageDriven aus dem Paket javax.ejb zur *Message-Driven Bean*. Über den Parameter mappedName wird dieser Message-Driven Bean der JNDI-Name der Ressource übergeben, deren Nachrichten empfangen werden sollen. Das folgende simple Beispiel reagiert auf Nachrichten einer fiktiven JMS-Ressource mit dem JNDI-Namen jms/Queue:

```
@MessageDriven(mappedName="jms/Queue")
public class SimpleMessageBean implements MessageListener {
    public void onMessage(Message message) {
    }
}
```

Geht eine JMS-Nachricht in der angegebenen Ressource ein, wird diese in eine Instanz der Klasse Message (aus dem Paket javax.jms) gepackt und der Methode onMessage der Bean übergeben.

Die Methode onMessage ist in der Schnittstelle MessageListener des Pakets javax.jms deklariert und wird von Klassen implementiert, die wie unsere *Message-Driven Bean* JMS-Nachrichten empfangen.

Da JMS nicht zum *Web Profile* gehört, sind die *Message-Driven Beans* konsequenterweise ebenfalls nicht in diesem enthalten. Sie benötigen daher das *Full Profile*, um diese nutzen zu können.

8.6.6 Entity Beans

Bei *Entity Beans* handelt es sich um eine veraltete Persistenztechnologie, die durch JPA (siehe Kap. 7) abgelöst wurde. Seit Java EE 6 gelten *Entity Beans* als veraltet (engl. *deprecated*), weswegen von deren Einsatz abgeraten wird. Aus diesem Grund werden *Entity Beans* in diesem Buch nicht mehr behandelt.

8.7 Aufgaben

8.7.1 Registrierungsformular für Organisatoren erstellen

Aktuell kann man Organisatoren nur über SQL-Befehle anlegen. Für eine Webanwendung wäre es jedoch sinnvoll, wenn es ein Registrierungsformular gäbe, über das sich die zukünftigen Organisatoren als Benutzer anmelden könnten. Die Aufgabe besteht darin, ein solches Formular zu erzeugen.

Gehen Sie dabei folgendermaßen vor:

1. Erzeugen Sie einen OrganizerService mit einer Methode addOrganizer zum Anlegen eines neuen Organizer-Objekts. Beachten Sie dabei, dass das Passwort verschlüsselt in die Datenbank geschrieben werden muss (Hinweis: Paket java.security, insbesondere Klasse MessageDigest).

2. Erstellen Sie einen EditOrganizerController mit *ViewScope,* in dem das anzulegende Organizer-Objekt zwischengespeichert wird. Außerdem enthält dieser Controller eine Methode doCreate, über die das temporäre Organizer-Objekt mithilfe des OrganizerService persistiert wird. Orientieren Sie sich dabei am DonateMoneyController.

3. Erzeugen Sie ein Facelet mit dem Namen addOrganizer.xhtml. Dieses enthält ein Formular, das das temporäre Organizer-Objekt des EditOrganizerController bearbeitet. Außerdem sorgt ein *CommandButton* dafür, dass die Methode doCreate des Controllers aufgerufen wird.

4. Überprüfen Sie die Sicherheitskonfiguration der beteiligten Methoden – sorgen Sie dafür, dass auch ein nicht angemeldeter Benutzer den Anwendungsfall ausführen kann.

8.7.2   Services auf CDI umstellen

Aktuell nutzt die Anwendung für die Services EJBs. Stellen Sie diese Schicht um, sodass ausschließlich CDI genutzt wird. Verzichten Sie dabei auf die Absicherung der Services aus Abschnitt 8.2.5, die sich ohne EJBs nicht einfach umsetzen lässt. Außerdem bleibt die SchedulerBean weiterhin eine EJB. Gehen Sie zur Lösung der Aufgabe folgendermaßen vor:

1. Ersetzen Sie die Annotation @Stateless der Services durch @RequestScoped. Ihre Services sind dadurch wieder CDI-Beans. In den folgenden Schritten werden die dadurch resultierenden Fehler behoben.
2. Annotieren Sie die CampaignServiceBean mit @Interceptors(TransactionInterceptor.class). Dadurch nutzt diese den TransactionInterceptor aus Abschnitt 8.3.3. Da die SchedulerBean bereits eine Transaktion startet, darf die Methode transferDonations des DonationService nicht mit dem Interzeptor versehen werden. Gehen Sie für diesen Service daher methodenweise vor und annotieren Sie alle Methoden mit dem Interzeptor außer transferDonations.
3. Entfernen Sie die Annotationen aus dem Paket javax.annotation.security. Dadurch sind als Folge Ihre Services nicht mehr wie in Abschnitt 8.2.5 beschrieben abgesichert.
4. In eine CDI-Bean können Sie keinen SessionContext injizieren, aber ein Principal-Objekt. Entfernen Sie daher den SessionContext für den CampaignService und reimplementieren Sie durch Injizieren des Principal-Objekts die Methode getLoggedinOrganizer.

8.7.3   Ausführungszeit einer Methode messen

Eine beliebte Anwendung für einen Interzeptor ist das Messen der Ausführungszeit einer Methode. Nehmen wir an, dass es eine Methode doSomething gibt. Deren Ausführungszeit kann über folgenden Codeausschnitt bestimmt werden:

```
long time = System.currentTimeMillis();
doSomething();
long duration = System.currentTimeMillis() - time;
logger.info(String.format("doSomething() hat %d Sekunden benötigt",
TimeUnit.MILLISECONDS.toSeconds(duration)));
```

Würde die Zeitmessung stattdessen über einen Interzeptor erfolgen, wäre dieser Programmcode für beliebige Methoden wiederverwendbar. Erstellen Sie daher einen Interzeptor mit dem Namen PerformanceAuditor, der diese Anforderung umsetzt.

Hierzu folgende Hinweise:

- Verwenden Sie die Methode `proceed` des `InvocationContext` anstatt der Methode `doSomething`.
- In dem String-Parameter der Methode `format` ersetzen Sie `doSomething()` mit `%s` und fügen Sie der Methode einen zusätzlichen Parameter mit dem Ausdruck `ctx.getMethod().getName()` hinzu. Dabei steht `ctx` für den Variablennamen des `InvocationContext`.

8.8   Weiterführende Literatur

Eberling, W. & Lessner, J. (2011).
Enterprise JavaBeans 3.1. München: Carl Hanser Verlag.

Gilda, S., Logue, E. & Mison, D. (2012).
JBoss Enterprise Application Platform 6. Abgerufen am 28. Oktober 2012 von Administration and Configuration Guide:
`https://access.redhat.com/knowledge/docs/en-US/JBoss_Enterprise_Applica-tion_Platform/6/html/Administration_and_Configuration_Guide/sect-Securi-ty_Domains.html`

Ihns, Heldt, Koschek, Ehm, Sahling & Schlömmer. (2011).
EJB 3.1 professionell. Heidelberg: dpunkt.verlag.

Inden, M. (2012).
Der Weg zum Java-Profi. Heidelberg: dpunkt.verlag.

9 Iteration Nr. 5 – Kommunikation und HTML5

In diesem Kapitel implementieren wir die noch fehlende Anwendung My-Aktion-Monitor, die von einem zweiten Anwendungsserver zur Verfügung gestellt wird. Dabei kommen verteilte Kommunikationstechniken und HTML5 zum Einsatz.

9.1 Einleitung

Jetzt wird es ernst. Für den letzten noch zu implementierenden Anwendungsfall *Reduzierte Spendenliste anzeigen* (siehe Abschnitt 3.4.10) entwickeln wir eine zweite Anwendung, die mit unserer bestehenden kommunizieren wird. Um es noch etwas interessanter zu gestalten, setzen wir hierzu mit Glassfish auch einen anderen Anwendungsserver ein.

Zugegeben, wir könnten es uns einfacher machen und den Anwendungsfall in der bestehenden Anwendung integrieren. Unser Vorgehen hat jedoch zwei Vorteile: Glassfish ist die Referenzimplementierung von Java EE 7, und die sollte man als Java-EE-Entwickler unbedingt kennengelernt haben. Des Weiteren können wir dadurch etwas über Systemintegration lernen. Letzteres ist ein Thema, das in der Praxis von großer Bedeutung ist. Bei der Erstellung von Unternehmensanwendungen müssen Sie jedes Mal die bestehende Systemlandschaft berücksichtigen und Ihr neues System in diese integrieren. Java EE 7 bietet hierzu interessante Technologien, über die Sie einiges in den folgenden Abschnitten erfahren werden.

9.2 Neue Technologien

9.2.1 Webservices

Unter Webservices versteht man Techniken zur losen Kopplung von Systemen auf Basis von Internettechnologien wie z.B. HTTP, XML oder JSON. Nutzer und Anbieter eines Webservice können dadurch unterschiedliche Programmierplattformen einsetzen.

Ein Webservice stellt Operationen auf einem Server bereit, die eine klar umrissene Aufgabe, vergleichbar mit einer Klassenmethode, repräsentieren. Mithilfe von Webservices lassen sich sogenannte serviceorientierte Architekturen (SOA) aufbauen, die in Unternehmen die Basis für die anwendungsübergreifende Geschäftsprozessautomatisierung darstellen. Technologisch lassen sich zwei Ausprägungen unterscheiden: SOAP-Webservices und RESTful-Webservices.

SOAP-Webservices

SOAP ist ein auf XML basierendes Protokoll zum Nachrichtenaustausch, das durch das W3C verwaltet und standardisiert wird. Mit SOAP-Nachrichten können Operationsaufrufe und -ergebnisse von Webservices codiert werden. SOAP-Nachrichten können prinzipiell durch beliebige Transportprotokolle übermittelt werden. In der Praxis kommt jedoch meistens HTTP zum Einsatz.

Anfangs standen bei den SOAP-Webservices Begriffe wie Einfachheit, Leichtgewichtigkeit und lose Kopplung im Vordergrund. Durch den verstärkten Einsatz in geschäftskritischen Bereichen drängten jedoch Themen wie Sicherheit und Zuverlässigkeit in den Vordergrund. Die Folge war die Entwicklung von Standarderweiterungen, die diesen Anforderungen Rechnung trugen (z.B. WS-Security, WS-Reliability oder WS-Addressing). Damit einher ging natürlich auch der Anstieg der Komplexität der Technologie. Heute gibt es deutlich über 100 Spezifikationen rund um SOAP. Die Namen der Spezifikationen beginnen mit dem Präfix WS, weshalb man auch häufig von den WS-*-Spezifikationen spricht.

Der aktuelle Java-EE-Standard für SOAP-Webservices ist JAX-WS in der Version 2.2. Beachten Sie, dass JAX-WS nicht im *Web Profile* enthalten ist. Wenn Sie daher SOAP-Webservices einsetzen, benötigen Sie einen Anwendungsserver, der das *Full Profile* von Java EE 7 unterstützt.

Neben JAX-WS gibt es auch andere praxisrelevante Implementierungen, wie z.B. Apache Axis (`axis.apache.org/axis/`).

RESTful Webservices

Ein anderer Weg wurde mit den RESTful Webservices (kurz REST für engl. *Representational State Transfer*) eingeschlagen. REST verwendet Webtechnologien und HTTP. Eine REST-Architektur basiert auf dem Konzept einer Ressource: Ein REST-Server stellt den Zugang zu den Ressourcen zur Verfügung, ein REST-Client greift auf die Ressourcen zu bzw. modifiziert sie. Jede Ressource muss die gängigen HTTP-Operationen unterstützen. Eine Ressource wird durch eine globale ID eindeutig identifiziert, dazu wird in der Regel eine URI verwendet. Eine REST-Ressource kann unterschiedliche Repräsentationen haben. Meist kommen XML oder JSON zum Einsatz. Prinzipiell kann jedoch jedes beliebige Format verwendet werden. Der REST-Client kann über HTTP eine bestimmte Repräsentation abfragen.

Im Gegensatz zu den SOAP-Webservices wurde mit REST die »Leichtigkeit« der Kopplung von Systemen erhalten. REST erfüllt jedoch nicht die Anforderungen, die durch den WS-*-Stack bei den SOAP-Webservices erreicht wurden. Welche Technologie wann zum Einsatz kommen sollte, ist also von den Anforderungen des jeweiligen Anwendungsfalls und dem Kontext der Anwendung abhängig. In Webanwendungen kommen zunehmend REST-Webservices zum Einsatz, da man sie einfach mittels JavaScript aus dem Browser heraus aufrufen kann.

Der Java-EE-Standard für REST ist JAX-RS, das für Java EE 7 in der Version 2.0 vorliegt. JAX-RS wurde mit der neuen Java-EE-7-Version in das *Web Profile* aufgenommen, zuvor war es ausschließlich über das *Full Profile* verfügbar.

9.2.2 WebSockets

Bei WebSockets handelt es sich um eine neue Webtechnologie, die im Rahmen der Entwicklung von HTML5[1] entstanden ist. WebSockets stellen einen bidirektionalen Kommunikationskanal zwischen dem Browser und dem Webserver bereit. Dieser Kommunikationskanal arbeitet im doppeltgerichteten Betrieb (vollduplex), das heißt, es können gleichzeitig Nachrichten vom Client an den Server und umgekehrt gesendet werden.

Die WebSocket-API wurde vom W3C, das auf TCP basierende WebSocket-Protokoll von der IETF als RFC 6455 standardisiert. Die Implementierung der WebSockets muss also sowohl auf Client- als auch auf Serverseite geschehen. WebSockets werden aktuell von allen gängigen Browsern unterstützt und über JavaScript im Browser verwendet. Java EE 7 bringt die Implementierung für Java auf der Serverseite mit (Java API for WebSocket 1.0).

9.3 Kommunikationsarchitektur

Bevor wir in die Realisierung des Anwendungsfalls einsteigen, müssen wir zunächst die Kommunikationsarchitektur besprechen. Abbildung 9–1 gibt uns eine Übersicht der beteiligten Applikationsserver, Kommunikationstechnologien und Informationen. Zur Realisierung des Anwendungsfalls kommen zwei Applikationsserver zum Einsatz: zum einen unser WildFly 8.1.0, der die im Buch entwickelte Anwendung My-Aktion bereitstellt, zum anderen Oracles Glassfish-Server 4 in der Open Edition. Für den Glassfish-Server werden wir im vorliegenden Kapitel die Webanwendung My-Aktion-Monitor entwickeln, die es einem Benutzer ermöglicht, die Spendenliste einer Aktion zu überwachen. Die Spendenliste wird dabei automatisch vom Server über ein WebSocket aktuell gehalten.

---

1. http://de.wikipedia.org/wiki/HTML5

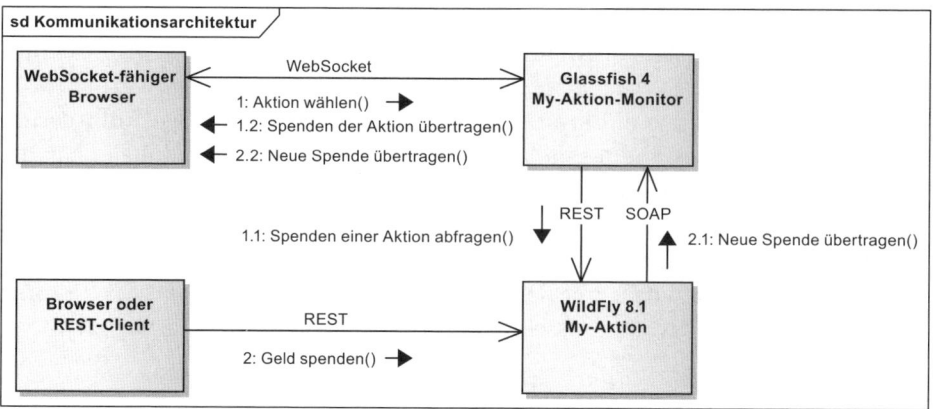

Abb. 9–1   *Kommunikationsarchitektur für den Spendenmonitor*

Ein Nutzer greift über den WebSocket-fähigen Browser auf die Anwendung My-Aktion-Monitor zu. Dabei wird eine WebSocket-Verbindung mit der Anwendung auf dem Glassfish-Applikationsserver aufgebaut. Durch Angabe einer Aktion-ID, die über das WebSocket an den Server übermittelt wird, fragt die Anwendung My-Aktion-Monitor die aktuelle Spendenliste der Aktion über den REST-Webservice der Anwendung My-Aktion des WildFly ab. Das Ergebnis der Serviceoperation wird über das WebSocket an den Browser übertragen und dort dargestellt.

Die WebSocket-Verbindung wird von der Anwendung My-Aktion-Monitor außerdem genutzt, um dem Browser neue Spenden mitzuteilen (Push-Prinzip). Die Anwendung My-Aktion-Monitor auf dem Glassfish stellt ihrerseits einen SOAP-Webservice zur Verfügung, mit dem die Anwendung My-Aktion auf WildFly eine neue Spende melden kann. Die Verwendung eines SOAP-Webservice an dieser Stelle ist künstlich, da man hier genauso gut einen REST-Webservice hätte verwenden können. Alternativ hätte man auch die komplette Kommunikation zwischen den Servern auf SOAP aufbauen können. Die Autoren halten es jedoch für wichtig, im vorliegenden Buch auf die Programmierung beider Webservice-Technologien einzugehen. Damit beide Technologien zum Einsatz kommen, stellen wir SOAP-Services auf dem Glassfish 4 bereit, die von WildFly 8 aus genutzt werden.

Eine neue Spende für eine Aktion kann im Rahmen der Anwendung My-Aktion (Facelet `donateMoney.xhtml`) oder durch einen REST-Service-Aufruf erzeugt werden. Innerhalb der Anwendung My-Aktion sorgt eine Servicemethode dafür, dass eine Nachricht an die Anwendung My-Aktion-Monitor auf dem Glassfish gesendet wird. Dort wird die Nachricht verarbeitet und alle relevanten Web-Socket-Kanäle werden mit der neuen Information versorgt.

In den folgenden Abschnitten werden wir nacheinander die REST-Webservices der Anwendung My-Aktion realisieren, Tests der Services durchführen, den Glassfish-Applikationsserver installieren und schließlich die Anwendung My-Aktion-Monitor mit den notwendigen REST-Service-Aufrufen, SOAP-Webservices und WebSockets programmieren und auf dem Glassfish-Server deployen.

9.4   REST-Webservice-Schnittstelle für My-Aktion

Für die Realisierung der REST-Webservice-Schnittstelle verwenden wir JAX-RS 2.0. Obwohl vom zu realisierenden Anwendungsfall nicht benötigt, werden wir die kompletten Servicemethoden der Webanwendung My-Aktion auch als REST-Webservice zur Verfügung stellen, um die wichtigsten Eigenschaften von JAX-RS kennenzulernen.

Die Klassen zur Implementierung der REST-Services legen wir im Paket de.dpunkt.myaktion.resources ab. Die Services arbeiten mit JSON. Wir zeigen jedoch bei unseren Tests exemplarisch, wie man durch Angabe im HTTP-Header XML anfordern kann und dieses dann vom REST-Service zurückgeliefert wird.

JAX-RS ermöglicht die Erstellung eines REST-Service durch eine Java-Klasse. Mittels Annotationen an der Klasse und ihrer Methoden können wir Einstellungen bzgl. des REST-Webservice und seiner Ressourcen festlegen. Jede Methode der Klasse implementiert den Zugriff auf eine Ressource. Mithilfe der Annotationen legen wir die Adresse (@Path), die Zugriffsart (@POST, @GET, @PUT, @DELETE) und die Datenformate für die Kommunikation (@Consumes, @Produces, @PathParam, @FormParam) mit der Ressource fest. Tabelle 9–1 erklärt die wichtigsten Annotationen ausführlicher.

Annotation	Erklärung
@Path(unser_service_ präfix) auf Klassenebene @Path(unsere_konkrete_ ressource) auf Methodenebene	Klassen realisieren REST-Services. Mit @Path legen wir auf Klassenebene das Präfix für die URLs aller REST-Ressourcen des REST-Service fest. Die Adresse einer Ressource kann durch eine weitere @Path-Annotation auf Methodenebene ergänzt werden. Die URL einer Ressource setzt sich demnach zusammen aus der URL der REST-Services unserer Webanwendung, dem Präfix auf Klassenebene und der Ergänzung auf Methodenebene.
@POST	Annotiert eine Methode der Klasse als erreichbar über HTTP-POST. Steht für das Anlegen einer neuen Ressource, deren URL vom Server neu generiert wird.
@GET	Annotiert eine Methode der Klasse als erreichbar über HTTP-GET. Steht für das Auslesen einer Ressource.
@PUT	Annotiert eine Methode der Klasse als erreichbar über HTTP-PUT. Steht für das Aktualisieren oder Neuanlegen einer Ressource. Bei der Neuanlage muss die URL der Ressource dem Aufrufer bekannt sein.
@DELETE	Annotiert eine Methode als erreichbar über HTTP-DELETE. Steht für das Löschen einer Ressource.
@Produces(Typ) @Produces({Typ1,Typ2,…})	Legt fest, welcher MIME-Typ von einer Methode geliefert wird, die mit @GET annotiert wurde. Übliche MIME-Typen sind text/plain, application/xml oder application/json. Entsprechende Klassenelemente stehen über die Klasse MediaType zur Verfügung.

→

Annotation	Erklärung
`@Consumes(Typ)` `@Consumes({Typ1,Typ2,…})`	Definiert, welcher MIME-Typ von der Methode verarbeitet wird.
`@PathParam`	Ermöglicht es, die in der URL enthaltenen Parameter an die Java-Methode der Ressource zu übergeben. Über die Annotation `@Path` können Variablen über Klammern eingeführt werden (z.B. die Variable `aktionId` über `@Path(/spende/{aktionId})`). Bei einem Aufruf der Ressource wird dann der Wert der Variablen (hier die Aktion-ID) dem mit `@PathParam` annotierten Methodenparameter übergeben.
`@FormParam`	Ermöglicht die Übernahme von Parametern einer POST-Anfrage eines HTML-Formulars in Parameter einer Java-Methode. Die Methode sollte dann auch mit der Annotation `@Consumes` und dem MIME-Typ `MediaType.APPLICATION_FORM_URLENCODED` versehen sein.

Tab. 9–1   *Annotationen von JAX-RS. Die Annotationen gehören zum Paket `java.ws.rs`.*

Konfiguration der Webanwendung

In der Konfigurationsdatei `src\main\webapp\WEB-INF\web.xml` der Anwendung müssen noch zwei Einstellungen vorgenommen werden.

Zum einen müssen wir die URL unserer Webanwendung für REST-Services festlegen. Dazu ist anzugeben, welche HTTP(S)-Anfragen als REST-Anfragen interpretiert werden sollen. In der Datei `web.xml` müssen wir dazu ein sogenanntes *Servlet-Mapping* einfügen, das anhand eines URL-Musters entscheidet, welche Anfragen als REST-Services interpretiert und durch das REST-Servlet der JAX-RS-API verarbeitet werden sollen. Wir legen fest, dass alle Anfragen an die Anwendung, die in der URL `/my-aktion/rest` verwenden, als REST-Aufrufe interpretiert werden.

```
<?xml version="1.0" encoding="UTF-8"?>
<web-app>
…
    <servlet-mapping>
        <servlet-name>javax.ws.rs.core.Application</servlet-name>
        <url-pattern>/rest/*</url-pattern>
    </servlet-mapping>
…
</web-app>
```

Analog zur Webanwendung dürfen alle Services bis auf das Spenden von Geld nur nach einer Authentifizierung durchgeführt werden. Wir legen daher wie bei den Facelets die folgenden URLs fest:

- `/rest` für das Spenden von Geld
- `/rest/organizer` für alle anderen Services

Die Absicherung der Services im Bereich /rest/organizer erreichen wir analog zur Absicherung der Facelets im Bereich /organizer durch einen zusätzlichen Eintrag im Tag <security-constraint> der Konfigurationsdatei web.xml.

```
<security-constraint>
...
    <web-resource-collection>
        <web-resource-name>organizer access via REST</web-resource-name>
        <url-pattern>/rest/organizer/*</url-pattern>
    </web-resource-collection>
...

</security-constraint>
```

Test der REST-Webservices

Im Folgenden werden wir einige REST-Webservices programmieren. Das Testen der Webservices werden wir mit dem Kommandozeilenwerkzeug cURL durchführen. cURL ist ein Programm, mit dem man Anfragen an Ressourcen richten kann, die via URLs adressiert werden können. cURL unterstützt sehr viele Protokolle inklusive HTTP und HTTPS, was für unsere Zwecke sehr von Vorteil ist. cURL nimmt bei den Tests die Rolle des REST-Clients ein.

Eigentlich ist cURL für Unix-Systeme entwickelt worden, es gibt aber auch Versionen, die innerhalb von Windows verwendet werden können. Auf der Seite curl.haxx.se/download.html können Sie eine für Ihre Plattform geeignete Version herunterladen. Für Windows 7 (64-bit) eignet sich die *MinGW64-Umgebung (Minimal GNU for Windows)*, die als komprimiertes Archiv zur Verfügung steht. Wir müssen das Archiv lediglich an einem Ort unserer Wahl im Dateisystem entpacken und das Verzeichnis in den Systempfad aufnehmen. Anschließend steht uns in der Eingabeaufforderung der Befehl curl zur Verfügung, mit dem die Kommunikation gestartet werden kann. Alternativ zu *MinGW64* können Sie unter Windows auch die *CYGWIN-Umgebung* (www.cygwin.com/) verwenden.

Mit diesem Rüstzeug machen wir uns nun an die Implementierung der REST-Webservices. Nach jeder implementierten Operation testen wir den Zugriff auf die Ressource mithilfe von cURL.

In Abschnitt 9.4.1 realisieren wir einen REST-Webservice für das Management von Aktionen. In Abschnitt 9.4.2 implementieren wir die Services für die Durchführung von Spenden und die Abfrage der Spendenliste einer Aktion.

9.4.1   REST-Webservice für das Management von Aktionen

Der Service soll die in Tabelle 9–2 aufgeführten Operationen für den Zugriff auf
die Aktionen besitzen.

HTTP-Op.	URL der Operation	Funktion
GET	`/organizer/campaign/list`	Liefert eine Liste aller Aktionen eines Organisators zurück
PUT	`/organizer/campaign /` `{campaignId}`	Aktualisierung der Aktion mit der ID `campaignId`
POST	`/organizer/campaign`	Hinzufügen einer neuen Aktion
DELETE	`/organizer/campaign /` `{campaignId}`	Löschen der Aktion mit der ID `campaignId`

Tab. 9–2   *Liste der Operationen des REST-Aktionen-Service*

Zur Implementierung des Service legen wir eine Klasse `CampaignResource` im Paket
`de.dpunkt.myaktion.resources` an. Um die Operationen aus Tabelle 9–2 umzusetzen, benötigt diese Klasse Zugriff auf den `CampaignService` und dessen CRUD-
Methoden. Mittels der Annotation `@Inject` sorgen wir dafür, dass zur Laufzeit
eine Referenz des Service zur Verfügung steht. Die Klasse `CampaignResource` hat
dadurch folgendes Grundgerüst:

```
package de.dpunkt.myaktion.resources;

import javax.inject.Inject;
import javax.ws.rs.Path;

import de.dpunkt.myaktion.services.CampaignService;

@Path("/organizer/campaign")
public class CampaignResource {

    @Inject
    private CampaignService campaignService;

    //… hier folgen die Servicemethoden
}
```

Alle Annotationen der JAX-RS-Bibliothek gehören zum Paket `java.ws.rs`, weshalb bei der Verwendung die entsprechenden `import`-Befehle in der Klasse nicht
fehlen dürfen. Im obigen Programmcode verwenden wir bisher nur die Annotation `@Path`, mit der wir das gemeinsame Präfix der URLs aller Ressourcen des
REST-Webservice auf `/organizer/campaign` festlegen. Bislang haben wir noch
keine Funktionalität programmiert. Im Rumpf der Klasse können wir aber nun
schrittweise eine Methode nach der anderen implementieren und mit dem Programm cURL testen.

9.4.1.1   Liste aller Aktionen eines Organisators abfragen

Wir beginnen mit der Abfrage aller Aktionen eines Organisators. Die Implementierung delegiert den Aufruf an die Methode getAllCampaigns unserer EJB CampaignService. Es handelt sich um einen lesenden Zugriff auf die Ressource, weshalb wir HTTP-GET über die Annotation @GET verwenden. Das Ergebnis wird im JSON-Format geliefert (@Produces(MediaType.APPLICATION_JSON)). Die Ressource soll für REST-Clients unter der URL

```
https://localhost:8443/my-aktion/rest/organizer/campaign/list
```

erreichbar sein, wodurch sich als Annotation für die Methode @Path("/list") ergibt.

```
@GET
@Path("/list")
@Produces(MediaType.APPLICATION_JSON)
public List<Campaign> getAllCampaigns() {
    List<Campaign> allCampaigns = campaignService.getAllCampaigns();
    allCampaigns.forEach(campaign -> {
        campaign.setDonations(null);
        campaign.setOrganizer(null);
    });
    return allCampaigns;
}
```

Erklärungsbedürftig bei der Implementierung der Methode ist die forEach-Methode der Liste. Eine Aktion ist zur Laufzeit auf dem Server ein komplexes Objektgeflecht. Ein Campaign-Objekt besitzt u. a. Referenzen auf eine Liste von Donation-Objekten und ein Organizer-Objekt. Für den Service benötigen wir alle Informationen zur Aktion bis auf den Organisator (das ist der angemeldete Benutzer selbst) und die Spendenliste[2]. Aus diesem Grund setzen wir beide Eigenschaften für alle Aktionen der Liste auf den Wert null. Durch diesen Trick werden die Attribute donations und organizer bei der Umwandlung eines Campaign-Objekts in seine JSON-Repräsentationen nicht berücksichtigt.

Alternativ könnten wir in der Klasse Campaign die beiden Attribute mit der Annotation @JsonIgnore aus dem Paket com.fasterxml.jackson.annotation versehen. WildFly 8.1.0 verwendet für die Umwandlung in JSON-Objekte die Bibliothek Jackson 2[3]. Mit der Annotation @JsonIgnore versehene Attribute werden bei der Konvertierung von Jackson nicht beachtet. Prinzipiell ist dieser Ansatz sauberer als das verwendete Setzen der Attribute auf null – es ist jedoch nicht standardkonform, daher wurde in unserer Beispielanwendung darauf verzichtet. Falls Sie die Annotation trotzdem verwenden möchten, fügen Sie bitte folgende Abhängigkeit zu Ihrer Maven-Konfiguration hinzu (WildFly 8.1.0 verwendet Jackson 2 in der Version 2.3.2):

---

2.   Diese kann bei Bedarf durch einen zusätzlichen Service abgerufen werden.

3.   http://jackson.codehaus.org

```
<dependency>
  <groupId>com.fasterxml.jackson.core</groupId>
  <artifactId>jackson-annotations</artifactId>
  <version>2.3.2</version>
  <scope>provided</scope>
</dependency>
```

Beachten Sie bitte, dass wir das Attribut `donations` nicht alleine deswegen auslassen, um die zu übertragende Datenmenge zu reduzieren. Vielmehr brechen wir dadurch auch eine zyklische Abhängigkeit zwischen den Klassen `Campaign` und `Donation` auf, die aufgrund der bidirektionalen Relation besteht. Diese würde bei der Konvertierung in eine JSON-Repräsentation zu einer Endlosschleife führen, die der verwendete JSON-Prozessor Jackson durch das Werfen einer Ausnahme umgeht.

Test des Ressourcenzugriffs

Zunächst müssen wir unser Projekt wie üblich mithilfe von Maven übersetzen und ein Deployment auf den WildFly-Server durchführen. Letzterer muss dazu natürlich gestartet worden sein. Danach öffnen wir eine neue Eingabeaufforderung für die Durchführung des Tests mit cURL. Da für den Zugriff auf die Ressource eine Authentifizierung notwendig ist, benötigt der Test mehrere Schritte.

Wir rufen zunächst die gewünschte URL auf und erzeugen dabei ein Cookie, dessen Daten in der Datei `cookie.txt` gespeichert werden sollen:

```
curl -k -c cookie.txt https://localhost:8443/my-aktion/rest/organizer/
campaign/list
```

Das vom Server zurückgelieferte Cookie benutzen wir in den folgenden Aufrufen, um unsere Benutzersitzung beim Server zu identifizieren. Die Option –k ermöglicht die Abfrage »unsicherer« SSL-Verbindungen. Als unsicher gelten z.B. auch Verbindungen, die ein selbst generiertes Zertifikat verwenden. Da dies bei uns der Fall ist, benötigen wir die Option –k für die Abfrage. Im Fenster erscheint als Ergebnis der Quellcode der Anmeldeseite unserer Anwendung. Im nächsten Schritt führen wir die Anmeldung durch.

```
curl -k -c cookie.txt -b cookie.txt --data-urlencode j_username=
max@mustermann.de -d j_password=secret https://localhost:8443/my-aktion/
j_security_check
```

Die Option -b gibt an, dass Informationen aus der Datei `cookie.txt` als Cookie-Daten bei der Anfrage per HTTP an den Server übermittelt werden sollen.

Die Option --data-urlencode sorgt dafür, dass der Benutzername und das Passwort als Parameter der URL angehängt werden. Die URL

```
https://localhost:8443/my-aktion/j_security_check
```

repräsentiert die Seite unserer Webanwendung, die die Authentifizierung durchführt. Damit ist die Cookie-Datei mit einer Benutzersitzung inklusive Authentifizierung initialisiert, und wir können nun die eigentlichen Ressourcenzugriffe durchführen. Mit dem folgenden Befehl erhalten wir die Liste aller Aktionen des Benutzers max@mustermann.de im JSON-Format:

```
curl -k -b cookie.txt https://localhost:8443/my-aktion/rest/organizer/
campaign/list
```

Im Folgenden sei beispielhaft eine Liste mit einer Aktion im JSON-Format dargestellt. Wir erkennen hier auch, dass die Attribute donations und organizer in der JSON-Datei, wie in der obigen Methode implementiert, den Wert null besitzen.

```
[{"name":"Trikots für A-Jugend","targetAmount":1000.0,"donationMinimum":100.0,
"amountDonatedSoFar":200.0,"account":{"name":"Max Mustermann","nameOfBank":"ABC
Bank","iban":"DE11123456789012345"},"id":"1,donations":null,"organizer":null}]
```

Die Datei cookie.txt enthält eine Identifizierung für unsere Benutzersitzung und kann für weitere Zugriffe auf geschützte Ressourcen verwendet werden, solange die Sitzung noch nicht abgelaufen ist. Ist dies der Fall, müssen Sie wie oben beschrieben ein neues Cookie erstellen.

9.4.1.2   Aktion löschen

Die Operation zum Löschen einer Aktion verwendet die HTTP-Methode DELETE, weshalb die Annotation @DELETE zum Einsatz kommt. Zur Identifizierung der zu löschenden Aktion wird deren ID an das Ende der URL angehängt.

Der REST-Client kann daher beispielsweise über Aufruf der URL https://localhost:8443/my-aktion/rest/organizer/campaign/4711 die Aktion mit der ID 4711 löschen.

Zur Festlegung der ID führt die Annotation @Path anstelle eines festen Werts eine Variable campaignId ein. Variablen werden durch umschließende, geschweifte Klammern definiert. Zur Laufzeit erhält die Variable ihren konkreten Wert aus der URL der Anfrage, in unserem Beispiel also 4711. Dieser Wert wird einem frei wählbaren Parameter der Methode übergeben, die die betreffende Ressource realisiert. Der gewünschte Methodenparameter wird dabei über die Annotation @PathParam ausgewählt. Diese Annotation enthält wiederum den Parameter value, über den man die zu verwendende URL-Variable festlegt. Dadurch ergibt sich für uns folgender Code:

```
@DELETE
@Path("/{campaignId}")
public void deleteCampaign(@PathParam(value="campaignId") Long campaignId) {
    campaignService.deleteCampaign(campaignId);
}
```

Bisher kann der CampaignService eine Aktion allerdings nicht direkt anhand der ID löschen. Da wir nicht ein unnötiges Campaign-Objekt anlegen möchten, erweitern wir stattdessen die Schnittstelle des Service um folgende Methode:

```
void deleteCampaign(Long campaignId);
```

Diese müssen Sie nun noch in der Klasse `CampaignServiceBean` implementieren:

```
public void deleteCampaign(Long campaignId) {
    Campaign managedCampaign = getCampaign(campaignId);
    entityManager.remove(managedCampaign);
}
```

Anschließend müssen wir den verwendeten `CampaignService` um die fehlende Methode `getCampaign` erweitern. Hierzu fügen Sie zunächst bitte die Methode der dazugehörigen Schnittstelle hinzu:

```
Campaign getCampaign(Long campaignId);
```

Diese müssen wir dann folgendermaßen in der Klasse `CampaignServiceBean` implementieren:

```
public Campaign getCampaign(Long campaignId) {
    Campaign managedCampaign =
                entityManager.find(Campaign.class, campaignId);
    return managedCampaign;
}
```

Die Implementierung des REST-Service zum Löschen einer Aktion ist damit abgeschlossen.

Test des Ressourcenzugriffs

Um den Löschservice verwenden zu können, muss man, wie im vorherigen Abschnitt beschrieben, zunächst eine entsprechende Benutzersitzung erzeugen. Falls Sie stattdessen auf ein bereits erzeugtes Cookie zugreifen, achten Sie bitte darauf, dass die dazugehörige Sitzung noch nicht abgelaufen ist.

Um eine Aktion löschen zu können, benötigen wir ihre ID. Diese können Sie aus der Liste der Aktionen, die wir gerade über REST abgefragt hatten, entnehmen. Führen Sie anschließend den folgenden Befehl aus, um die gewünschte Aktion zu löschen (hier die Aktion mit der ID 1):

```
curl -k -b cookie.txt -X DELETE https://localhost:8443/my-
aktion/rest/organizer/campaign/1
```

Mit der Option –X kann man eine HTTP-Methode festlegen. Bisher haben wir darauf verzichtet, weil wir nur den voreingestellten Wert `GET` benötigt hatten.

Erhalten wir nach der Ausführung des Befehls keine Ausgabe, dann war die Ausführung erfolgreich.

Zur Überprüfung können wir noch einmal die Liste der Aktionen, wie zuvor beschrieben, abfragen und dadurch nachsehen, ob die Aktion wirklich aus der Liste verschwunden ist. Für den Fall, dass die Liste vor dem Löschen nur aus einer Aktion bestand, erhalten wir als Antwort die leere Liste ([]).

9.4.1.3   Neue Aktion hinzufügen

Die nächste Operation ermöglicht das Anlegen einer neuen Aktion. Die Methode
addCampaign implementiert diese und verwendet dabei die HTTP-Methode POST
(@POST). Die Ressource steht REST-Clients direkt unter der URL zur Verfügung,
die auf Klassenebene über die Annotation @Path festgelegt wurde. Eine zusätzliche
Annotation ist deshalb nicht erforderlich.

Im Unterschied zu den vorherigen Operationen benötigen wir für diesen Fall
Daten als Eingabe für die Operation (die Daten der neuen Aktion). Mit der
Annotation @Consumes legen wir das Format der übergebenen Daten auf JSON
(MediaType.APPLICATION_JSON) fest. Da der Parameter campaign der Methode
addCampaign eine Instanz der Klasse Campaign ist, konvertiert JAX-RS das übergebene JSON automatisch in ein solches Objekt. Wir müssen uns daher nicht selbst
um diese Konvertierung kümmern und können stattdessen das Objekt unverändert als Argument für die addCampaign-Methode des CampaignService verwenden.
Für den Rückgabewert der Operation läuft das umgekehrte Spiel: Die Methode
liefert ein Campaign-Objekt zurück, das von JAX-RS wegen der Annotation @Pro-
duces(MediaType.APPLICATION_JSON) in JSON umgewandelt wird. Es ergibt sich
daher der folgende Code:

```
@POST
@Consumes(MediaType.APPLICATION_JSON)
@Produces(MediaType.APPLICATION_JSON)
public Campaign addCampaign(Campaign campaign) {
    return campaignService.addCampaign(campaign);
}
```

Auch hier ist eine Anpassung des CampaignService notwendig, da dessen Methode
addCampaign aktuell noch nicht das persistierte Objekt zurückliefert. Wir ändern
daher zunächst den Rückgabewert der Methode addCampaign der dazugehörigen
Schnittstelle:

```
void addCampaign(Campaign campaign);
```

in

```
Campaign addCampaign(Campaign campaign);
```

Anschließend müssen wir das gewünschte Campaign-Objekt noch in der Implementierung (Klasse CampaignServiceBean) der Methode zurückgeben:

```
public Campaign addCampaign(Campaign campaign) {
    Organizer organizer = getLoggedinOrganizer();
    campaign.setOrganizer(organizer);
    entityManager.persist(campaign);
    return campaign;
}
```

Beachten Sie, dass wir direkt die existierende Methode ändern können, da die
bestehenden Aufrufe des Service den neuen Rückgabewert einfach ignorieren und
daher nicht angepasst werden müssen.

Test des Ressourcenzugriffs

Für den Test der Serviceoperation mittels cURL müssen wir zunächst eine Testdatei anlegen, die Daten einer neuen Aktion im JSON-Format beinhaltet. Wir legen eine neue Textdatei mit dem Namen test1.json an und speichern darin den folgenden Inhalt:

```
{"name":"Rollstuhl für Maria","targetAmount":2500.0,"donationMinimum":25.0,
"account":{"name":"Max Mustermann","nameOfBank":"ABC Bank",
"iban":"DE4912345678901234"}}
```

JSON[4] repräsentiert Objekte in der Form, dass ihre Attribute innerhalb einer geschweiften Klammer immer in Paaren von Attributnamen und den dazugehörigen Werten aufgelistet werden. Die Paare werden dabei durch ein Komma getrennt. Variablenname und -wert sind durch einen Doppelpunkt getrennt. Zeichenketten (engl. *strings*) werden in Anführungszeichen dargestellt, Zahlen als Folgen von Ziffern mit gegebenenfalls einem Vorzeichen und einem Dezimalpunkt. Boolesche Werte werden durch die Literale true und false repräsentiert. Der Nullwert ist null. JSON kennt auch Arrays. Ein Attributname wird durch eine Zeichenkette dargestellt. Ein Wert kann wiederum ein Literal (Zeichenkette, Zahl, Boolean, Nullwert), ein Objekt oder ein Array sein. In obiger JSON-Datei sehen wir, dass das Attribut "account" selbst wieder ein Objekt ist und daher als Liste von Variable-Wert-Paaren dargestellt wird. Damit die Zuordnung zu den Attributen einer Aktion automatisch erfolgen kann, müssen die Attributnamen in der JSON-Datei die gleichen Namen haben wie die korrespondierenden Attribute der Klasse Campaign. Gleiches gilt für die Attribute der Klasse Account. Auch hier müssen die Attributnamen in der JSON-Datei den passenden Attributnamen der Klasse Account entsprechen.

Beim Aufruf von cURL nehmen wir dann Bezug zur eben angelegten Textdatei test1.json.

```
curl -k -b cookie.txt -H "Content-Type: application/json" -X POST --data
"@test1.json" https://localhost:8443/my-aktion/rest/organizer/campaign
```

Mit der Option -H legen wir den Content-Type im Header unserer HTTP-Anfrage fest. Mit -X wählen wir die HTTP-Methode POST aus und mit der Option --data sorgen wir dafür, dass cURL die Daten aus der Datei test1.json für die Anfrage verwendet. Der Test war erfolgreich, wenn im Ausgabefenster die neue Aktion im JSON-Format ausgegeben wird. Wir merken uns die ID der neuen Aktion für den folgenden Test.

---

4.   Näheres zu JSON finden Sie hier de.wikipedia.org/wiki/JavaScript_Object_Notation.

9.4.1.4   Aktion aktualisieren

Die Aktualisierung einer Aktion wird durch die Methode `updateCampaign` realisiert. Da Daten auf dem Server verändert werden, setzen wir auf der HTTP-PUT-Methode auf (`@PUT`). Der REST-Client verwendet analog zur vorherigen Operation Löschen die URL des Service, erweitert um die ID der zu aktualisierenden Aktion. Erneut injizieren wir mittels der Annotation `@PathParam` die ID in die lokale Variable `campaignId`. Wie beim Anlegen einer neuen Aktion benötigen wir ebenfalls Daten als Eingabe (die neuen Daten der Aktion). Wir legen wieder mit der Annotation `@Consumes` das Format JSON (`MediaType.APPLICATION_JSON`) fest. Der Parameter `newCampaign` der Methode `updateCampaign` nimmt die Daten der Nachricht automatisch auf, sodass wir bei der Implementierung im Rumpf der Methode auf die neuen Werte zugreifen können. Als Antwort liefert die Operation die aktualisierte Aktion ebenfalls im JSON-Format zurück (`@Produces(MediaType.APPLICATION_JSON)`).

Die folgende Implementierung der Methode verwendet die CRUD-Methoden des `CampaignService`. Zunächst wird die zur ID gehörende Aktion über die noch zu erstellende Methode `campaignService.getCampaign` gelesen. Dann wird das resultierende `Campaign`-Objekt mit den neuen Werten aus `newCampaign` bestückt. Abschließend verwenden wir die `updateCampaign`-Methode der Bean `CampaignService`, um die Aktion mit den neuen Werten zu persistieren. Die Implementierung erlaubt nur das Ändern des Namens, des Spendenbetrags und des Spendenziels. Die Kontoverbindung der Aktion kann nicht aktualisiert werden.

```
@PUT
@Path("/{campaignId}")
@Consumes(MediaType.APPLICATION_JSON)
@Produces(MediaType.APPLICATION_JSON)
public Campaign updateCampaign(@PathParam(value="campaignId") Long
campaignId, Campaign newCampaign) {
   Campaign campaign = campaignService.getCampaign(campaignId);
   campaign.setName(newCampaign.getName());
   campaign.setDonationMinimum(
      newCampaign.getDonationMinimum());
   campaign.setTargetAmount(newCampaign.getTargetAmount());
   newCampaign = campaignService.updateCampaign(campaign);
   newCampaign.setDonations(null);
   newCampaign.setOrganizer(null);
   return newCampaign;
}
```

Da unser REST-Service das aktualisierte `Campaign`-Objekt wieder zurückliefern soll, müssen wir in dem Service auch die Methode `updateCampaign` um diesen Rückgabewert erweitern. Ändern Sie hierzu einfach die Methode in der Schnittstelle von

```
void updateCampaign(Campaign campaign);
```

in folgende Zeile um:

```
Campaign updateCampaign(Campaign campaign);
```

Im nächsten Schritt müssen Sie die Implementierung noch entsprechend erweitern:

```
public Campaign updateCampaign(Campaign campaign) {
    return entityManager.merge(campaign);
}
```

Bevor wir als Ergebnis des REST-Service das aktualisierte `Campaign`-Objekt, das wir von der Service-Bean über die Methode `update` erhalten haben, zurückgeben können, müssen wir noch mit derselben Begründung wie in Abschnitt 9.4.1.1 den Organisator und die Spenden der Aktion jeweils auf `null` setzen.

Dadurch ist die Implementierung der Aktualisierung einer Aktion über den REST-Service abgeschlossen.

Test des Ressourcenzugriffs

Als Test wollen wir die zuvor über den REST-Service angelegte Aktion aktualisieren. Dazu benötigen wir deren ID, die wir uns beim letzten Test gemerkt haben (alternativ bringen wir diese über den REST-Service selbst oder durch eine Datenbankabfrage in Erfahrung).

Im Folgenden gehen wir davon aus, dass die ID dieser Aktion 2 ist. Für den Test des Ressourcenzugriffs mittels cURL müssen wir zunächst eine weitere Testdatei anlegen, die Testdaten im JSON-Format beinhaltet. Wir legen eine neue Textdatei mit dem Namen `test2.json` an und speichern darin den folgenden Inhalt:

```
{"name":"Rollstuhl für Maria","targetAmount":3000.0,"donationMinimum":50.0}
```

Beim Aufruf von cURL nehmen wir dann Bezug zur eben angelegten Textdatei `test2.json`.

```
curl -k -b cookie.txt -H "Content-Type: application/json" -X PUT --data
"@test2.json" https://localhost:8443/my-aktion/rest/organizer/campaign/2
```

Der Test war erfolgreich, wenn wir im Ausgabefenster die neue Aktion im JSON-Format ausgegeben bekommen.

9.4.2   REST-Webservice zur Abfrage und Ausführung von Spenden

Mit dem zweiten REST-Service wollen wir es ermöglichen, Informationen über die Spenden zu einer Aktion abzufragen. Des Weiteren soll der Service das Spenden von Geld für eine Aktion ermöglichen. Der Spenden-REST-Service soll die folgenden beiden Operationen besitzen.

HTTP-Op.	URL der Operation	Funktion
GET	`/organizer/donation/list/` `{campaignId}`	Liefert eine Liste aller Spenden zur Aktion des angemeldeten Organisators mit der ID `campaignId` zurück
POST	`/donation/{campaignId}`	Führt eine neue Spende für die Aktion mit der ID `campaignId` aus

Tab. 9–3   *Liste der Operationen des REST-Spende-Service*

Zur Implementierung des Service legen wir eine Klasse `DonationResource` im Paket `de.dpunkt.myaktion.resources` an. Um die Operationen und Ressourcen aus Tabelle 9–3 umzusetzen, benötigt die Klasse eine Referenz auf den `DonationService`, um indirekt auf die Persistenzschicht zugreifen zu können. Mittels der Annotation `@Inject` sorgen wir dafür, dass zur Laufzeit eine Referenz dieser Bean zur Verfügung steht. Die Klasse hat den folgenden Aufbau:

```
package de.dpunkt.myaktion.resources;

import javax.inject.Inject;
import javax.ws.rs.Path;
import de.dpunkt.myaktion.services.DonationService;

@Path("/")
public class DonationResource {

    @Inject
    private DonationService donationService;
    //… hier werden die Methoden realisiert
}
```

Die URLs der beiden Operationen sind, wie Tabelle 9–3 zeigt, gänzlich unterschiedlich. Der Grund dafür ist, dass die Abfrage der Spendenliste einer Aktion geschützt sein muss, das Spenden von Geld jedoch nicht. Auf Klassenebene können wir deshalb lediglich `@Path("/")` als gemeinsames Präfix angeben. Die `@Path`-Annotation wird dann zusätzlich bei jeder Methode verwendet, um die individuelle URL für die beiden Ressourcen zu ergänzen.

9.4.2.1   Spendenliste einer Aktion abfragen

Die erste Methode, die wir implementieren wollen, ist die Abfrage der Spenden zu einer Aktion. Es handelt sich um eine lesende Operation, weshalb wir die Annotation `@GET` verwenden. Mithilfe der `@Path`-Annotation legen wir fest, dass die Operation über die Erweiterung `/organizer/donation/list` erreichbar ist. Zusätzlich wird die Campaign-ID über die Variable `campaignId` in der URL codiert, da wir die Spenden zu genau einer Aktion durch diese Operation bereitstellen wollen. Insgesamt ergibt sich als Parameter für die Annotation `/organizer/donation/list/{campaignId}`. Zur Laufzeit wird die Campaign-ID durch die Annotation `@PathParam` in den Methodenparameter `campaignId` injiziert. Die Operation soll die Spendenliste im JSON-Format zurückgeben, was wir über die Annotation @Produces festlegen.

```
@GET
@Path("/organizer/donation/list/{campaignId}")
@Produces(MediaType.APPLICATION_JSON)
public List<Donation> getDonationList(
    @PathParam(value="campaignId") Long campaignId) {
  List<Donation> donations = donationService.
    getDonationList(campaignId);
  donations.forEach(donation -> donation.setCampaign(null));
  return donations;
}
```

Nach dem Aufruf der Servicemethode `getDonationList` müssen wir die Liste der `Donation`-Objekte noch nachbearbeiten, bevor JAX-RS diese in eine JSON-Liste konvertiert. Hintergrund ist, dass eine Spende ihre Aktion referenziert und diese wiederum eine Liste ihrer Spenden enthält. Der JSON-Konvertierer von JAX-RS kann diese zyklische Referenz nicht auflösen, weswegen er in eine Endlosschleife gerät, die er durch das Werfen einer Ausnahme verlässt. Da wir für die zu konvertierenden `Donation`-Objekte die Referenz auf die zugeordneten Aktionen weiterhin nicht benötigen, brechen wir diesen Zyklus einfach auf, indem wir die zugeordneten Aktionen durch Aufruf von `setCampaign(null)` entfernen. Dadurch kann JAX-RS die Objekte problemlos konvertieren. Eine Alternative zu diesem Vorgehen haben wir in Abschnitt 9.4.1.1 behandelt.

Test des Ressourcenzugriffs

Auch diesen Ressourcenzugriff wollen wir mit cURL testen. Voraussetzung für einen erfolgreichen Test ist, dass analog zu den bisherigen Tests eine Authentifizierung stattgefunden hat (vgl. Abschnitt 9.4.1.1) und eine gültige Benutzersitzung in der Datei `cookie.txt` gespeichert wurde. Im Folgenden gehen wir davon aus, dass eine Aktion mit der ID 2 existiert, und rufen cURL wie folgt von der Eingabeaufforderung auf:

```
curl -k -b cookie.txt https://localhost:8443/my-aktion/rest/organizer/
donation/list/2
```

War der Test erfolgreich, so wird die Spendenliste der zugehörigen Aktion im JSON-Format im Fenster der Eingabeaufforderung ausgegeben.

9.4.2.2 Geld spenden

Alle bisher behandelten REST-Ressourcen sind abgesichert und benötigen eine Authentifizierung. Das Spenden von Geld muss jedoch jederzeit ohne Authentifizierung möglich sein, weshalb wir die Serviceoperation direkt über die URL `https://localhost:8443/rest/donation` ergänzt um die Campaign-ID zur Verfügung stellen (Annotation `@Path("/donation/{campaignId}")`). Da wir neue Daten übermitteln, verwenden wir die Annotation `@POST`.

Wir gestalten den Service so, dass die Daten der neuen Spende dieses Mal nicht mittels JSON, sondern als Parameter eines HTML-Formulars[5] via POST übermittelt werden. Dadurch kann der Service direkt durch ein entsprechendes HTML-Formular aufgerufen werden. Dies legen wir über die Annotation `@Consumes` mit dem Argument `MediaType.APPLICATION_FORM_URLENCODED` fest.

Aufgrund der gewählten Datenübermittlung bekommen wir kein fertiges `Donation`-Objekt übergeben, sondern eine Sammlung von Werten von Eigenschaften einer Spende.

Daher benötigen wir bei der Implementierung der Methode einen Mechanismus, um die Werte der Eigenschaften der Spende abzufragen. Das erfolgt über die Annotation `@FormParam`. Mithilfe dieser Annotation ist es möglich, den Wert eines POST-Parameters einem Methodenparameter zu übergeben. In der Implementierung der Methode fragen wir auf diese Weise die Werte aller Eigenschaften ab und verwenden die Setter-Methoden der Klasse `Donation` zur Übergabe der Werte in ein zuvor erstelltes neues `Donation`-Objekt. Am Ende der Methode verwenden wir wieder die `DonationService`-Bean, um die neue Spende zu persistieren. Dabei benötigen wir auch die ID der zugehörigen Aktion, welche wir wie gewohnt mit der Annotation `@PathParam` aus der URL auslesen und einem Methodenparameter zuweisen. Es ergibt sich der folgende Code:

```
@POST
@Path("/donation/{campaignId}")
@Consumes(MediaType.APPLICATION_FORM_URLENCODED)
public void addDonation(
        @PathParam(value = "campaignId") Long campaignId,
        @FormParam(value = "donorName") String donorName,
        @FormParam(value = "amount") Double amount,
        @FormParam(value = "iban") String iban,
        @FormParam(value = "nameOfBank") String nameOfBank,
        @FormParam(value = "receiptRequested") Boolean receiptRequested) {
    Donation donation = new Donation();
    donation.setDonorName(donorName);
    donation.setAmount(amount);
    Account account = new Account();
    account.setIban(iban);
    account.setName(donorName);
    account.setNameOfBank(nameOfBank);
    donation.setAccount(account);
    donation.setReceiptRequested(receiptRequested);
    donation.setStatus(Status.IN_PROCESS);
    donationService.addDonation(campaignId, donation);
}
```

5. Achtung, es handelt sich dabei nicht um Parameter, die an die URL angehängt werden. Sie werden stattdessen im HTTP-Header gespeichert. Ihr Browser macht dies automatisch beim Senden eines HTML-Formulars über POST.

Test des Ressourcenzugriffs

Bei cURL kann man mit der Option -d Parameter eines HTML-Formulars einem HTTP-Aufruf mitgeben. Die einzelnen Parameter werden dabei durch das Zeichen & voneinander getrennt.

Diese Funktion nutzen wir für den Test des Ressourcenzugriffs zum Spenden von Geld. Mittels des folgenden beispielhaften Aufrufs spendet der Spender *Karl Meier* einen Betrag von 200 Euro von seinem Konto bei der *YYY Bank* für die Aktion mit der ID 2.

```
curl -k -d "donorName=Karl Meier&amount=200&iban=DE9912345678654321
&nameOfBank=YYY Bank&receiptRequested=false" https://localhost:8443/
my-aktion/rest/donation/2
```

Wir überprüfen den Erfolg des REST-Service, indem wir erneut die Spendenliste der Aktion ansehen, für die wir gerade gespendet haben (entweder über die Applikation oder über den entsprechenden Service). Der Test war erfolgreich, wenn die 200-Euro-Spende in der Liste enthalten ist.

XML statt JSON

Prinzipiell können REST-Services den Zugriff auf Ressourcen mit allen HTTP-fähigen Formaten zur Verfügung stellen. Unsere REST-Services arbeiten aktuell jedoch komplett mit JSON, sodass dem Client keine Wahl geboten wird. An dieser Stelle werden wir beispielhaft zeigen, was wir verändern müssen, um XML als Repräsentationsform für den Client zu ermöglichen. Im Folgenden wollen wir die Liste der Aktionen eines Organisators zusätzlich als XML-Repräsentation zur Verfügung stellen.

Zunächst müssen wir uns um die XML-Serialisierung der Objekte der Fachklassen kümmern. Zum Glück unterstützt Java mit der API *Java and XML Binding (JAXB)* zahlreiche Aufgaben im Bereich der XML-Verarbeitung mit Java-Programmen. Die API stellt u.a. Annotationen und Klassen bereit, mit denen die Serialisierung von Java-Klassen nach XML konfiguriert und anhand der Annotationen durchgeführt werden kann. Mit der Annotation @XmlRootElement aus dem Paket javax.xml.bind.annotation können Klassen versehen werden, wenn diese in XML serialisiert werden sollen. Referenzen auf weitere komplexe Typen werden dabei während der Serialisierung aufgelöst. Da wir in unserem REST-Service die Liste der Aktionen zur Verfügung stellen wollen, müssen wir die Entität Campaign mit dieser Annotation versehen.

```
package de.dpunkt.myaktion.model;
…

import javax.xml.bind.annotation.XmlRootElement;
…

@XmlRootElement
@Entity
public class Campaign {
…

}
```

Die Serialisierung selbst wird innerhalb der REST-API (JAX-RS) realisiert, wir müssen hier nichts weiter unternehmen. Das Grundprinzip der Serialisierung ist, dass der Klassenname und die Namen der Attribute der Klasse als Tags verwendet werden. Die Werte primitiver Datentypen werden direkt innerhalb der jeweiligen Tags angegeben, Referenztypen erhalten auf die gleiche Art und Weise eine XML-Serialisierung. In Listing 9–1 sehen Sie ein Beispiel für die Serialisierung einer Aktion. Die Werte der einfachen Attribute der Klasse `Campaign` wie `amountDonatedSoFar` oder `id` werden direkt angegeben, das Attribut `Account` wird selbst wieder serialisiert und fügt der XML-Repräsentation eine weitere Verschachtelungstiefe hinzu.

```
<?xml version="1.0" encoding="UTF-8" standalone="yes"?>
<campaign>
    <amountDonatedSoFar>258.0</amountDonatedSoFar>
    <id>1</id>
    <account>
        <iban>DE4412345678901234</blz>
        <name>Max Mustermann</name>
        <nameOfBank>ABC Bank</nameOfBank>
    </account>
    <name>Trikots für A-Jugend</name>
    <donationMinimum>20.0</donationMinimum>
    <targetAmount>1000.0</targetAmount>
</campaign>
```

Listing 9–1   *XML-Repräsentation einer Aktion*

Als Nächstes müssen wir die Methode in der Klasse `CampaignResource` anpassen, die den Zugriff auf die Ressource realisiert. Bisher haben wir mit der Annotation `@Produces` lediglich JSON angegeben. Wir erweitern die Angabe um den MIME-Typ `application/xml`. Syntaktisch wird der Annotation eine kommagetrennte Liste der MIME-Typen in geschweiften Klammern übergeben.

```
@GET
@Path("/list")
@Produces({MediaType.APPLICATION_JSON,MediaType.APPLICATION_XML})
public List<Campaign> getAllCampaigns() {
    List<Campaign> allCampaigns =
        campaignService.getAllCampaigns();
    allCampaigns.forEach(campaign -> {
        campaign.setDonations(null);
        campaign.setOrganizer(null);
    });
    return allCampaigns;
}
```

Bitte beachten Sie, dass ab sofort bei der Abfrage der Ressource im HTTP-Header angegeben werden muss, welche Repräsentation (JSON oder XML) vom Client akzeptiert wird. Fehlt diese Angabe, so wird die erste Repräsentationsform in der Liste verwendet (bei uns JSON). Bei cURL können zusätzliche HTTP-Header mit der Option -H angegeben werden. Die folgenden Abfragen liefern die Liste der Aktionen als XML bzw. JSON:

```
curl -k -H "Accept:application/xml" -b cookie.txt https://localhost:8443/
my-aktion/rest/organizer/campaign/list

curl -k -H "Accept:application/json" -b cookie.txt https://localhost:8443/
my-aktion/rest/organizer/campaign/list
```

Auf die in diesem Abschnitt beschriebene Art und Weise können alle REST-Ressourcen als XML-Repräsentation zur Verfügung gestellt werden.

Damit haben wir alle Methoden der EJBs auch als REST-Services zur Verfügung gestellt und getestet. Für die Realisierung der Kommunikationsarchitektur aus Abbildung 9–1 benötigen wir aus Sicherheitsgründen dennoch einen weiteren REST-Service, der im folgenden Abschnitt behandelt wird.

Reduzierte Spendenliste ohne Authentifizierung

Für die Realisierung unserer Kommunikationsarchitektur aus Abbildung 9–1 benötigen wir einen REST-Service, über den man die Spendenliste einer Aktion abfragen kann. Einen solchen haben wir prinzipiell im letzten Abschnitt implementiert. Diese Variante benötigt jedoch eine Authentifizierung, die für den umzusetzenden Anwendungsfall *Reduzierte Spendenliste anzeigen* (siehe Abschnitt 3.4.10) nicht gewünscht ist. Außerdem soll für diesen Anwendungsfall die Information zu den Spenden auf den Spendernamen und den Betrag reduziert werden.

Für die Implementierung des REST-Service sind eigentlich nur zwei Erweiterungen erforderlich. Als Erstes benötigen wir eine neue Methode in der Klasse DonationServiceBean und damit auch in der Schnittstelle DonationService, die zu einer Aktion die reduzierte Spendenliste erstellt. Wir nennen diese Methode getDonationListPublic, da keine Einschränkung für die Verwendung auf die Rolle *Organizer* vorgenommen wird (@PermitAll).

```
package de.dpunkt.myaktion.services;

import de.dpunkt.myaktion.model.Donation;
import de.dpunkt.myaktion.services.exceptions.ObjectNotFoundException;
import java.util.List;

public interface DonationService {
    List<Donation> getDonationList(Long campaignId);
    void addDonation(Long campaignId, Donation donation);
    void transferDonations();
    List<Donation> getDonationListPublic(Long campaignId)
                            throws ObjectNotFoundException;
}
```

Listing 9–2　*Schnittstelle DonationService*

Die erweiterte Schnittstelle für den `DonationService` finden Sie in Listing 9–2. Wie Sie sehen, wirft die neue Servicemethode `getDonationListPublic` eine Ausnahme des Typs `ObjectNotFoundException` für den Fall, wenn die Aktion mit der angegebenen ID nicht vorhanden ist. Für die bestehenden Servicemethoden musste dieser Fall nicht berücksichtigt werden, da davon ausgegangen wurde, dass ein Organisator die IDs seiner Aktionen kennt. Sie finden die neue Ausnahme in Listing 9–3. Bitte speichern Sie diese Klasse im Verzeichnis `src\main\java` in dem neuen Paket `de.dpunkt.myaktion.services.exceptions`.

```
package de.dpunkt.myaktion.services.exceptions;

public class ObjectNotFoundException extends Exception {
    private static final long serialVersionUID = 879959260339550219L;
}
```

Listing 9–3   *Klasse ObjectNotFoundException*

Kommen wir nun zur eigentlichen Implementierung der Servicemethode:

```
@Override
@PermitAll
public List<Donation> getDonationListPublic(Long campaignId)
                            throws ObjectNotFoundException {
    Campaign managedCampaign =
            entityManager.find(Campaign.class, campaignId);
    if (managedCampaign == null) {
        throw new ObjectNotFoundException();
    }
    List<Donation> donations = managedCampaign.getDonations();
    final Function<Donation, Donation> donationFilter =
    donation -> {
        Donation filtered = new Donation();
        filtered.setAmount(donation.getAmount());
        filtered.setDonorName(donation.getDonorName());
        return filtered;
    };
    return donations
        .stream()
        .map(donationFilter)
        .collect(Collectors.toList());
}
```

Im ersten Schritt wird versucht, eine Aktion mit der angegebenen ID zu finden. Ist dies nicht erfolgreich, wird die oben besprochene `ObjectNotFoundException` geworfen. Wird jedoch die Aktion gefunden, so wird eine Kopie ihrer Spendenliste erzeugt. In die Kopie werden dabei nur der Betrag der Spende und der Name des Spenders übernommen, dafür sorgt der Lambda-Ausdruck `donationFilter`.

Nun können wir uns um den eigentlichen REST-Service in der Klasse `DonationResource` kümmern. Im Prinzip ist er ähnlich aufgebaut wie der bereits existierende für die Abfrage einer Spendenliste einer Aktion bis auf die Tatsache, dass er über eine andere, nicht durch Authentifizierung geschützte URL erreichbar ist:

```
@GET
@Path("/donation/list/{campaignId}")
@Produces(MediaType.APPLICATION_JSON)
public Response getDonationListPublic(
    @PathParam(value = "campaignId") Long campaignId) {
  List<Donation> donations;
  try {
    donations = donationService.
        getDonationListPublic(campaignId);
    return Response.ok(donations).build();
  } catch (ObjectNotFoundException e) {
    return Response.status(
        javax.ws.rs.core.Response.Status.NOT_FOUND).build();
  }
}
```

Außerdem können wir über die Ausnahme `ObjectNotFoundException` feststellen, wenn die angegebene Aktion nicht existiert. In diesem Fall wird der HTTP-Status `NOT_FOUND` anstatt `OK` zurückgeliefert. Für JAX-RS wird dieser Status zusammen mit einem möglichen Rückgabewert in der Klasse `Response` aus dem Paket `javax.ws.rs.core` gekapselt. Wird diese Klasse (wie bisher) nicht verwendet, so wird per Konvention der HTTP-Status `OK` zurückgeliefert.

Wie üblich testen wir die Funktionalität des Service noch kurz über die Eingabeaufforderung:

```
curl -k https://localhost:8443/my-aktion/rest/donation/list/2
```

Da wir in diesem Fall keine Authentifizierung benötigen, muss auch kein Cookie übergeben werden.

Nach der Fertigstellung der REST-Services können wir uns nun im nächsten Abschnitt der Anwendung My-Aktion-Monitor zuwenden, die auf Oracles Glassfish-Applikationsserver ausgeführt werden soll.

9.5   Die Webapplikation My-Aktion-Monitor

Die Anwendung My-Aktion-Monitor realisiert eine Webseite, über die deren Nutzer die Spenden einer Aktion überwachen können. Neue Spenden werden sofort nach Eingang auf der Seite angezeigt. Die Applikation wird auf einem eigenen Applikationsserver betrieben. Die Anwendung setzt neue Technologien von Java EE 7, wie WebSockets, JSON-P und JAX-RS 2.0 ein, die wir auf der Java-EE-Referenzimplementierung Glassfish 4 von Oracle ausführen werden. Um den Konfigurationsaufwand möglichst gering zu halten, verzichten wir bei der Anwendung auf die Sicherheitsaspekte Verschlüsselung und Authentifizierung, sowie auf die Internationalisierung.

Im Folgenden werden wir zunächst den Applikationsserver installieren und konfigurieren, ein leeres Maven-Projekt anlegen und auf den Glassfish 4 deployen. Im Anschluss betrachten wir die Bestandteile der Applikation und werden diese Schritt für Schritt weiterentwickeln.

9.5.1 Anwendungsserver Glassfish installieren

An dieser Stelle wollen wir gemeinsam die Open Edition von Oracles Applikationsserver Glassfish in der Version 4 installieren. Den Glassfish-Server gibt es in zwei Versionen: zum einen die Version, die das *Web Profile* unterstützt, und zum anderen die, die den kompletten Java-EE-7-Standard implementiert. Da wir JAX-WS einsetzen wollen, entscheiden wir uns für die Installation des kompletten Applikationsservers. Diesen laden wir von der Glassfish-Download-Seite `https://glassfish.java.net/download.html` als ZIP-Datei `glassfish-4.0.zip` herunter. Wir entpacken die ZIP-Datei an einem Ort unserer Wahl. Im Folgenden bezeichnen wir dieses Verzeichnis mit `%AS_HOME%`. Es empfiehlt sich, dafür die Umgebungsvariable `AS_HOME` einzurichten und den Pfad in Abhängigkeit dieser um `%AS_HOME%\bin` zu erweitern. Dieses Vorgehen haben wir bereits bei der Installation von WildFly in Abschnitt 2.2.3 kennengelernt.

Quickstart mit Glassfish

Oracle bietet eine umfassende Dokumentation für Glassfish an. Für den schnellen Einstieg eignet sich z.B. der *Quick Start Guide* (Glassfish 4 Quickstart-Quide, 2013). In ihm sind die wichtigsten Informationen für den Anfang enthalten.

Zum Einstieg ist das Kommandozeilen-Werkzeug `asadmin` besonders wichtig. Dieses befindet sich im Verzeichnis `%AS_HOME%\bin`, das wir ja bereits in den Pfad aufgenommen hatten. Mit dem Kommando `asadmin` ist es u.a. möglich, den Server zu starten, zu stoppen und eine Anwendung zu deployen. Um mit dem Programm arbeiten zu können, benötigen wir eine Eingabeaufforderung. In dieser erhalten wir durch die Eingabe von `asadmin -?` eine Hilfe im Stile der *Man-Pages* von Unix.

Glassfish kann Anwendungen in sogenannten Domänen (engl. *domains*) verwalten. Domänen entsprechen einem administrativen Namensraum für Applikationen und können unterschiedlich konfiguriert werden. Zur Laufzeit sind Domänen Bereiche innerhalb des Servers, die unabhängig voneinander wie eigene Server arbeiten können.

Bei der Installation wird eine Default-Domäne (`domain1`) angelegt, die wir jedoch nicht verwenden können, da sie dieselben Ports wie unsere WildFly-Installation belegt. Damit zwei Applikationsserver konfliktfrei parallel laufen, müssen sie für alle Dienste unterschiedliche Ports verwenden. Wir machen uns im Folgenden das Domänenkonzept von Glassfish zunutze, um diesen Konflikt aufzulösen.

Hierzu erzeugen wir im Glassfish-Server eine eigene Domäne, die sich in allen Ports von denen des WildFly-Servers unterscheidet. Domänen können mit dem Befehl `create-domain` des Kommandos `asadmin` erzeugt werden. Um die Standardports zu verändern, kann man mit der Option --portbase den Ausgangspunkt für die Ports der neuen Domäne angeben. Führen Sie daher folgenden Befehl aus:

```
asadmin create-domain --portbase 9000 --user admin domain_my-aktion
```

Die neue Domäne domain_my-aktion wird erzeugt und zeigt uns dabei auch die verwendeten Ports an:

```
Using port 9048 for Admin.
Using port 9080 for HTTP Instance.
Using port 9076 for JMS.
Using port 9037 for IIOP.
Using port 9081 for HTTP_SSL.
Using port 9038 for IIOP_SSL.
Using port 9039 for IIOP_MUTUALAUTH.
Using port 9086 for JMX_ADMIN.
Using port 9066 for OSGI_SHELL.
Using port 9009 for JAVA_DEBUGGER.
```

Zum Starten einer Domäne des Servers geben wir den Befehl asadmin start-domain ergänzt um den Namen der zu startenden Domäne ein:

```
asadmin start-domain domain_my-aktion
```

Der Glassfish-Applikationsserver startet und stellt alle Applikationen der Domäne domain_my-aktion zur Verfügung. Möchte man eine andere Domäne starten, so kann man den Namen der Domäne explizit als Argument dem Befehl anhängen. Im Gegensatz zu WildFly wird Glassfish als Hintergrundprozess gestartet, sodass nach der Ausführung des Kommandos die Eingabeaufforderung weiter genutzt werden kann. Am Ende der Startroutine wird die Meldung Command start-domain executed successfully ausgegeben.

Mit asadmin list-domains können wir uns alle Domänen mit ihrem jeweiligen Status anzeigen lassen. Hier ein Beispiel der Ausgabe:

```
domain1 not running
domain_my-aktion running
Command list-domains executed successfully.
```

Analog zu WildFly erhalten wir bei laufender Domäne domain_my-aktion unter Port 9080 eine Willkommensseite im Browser (localhost:9080). Über Port 9048 gelangen wir zur Admin-Konsole (localhost:9048), einer Webanwendung, mit der man alle Konfigurationen für die Domäne vornehmen kann. Sollten wir beim Anlegen der Domäne einen speziellen Benutzernamen und/oder ein Passwort vergeben haben, so muss dieses beim Zugriff auf die Admin-Konsole verwendet werden. Sollten Sie im Nachhinein ein Passwort vergeben wollen, dann kann dies ebenfalls über die Admin-Konsole erfolgen (*Common Tasks → Domain → Administrator Password*).

Analog zum Start einer Domäne können wir durch asadmin stop-domain domain_my-aktion unsere Domäne beenden.

Ein Webprojekt für den Glassfish

Als Nächstes erstellen wir ein neues Maven-Projekt für unsere Anwendung in unserem Verzeichnis für die Java-EE-Projekte (Java-EE-Workspace). Wir verwenden dazu den uns aus Abschnitt 2.3.1 bekannten Maven-Archetype.

```
mvn archetype:generate
  -DarchetypeGroupId=com.airhacks
  -DarchetypeArtifactId=javaee7-essentials-archetype
  -DarchetypeVersion=1.2
```

Wie erwartet erzeugt Maven das Projekt im interaktiven Modus. Wir werden – wie beim letzten Mal – aufgefordert, nacheinander groupId (de.dpunkt), artifactId (my-aktion-monitor), version (1.0-SNAPSHOT) und package (de.dpunkt.myaktion) einzugeben. Wir bestätigen jede unserer Eingaben durch die Eingabetaste und am Ende – bei Korrektheit – die Gesamtheit unserer Angaben durch die Eingabe von Y. Maven legt daraufhin einen Projektordner mit dem Namen my-aktion-monitor an.

Bevor wir das Projekt deployen, fügen wir eine Willkommensseite in das neue Projekt ein. Wir erstellen dazu im Verzeichnis src\main\webapp eine HTML-Datei index.html gemäß [6] Listing 9–4.

```
<!DOCTYPE html>
<html>
<head>
  <title>My-Aktion-Monitor</title>
  <meta http-equiv="Content-Type" content="text/html; charset=UTF-8">
</head>
<body>
  <h1>Welcome to My-Aktion-Monitor!</h1>
</body>
</html>
```

Listing 9–4   *HTML-Seite index.html*

Anschließend deployen wir das Projekt auf den Glassfish. Dazu wechseln wir in der Eingabeaufforderung in das neue Projektverzeichnis my-aktion-monitor und erzeugen mittels des Maven-Befehls mvn clean package das Webarchiv (my-aktion-monitor.war). Nach der erfolgreichen Ausführung des Maven-Befehls wechseln wir in das Verzeichnis target, um das Deployment mithilfe des Werkzeugs asadmin durchführen zu können (Achtung: Der Server muss gestartet sein).

```
asadmin deploy --port 9048 my-aktion-monitor.war
```

Wenn wir nach dem Aufruf die Meldung Command deploy executed successfully erhalten, ist alles in Ordnung, und wir können die Willkommensseite über die

---

6.   Zur Erstellung der Datei können Sie wieder einen einfachen Texteditor wie Notepad++ verwenden, oder Sie importieren das Projekt in Ihre IDE. Eclipse-Nutzer können dazu wie in Abschnitt 2.4.3 vorgehen.

Adresse `localhost:9080/my-aktion-monitor/index.html` mit einem Browser aufrufen. Der Browser gibt den Inhalt »Welcome to My-Aktion-Monitor!« wieder.

Im Laufe des Kapitels werden Sie auch dieses Projekt mehrmals deployen müssen. Daher müssen wir uns noch kurz mit zwei weiteren Kommandos des Werkzeugs `asadmin` vertraut machen. Ist eine Anwendung deployt, so kann sie nicht noch einmal neu deployt werden. Der obige Befehl würde zu einem Fehler führen. Stattdessen muss man speziell mitteilen, dass eine Anwendung erneut deployt (`asadmin redeploy`) wird und die aktuell auf dem Server ausgeführte Version ersetzt werden soll:

```
asadmin redeploy --port 9048 --name my-aktion-monitor my-aktion-monitor.war
```

Mittels der Option `name` gibt man den Namen der Applikation an, und am Ende steht das WAR-Archiv, das für diese Anwendung verwendet werden soll. Möchte man eine Anwendung vom Server entfernen, so kann man das ebenfalls mithilfe von `asadmin` über das Kommando `undeploy` tun. Hierbei muss lediglich der Anwendungsname als Argument angegeben werden:

```
asadmin undeploy --port 9048 my-aktion-monitor
```

Auf diese Art und Weise lässt sich das Projekt in den folgenden Kapiteln neu bauen und deployen.

Autodeployment konfigurieren

Alternativ können Sie das Deployment auch automatisch mit dem Build durchführen. Hierzu muss Maven das Webarchiv bei gestartetem Glassfish direkt in den Ordner `autodeploy` Ihrer Glassfish-Domäne kopieren. Dies lässt sich durch zwei Veränderungen in der Datei `pom.xml` realisieren.

Zunächst fügen Sie in dem `properties`-Tag der Datei die Eigenschaft `output.dir` ein:

```
<output.dir>${env.AS_HOME}/glassfish/domains/domain_my-aktion/autodeploy</output.dir>
```

Es handelt sich dabei um den Ordner `autodeploy` der neu angelegten Domäne `domain_my-aktion`. Beachten Sie, dass dieser Ausdruck die Umgebungsvariable `AS_HOME` referenziert. Diese muss daher unbedingt auf das Glassfish-Verzeichnis verweisen.

Schließlich müssen Sie das Ausgabeverzeichnis für die Generierung der War-Datei abändern. Dazu müssen wir das Maven-WAR-Plug-in so konfigurieren, dass das Ausgabeverzeichnis (Tag `outputDirectory`): auf den Autodeploy-Ordner von Glassfish verweist. Fügen Sie die folgende Konfiguration innerhalb des `<build>`-Tags in der `pom.xml` ein:

```
<plugins>
  <plugin>
  <groupId>org.apache.maven.plugins</groupId>
  <artifactId>maven-war-plugin</artifactId>
  <version>2.4</version>
     <configuration>
        <outputDirectory>${output.dir}</outputDirectory>
     </configuration>
  </plugin>
</plugins>
```

Als Folge wird bei einem erneuten Build die War-Datei in dem in `${output.dir}` definierten Verzeichnis abgelegt und dadurch ein Deployment bei gestartetem Glassfish ausgeführt.

Glassfish-Keystore für Zugriff auf SSL-Port von WildFly vorbereiten

Die REST-Services der Applikation *My-Aktion* auf dem WildFly-Server sind ausschließlich über eine SSL-Verbindung verwendbar. Beim Aufbau einer SSL-Verbindung erhält der Client vom Server ein digitales Zertifikat, signiert durch eine sogenannte *Certification Authority (CA)*. Die CA nimmt die Rolle einer Vertrauensperson zwischen Client und Server ein. Der Client kann das Zertifikat bei der CA überprüfen und sich so die Identität des Servers bestätigen lassen. Damit wird auch die Gültigkeit des im Zertifikat enthaltenen öffentlichen Schlüssels für die Kommunikation mit dem Server bestätigt. Das Zertifikat und der Schlüssel können beim Client für künftige Verbindungen gespeichert werden. Wie bereits in Abschnitt 8.2.6 eingeführt, bezeichnet man diese Speicher in Java-Umgebungen als Java Keystore (JKS). Mithilfe des Schlüssels kann eine symmetrische Verschlüsselung für die SSL-Sitzung des Clients mit dem Server aufgebaut werden.

Die Rolle des CA als Vertrauensstifter ist für das Sicherheitssystem existenziell wichtig. Da wir ein selbst signiertes digitales Zertifikat für unsere Applikation auf WildFly verwenden, nehmen wir sowohl die Rolle des Dienstanbieters als auch die Rolle der CA ein. Das ist im Echtbetrieb unzulässig. Beim Zugriff unserer Glassfish-Anwendung auf die REST-Services des WildFly-Servers würde eine Ausnahme geworfen werden (`javax.net.ssl.SSLHandshakeException`), da die CA unbekannt ist.

Für unsere Entwicklungsumgebung ist das Selbstzertifikat jedoch völlig ausreichend. Damit die SSL-Verbindung mit dem WildFly-Server technisch trotzdem aufgebaut werden kann, muss das Zertifikat mit dem öffentlichen Schlüssel der WildFly-Applikation manuell auf dem Glassfish installiert werden. Damit schaffen wir explizit eine Vertrauensstellung zwischen den beiden Servern. Wir verwenden dazu erneut das Werkzeug keytool des JDK. In einer Eingabeaufforderung führen wir die folgenden beiden Aufrufe durch, danach ist der Aufbau einer SSL-Verbindung zwischen beiden Parteien erlaubt. In Abschnitt 8.2.6 hatten wir darauf hingewiesen, dass Sie den Keystore für WildFly mit dem Kennwort »changeit« erzeugen. Dieses Kennwort müssen Sie nun wieder verwenden.

```
keytool -importkeystore -srckeystore %JBOSS_HOME%\standalone\configuration\
my-aktion.keystore -destkeystore %AS_HOME%\glassfish\domains\domain_
my-aktion\config\keystore.jks

keytool -importkeystore -srckeystore %JBOSS_HOME%\standalone\configuration\
my-aktion.keystore -destkeystore %AS_HOME%\glassfish\domains\domain_
my-aktion\config\cacerts.jks
```

9.5.2   Bestandteile der Anwendung My-Aktion-Monitor

Nachdem wir nun mit dem Glassfish-Applikationsserver die Ausführungsumgebung der Anwendung installiert und mittels Maven das Projekt angelegt haben,
wenden wir uns den funktionalen Bestandteilen der Anwendung zu. Dazu
betrachten wir zunächst noch einmal die Kommunikationsarchitektur aus Abbildung 9–1. Wir erkennen hier, dass die Anwendung als eine Vermittlungszentrale
zwischen dem Browser und der Anwendung My-Aktion, die auf WildFly läuft,
fungiert. Wir können genau drei verschiedene Kommunikationskanäle identifizieren:

▪ WebSockets:
  Der Datenaustausch zwischen dem Browser und der Anwendung My-Aktion-
  Monitor erfolgt bidirektional über ein WebSocket. Der Browser übermittelt
  die vom Benutzer eingegebene ID der zu überwachenden Aktion an die
  Anwendung My-Aktion-Monitor. Diese wiederum sendet zunächst die initiale Spendenliste der Aktion und dann jede einzelne neu eingetroffene Spende
  an den Browser. Für die Implementierung bedeutet dies, dass die HTML-Seite
  für den Browser JavaScript-Code für die Nutzung des WebSockets benötigt
  und in der Anwendung My-Aktion-Monitor die Klassen der WebSocket-API
  verwendet werden, um den Empfang bzw. das Versenden der Daten an den
  Browser über das WebSocket zu realisieren.

▪ REST:
  Die Anwendung My-Aktion-Monitor erhält die initiale Spendenliste einer
  Aktion über den bereits implementierten REST-Service der Anwendung My-
  Aktion auf WildFly. Wir müssen einen REST-Client realisieren, der ausgeführt
  wird, wenn über das WebSocket die ID einer zu überwachenden Aktion über-
  mittelt wird.

▪ SOAP:
  Die Anwendung My-Aktion-Monitor bietet einen SOAP-Webservice an, über
  den neue Spenden übermittelt werden können. Der SOAP-Webservice wird so
  implementiert, dass eingehende Spendennachrichten über das WebSocket an
  diejenigen Browser-Clients weitergeleitet werden, die die zugehörige Aktion
  überwachen. Die Anwendung My-Aktion muss so erweitert werden, dass eine
  SOAP-Nachricht versendet wird, sobald eine neue Spende für eine Aktion
  angelegt wird (per REST oder über das Spendenformular).

Wir implementieren die Anwendung Schritt für Schritt.

1. Zunächst realisieren wir ein WebSocket für die Kommunikation zwischen dem Browser und der Java-EE-Anwendung My-Aktion-Monitor. Über eine HTML-Seite im Browser kann der Nutzer eine Aktion-ID auswählen, die über das WebSocket an den Server übermittelt wird. Der Server fragt die Spendenliste mittels REST ab und sendet das Ergebnis zurück an den Browser unter Verwendung des WebSockets.

2. Im Anschluss realisieren wir einen SOAP-Service für die Anwendung My-Aktion-Monitor, der Spenden entgegennimmt und via WebSocket an den Browser zur Darstellung überträgt. Diese Funktionalität kann mit dem Tool SOAP-UI (`www.soapui.org/`) getestet werden.

3. Zuletzt erweitern wir die Funktionalität unseres Service zum Spenden von Geld in der Anwendung My-Aktion um einen SOAP-Webservice-Client. Das heißt, die Geldspende darf nicht nur in der Datenbank gespeichert, sondern muss auch per SOAP-Message an die Anwendung My-Aktion-Monitor übermittelt werden.

9.5.2.1 Spendenliste einer Aktion anzeigen

Zentral für die Implementierung der Anzeige der Spendenliste ist die Realisierung der WebSocket-Kommunikation. Die Implementierung geschieht clientseitig mittels HTML5 und JavaScript. Serverseitig kommen die Klassen der WebSocket-API von Java EE 7 zum Einsatz. Wir starten mit der clientseitigen Implementierung.

Das clientseitige WebSocket implementieren

Im Projekt wechseln wir in das Verzeichnis `src\webapp` und ersetzen dort den Inhalt der bereits bestehenden HTML-Datei `index.html` mit dem Code aus Listing 9–5.

```
<!DOCTYPE html>
<html>
<head>
    <meta charset="utf-8">
    <title>My-Aktion-Monitor</title>
    <link rel="stylesheet" type="text/css" href="resources/css/screen.css">
</head>
<body>
    <script>
    </script>
    <div id="container">
        <div id="header">
        <p>Beispielanwendung <b>My-Aktion-Monitor</b> –
            Workshop Java EE 7</p>
        </div>
        <div id="content">
            <form action="">
                <label for="campaignId">Aktion-ID:</label>
```

```
              <input id="campaignId" type="text">
              <input value="Setzen" type="button">
            </form>
            <div id="output"></div>
          </div>
          <div id="footer">
            <p>(C) 2013 dpunkt.verlag GmbH, MIT Lizenz</p>
          </div>
        </div>
      </body>
    </html>
```

Listing 9–5 *HTML-Seite index.html – Formular zur Eingabe der ID der zu überwachenden Aktion*

Diese HTML-Seite definiert den Rahmen für die Darstellung unserer Überwachungsseite. Analog zur Anwendung My-Aktion führen wir die Abschnitte (div-Tags) container, header, content, output und footer ein. Diese können zum einen durch JavaScript-Code adressiert und inhaltlich manipuliert und zum anderen für die CSS-Formatierung verwendet werden. Tabelle 9–4 erklärt die Bedeutung der verschiedenen Bereiche.

Div	Beschreibung
container	Rahmen der Seite. Umschließt alle anderen Bereiche.
header	Kopfzeile der Seite für die Überschrift
content	Inhaltsbereich der Seite mit Eingabemöglichkeiten (Textfeld für Campaign-ID, Schaltfläche). Enthält den Ausgabebereich.
output	Ausgabebereich innerhalb des content-Bereichs
footer	Fußzeile der Seite für die Unterschrift

Tab. 9–4   *Bereiche der HTML-Seite index.html der Anwendung My-Aktion-Monitor*

Damit das Erscheinungsbild gleich ist wie bei der Anwendung My-Aktion, verwenden wir eine ähnliche CSS-Datei. Wir legen deshalb die Verzeichnisse src\webapp\resources und src\webapp\resources\css an und kopieren die Datei screen.css aus dem Verzeichnis src\main\webapp\contracts\de der Anwendung My-Aktion in das zuvor angelegte Verzeichnis css.

Anschließend fügen wir der Datei eine weitere CSS-Klasse error hinzu, die dafür sorgen soll, dass Fehler, wie z.B. eine gescheiterte WebSocket-Verbindung, innerhalb der Seite in der Farbe Rot dargestellt werden. Listing 9–6 stellt die komplette CSS-Datei dar, die neu hinzugefügte Klasse error ist fett gedruckt.

```
body {
    margin: 0;
    padding: 0;
    background-color: #EAECEE;
    font-family: Verdana, sans-serif;
    font-size: 0.9em;
}
```

```css
#container {
    margin: 0 auto;
    padding: 0 20px 10px 20px;
    border: 1px solid #666666;
    width: 865px;
    padding-top: 10px;
}

#header {
    font-size: 1.3em;
    border: 1px solid #666666;
    background: #EAECEE;
    padding: 0 15px 5px 15px;
    margin-bottom: 50px;
}

#footer {
    clear: both;
    text-align: center;
    color: #666666;
    font-size: 0.85em;
    padding: 3em 0 0 0;
}

h2 {
    font-size: 1.2em;
}

.error {
    color: red;
}
```

Listing 9–6   *CSS-Datei screen.css der Applikation My-Aktion-Monitor*

Die Grundzüge von JavaScript als Programmiersprache sollten jedem Java-EE-Entwickler vertraut sein. In der Praxis empfiehlt sich jedoch die Zusammenarbeit mit Webentwicklern und -designern, um auch clientseitig ein professionelles Ergebnis zu erzielen. Wer einen schnellen Einstieg in JavaScript sucht, findet ihn in (Zeigermann, 2013) und (Roden, 2014). Wer seine JavaScript-Kenntnisse vertiefen möchte, dem sei (Crockford, 2008) und (Herman, 2013) empfohlen.

Wir realisieren im Folgenden die Logik unserer Seite mit JavaScript. Wir unterscheiden dabei drei Arten von JavaScript-Funktionen. Zum Ersten benötigen wir Funktionen, die das *Document Object Model* (DOM) der Seite manipulieren, um den Seiteninhalt zu verändern. Zum Zweiten benötigen wir Funktionen, die die Kommunikation über ein WebSocket mit dem Server übernehmen. Und drittens müssen wir die Logik realisieren, die ausgeführt werden soll, wenn der Nutzer eine Aktion-ID eingegeben hat und auf die Schaltfläche klickt.

Die JavaScript-Funktionen, die wir für diesen Zweck erstellen, fügen Sie bitte dem bestehenden script-Tag (`<script>…</script>`) im Body der HTML-Seite hinzu.

Wir betrachten zunächst drei Funktionen, mit denen der output-Bereich der Seite manipuliert wird. Im output-Bereich sollen Spenden der ausgewählten Aktion sowie Status- und Fehlermeldungen angezeigt werden.

Zunächst benötigen wir die Funktion writeText, mit der wir neue Spenden oder Status- bzw. Fehlermeldungen anzeigen können. Dieser Funktion werden beim Aufruf eine Textmeldung (Spende, Fehler- oder Statusmeldung) und eine CSS-Klasse übergeben. Dadurch können verschiedene Texttypen unterschieden werden. Wir verwenden die CSS-Klasse, um Fehler von gewöhnlichen Meldungen unterscheiden zu können.

Über das Objekt document haben wir Zugriff auf das DOM der Seite. Wir können damit neue Elemente erzeugen und hinzufügen oder bestehende Elemente abfragen, verändern oder löschen.

Diese Funktionalitäten nutzen wir in der Funktion writeText, um neue Einträge im output-Bereich der Seite anzulegen. Wir erzeugen mit der Funktion createElement einen neuen HTML-Paragraphen durch Übergabe des HTML-Tags p als Parameter. Dieses neue Element soll den Nachrichtentext beinhalten und ihm soll die übergebene CSS-Klasse pClass zugeordnet werden. Für Letzteres wird mit der Funktion setAttribute das HTML-Attribut class auf den Wert von pClass gesetzt. Der eigentliche Text wird als neuer Kindknoten dem Element angehängt (createTextNode und appendChild).

Schließlich wird der erzeugte HTML-Paragraph als letztes Kind dem DIV-Element output angehängt. Mit jedem Aufruf der Funktion writeText kommt als Ergebnis daher eine neue Zeile im output-Bereich der Webseite hinzu.

```
function writeText(message, pClass) {
    var p = document.createElement("p");
    p.setAttribute('class', pClass);
    var text = document.createTextNode(message);
    p.appendChild(text);
    document.getElementById("output").appendChild(p);
}
```

Durch die folgende Funktion clearText können alle Texte der Anzeige gelöscht werden. Die Funktion wird benötigt, wenn der Benutzer eine andere Aktion überwachen möchte. Die Funktion ist so realisiert, dass das erste Kindelement des DIV-Elements output so lange gelöscht wird, bis es keine weiteren Kinder mehr hat.

```
function clearText() {
    var output = document.getElementById("output");
    while (output.hasChildNodes()) {
        output.removeChild(output.firstChild);
    }
}
```

Wir führen zusätzlich eine Funktion writeError zur Ausgabe von Fehlermeldungen ein. Die Implementierung verwendet die bereits bestehende Funktion writeText und setzt bei deren Aufruf explizit die CSS-Klasse error. Damit sorgen wir dafür, dass diese Texte gemäß den Angaben in unserer CSS-Datei als roter Text dargestellt werden.

```
function writeError(message) {
    writeText(message, 'error');
}
```

Als Nächstes widmen wir uns den Klassen, die die WebSocket-Kommunikation realisieren. Ein WebSocket kann unter Angabe der Adresse des Servers mittels des new-Operators erzeugt werden. Auf der Serverseite muss natürlich auch ein entsprechender Dienst auf eine Verbindungsaufnahme unter der angegebenen Adresse warten. Dazu später mehr. Fügen Sie zunächst in das <script>-Tag, unterhalb der Definitionen der obigen Funktionen, folgenden Code ein:

```
var websocket = new WebSocket("ws://" + document.location.host
                    + document.location.pathname + "donation");
```

Das dadurch definierte WebSocket kann auf Ereignisse (engl. *events*) reagieren. Die Kernbestandteile der API sind in Tabelle 9–5 zu finden.

Ereignis	Beschreibung
onopen	Signalisiert das erfolgreiche Herstellen einer Verbindung
onmessage	Eine Nachricht für das WebSocket wurde empfangen.
onclose	Der Kommunikationskanal wurde geschlossen.
onerror	Es ist ein Fehler aufgetreten, oder die Verbindung zum Server konnte nicht aufgebaut werden.

Tab. 9–5 *WebSocket-Ereignisse der JavaScript-API*

Für jedes dieser Ereignisse können wir eine JavaScript-Funktion registrieren, die beim Eintreten des Ereignisses aufgerufen wird und als Übergabeparameter ein event-Objekt erhält.

Diese Funktionalität wollen wir im Folgenden nutzen. Beim Öffnen und Schließen der Verbindung geben wir dabei über die zuvor erstellte Funktion writeText eine Statusmeldung aus. Beim Empfang einer Nachricht kopieren wir den Inhalt der Nachricht (event.data) in unsere Seite. Im Fehlerfall verwenden wir writeError, um die Fehlernachricht auf der Seite anzuzeigen. Dadurch ergeben sich folgende neuen Funktionen für unsere Datei index.html:

```
websocket.onopen = function (event) {
    writeText("Verbunden! Bitte wählen Sie eine Aktion.");
};
websocket.onclose = function (event) {
    writeText("Die Verbindung wurde geschlossen!");
};
websocket.onmessage = function (event) {
    writeText(event.data);
};
websocket.onerror = function (event) {
    writeError(event.data);
};
```

Was uns jetzt noch fehlt, ist die Logik hinter der Schaltfläche. Diese sendet die eingegebene Aktion-ID über das WebSocket an den Server, um von diesem die aktuelle Spendenliste zu erhalten bzw. um bei künftigen Spenden sofort informiert zu werden.

Hierzu realisieren wir die Funktion setCampaignId , die mittels eines regulären Ausdrucks überprüft, ob der übergebene Parameter eine Zahl ist. Ist dies der Fall, so löscht sie die aktuelle Ausgabe und sendet die eingegebene ID über das Web-Socket an den Server. Sollte die Eingabe keine Zahl gewesen sein, dann wird eine Fehlermeldung über writeError ausgegeben.

```
function setCampaignId(id) {
    if (id.match(/^\d+$/) !== null) {
        clearText();
        websocket.send(id);
        console.log("sende: " + id);
    } else {
        writeError("Keine gültige Aktion-ID. Eingabe wiederholen!");
    }
}
```

Damit die Funktion setCampaignId auch ausgeführt wird, wenn die Schaltfläche *Setzen* geklickt wird, müssen wir diese innerhalb des HTML-Codes registrieren. Die Funktion erhält beim Klick auf die Schaltfläche den aktuellen Inhalt des Textfeldes mit der ID campaignId. Passen Sie hierzu das Attribut onclick der Schaltfläche folgendermaßen an:

```
<input onclick="setCampaignId(document.getElementById('campaignId').value);"
value="Setzen" type="button">
```

Wenn Sie alle Teile wie besprochen zusammengesetzt haben, erhalten Sie die Datei index.html aus Listing 9–7.

```
<!DOCTYPE html>
<html>
<head>
    <meta charset="utf-8">
    <title>My-Aktion-Monitor</title>
    <link rel="stylesheet" type="text/css" href="resources/css/screen.css">
</head>
<body>
    <script>
        function setCampaignId(id) {
        if (id.match(/^\d+$/) !== null) {
            clearText();
            websocket.send(id);
            console.log("sende: " + id);
        } else {
            writeError("Keine gültige Aktion-ID. Eingabe wiederholen!");
        }
    }
    function clearText() {
```

```
                    var output = document.getElementById("output");
                    while (output.hasChildNodes()) {
                        output.removeChild(output.firstChild);
                    }
                }
                function writeText(message, pClass) {
                    var p = document.createElement("p");
                    p.setAttribute('class', pClass);
                    var text = document.createTextNode(message);
                    p.appendChild(text);
                    document.getElementById("output").appendChild(p);
                }
                function writeError(message) {
                    writeText(message, 'error');
                }
                var websocket = new WebSocket("ws://" + document.location.host
                    + document.location.pathname + "donation");
                websocket.onopen = function (event) {
                    writeText("Verbunden! Bitte wählen Sie eine Aktion.");
                };
                websocket.onclose = function (event) {
                    writeText("Die Verbindung wurde geschlossen!");
                };
                websocket.onmessage = function (event) {
                    writeText(event.data);
                };
                websocket.onerror = function (event) {
                    writeError(event.data);
                };
        </script>
        <div id="container">
            <div id="header">
            <p>Beispielanwendung <b>My-Aktion-Monitor</b> –
                Workshop Java EE 7</p>
            </div>
            <div id="content">
                <form action="">
                    <label for="campaignId">Aktion-ID:</label>
                    <input id="campaignId" type="text">
                    <input onclick="setCampaignId(document.
                                    getElementById('campaignId').value);"
                        value="Setzen" type="button">
                </form>
                <div id="output"></div>
            </div>
            <div id="footer">
                <p>(C) 2013 dpunkt.verlag GmbH, MIT Lizenz</p>
            </div>
        </div>
    </body>
</html>
```

Listing 9–7 *HTML-Seite index.html – Formular zur Eingabe der ID der zu überwachenden Aktion inkl.*
JavaScript-Code für Kommunikation mit dem Server über das WebSocket

Das serverseitige WebSocket implementieren

Serverseitig werden WebSockets als Java-Klassen implementiert, die mit der
Annotation @ServerEndpoint aus dem Paket javax.websocket versehen werden.
Browser können via JavaScript über spezielle WebSocket-URLs (mit dem Präfix
ws://) Verbindungen zu solchen WebSocket-Beans aufbauen. Die Bean kann
dabei sowohl Nachrichten des Browsers empfangen als auch welche an diesen
versenden (*Push*-Nachricht).

Methoden der Bean kann man mit der Annotation @OnMessage der API kenn-
zeichnen. Bei einer eingehenden Nachricht des Browsers an die Bean wird diese
dadurch aufgerufen.

Weiterhin können Sie innerhalb der Bean Methoden definieren, die beim Öffnen (@OnOpen) bzw. beim Schließen (@OnClose) einer Verbindung aufgerufen werden und Initalisierungs- bzw. Aufräumarbeiten für eine Verbindung vornehmen.

Eine Benutzersitzung des Browsers wird durch die Schnittstelle Session repräsentiert, die insbesondere ein Objekt des Typs RemoteEndpoint enthält, über das
man Nachrichten an den Browser senden kann.

Über das WebSocket-Protokoll lassen sich lediglich Zeichenketten oder Byte-
Buffer übertragen. Möchte man daher komplexe Typen senden, so muss man eine
Klasse (Schnittstelle Encoder) für die Codierung in eine solche simple Repräsentation bereitstellen. Erwartet man auf der anderen Seite vom Browser Nachrichten
des gleichen Typs, so wird eine weitere Klasse (Schnittstelle Decoder) benötigt, die
den Zeichenstrom wieder in den komplexen Typ zurückwandelt.

Für unsere Zwecke benötigen wir eine WebSocket-Bean, die, wie oben
beschrieben, als Kommunikationskanal zwischen den Browsern der Benutzer und
der Anwendung fungiert. Zu diesem Zweck erzeugen wir die Klasse MonitorWeb-
Socket im Paket de.dpunkt.myaktion.monitor. Weiterhin benötigen wir im Projekt
eine vereinfachte Version der Fachklasse Donation sowie eine Klasse DonationEncoder, die ein Donation-Objekt für die Übertragung als Zeichenkette codiert.

Aber eins nach dem anderen. Wir beginnen mit der Fachklasse Donation, die
wir in reduzierter Form aus der Anwendung My-Aktion übernehmen. Prinzipiell
könnte die Klasse die gleiche Komplexität aufweisen wie in der Anwendung My-
Aktion. Wir wollen an dieser Stelle jedoch darauf verzichten und beschränken
uns bei der Darstellung der Spende im Spendenmonitor auf den Namen des Spenders und den Spendenbetrag. Daher kapselt die Klasse lediglich die Attribute
Spendername (donorName) und Betrag (amount) und stellt entsprechende Getter-
und Setter-Methoden bereit.

Listing 9–8 zeigt die Implementierung der Klasse Donation, die Sie im Paket
de.dpunkt.myaktion.model im Verzeichnis src\main\java der neuen Anwendung
speichern.

```
package de.dpunkt.myaktion.model;

import java.io.Serializable;
public class Donation implements Serializable {
   private static final long serialVersionUID = -1392398877357073405L;
   public Donation() {
   }
   private Double amount;
   private String donorName;
   public Double getAmount() {
      return amount;
   }
   public void setAmount(Double amount) {
      this.amount = amount;
   }
   public String getDonorName() {
      return donorName;
   }
   public void setDonorName(String donorName) {
      this.donorName = donorName;
   }
}
```

Listing 9–8   *Klasse Donation der Anwendung My-Aktion-Monitor*

Über das WebSocket können nur Zeichen oder binäre Daten übertragen werden,
aber keine Objekte. Daher ist die Übertragung von Donation-Objekten nur möglich, wenn wir eine sogenannte Encoder-Klasse erstellen, die die Umwandlung des
Objektes in eine Zeichenkette oder in binäre Daten implementiert. Wir realisieren
die Encoder-Klasse derart, dass die Information über eine Spende in einen Text
umgewandelt wird.

```
package de.dpunkt.myaktion.monitor;

import de.dpunkt.myaktion.model.Donation;
import javax.websocket.Encoder;
import javax.websocket.EndpointConfig;
import java.text.NumberFormat;

public class DonationEncoder implements Encoder.Text<Donation> {
   @Override
   public String encode(Donation donation) {
      NumberFormat format = NumberFormat.getCurrencyInstance();
      String amount = format.format(donation.getAmount());
      Object args[] = { donation.getDonorName(), amount };
      return String.format("%s hat %s gespendet.", args);
   }

   @Override
   public void destroy() {
   }
```

```
    @Override
    public void init(EndpointConfig arg0) {
    }
}
```

Listing 9–9   *Klasse DonationEncoder*

In Listing 9–9 implementiert die Klasse `DonationEncoder` die generische Schnittstelle `Encoder.Text` vom Typ `Donation`. Die eigentliche Umwandlung wird durch die Methode `encode` realisiert. Diese erhält beim Aufruf ein `Donation`-Objekt als Parameter übergeben und liefert ein `String`-Objekt als Ergebnis zurück. Wir bedienen uns bei der Umwandlung einiger hilfreicher Klassen und Methoden aus der Java-API (z. B. `NumberFormat`) und betten die aktuellen Werte der Attribute des `Donation`-Objekts in den Rückgabe-`String` unter Verwendung der Getter-Methoden der Klasse `Donation` ein.

Eine Encoder-Klasse muss außerdem die Lebenszyklusmethoden `init` und `destroy` enthalten. Über diese kann beliebiger Code ausgeführt werden, wenn der Anwendungsserver eine Instanz des Encoders anlegt (`init`) oder nicht mehr benötigt (`destroy`). In unserem Fall wird das nicht gebraucht, daher erhalten die Methoden eine leere Implementierung.

Damit haben wir bereits alle abhängigen Klassen eingeführt, die wir zur Erstellung einer ersten Version der WebSocket-Klasse benötigen. Diese finden Sie in Listing 9–10 – speichern Sie die Klasse `MonitorWebSocket` bitte im Paket `de.dpunkt.myaktion.monitor`.

In diesem ersten Entwurf realisieren wir zunächst alle Methoden zum Verbindungsauf- und -abbau sowie die vom Client aufrufbare Methode zur Abfrage der aktuellen Spendenliste einer Aktion. Die Spendenliste soll später über den REST-Service ermittelt werden. Zunächst liefern wir aber an jeden anfragenden Client die gleiche statische Liste mit wenigen Spenden.

```
package de.dpunkt.myaktion.monitor;

import de.dpunkt.myaktion.model.Donation;
import javax.websocket.*;
import javax.websocket.server.ServerEndpoint;
import java.io.IOException;
import java.util.Arrays;
import java.util.List;
import java.util.logging.Level;
import java.util.logging.Logger;

@ServerEndpoint(value = "/donation", encoders = { DonationEncoder.class })
public class MonitorWebSocket {
    private Logger logger = Logger
        .getLogger(MonitorWebSocket.class.getName());
    @OnOpen
    public void onOpen(Session session) {
        logger.info("Client hat sich verbunden: " + session);
    }
```

```
@OnClose
public void onClose(Session session) {
    logger.info("Client hat Verbindung getrennt: " + session);
}
@OnMessage
public void setCampaignId(Long campaignId, Session session) {
    logger.info("Client " + session.getId() +
        " hat Aktion " + campaignId + " ausgewählt.");
    try {
        Donation s1 = new Donation();
        s1.setAmount(20.0);
        s1.setDonorName("Heinz Schmidt");
        Donation s2 = new Donation();
        s2.setAmount(30.0);
        s2.setDonorName("Karl Meier");
        List<Donation> donations = Arrays.asList(s1, s2);
        for (Donation donation : donations) {
            logger.info("Sende " + donation + " an Client "
                + session.getId());
            session.getBasicRemote().sendObject(donation);
        }
        session.getBasicRemote().sendText(
            "Aktion geändert zu: " + campaignId);
    } catch (IOException | EncodeException e) {
        logger.log(Level.INFO, "Keine Verbindung zu Client: "
            + session, e);
    }
}
}
```

Listing 9–10 *Erste Version der WebSocket-Klasse MonitorWebSocket*

Hier noch einige Erläuterungen zu Listing 9–10:

- Mit der Annotation @ServerEndpoint legen wir fest, dass die Klasse Monitor-
  WebSocket eine WebSocket-Bean-Implementierung ist. Durch das Attribut
  value können wir den relativen Pfad der URL des Sockets festlegen (/dona-
  tion), und durch das Attribut encoders registrieren wir die Encoder-Klasse zur
  Umwandlung von Donation-Objekten in Zeichenketten.
- Durch die Annotation @OnOpen legen wir eine Methode fest (hier onOpen), die
  nach dem Aufbau einer WebSocket-Verbindung ausgeführt werden soll. Analog legen wir durch die Annotation @OnClose eine Methode fest (hier onClose),
  die nach dem Schließen der Verbindung durch den Client ausgeführt wird. In
  beiden Fällen erzeugen wir lediglich eine Log-Meldung zur Ausgabe der
  Benutzersitzung.
- Über die Methode setCampaignId wird auf die vom Browser eingehenden
  Nachrichten reagiert. Diese Methode ist mit der Annotation @OnMessage versehen und wird aus abstrahierter Sicht von den Clients aufgerufen (vgl. Listing
  9–7 websocket.send(id) in der Funktion setCampaignId). Als Parameter werden

der Methode die ID einer Aktion und die Benutzersitzung des aufrufenden Clients übergeben. Über den Ausdruck `session.getBasicRemote()` wird ein Objekt des Typs `RemoteEndpoint` besorgt. Dessen Methode `sendObject` wird verwendet, um die generierte Spendenliste Spende für Spende an den Client zu übertragen. Über `sendText` wird zum Schluss eine Zeichenkette direkt an den Browser gesendet – dabei kommt im Gegensatz zu `sendObject` keine Encoder-Klasse zum Einsatz.

Damit haben wir alle notwendigen Artefakte der Implementierung für einen ersten Funktionstest programmiert. Der Glassfish-Server muss als Vorbedingung gestartet sein. Wir führen den Build und das Deployment unseres Projektes mit Maven (`mvn clean package`) wie zuvor beschrieben aus. Noch muss die Applikation My-Aktion nicht parallel auf WildFly laufen, da wir noch nicht dessen Services nutzen.

Nach erfolgreichem Build und Deployment kommt nun der große Moment. Wir öffnen einen Browser und rufen die Seite `localhost:9080/my-aktion-monitor` auf. Der Browser erstellt eine WebSocket-Verbindung mit dem Server und meldet den erfolgreichen Verbindungsaufbau auf der Webseite (vgl. Abb. 9–2).

Wir geben nun eine Aktion-ID in das Textfeld ein und klicken auf die Schaltfläche *Setzen*. Da wir bisher keine Verbindung zu unseren tatsächlichen Aktionen auf dem WildFly realisiert haben, können wir für den Test eine beliebige Zahl eingeben. Der Browser stellt daraufhin die beiden statischen Spenden dar, die fest in der WebSocket-Klasse programmiert wurden (vgl. Abb. 9–3).

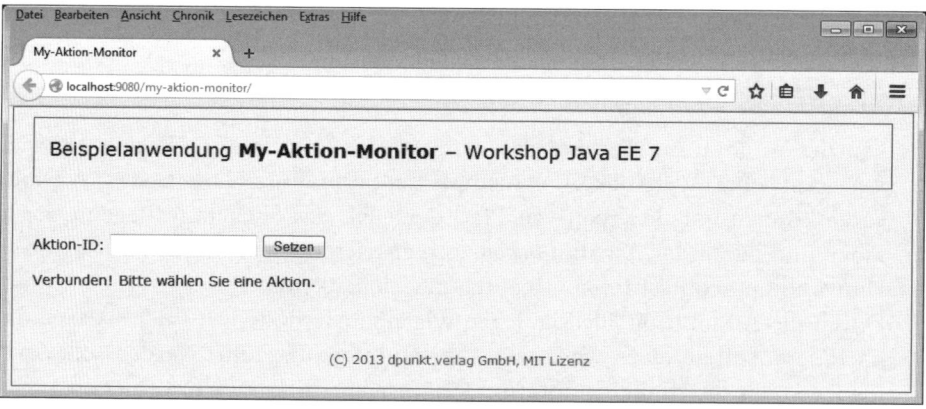

Abb. 9–2   *Erfolgreicher WebSocket-Verbindungsaufbau mit dem Server*

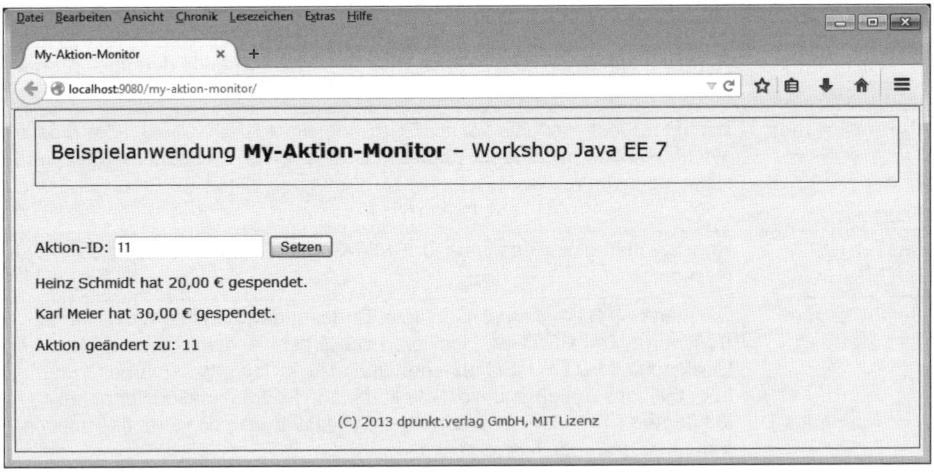

Abb. 9–3   *Die statische Spendenliste einer fiktiven Aktion 11*

Spendenliste mittels REST-Service ermitteln

Bisher haben wir die Liste der Spenden einer Aktion nicht über den REST-Service der Anwendung My-Aktion ermittelt, sondern nur Testdaten (und damit nicht die Daten aus der Datenbank) über das WebSocket übertragen.

Um die echten Spendendaten einer Aktion abfragen zu können, müssen wir aus der Methode setCampaignId der Klasse MonitorWebSocket heraus den REST-Service für die Spendenliste zu einer Aktion aufrufen. Wir benötigen dafür zunächst eine Klasse, die den Zugriff auf die Spendenliste kapselt und als REST-Client fungiert.

Hierzu legen wir die Klasse DonationListProvider im Paket de.dpunkt.myaktion.monitor an. Mit der Spezifikation JAX-RS 2.0 der Java EE 7 wurden Klassen zur Realisierung von REST-Clients eingeführt und damit standardisiert. Die Klassen gehören zum Paket javax.ws.rs.client. Zur Realisierung des Clients benötigen wir aber auch einige Klassen aus dem Kern der API (Paket javax.ws.rs.core). Die wichtigsten Klassen sind in Tabelle 9–6 beschrieben und finden Anwendung in Listing 9–11.

Klasse	Kurzbeschreibung
Client	Repräsentiert einen REST-Client, über den REST-Zugriffe durchgeführt werden können
ClientBuilder	Zentraler Einstiegspunkt bei der Erstellung eines REST-Clients. Die Klasse stellt Methoden nach dem Erbauer-Muster (engl. *builder pattern*) (Gamma, Helm, Johnson & Vlissides, 2011) zur Verfügung. Dient zur Erzeugung und Konfiguration von Client-Instanzen.
WebTarget	Repräsentiert eine Ressource für REST-Zugriffe. Kapselt die URI der Ressource.
GenericType	Definiert den Nachrichtentyp im Java-Code für den Zugriff auf eine REST-Ressource. Der REST-Service liefert das Ergebnis in der gewünschten Repräsentation (z. B. JSON). Innerhalb unserer Java-Klasse arbeiten wir aber mit Java-Typen und nicht direkt mit den Repräsentationsformaten. Mit GenericType legt man den Java-Typ fest, in den das Repräsentationsformat umgewandelt werden soll.
MediaType	Stellt die unterschiedlichen Repräsentationen einer REST-Ressource als Klassenvariablen zur Verfügung. Wir verwenden im Folgenden den MIME-Typ application/json.

Tab. 9–6   *Die wichtigsten Klassen zur Realisierung eines REST-Clients mit JAX-RS 2.0*

```
package de.dpunkt.myaktion.monitor;

import de.dpunkt.myaktion.model.Donation;
import de.dpunkt.myaktion.model.DonationListMBR;
import de.dpunkt.myaktion.monitor.util.DisableHostnameVerifier;

import javax.enterprise.context.Dependent;
import javax.ws.rs.WebApplicationException;
import javax.ws.rs.client.Client;
import javax.ws.rs.client.ClientBuilder;
import javax.ws.rs.client.WebTarget;
import javax.ws.rs.core.GenericType;
import javax.ws.rs.core.MediaType;
import java.util.List;

@Dependent
public class DonationListProvider {
    private static final String REST_HOST = "localhost";
    private static final int REST_PORT = 8443;

    private static final String REST_DONATION_LIST =
        "https://" + REST_HOST + ":" + REST_PORT +
        "/my-aktion/rest/donation/list/";

    private Client restClient;

    public DonationListProvider() {
        ClientBuilder builder = ClientBuilder.newBuilder();
        builder.register(DonationListMBR.class);
        builder.hostnameVerifier(new DisableHostnameVerifier());
        restClient = builder.build();
    }
```

```
    public List<Donation> getDonationList(long campaignId) throws
WebApplicationException {
        WebTarget target = restClient.target(REST_DONATION_LIST + campaignId);
        GenericType<List<Donation>> list = new GenericType<List<Donation>>() {
        };
        List<Donation> donations =
target.request(MediaType.APPLICATION_JSON).get(list);
        return donations;
    }

}
```

Listing 9–11   *Klasse DonationListProvider*

Die Klasse DonationListProvider kapselt eine Instanz vom Typ javax.ws.rs.cli-
ent.Client. Die Klassenvariable REST_DONATION_LIST beinhaltet die URL der REST-
Ressource der Spendenliste auf WildFly.

Im Konstruktor wird über den Ausdruck ClientBuilder.newBuilder() eine
neue Instanz des ClientBuilder erzeugt. Über diesen werden wir nun einige Konfigurationen für den REST-Client vornehmen, die unabhängig von der aufzurufenden Ressource sind.

Als Erstes registrieren wir hierzu über die Methode register die Klasse DonationListMBR. Es handelt sich dabei um einen sogenannten MessageBodyReader, der
in unserem Fall die vom Server gelieferte JSON-Repräsentation in die gewünschte
Spendenliste umwandelt.

Im nächsten Schritt setzen wir über die Methode hostnameVerifier des Client-
Builder-Objekts den DisableHostnameVerifier, der die Verifizierung des Rechner-
namens der Verbindung deaktiviert. Dies ist notwendig, da wir ein selbst signiertes Zertifikat einsetzen.

Später erfahren Sie mehr über die Objekte DonationListMBR und DisableHost-
nameVerifier – etwas Geduld noch, bitte. Zuletzt wird im Konstruktor auf dem
ClientBuilder-Objekt die Methode build aufgerufen, die eine Instanz der Klasse
Client zurückliefert, die unserer Konfiguration entspricht.

Die Methode getDonationList realisiert den eigentlichen Zugriff auf die Spendenliste einer Aktion. Der Zugriff wird derart realisiert, dass zunächst über die
Methode target unserer Client-Instanz ein Objekt vom Typ WebTarget erzeugt
wird. Dieses repräsentiert durch Übergabe einer kompletten URL eine Ressource
– in unserem Fall die Spendenliste der gewünschten Aktion.

Mittels der Klasse GenericType legen wir anschließend den Java-Typ für den
Rückgabewert der REST-Nachricht auf List<Donation> fest.

Schließlich können wir den eigentlichen Aufruf des Service über die Methode
request der WebTarget-Instanz vorbereiten. Dieser wird die gewünschte Repräsentation (application/json) übergeben, worauf sie eine Instanz der Klasse Invoca-
tion.Builder zurückliefert. Deren Methode get führt schließlich einen synchro-
nen HTTP-GET-Aufruf auf die REST-Ressource durch.

JSON-Repräsentation in Java-Objekt umwandeln

Die REST-Ressource (hier die Spendenliste einer Aktion) liefert den Typ List
<Donation> zurück, da wir diesen über die als Parameter übergebene GenericType-
Instanz festgelegt haben. Die Umwandlung der JSON-Repräsentation in eine Instanz von List<Donation> geschieht jedoch leider nicht automatisch.

Analog zu der Decoder-Klasse der WebSockets müssen wir stattdessen eine
eigene Klasse erzeugen, die die Schnittstelle MessageBodyReader implementiert und
diese Umwandlung vornimmt. Die JSON-Repräsentation wird dabei als Datenstrom (Klasse InputStream) in der zu überschreibenden Methode readFrom geliefert. Diese muss aus dem Datenstrom eine Spendenliste (Typ List<Donation>)
generieren und als Wert zurückgeben.

Praktischerweise hilft uns dabei die *Java API for JSON Processing* (JSR 353),
die in Java EE 7 neu hinzugekommen ist. Über deren Klassen, die sich im Paket
javax.json befinden, können JSON-Daten verarbeitet werden. Diese API kapselt
JSON-Objekte in der Superklasse JsonValue, von der sich verschiedene Unterklas-
sen ableiten, beispielsweise JsonArray und JsonObject, die ein JSON-Array bzw.
ein JSON-Objekt repräsentieren.

Die API stellt folgende Operationen zur Verfügung, um diese Objekte zu ver-
arbeiten:

- strukturierte Erstellung von Instanzen von JsonValue über die Klasse Json-
  Builder (verwendet das Erbauer-Muster (Gamma, Helm, Johnson & Vlissi-
  des, 2011))
- ereignisgesteuertes Parsen von Datenströmen, die in JSON codierte Objekte
  enthalten – vergleichbar mit dem SAX-Parser für XML
- Schreiben von JsonValue-Objekten in einen Datenstrom über die Klasse Json-
  Writer
- Lesen von JsonValue-Objekten aus einem Datenstrom über die Klasse Json-
  Reader

Für die benötigte Implementierung von MessageBodyReader setzen wir die letztge-
nannte Möglichkeit ein. Das Ergebnis ist die Klasse DonationListMBR, deren Code
Sie in Listing 9–12 vorfinden. Speichern Sie diese Klasse bitte im Paket de.dpunkt.
myaktion.model ab.

Die Klasse DonationListMBR verwendet den JsonReader, um einen Datenstrom
im JSON-Format in eine Spendenliste umzuwandeln. Der Datenstrom muss
dabei dem Format entsprechen, das von unserer REST-Ressource für die Spendenliste[7] zurückgeliefert wird.

---

7. https://localhost:8443/my-aktion/rest/donation/list/{campaignID}, wobei campaignID eine
    existierende ID einer Aktion sein muss

```
package de.dpunkt.myaktion.model;

import javax.json.*;
import javax.json.JsonValue.ValueType;
import javax.ws.rs.Consumes;
import javax.ws.rs.Produces;
import javax.ws.rs.WebApplicationException;
import javax.ws.rs.core.MediaType;
import javax.ws.rs.core.MultivaluedMap;
import javax.ws.rs.ext.MessageBodyReader;
import javax.ws.rs.ext.Provider;
import java.io.IOException;
import java.io.InputStream;
import java.lang.annotation.Annotation;
import java.lang.reflect.Type;
import java.util.List;
import java.util.function.Function;
import java.util.stream.Collectors;

@Provider
@Consumes(MediaType.APPLICATION_JSON)
@Produces(MediaType.APPLICATION_JSON)
public class DonationListMBR implements MessageBodyReader<List<Donation>> {
    private final Function<JsonValue, Donation> jsonToDonation =
    value -> {
        Donation donation = new Donation();
        JsonObject object = (JsonObject) value;
        donation.setAmount(object.getJsonNumber("amount").doubleValue());
        donation.setDonorName(object.getString("donorName"));
        return donation;
    };
    @Override
    public boolean isReadable(Class<?> c, Type t, Annotation[] ann,
            MediaType mt) {
        return true;
    }
    @Override
    public List<Donation> readFrom(Class<List<Donation>> c, Type t,
            Annotation[] ann, MediaType mt, MultivaluedMap<String, String> mm,
            InputStream is) throws IOException, WebApplicationException {
        JsonReader reader = Json.createReader(is);
        JsonArray values = reader.readArray();
        List<Donation> donations = values.stream()
                .filter(v -> v.getValueType() == ValueType.OBJECT)
                .map(jsonToDonation).collect(Collectors.toList());
        reader.close();
        return donations;
    }
}
```

Listing 9–12   *Klasse DonationListMBR – Umwandlung eines JSON-Datenstroms in eine Spendenliste*

In der Methode `readFrom` wird im ersten Schritt aus diesem Datenstrom ein `Json-Reader`-Objekt erstellt. Da der Server die Spendenobjekte als JSON-Array zurückgeliefert, können wir es über die Methode `readArray` in eine Instanz von `JsonArray` einlesen.

Zuvor haben wir bereits den Lambda-Ausdruck `jsonToDonation` definiert, der `JsonValue`-Objekte in `Donation`-Objekte umgewandelt. Wir betrachten für die Konvertierung lediglich die Attribute `amount` und `donorName` des JSON-Objekts, die wir über `getJsonNumber("amount")` bzw. `getString("donorName")` aus dem `Json-Value`-Objekt auslesen können.

Letztere Methode liefert eine Zeichenkette vom Typ `String` zurück, die wir direkt verwenden können. Bei `getJsonNumber` ist der Rückgabewert jedoch vom Typ `JsonNumber`, daher müssen wir zusätzlich dessen Methode `doubleValue` aufrufen, um an den gekapselten `double`-Wert des Spendenbetrags zu gelangen. Die ausgelesenen Werte werden direkt über die entsprechende Setter-Methode in einem zuvor generierten `Donation`-Objekt gespeichert.

Diesen Lambda-Ausdruck werden wir nun durch Aufruf der Methode `map` anwenden, um Elemente des `JsonArray` in die gewünschten `Donation`-Objekte umzuwandeln.

Zuvor stellen wir jedoch durch den Filter `value.getValueType()==Value-Type.OBJECT` sicher, dass nur JSON-Objekte konvertiert werden – ein weiteres JSON-Array oder ein primitiver Wert wird einfach ignoriert.

Am Ende der Methode wird der `JsonReader` nicht mehr benötigt und kann daher über die Methode `close` geschlossen werden, bevor wir die generierte Spendenliste zurückgeben.

Verifizierung des Rechnernamens deaktivieren

Kommen wir nun zu dem `HostnameVerifier`. Hier setzen wir für die HTTPS-Verbindung eine eigene Klasse `DisableHostnameVerifier` ein, die Sie in Listing 9–13 finden. Speichern Sie diese nun in dem Paket `de.dpunkt.myaktion.monitor.util` ab.

Die Klasse implementiert mit `verify` eine einzige Methode, die unabhängig von den Eingabeparametern immer `true` zurückgibt. Durch diesen Trick werden SSL-Verbindungen mit selbst signierten Zertifikaten möglich.

Achten Sie darauf, dass Sie bei produktiven Umgebungen mit echten Zertifikaten den `DisableHostnameVerifier` nicht verwenden. Entfernen Sie für diesen Fall den Aufruf von `hostnameVerifier` aus dem Konstruktor der Klasse `SpendeListProvider`. In der Praxis würde man dies selbstverständlich über eine Konfigurationsdatei ein- bzw. ausschalten können. In unserer Beispielanwendung wurde bewusst darauf verzichtet.

```
package de.dpunkt.myaktion.monitor.util;

import javax.net.ssl.HostnameVerifier;
import javax.net.ssl.SSLSession;
```

```
public class DisableHostnameVerifier implements HostnameVerifier {
   public boolean verify(String hostname, SSLSession sslSession) {
      return true;
   }
}
```

Listing 9–13 *Klasse DisableHostnameVerifier*

REST-Client in MonitorWebSocket einbinden

Mit dem vorherigen Abschnitt realisiert die Klasse `DonationListProvider` den REST-basierten Zugriff auf die Spendenliste einer Aktion. Diese neue Funktionalität müssen wir nun in die Klasse `MonitorWebSocket` einbinden. Da die WebSocket-API CDI unterstützt, können wir die Beans zur Laufzeit durch Dependency Injection verknüpfen. Wir annotieren die Klasse MonitorWebSocket mit dem Scope `@Dependent` aus dem Paket `javax.enterprise.context` und stellen die Klasse damit unter die Verwaltung von CDI. Nun können wir auch den `DonationList-Provider` einfach injizieren:

```
@Inject
Private DonationListProvider donationListProvider;
```

Den `DonationListProvider` können wir dann in der Methode `setCampaignId` verwenden, um die Spendenliste der gewünschten Aktion durch Aufruf der Methode `getDonationList` abzufragen. Des Weiteren löschen wir aus der bisherigen Implementierung die manuelle Erzeugung von `Donation`-Objekten, da diese nun nicht mehr benötigt werden.

Als Besonderheit speichern wir außerdem noch die ID der vom Benutzer ausgewählten Aktion. Die WebSocket-API stellt hierzu für jede Benutzersitzung eine eigene `Map` (Paket `java.util`) zur Verfügung. Auf diese kann man einfach über `session.getUserProperties()` zugreifen. Die Aktion-ID speichern wir in der `Map` unter dem Schlüssel `CAMPAIGN_ID` ab, den wir vorab in der Klasse als Konstante anlegen:

```
public static final String CAMPAIGN_ID = "CampaignId";
```

Dadurch ergibt sich folgender neue Inhalt für die Methode `setCampaignId`:

```
@OnMessage
public void setCampaignId(Long campaignId, Session session) {
   logger.info("Client " + session.getId() + " hat Aktion "
         + campaignId + " ausgewählt.");
   try {
      List<Donation> donations = new LinkedList<>();
      try {
         donations = donationListProvider.getDonationList(campaignId);
      } catch (NotFoundException e) {
         session.getBasicRemote().sendText("Die Aktion mit der ID: "
               + campaignId + " ist nicht verfügbar");
      } catch (WebApplicationException e) {
         logger.log(Level.SEVERE,
```

```
            "Die Spendenliste für Aktion mit ID: " + campaignId +
            " konnte nicht abgerufen werden. Läuft WildFly?", e);
        session.getBasicRemote().sendText(
            "Fehler beim Abruf der initialen Spendenliste.");
    }
    session.getUserProperties().put(CAMPAIGN_ID, campaignId);
    for (Donation donation : donations) {
        logger.info("Sende " + donation + " an Client "
            + session.getId());
        session.getBasicRemote().sendObject(donation);
    }
    session.getBasicRemote().sendText("Aktion geändert zu: "
        + campaignId);
} catch (IOException | EncodeException e) {
    logger.log(Level.INFO, "Keine Verbindung zu Client: "
        + session, e);
}
}
```

Damit haben wir den Aufruf des REST-Service zur Abfrage der Spendenliste einer Aktion integriert und können die Funktionalität nun testen. Für diesen Test stellen Sie bitte die folgenden Bedingungen sicher:

- Beide Server (WildFly und Glassfish) laufen gleichzeitig.
- Beide Anwendungen sind auf dem neuesten Stand auf den Servern (Maven-Build und Deployment).
- Sie kennen die ID einer Aktion, für die bereits einige Spenden existieren.

Anschließend starten wir einen Browser und rufen erneut die Seite `local-host:9080/my-aktion-monitor` auf. Der Browser erstellt eine WebSocket-Verbindung mit dem Server und meldet den erfolgreichen Verbindungsaufbau auf der Webseite. Wir geben nun die ID der existierenden Aktion in das Textfeld ein und klicken auf die Schaltfläche *Setzen*. Nach kurzer, aber spürbarer Zeit (1–2s!) erscheint die aktuelle Spendenliste der Aktion. Abbildung 9–4 zeigt beispielhaft das Aussehen der Seite für eine Aktion mit der ID 6.

Wir haben damit einen großen Teil des Anwendungsfalls implementiert. Allerdings bleibt die Spendenliste im Monitor unverändert, auch wenn für die ausgewählte Aktion neue Spenden über die Anwendung My-Aktion erfasst werden. Mit der bisherigen Implementierung müsste der Anwender die Aktion-ID erneut eingeben, um eine aktualisierte Liste zu bekommen. Dies wollen wir verbessern, indem der Server eine Push-Nachricht an den Client sendet, sobald eine neue Spende erfasst wird.

Zunächst wollen wir dafür sorgen, dass eine neue Spende per SOAP-Webservice an die Applikation My-Aktion-Monitor übermittelt werden kann und diese dann über das WebSocket an den Browser weitergereicht wird.

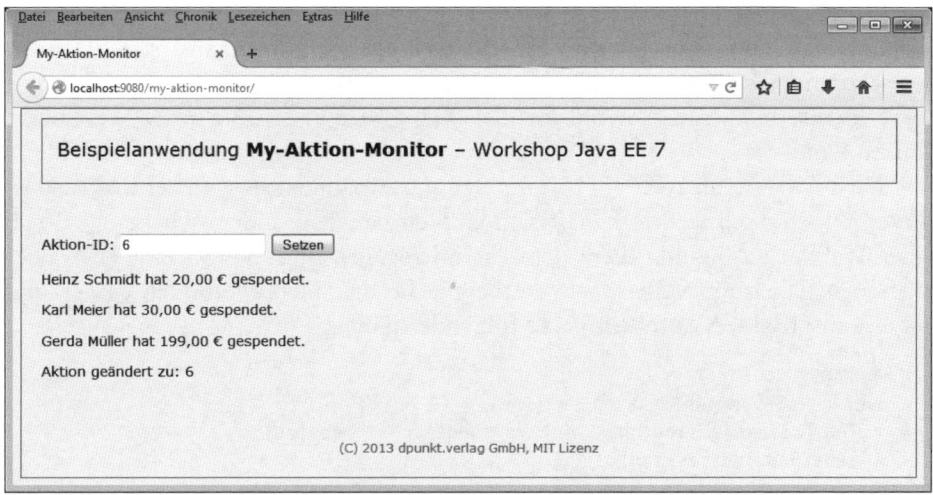

Abb. 9–4   *Browser nach Abruf der Spendenliste einer Aktion mit der ID 6*

9.5.2.2   SOAP-Webservice für My-Aktion-Monitor erstellen

Wir benötigen in der Anwendung My-Aktion-Monitor einen SOAP-Webservice, der Nachrichten über neue Geldspenden empfangen soll und an die interessierten Clients über das WebSocket weiterleitet.

Einen SOAP-Webservice können wir über ein POJO im Applikationsserver bereitstellen. Mithilfe der Annotation @WebService auf Klassenebene deklariert man ein POJO als Webservice. Mit der Annotation @WebMethod kann man einzelne Methoden als Serviceoperationen festlegen.

Wir benötigen im Grunde nur eine einzige Serviceoperation, die eine eingehende Spende und die dazugehörige Aktion-ID empfängt. Um die Spende an alle WebSocket-Clients weiterzureichen, die für die Aktion mit dieser ID registriert sind, müssen wir auf die Menge (engl. *set*) aller Benutzersitzungen des WebSockets zugreifen können. Daher speichern wir die Sitzungen in einer Klassenvariablen des Typs Set<Session>, die wir im ersten Schritt der Klasse MonitorWebSocket inklusive Getter-Methode hinzufügen:

```
private static Set<Session> sessions = Collections.synchronizedSet(new
HashSet<Session>());

public static Set<Session> getSessions() {
    return sessions;
}
```

Mithilfe dieser Klassenvariablen kann man von jedem Punkt der Anwendung, also insbesondere auch von unserem Webservice-POJO, auf die Benutzersitzungen des WebSockets zugreifen. Beachten Sie, dass dieses Set als Besonderheit über den Ausdruck Collections.synchronizedSet Thread-sicher erstellt wurde. Dadurch wird gewährleistet, dass nicht mehrere Threads gleichzeitig auf das Set zugreifen können. Es kann immer nur ein Thread die Benutzersitzungen auslesen, die anderen werden zwischenzeitlich blockiert. Dies ist notwendig, da der Anwendungsserver mehrere Threads sowohl für den Webservice als auch für das WebSocket starten kann.

Wir besitzen nun zwar ein Set, um Benutzersitzungen zu speichern, aktuell ist dieses jedoch noch leer. Das lässt sich einfach beheben, indem wir beim Öffnen einer WebSocket-Sitzung diese dem Set hinzufügen und beim Schließen wieder entfernen. Hierzu erweitern wir die bereits bestehenden Methoden onOpen und onClose der Klasse MonitorWebSocket folgendermaßen:

```
@OnOpen
public void onOpen(Session session) {
    logger.info("Client hat sich verbunden: " + session);
    sessions.add(session);
}

@OnClose
public void onClose(Session session) {
    logger.info("Client hat Verbindung getrennt: " + session);
    sessions.remove(session);
}
```

Als nächsten Schritt implementieren wir die eigentliche Webservice-Klasse, die nun auf die Benutzersitzungen der WebSocket-Bean über MonitorWebSocket.get-Sessions() zugreifen kann. Speichern Sie hierzu die Klasse DonationDelegator aus Listing 9–14 im Paket de.dpunkt.myaktion.monitor.ws ab.

```
package de.dpunkt.myaktion.monitor.ws;

import de.dpunkt.myaktion.model.Donation;
import de.dpunkt.myaktion.monitor.MonitorWebSocket;
import javax.jws.WebMethod;
import javax.jws.WebService;
import javax.websocket.EncodeException;
import javax.websocket.Session;
import java.io.IOException;
import java.util.logging.Level;
import java.util.logging.Logger;

@WebService
public class DonationDelegator {
    private Logger logger =
        Logger.getLogger(DonationDelegator.class.getName());

    @WebMethod
    public void sendDonation(Long campaignId, Donation donation) {
        for (Session session : MonitorWebSocket.getSessions()) {
            Long clientCampaignId = (Long) session.getUserProperties()
                .get(MonitorWebSocket.CAMPAIGN_ID);
            if (campaignId.equals(clientCampaignId)) {
```

```
      try {
         session.getBasicRemote().sendObject(donation);
      } catch (IOException | EncodeException e) {
         logger.log(Level.INFO, "Keine Verbindung zu Client: "
            + session, e);
      }
   }
 }
}
}
```

Listing 9–14 *Webservice-Klasse* DonationDelegator

Beim Aufruf des Webservice werden die übergebenen Daten (campaignId und
Donation-Objekt) einfach als Parameter an die Methode sendDonation weitergeleitet. Diese besorgt sich zunächst über den Ausdruck MonitorWebSocket.getSessi-
ons() eine Referenz auf die Menge aller Benutzersitzungen des WebSockets und
iteriert anschließend über diese.

Bevor an eine Benutzersitzung die Spende weitergeleitet wird, müssen wir
zunächst überprüfen, ob der dazugehörige Client für die Aktion registriert
wurde. Hierzu lesen wir über den Ausdruck session.getUserProperties() die
benutzerdefinierten Daten der Sitzung. In dieser Map findet sich unter dem Schlüssel MonitorWebSocket.CAMPAIGN_ID die ID der gewünschten Aktion. Diese vergleichen wir mit der ID der Aktion der eingehenden Spende. Sind beide identisch, so
wird die Spende an den Client weitergeleitet. Hierzu wird der Ausdruck session.
getBasicRemote().sendObject verwendet, über den man ein beliebiges Objekt an
einen WebSocket-Client senden kann. Voraussetzung ist lediglich, dass zuvor, wie
in unserem Fall, eine Encoder-Klasse für den Objekttyp registriert wurde.

Nach einem erneuten Deployen der Anwendung steht die WSDL-Datei des
Service unter der URL localhost:9080/my-aktion-monitor/DonationDelegator-
Service?wsdl zur Verfügung. Im folgenden Abschnitt werden wir dessen Funktio-
nalität testen.

9.5.2.3   SOAP-Webservice testen

Wir testen den Webservice unter Verwendung der Software SoapUI, die Sie zuvor
kostenlos unter www.soapui.org herunterladen. Mit SoapUI können wir SOAP-
Nachrichten an Services versenden und deren Antworten empfangen. Die Software übernimmt daher die Rolle eines SOAP-Clients.

Nach der Installation von SoapUI gelten die folgenden Vorbedingungen für
den Test:

▪ Sowohl WildFly als auch Glassfish sind gestartet.
▪ Auf beiden Servern ist der aktuelle Stand der jeweiligen Anwendung deployt.
▪ Im My-Aktion-Monitor wurde die ID einer bestehenden Aktion ausgewählt.
  Im Beispiel lautet diese 6.

Für die folgende Beschreibung haben die Autoren SoapUI 5.0.0 verwendet, es sollte in ähnlicher Weise allerdings auch mit neueren Versionen funktionieren.

Nach dem Start der Software erstellen Sie ein neues SoapUI-Projekt über den Menüpunkt »*File/New SOAP Project*«. Es erscheint das Fenster aus Abbildung 9–5. In diesem kopieren Sie innerhalb des Feldes »*Initial WSDL/WADL*« bitte die WSDL des zu testenden Service, `localhost:9080/my-aktion-monitor/Donation-DelegatorService?wsdl`, und bestätigen Sie dies mit der Schaltfläche *OK*.

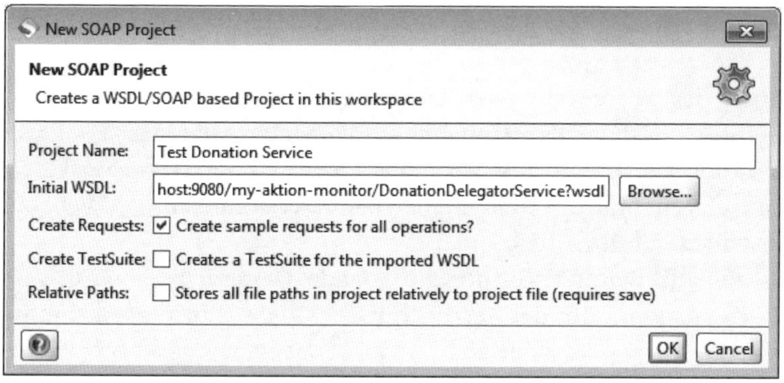

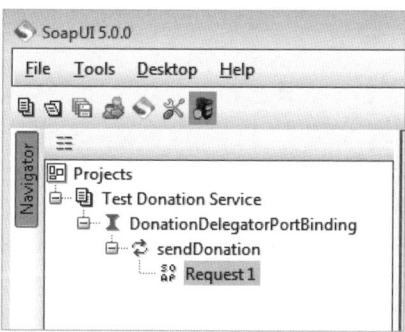

Abb. 9–5   *Screenshot soapUI – neues Projekt*

Mit dem Klick auf *OK* wird ein Projekt in SoapUI für unseren Webservice inklusive einer Testanfrage für die Operation `sendDonation` angelegt. Diese wollen wir im nächsten Schritt von SoapUI aus aufrufen.

Dazu öffnen wir zunächst alle Kinder des Projektbaums (siehe Abb. 9–6), bis die generierte Testanfrage *Request 1* sichtbar ist. Mit einem Doppelklick auf Request 1 öffnet sich das Fenster zum Testen der Anfrage (siehe Abb. 9–7).

Abb. 9–6   *Screenshot soapUI – Projektbaum*

```
SO  Request 1
AP

▶ ⁺≡ SO  ⊠ □ □ SO  ■   http://localhost:9080/my-aktion-monitor/DonationDelegatorService
        AP        AP

Raw  XML  ⊟ <soapenv:Envelope xmlns:soapenv="http://schemas.xmlsoap.org/soap/envelope/" xmlns:ws="http
        ⊟     <soapenv:Header/>
        ⊟     <soapenv:Body>
                  <ws:sendDonation>
                      <!--Optional:-->
                      <arg0>6</arg0>
                      <!--Optional:-->
        ⊟             <arg1>
                          <!--Optional:-->
                          <amount>100.00</amount>
                          <!--Optional:-->
                          <donorName>Karl Meier</donorName>
                      </arg1>
                  </ws:sendDonation>
              </soapenv:Body>
          </soapenv:Envelope>
```

Abb. 9–7   *Screenshot soapUI – SOAP-Nachricht der Anfrage*

In diesem Fenster können wir direkt eine zu unserem Webservice passende SOAP-
Nachricht editieren. Dabei wird eine leere SOAP-Nachricht als Vorlage zur Hilfe
angegeben. Setzen Sie Ihre Aktion-ID, wie zuvor im My-Aktion-Monitor angegeben, im Tag <arg0> (bei uns 6).

Außerdem wählen wir den Spendernamen *Karl Meier* sowie einen Betrag von
100,– Euro; Letzteren geben wir im Dezimalformat (100.00) an. Anschließend
betätigen wir den grünen Startknopf, um die Anfrage zu senden.

Nach kurzer Zeit wird die neue Spende im My-Aktion-Monitor angezeigt
(vgl. Abb. 9–8).

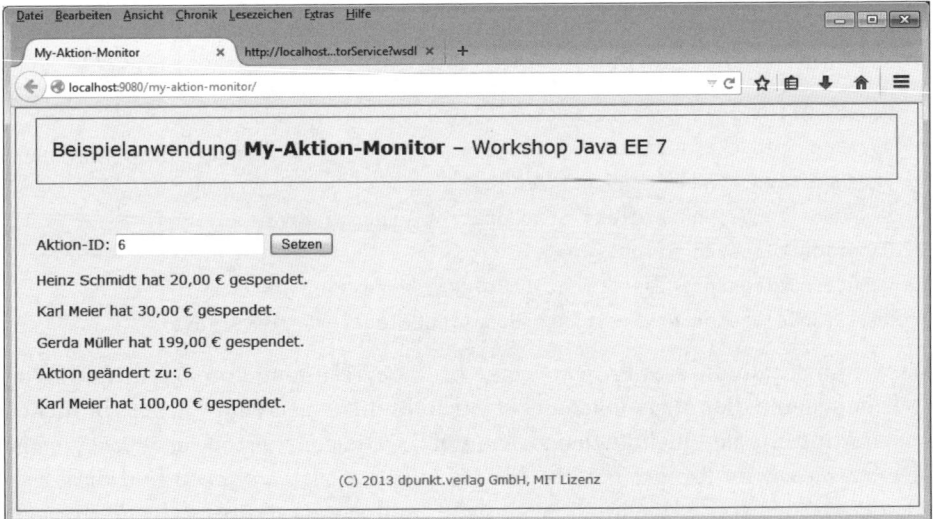

Abb. 9–8   *Browser nach Empfang der neuen Spende über den SOAP-Webservice*

Falls nicht, durchsuchen Sie bitte die Log-Dateien des Glassfish-Servers nach Fehlern.

Damit haben wir die Programmierung der Anwendung My-Aktion-Monitor erfolgreich abgeschlossen. Im nächsten Schritt wenden wir uns wieder der Anwendung My-Aktion zu.

9.5.2.4   Spendenliste über SOAP aktualisieren

Wir müssen dafür sorgen, dass Spenden, die über die Anwendung My-Aktion oder den entsprechenden REST-Service der Anwendung durchgeführt werden, auch per SOAP-Nachricht an den eben erstellten Webservice der Anwendung My-Aktion-Monitor übermittelt werden. Einbauen müssen wir den Serviceaufruf in die Klasse `DonationServiceBean` (Paket `de.dpunkt.myaktion.services`), in der die Spende in die Datenbank geschrieben wird.

Die für den Webservice-Zugriff notwendigen Klassen können bequem mit dem JDK-Tool `wsimport.exe` generiert werden. Das Tool benötigt als Eingabe eine WSDL-Beschreibung des SOAP-Service, der verwendet werden soll. Mittels der Option `-s` können wir dem Tool das Verzeichnis angeben, in dem die generierten Klassen (Quelldateien) abgelegt werden sollen. Mit der Option `-d` spezifizieren wir das Verzeichnis für die Bytecode-Dateien. Wir öffnen eine Eingabeaufforderung im übergeordneten Verzeichnis beider Anwendungen und starten die Generierung wie folgt:

```
wsimport.exe -d my-aktion\target\classes -s my-aktion\src\main\java
http://localhost:9080/my-aktion-monitor/DonationDelegatorService?wsdl
```

Daraufhin legt das Programm die Verzeichnisstruktur für das Paket `de.dpunkt.my-aktion.monitor.ws` im Projekt `my-aktion` an und erzeugt die Quell- und Bytecodedateien in unterschiedlichen Verzeichnissen:

- `ObjectFactory.class/ObjectFactory.java`
- `package-info.class/package-info.java`
- `SendDonation.class/SendDonation.java`
- `SendDonationResponse.class/SendDonationResponse.java`
- `Donation.class/Donation.java`
- `DonationDelegator.class/DonationDelegator.java`
- `DonationDelegatorService.class/DonationDelegatorService.java`

Da wir innerhalb unseres Projektes eine saubere Trennung von Quell- und Bytecode haben und die `.class`-Dateien bei jedem Build neu erzeugt werden, brauchen wir uns nur um die Quelldateien zu kümmern. Die generierte Klasse `Donation` ist obsolet, da wir im Projekt bereits eine Fachklasse `Donation` haben und diese verwendet werden soll[8]. Wir löschen sie daher, müssen dann aber folgende `import`-

---

8.   Ansonsten müssten wir umständlich zwischen Objekten beider Klassen hin- und herkonvertieren.

Anweisung in die Quelldateien aller generierten Klassen und Schnittstellen einfügen, die die Klasse `Donation` verwenden:

```
import de.dpunkt.myaktion.model.Donation;
```

Im Einzelnen sind dabei die folgenden Typen betroffen:

- `DonationDelegator`
- `SendDonation`
- `ObjectFactory`

Damit haben wir nun alle Klassen zur Verfügung, die ein SOAP-Client für den Zugriff auf den SOAP-Service benötigt.

Wir können uns jetzt an die Implementierung des Aufrufs machen. Wir bearbeiten hierzu die Klasse `DonationServiceBean` (Paket `de.dpunkt.myaktion.services`) und fügen in der Methode `addDonation` den SOAP-Serviceaufruf hinzu. Hierdurch ergibt sich folgender Inhalt für die Methode:

```
@Override
@PermitAll
public void addDonation(Long campaignId, Donation donation) {
    try {
        DonationDelegatorService delegatorService =
            new DonationDelegatorService();
        delegatorService.getDonationDelegatorPort().sendDonation(
            campaignId, donation);
    } catch (Exception e) {
        logger.log(Level.SEVERE,
            "Spende nicht weitergeleitet. Läuft der Glassfish?", e);
    }
    Campaign managedCampaign = entityManager.find(Campaign.class,
        campaignId);
    donation.setCampaign(managedCampaign);
    entityManager.persist(donation);
}
```

Der eigentliche Serviceaufruf geschieht durch den Aufruf von `getDonationDelegatorPort().sendDonation(campaignId, donation)` auf einer Instanz der generierten Klasse `DonationDelegatorService`.

Eine Besonderheit ist, dass wir jegliche Ausnahmen des Serviceaufrufs abfangen und lediglich mit einer Fehlermeldung im Logger ausgeben. Dadurch läuft unsere Transaktion in jedem Fall weiter, auch wenn der Serviceaufruf fehlschlägt. Dies ist wichtig, da die Spende unabhängig von der Verfügbarkeit des Glassfish-Servers persistiert werden soll.

Bitte testen Sie nun das Weiterleiten einer Spende von WildFly an den Glassfish. Stellen Sie hierzu zunächst sicher, dass beide Anwendungsserver mit dem aktuellen Versionsstand der jeweiligen Anwendung laufen. Anschließend beobachten Sie mit My-Aktion-Monitor eine beliebige Aktion und spenden für diese über das Spendenformular. Sobald Sie die Spende durchgeführt haben, erscheint diese wie gewünscht im Monitor.

Sie haben damit beide Anwendungen komplett fertig entwickelt – herzlichen Glückwunsch! Falls etwas noch nicht wie gewünscht funktionieren sollte, können Sie Ihren aktuellen Stand wieder mit unserem GitHub-Repository unter `https://github.com/marcusschiesser/my-aktion-2nd/tree/advanced` vergleichen.

9.6 Nicht behandelt

In diesem Abschnitt gehen wir noch kurz auf die Themen von Java EE 7 ein, die wir im Rahmen unseres Workshops nicht behandeln konnten.

9.6.1 JMS

In Abschnitt 9.2.1 haben wir Webservices kennengelernt, um zwei Systeme miteinander zu verbinden. Eine weitere Möglichkeit zur Integration stellt der Einsatz einer nachrichtenorientierten Middleware (engl. *MOM* oder *Message Oriented Middleware*) dar. Die zu integrierenden Systeme tauschen dabei Nachrichten über diese dritte Komponente aus.

Üblicherweise läuft die MOM auf zusätzlicher Hardware, die besonders ausfallsicher betrieben wird. Hier liegt neben der komplexeren Programmierung auch der Nachteil der MOM: Fällt diese aus, so können die zu integrierenden Systeme keine Nachrichten mehr austauschen.

Demgegenüber stehen allerdings auch viele Vorteile:

- lose Kopplung der Systeme – Änderungen an einem System beeinflussen daher nicht zwingend das andere
- Systeme müssen nicht aufeinander warten – dadurch Entlastung der Systeme.
- Kommunikationspartner muss nicht immer verfügbar sein.
- asynchrone Kommunikation möglich

Java EE 7 liefert mit dem *Java Messaging Service* (JMS) in der Version 2.0 die Implementierung einer MOM. In dieser Version hat sich insbesondere das Programmiermodell im Vergleich zur Version 1.0 von Java EE 6 stark vereinfacht. Listing 9–15 zeigt mit der Methode sendMessage, wie einfach das Senden einer Textnachricht (Typ String) mit JMS 2.0 ist. In dem Beispiel wird eine Nachricht an eine Warteschlange (engl. *queue*) gesendet. Ein weiteres System, das die Nachricht bearbeiten soll, muss sich diese von der Warteschlange zu einem beliebigen Zeitpunkt abholen.

Für das Senden werden zwei Objekte benötigt: JMSContext und Queue. Ersteres baut die Verbindung zu der MOM auf, während Queue die Warteschlange repräsentiert, in der die Nachrichten zwischengespeichert werden. Beide Instanzen werden über *Dependency Injection* in die aufrufende Klasse eingebunden. Dabei wird eine JNDI-Adresse benötigt, die im Anwendungsserver vorab konfiguriert werden muss.

Neben Warteschlangen realisiert JMS über sogenannte *Topics* das Beobachter-Muster (engl. *observer pattern*), siehe (Gamma, Helm, Johnson & Vlissides, 2011). Dabei sendet ein System, wie bei einer Warteschlange, zunächst eine Nachricht. Diese Nachricht wird dann jedoch nicht von einem anderen System abgeholt, sondern von beliebig vielen anderen Systemen (den Beobachtern) weiterverarbeitet.

```
@Inject
@JMSConnectionFactory("jms/connectionFactory")
private JMSContext context;

@Resource(mappedName = "jms/inboundQueue")
private Queue inboundQueue;

public void sendMessage(String payload) {
 context.send(inboundQueue, payload);
}
```

Listing 9–15   *Einfaches Beispiel zum Senden einer Nachricht an eine JMS-Warteschlange*

9.6.2   Java Mail

Natürlich kann man mit Java EE 7 auch E-Mails verschicken. Hierzu benötigt man einen Server, der das *Simple Mail Transfer Protocol*[9], kurz SMTP, versteht. Die Java Mail API (Paket `javax.mail`) leitet an diesen SMTP-Server die Nachricht zum eigentlichen Versand weiter.

Listing 9–16 zeigt die Methode `sendMail` zum Versenden einer rein textbasierten E-Mail. Als Name des SMTP-Servers wird `localhost` verwendet. Sofern Sie nicht gerade Linux benutzen, wird dies nicht funktionieren. Bitte setzen Sie daher den Wert der Eigenschaft `mail.smtp.host` des assoziativen Datenfeldes `properties` auf einen geeigneten SMTP-Server.

Das Objekt `properties` wird verwendet, um mit den angegebenen Parametern ein `Session`-Objekt zu erstellen, das die Sitzung mit dem SMTP-Server repräsentiert. Dieses `Session`-Objekt wird dem Konstruktor der Klasse `MimeMessage` übergeben, die von `Message` ableitet und unsere eigentliche Nachricht kapselt.

Über die statische Methode send der Klasse `Transport` wird die Nachricht an den SMTP-Server übergeben.

Zuvor werden jedoch die Parameter der Methode `sendMail` in dem `Message`-Objekt abgelegt.

---

9.   http://de.wikipedia.org/wiki/Simple_Mail_Transfer_Protocol

```
public void sendMail(String from, String to, String subject,
        String content) throws MessagingException {
    Properties properties = new Properties();
    properties.put("mail.smtp.host", "localhost");
    Session session = Session.getDefaultInstance(properties);
    Message message = new MimeMessage(session);
    message.setFrom(new InternetAddress(from));
    message.setRecipient(Message.RecipientType.TO,
        new InternetAddress(to));
    message.setSubject(subject);
    message.setContent(content, "text/plain");
    Transport.send(message);
}
```

Listing 9–16   *Methode sendMail – Versand einer E-Mail*

Die hier gezeigte Methode unterstützt lediglich das Versenden über SMTP-Server, die keine Authentifizierung verlangen. Falls diese jedoch erforderlich sein sollte, müssen Sie in dem assoziativen Datenfeld properties noch die Eigenschaften mail.user und mail.password setzen, über die Sie Benutzername bzw. Passwort des SMTP-Servers festlegen.

Java Mail unterstützt neben dem Empfang von Nachrichten über POP3 auch das Versenden von komplexeren Nachrichten mit einem anderen MIME-Typ. Dies wird hier jedoch nicht weiter behandelt.

9.6.3   JMX

Über die *Java Management Extensions* (JMX) kann ein Administrator eine Java-Anwendung überwachen und steuern. Hierzu muss die Anwendung spezielle JavaBeans, *MBeans* genannt, zur Verfügung stellen, die über die Klasse MBeanServer registriert werden müssen. Der Administrator kann dann zur Laufzeit der Anwendung über eine spezielle Anwendung, die JConsole, Werte der *MBeans* überprüfen oder deren Methoden aufrufen.

Die JConsole ist Bestandteil jedes JDK und kann einfach über das Kommando jconsole von der Eingabeaufforderung gestartet werden. Nach dem Start kann man sich direkt mit einer laufenden VM, z. B. dem WildFly-Server, verbinden.

WildFly liefert eine Reihe von *MBeans* zur Steuerung des Anwendungsservers über JMX aus. Abbildung 9–9 zeigt als Beispiel eine JConsole, die mit unserem WildFly verbunden ist.

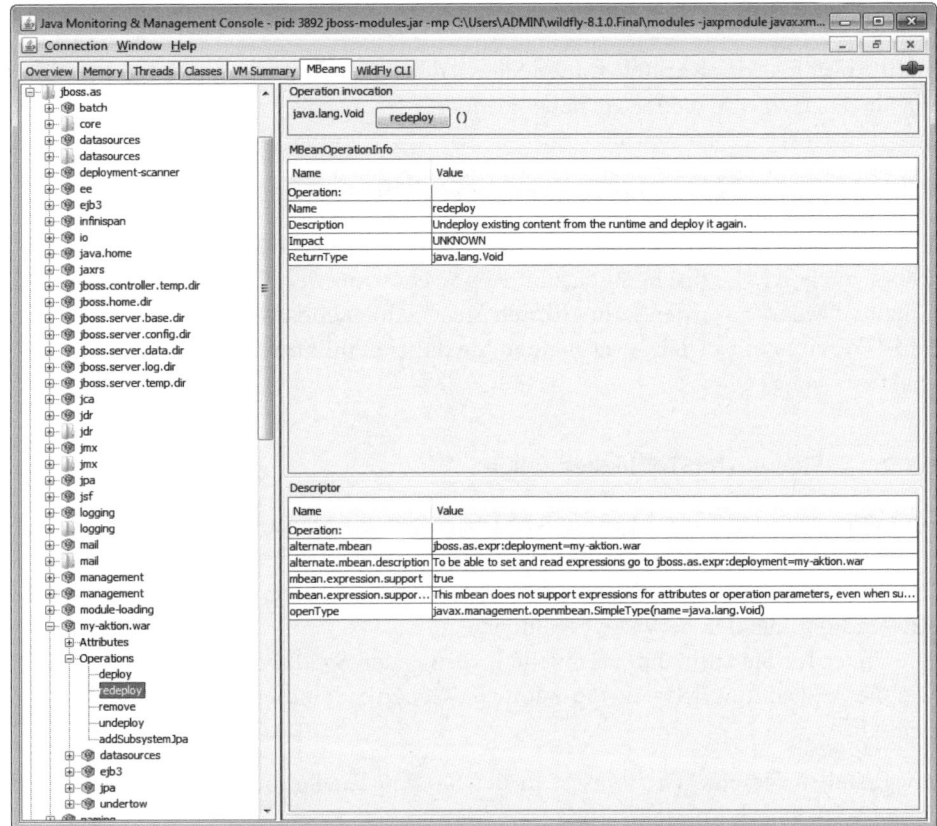

Abb. 9–9   *Screenshot der JConsole – Zugriff auf die MBean für das Redeployment*

Sie sehen auf der linken Seite des Screenshots, dass der WildFly eine ganze Reihe von *MBeans* zur Verfügung stellt – aktiviert ist die *MBean* für das Redeployment unserer Anwendung My-Aktion.

Starten Sie eine JConsole und rufen Sie diese *MBean* auf. Klicken Sie anschließend auf die abgebildete Schaltfläche *redeploy*. Wie sich vermuten lässt, wird dadurch ein Redeployment der Anwendung durchgeführt.

Zur Überwachung Ihrer Anwendung können Sie relativ einfach auch eigene *MBeans* erstellen. In unserem Fall könnte die Anwendung beispielsweise die Gesamtzahl aller bisher eingegangenen Spenden zurückliefern.

In diesem Workshop gehen wir allerdings nicht näher auf die Entwicklung von *MBeans* ein. (Bien, 2011) liefert neben anderen interessanten Beispielen hierzu mehr.

9.7　Aufgaben

Zum Abschluss des Kapitels finden Sie wieder einige interessante Aufgaben, über die Sie das Gelernte weiter vertiefen können.

9.7.1　Erweiterung der REST-Services um XML

Erweitern Sie die REST-Services der Applikation My-Aktion so, dass neben JSON auch XML durchgängig zur Repräsentation der REST-Ressourcen vom Client verwendet werden kann. Testen Sie anschließend die Funktionalität dieser REST-Services mit cURL – verwenden Sie dabei den Parameter `-H "Content-Type: application/xml"`.

9.7.2　Eigenen REST-Client erstellen

Im Internet finden Sie zahlreiche REST-Services, die Sie in Ihrer Anwendung verwenden können. ProgrammableWeb[10] bietet ein Verzeichnis zur Suche an. Wählen Sie einen beliebigen REST-Service aus und schreiben Sie nun eine eigene Anwendung, die den Service verwendet.

Um es für Sie einfacher zu machen, verwenden Sie dabei dieselbe Architektur wie die Anwendung My-Aktion-Monitor. Gehen Sie in diesem Fall folgendermaßen vor:

1. Erstellen Sie eine Fachklasse, in der Sie den Rückgabewert Ihres REST-Service speichern können.

2. Entwickeln Sie ein serverseitiges WebSocket, das unter anderem eine mit `@On-Message` annotierte Methode besitzt. In dieser Methode nehmen Sie ggf. passende Parameter entgegen, generieren einige Beispielinstanzen der Fachklasse und senden diese an alle angemeldeten Clients. Vergessen Sie dabei nicht die Implementierung eines Encoders für die Fachklasse.

3. Erstellen Sie einen JavaScript-Client, der über ein WebSocket mit dem Server kommuniziert. Es empfiehlt sich, die bestehende Datei `index.html` als Basis zu verwenden.

4. Nachdem Sie alles getestet haben, entwickeln Sie als Letztes eine dem `DonationListProvider` ähnliche Klasse, die den Datenaufruf des REST-Service kapselt und als Rückgabewerte Instanzen der Fachklasse zurückliefert.

---

10. `www.programmableweb.com/apis/directory/1?protocol=REST`

9.8 Literaturverzeichnis

Bien, A. (2011).
Real World Java EE Night Hacks – Dissecting the Business Tier.
`http://press.adam-bien.com`.

Crockford, D. (2008).
Das Beste an JavaScript. Köln: O'Reilly.

Gamma, Helm, Johnson & Vlissides. (2011).
Entwurfsmuster – Elemente wiederverwendbarer objektorientierter Software.
München: Addison-Wesley.

Glassfish 4 Quickstart-Quide. (Mai 2013).
Von `https://glassfish.java.net/docs/4.0/quick-start-guide.pdf` abgerufen

Herman, D. (2013).
JavaScript effektiv. dpunkt.verlag.

Roden, G. (2014).
JavaScript – Client, Server & Co. im Überblick. dpunkt.verlag.

Zeigermann, O. (2013).
JavaScript für Java-Entwickler – schnell und kompakt. entwickler.press.

10 Java EE 7 und die Cloud

In diesem Abschnitt widmen wir uns dem Thema Java EE 7 und Cloud Computing. Bisher steht die Standardisierung der Nutzung von Cloud-Infrastrukturen mit Java-EE-Anwendungen noch aus, dennoch werden wir unsere Anwendung über den Dienst OpenShift in der Cloud zur Verfügung stellen.

10.1 Einleitung

Die ursprüngliche Planung von Java EE 7 beinhaltete die Standardisierung der Entwicklung und Bereitstellung von Java-EE-Anwendungen in der Cloud. Eine Einigkeit zu diesem Thema konnte jedoch innerhalb des Releaseplans für Java EE 7 nicht erzielt werden, und so wurde das Thema im Spätsommer 2012 auf die Version 8 des Standards verschoben.[1]

Unabhängig von der fehlenden Standardisierung gibt es aber eine ganze Reihe interessanter, proprietärer Angebote verschiedener Dienstleister. Wir betrachten in unserem Beispiel OpenShift von Red Hat, da diese Technologie den von uns eingesetzten WildFly 8.1 unterstützt.

Bevor wir jedoch loslegen, definieren wir in Abschnitt 10.2 zunächst, um was es sich bei dem Begriff Cloud überhaupt handelt. Anschließend deployen wir in Abschnitt 10.3 testweise unsere Beispielanwendung My-Aktion in OpenShift.

10.2 Was ist eine Cloud?

Der Begriff Cloud ist in aller Munde und wird oft für grundlegend verschiedene Dinge verwendet. An dieser Stelle wollen wir für unsere Zwecke Klarheit schaffen und daher definieren, was man unter einer Cloud verstehen kann.

---

1. https://blogs.oracle.com/theaquarium/entry/java_ee_7_roadmap

Prinzipiell wird bei einer Cloud ein Dienst über das Internet angeboten. Bei diesem Dienst kann es sich im Extremfall um eine komplette Anwendung handeln. Beispiele hierfür sind Salesforce[2] oder SAP Business By Design[3]. In diesem Fall spricht man von Software as a Service oder kurz von SaaS.

Bei SaaS muss sich der Dienstanbieter aus technischer Sicht um Betrieb und Wartung der folgenden Komponenten kümmern:

1. Hardware, wie Netzwerke, Router und Rechner
2. Systemsoftware, wie Betriebssystem und Anwendungsserver
3. die eigentliche Anwendung inklusive Multi-Level-Support

Setzt ein Kunde jedoch Individualanwendungen ein, so hilft eine SaaS nicht weiter. Traditionell muss er für diese ein eigenes Rechenzentrum betreiben. Dank der Cloud gibt es jedoch auch Anbieter, die lediglich den ersten Punkt, die Hardware, als Dienst anbieten. Hierbei kann der Kunde einen virtuellen Rechner oder ein ganzes Netzwerk über das Internet mieten und dies über eine Remoteverbindung nutzen. Bei diesem Abstraktionsgrad spricht man von einer IaaS (Infrastructure as a Service) – also einer Infrastruktur, die als Dienst angeboten wird. Amazon bietet mit EC2[4] einen populären Vertreter dieser Kategorie an.

Möchte man auf einer IaaS jedoch eine Individualanwendung laufen lassen, so muss sich der Kunde immer noch um die Wartung der Systemsoftware und die Verteilung der Anwendung auf mehrere Rechner kümmern.

Aus diesem Grund gibt es mit der PaaS (Platform as a Service) einen im Vergleich zur IaaS erweiterten Dienst, der die Punkte 1 und 2 aus unserer Liste für den Kunden abdeckt.

Wie sich anhand des Namens vermuten lässt, wird bei einer PaaS eine komplette Softwareplattform als Dienst angeboten. Diese Plattform bietet eine einheitliche Abstraktionsschicht, auf der eine Individualanwendung ausgeführt werden kann. Im Gegensatz zur SaaS wird also keine Anwendung geliefert – um diese muss sich der Kunde kümmern.

In unserem Fall würde diese Plattform den Java-EE-7-Standard unterstützen. Im Idealfall wäre jede Java-EE-7-Anwendung unverändert auf dieser Plattform lauffähig. Im folgenden Abschnitt werden wir jedoch sehen, dass wir in der Praxis nicht ganz ohne Anpassungen auskommen werden. Allerdings sind diese minimal – vergleichbar mit einem Wechsel eines Anwendungsservers, der denselben Standard unterstützt.

Bekannte Vertreter für eine PaaS sind Google AppEngine[5], Amazon Elastic Beanstalk[6] und OpenShift[7] von Red Hat. In unserem Beispiel in Abschnitt 10.3

2.   www.salesforce.com/de/
3.   www.sap.com/germany/businessbydesign
4.   aws.amazon.com/de/ec2/
5.   https://developers.google.com/appengine/
6.   aws.amazon.com/de/elasticbeanstalk/
7.   https://openshift.redhat.com/app/

haben wir uns für ein Deployment auf OpenShift entschieden, da es den Java-EE-Standard unterstützt und als Anwendungsserver WildFly 8.1 einsetzt.

Eine weitere Unterscheidung bei Cloud-Angeboten wird bezüglich der Zugriffs-möglichkeiten getroffen. Der Begriff *Public Cloud* beschreibt Cloud-Dienste, die sich an jedermann richten, während die *Private Cloud* ausschließlich Dienste für einen geschlossenen Kreis (z. B. eine Firma) anbietet. Grundsätzlich können IaaS-, PaaS- und SaaS-Angebote sowohl in der Public Cloud als auch in der Private Cloud sinnvoll sein.

10.2.1   Standardisierungsbedarf für Java-EE-Cloud-Szenarien

Sowohl PaaS- als auch SaaS-Angebote sind im Java-EE-Umfeld interessant. Um die Bereitstellung und Nutzung reibungslos zu gestalten, soll eine Standardisie-rung im Rahmen der Entwicklung von Java EE 8 erarbeitet werden. In diesem Prozess kann man auf die Erfahrungen der aktuellen Dienste zurückgreifen und von den Best Practices profitieren. Das lässt die Hoffnung zu, dass der erste Wurf nicht zu praxisfern sein wird. Die folgenden beiden Beispiele sollen Ihnen ledig-lich einen Eindruck vermitteln, welche Art von Fragestellungen bei der Standardi-sierung auftreten.

PaaS-Angebote zielen darauf ab, den Aufbau und Betrieb eigener Server in einem Rechenzentrum sowie die dortige Installation und Bereitstellung der not-wendigen Applikationsserver als Dienst zu erhalten. Ziel der Nutzer eines sol-chen Dienstes ist es, ihre Anwendungen für die jeweilige Zielgruppe unter Angabe von Anforderungen an die gewünschte (Hoch-)Verfügbarkeit und Ska-lierbarkeit der Anwendung bereitzustellen. Im Rahmen des Standardisierungs-prozesses muss u. a. geklärt werden, wie das Deployment und die Konfiguration des Betriebs (SLA, QoS, Elastizität etc.) der Anwendungen für einen PaaS-Dienst erfolgen müssen. Der Mehrwert für den Nutzer des Angebots wäre, dass er sich nicht mehr überlegen muss, ob seine technische Ausstattung die kommende Last der Anwendung aushält oder nicht. Es ist die Aufgabe der Cloud-Infrastruktur, wie vereinbart auf Über- und Unterlastungen zu reagieren.

Hersteller von Java-EE-Anwendungen können auch ein Geschäftsmodell darin sehen, ihre Anwendung als SaaS-Angebot zur Verfügung zu stellen. Der Nutzer des Angebots hat dann den Vorteil, dass er die Anwendung über das Inter-net verwenden kann und kaum oder gar keinen Installationsaufwand treiben muss. SaaS-Angebote haben spezielle Anforderungen. In der Regel muss die Anwendung z. B. mehrmandantenfähig (engl. *multi-tenancy*) sein, das heißt, der Service Provider betreibt eine Anwendung für mehrere Mandanten, die jedoch komplett disjunkte Datenbereiche besitzen. Dieses Konzept gibt es bis dato noch nicht im Java-EE-Standard.

Diese und weitere Fragestellungen dürfte die Java-EE-Welt in der nächsten Zeit noch etwas beschäftigen. Wir wollen aber nicht so lange warten und unsere Anwendung über ein bereits existierendes PaaS-Angebot verfügbar machen.

10.3   My-Aktion in OpenShift installieren

In diesem Abschnitt wollen wir unsere Beispielanwendung My-Aktion in der Cloud installieren. Wie im vorherigen Abschnitt besprochen, werden wir dazu den Dienst OpenShift von Red Hat verwenden.

Für nähere Informationen zu OpenShift empfehlen wir Ihnen die Lektüre des Benutzerhandbuches (Red Hat, Inc., 2014).

10.3.1   Zugang für OpenShift anlegen

Um OpenShift nutzen zu können, müssen Sie sich zunächst kostenlos unter der URL `https://openshift.redhat.com/app/account/new` registrieren. Sie benötigen dazu lediglich eine gültige E-Mail-Adresse und ein Passwort. An die E-Mail-Adresse wird dann wie üblich eine Nachricht gesendet, die einen Bestätigungslink zur Verifizierung der Adresse enthält. Nachdem Sie anschließend eine Lizenzvereinbarung bestätigt haben, können Sie den Dienst prinzipiell nutzen. Für die Installation unserer Beispielanwendung müssen allerdings noch einige Werkzeuge installiert werden, was wir im nächsten Abschnitt erledigen.

10.3.2   Notwendige Werkzeuge installieren

Um OpenShift verwenden zu können, müssen Sie zunächst einige Kommandozeilen-Werkzeuge installieren. Wir zeigen das hier beispielhaft für die Windows-Umgebung – für alle weiteren konsultieren Sie bitte das Tutorial von Red Hat (Red Hat, Inc., 2014).

Ruby installieren

Die OpenShift-Werkzeuge basieren auf der Programmiersprache Ruby. Diese muss zunächst in der Version 1.9.3 installiert werden. Für Windows verwenden Sie hierzu den RubyInstaller[8]. Laden Sie diese Version[9] des Installationsprogramms von `rubyinstaller.org/downloads` herunter und starten Sie die Installation durch Doppelklick auf die ausführbare Datei. Nach der Bestätigung der Lizenz erscheint der Screenshot aus Abbildung 10–1. An dieser Stelle ist wichtig, dass Sie die Option »*Add Ruby executables to your PATH*« selektieren. Dadurch wird sichergestellt, dass der Ruby-Interpreter automatisch in die PATH-Umgebungsvariable aufgenommen wird. Nach Fertigstellung der Installation können Sie dies durch folgenden Befehl in der Kommandozeile überprüfen:

```
ruby -e 'puts "Hello Ruby!"'
```

Als Ausgabe sollte dann `Hello Ruby!` erscheinen.

---

8.   `http://rubyinstaller.org`
9.   Achtung, die neueren 2.x-Versionen können nicht verwendet werden.

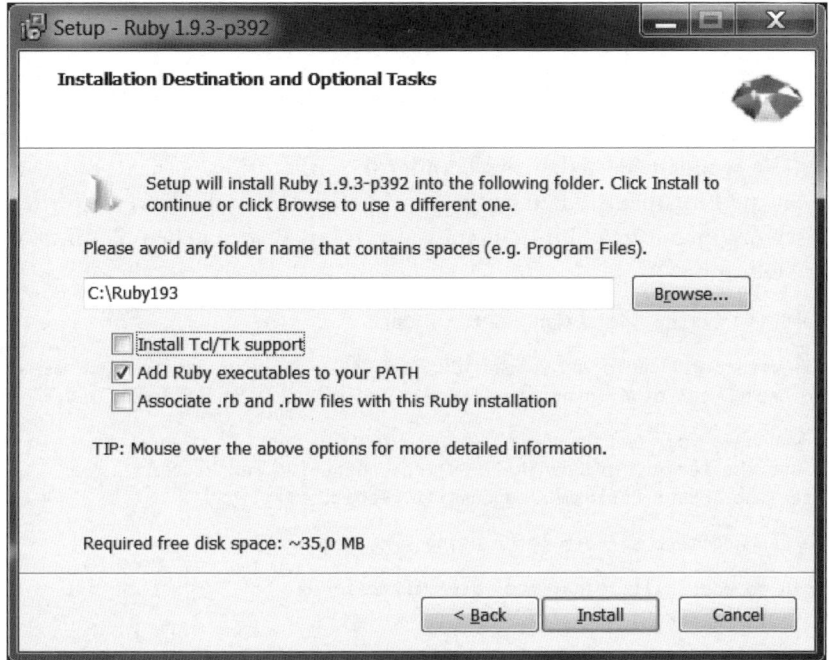

Abb. 10–1   *Screenshot – Installation von RubyInstaller*

Git installieren

Als Nächstes müssen wir eine aktuelle Version von Git installieren. Wenn Sie hierzu Hilfe benötigen, der Vorgang ist ausführlich im Abschnitt A.2 im Anhang beschrieben.

OpenShift-Werkzeuge installieren

Nachdem Ruby und Git installiert wurden, ist die Installation der eigentlichen OpenShift-Werkzeuge relativ einfach. Hierzu müssen Sie lediglich eine Kommandozeile starten und den folgenden Befehl aus einem beliebigen Verzeichnis heraus aufrufen:

```
gem install rhc
```

Hierdurch wird die eigentliche Installation der OpenShift-Werkzeuge vollständig automatisiert durchgeführt. Im Folgenden müssen diese jedoch noch konfiguriert werden.

OpenShift-Werkzeuge konfigurieren

Nach der Installation der OpenShift-Werkzeuge müssen wir diese konfigurieren, sodass der zuvor von uns erstellte Zugang genutzt wird.

Hierzu müssen wir von der Kommandozeile zunächst folgenden Befehl starten:

```
rhc setup
```

Dadurch wird ein interaktiver Konfigurationsdialog aufgerufen. Dieser fragt Sie im ersten Schritt zunächst nach dem Domain-Namen eines gültigen OpenShift-Servers. Verwenden Sie dabei die Standardkonfiguration `openshift.redhat.com`, indem Sie die Eingabetaste betätigen. Anschließend wird die E-Mail-Adresse und das Passwort Ihres OpenShift-Zugangs abgefragt. Beides geben Sie bitte an folgender Stelle ein:

```
OpenShift Client Tools (RHC) Setup Wizard

This wizard will help you upload your SSH keys, set your application namespace,
and check that other programs like Git are properly installed.

If you have your own OpenShift server, you can specify it now. Just hit enter
to use the server for OpenShift Online: openshift.redhat.com.
Enter the server hostname: |openshift.redhat.com|

You can add more servers later using 'rhc server'.

Login to openshift.redhat.com: user@myemail.com
Password: password
```

Daraufhin wird in Ihrem Benutzerverzeichnis eine Konfigurationsdatei mit dem Namen `.openshift\express.conf` erstellt.

Die Kommunikation mit dem PaaS-Dienst erfolgt aus Sicherheitsgründen über SSH und wird daher mit einem Schlüsselpaar (öffentlich und privat) verschlüsselt. Im nächsten Schritt werden dafür zwei Dateien in Ihrem Benutzerverzeichnis im Unterordner `.ssh` angelegt: `id_rsa` und `id_rsa.pub`. Hierzu ist keine Benutzerinteraktion notwendig. Falls Sie SSH zuvor schon benutzt haben, kann es sein, dass bereits ein Schlüsselpaar existiert, es wird dann kein neues angelegt, sondern das bereits bestehende verwendet.

Im nächsten Schritt muss der generierte öffentliche Schlüssel auf den OpenShift-Server hochgeladen werden. Hierzu beantworten Sie die folgende Frage bitte mit yes:

```
Your public ssh key must be uploaded to the OpenShift server.  Would you like
us to upload it for you? (yes/no)
```

Anschließend wird überprüft, ob Sie Git installiert haben. Da wir dies vorab erledigt haben, wird dieser Test erfolgreich durchgeführt.

Im letzten Schritt müssen Sie einen Namensraum für Ihre Anwendungen angeben. Eigentlich ist dies an dieser Stelle optional, für unsere Zwecke ist diese Eingabe allerdings zwingend notwendig, da Sie ansonsten keine Anwendungen installieren können. Geben Sie daher bei der folgenden Frage einen eindeutigen Namensraum an:

```
Please enter a namespace or leave this blank if you wish to skip this step:
```

In unserem Beispiel wird als Namensraum `testjee7` benutzt. Da dieser Namensraum allerdings schon von den Autoren verwendet wird, müssen Sie für Ihren Zugang einen anderen einsetzen.

Nach einigen weiteren Überprüfungen meldet sich der Dialog mit dieser Erfolgsmeldung:

```
Your client tools are now configured.
```

Herzlichen Glückwunsch, nach dieser doch etwas umfangreichen Installation und Konfiguration können Sie nun OpenShift nutzen.

10.3.3   Neue Anwendung in OpenShift anlegen

Nachdem die OpenShift-Werkzeuge im vorherigen Abschnitt installiert und konfiguriert wurden, können wir mit diesen nun eine Anwendung in der Cloud anlegen. Hierzu benötigt OpenShift neben einem Namen für die Anwendung eine sogenannte *Cartridge*. Wie gesagt handelt es sich bei OpenShift um einen PaaS-Dienst. OpenShift unterstützt neben Java EE jedoch noch weitere Plattformen, die jeweils über eine *Cartridge* ausgewählt werden. In unserem Fall möchten wir eine Anwendung erstellen, die den WildFly 8.1[10] verwendet. Hierzu benötigen wir die *Cartridge*, die auf GitHub unter `https://github.com/openshift-cartridges/openshift-wildfly-cartridge` zu finden ist. Als Namen für die Anwendung verwenden wir `myaktion`. Beachten Sie, dass wir diesmal bewusst keinen Bindestrich in dem Namen verwenden, da OpenShift dies nicht unterstützt.

Rufen Sie nun folgendes Kommando in einem leeren Arbeitsverzeichnis auf, um die Anwendung in OpenShift zu erstellen:

```
rhc app create myaktion https://cartreflect-claytondev.rhcloud.com/
reflect?github=openshift-cartridges/openshift-wildfly-cartridge#WildFly8
```

Es ist möglich, dass Ihre Umgebung das Zertifikat der von OpenShift verwendeten Domain `rhcloud.com` nicht verifizieren kann. In diesem Fall erscheint folgende Abfrage, die Sie bitte mit yes beantworten:

```
The authenticity of host 'myaktion-testjee7.rhcloud.com (x.x.x.x)' can't be
established.
RSA key fingerprint is ….
Are you sure you want to continue connecting (yes/no)?
```

Daraufhin erhalten Sie folgende Meldung, über die eine erfolgreiche Anlage der Anwendung bestätigt wird:

---

10. Stand Juni 2014 war dies die WildFly Version 8.1. Zum aktuellen Zeitpunkt kann sich diese geändert haben, wodurch von der Beschreibung abweichende Eingaben notwendig werden.

```
myaktion @ http://myaktion-testjee7.rhcloud.com/
Your application 'myaktion' is now available.

   URL:        http://myaktion-testjee7.rhcloud.com/
   SSH to:     53b129575973ca16e200005b@myaktion-testjee7.rhcloud.com
   Git remote: ssh://53b129575973ca16e200005b@myaktion-testjee7.rhcloud.com/
~/git/myaktion.git/
   Cloned to:  C:/Users/user/myaktion

Run 'rhc show-app myaktion' for more details about your app.
```

Dabei sind insbesondere die URL der Anwendung, myaktion-testjee7. rhcloud.com, und die SSH-URL von Interesse. Der Rechnername für beide URLs setzt sich zusammen aus dem Namen der Anwendung (myaktion), dem Namen des zuvor gewählten Namensraums (in unserem Beispiel testjee7) und der Domain von OpenShift (rhcloud.com).

Rufen Sie nun zum Test die URL der Anwendung auf – Sie werden eine Standardseite mit näheren Informationen zu OpenShift sehen. In den nächsten Abschnitten werden wir diese Seite durch unsere Anwendung ersetzen. Hierzu werden Sie die SSH-URL benötigen, über die Sie sich auf der Kommandozeile der OpenShift-Umgebung anmelden können.

Merken Sie sich die generierten URLs bitte für die folgenden Schritte, da die obigen Angaben auf dem OpenShift-Zugang der Autoren basieren und hier nur als Beispiel dienen.

10.3.4 My-Aktion in OpenShift deployen

Durch die Anlage der Anwendung in OpenShift im vorherigen Abschnitt wurde ein Verzeichnis mit dem Namen myaktion angelegt. Es handelt sich dabei um eine lokale Kopie des Git-Repositorys, das OpenShift speziell für unsere Anwendung angelegt hat. Alle folgenden Git-Befehle müssen aus diesem Verzeichnis heraus ausgeführt werden. Wechseln Sie bitte daher in der Kommandozeile in dieses Verzeichnis.

In diesem Repository speichert OpenShift die Dateien unserer Anwendung. Da mit Git ein Versionskontrollsystem zum Einsatz kommt, können wir jederzeit die an der Anwendung vorgenommenen Änderungen nachverfolgen und dadurch beispielsweise analysieren, warum eine Version eines Deployments nicht mehr funktioniert.

Wenn wir uns den Inhalt des Verzeichnisses anschauen, stellen wir fest, dass eine Maven-Konfigurationsdatei pom.xml und ein Unterverzeichnis src vorhanden sind. Dies ist natürlich kein Zufall: OpenShift verwendet, wie unser Projekt, Maven für die Erstellung des zu deployenden Artefakts (in unserem Fall das WAR-Archiv).

Wir können daher nicht ein WAR-Archiv in die OpenShift-Umgebung kopieren, sondern diese generiert stattdessen ihr eigenes Artefakt. Dies hat den Vorteil, dass die WAR-Datei speziell für die OpenShift-Umgebung angepasst werden kann.

Offen ist nun jedoch, wie wir einen Build-Prozess in dieser Umgebung starten. Hierzu müssen wir die Änderungen des lokalen Repositorys zu dem von OpenShift verwalteten entfernten Repository kopieren. In Git geschieht dies über den Befehl push. Um diesen auszuführen, geben Sie in der Kommandozeile folgendes Kommando ein:

```
git push
```

Aktuell bewirkt dieser Befehl jedoch nichts, da wir noch keine Änderungen an dem lokalen Repository vorgenommen haben. Dies wollen wir nun ändern.

Zunächst überschreiben wir in dem Repository das Quellverzeichnis src mit den Dateien aus unserem bereits existierenden Beispielprojekt. Beachten Sie, dass Sie dabei den Ordner des Projektes my-aktion und nicht den des Projektes my-aktion-monitor verwenden.

Anschließend müssen wir die Maven-Konfigurationsdatei pom.xml an unser Projekt anpassen. Hierzu erstellen wir zunächst eine Sicherheitskopie der von OpenShift angelegten pom.xml und überschreiben anschließend die Originaldatei mit der Version aus unserem Beispielprojekt my-aktion.

Vergleichen Sie beide Dateien. Sie werden feststellen, dass die von OpenShift erstellte Konfiguration einige im Tag properties definierte Parameter für den Compiler (Präfix maven.compiler) mehr besitzt. Ebenso enthält diese Datei einen komplett neuen Abschnitt mit dem Tag profiles. In diesem Tag werden alternative Build-Profile für Maven konfiguriert. Die OpenShift-Konfiguration definiert hier eine abweichende Konfiguration für das maven-war-plugin, die lediglich bei einem von OpenShift angestoßenen Build[11], nicht jedoch bei einem lokalen verwendet wird.

Sie müssen nun beide Einträge, das alternative Build-Profil und die Parameter für den Compiler, in unsere Konfigurationsdatei übernehmen. In Listing 10–1 sehen Sie ein mögliches Ergebnis[12]. Beachten Sie, dass Ihre Konfiguration davon abweichen kann, da sich OpenShift stetig weiterentwickelt. Die vorgenommenen Änderungen sind wie immer zur Unterscheidung fett markiert.

```
<?xml version="1.0" encoding="UTF-8"?>
<project xmlns="http://maven.apache.org/POM/4.0.0"
xmlns:xsi="http://www.w3.org/2001/XMLSchema-instance"
     xsi:schemaLocation="http://maven.apache.org/POM/4.0.0
http://maven.apache.org/xsd/maven-4.0.0.xsd">
   <modelVersion>4.0.0</modelVersion>
```

---

11. OpenShift übergibt hier zur Unterscheidung den Parameter -P openshift.
12. Stand Juli 2014

```
<groupId>de.dpunkt</groupId>
<artifactId>my-aktion</artifactId>
<version>1.0-SNAPSHOT</version>
<packaging>war</packaging>
<name>MyAktion – Spendenaktionen mit Java EE 7</name>
<description>MyAktion ermöglicht die Abwicklung gemeinnütziger
Spendenaktionen über das Web.</description>

<properties>
    <endorsed.dir>${project.build.directory}/endorsed</endorsed.dir>
    <project.build.sourceEncoding>UTF-8</project.build.sourceEncoding>
    <maven.compiler.source>1.8</maven.compiler.source>
    <maven.compiler.target>1.8</maven.compiler.target>
    <maven.compiler.executable>${env.OPENSHIFT_WILDFLY_DIR}usr/lib/jvm/
jdk1.8.0_05/bin/javac</maven.compiler.executable>
    <maven.compiler.fork>true</maven.compiler.fork>
</properties>

<dependencies>
    <dependency>
        <groupId>javax</groupId>
        <artifactId>javaee-web-api</artifactId>
        <version>7.0</version>
        <scope>provided</scope>
    </dependency>
    <dependency>
        <groupId>org.primefaces</groupId>
        <artifactId>primefaces</artifactId>
        <version>4.0</version>
    </dependency>
    <dependency>
        <groupId>junit</groupId>
        <artifactId>junit</artifactId>
        <scope>test</scope>
        <version>4.8.1</version>
    </dependency>
    <dependency>
        <groupId>org.jboss.arquillian.junit</groupId>
        <artifactId>arquillian-junit-container</artifactId>
        <version>1.1.2.Final</version>
        <scope>test</scope>
    </dependency>
    <dependency>
        <groupId>org.jboss.arquillian.graphene</groupId>
        <artifactId>graphene-webdriver</artifactId>
        <version>2.0.1.Final</version>
        <type>pom</type>
        <scope>test</scope>
    </dependency>
    <dependency>
        <groupId>org.wildfly</groupId>
        <artifactId>wildfly-arquillian-container-remote</artifactId>
        <version>8.0.0.Final</version>
```

```
            <scope>test</scope>
        </dependency>
    </dependencies>

    <build>
        <finalName>${project.artifactId}</finalName>
        <plugins>
            <plugin>
                <groupId>org.apache.maven.plugins</groupId>
                <artifactId>maven-compiler-plugin</artifactId>
                <version>3.1</version>
                <configuration>
                    <source>1.8</source>
                    <target>1.8</target>
                    <compilerArguments>
                        <endorseddirs>${endorsed.dir}</endorseddirs>
                    </compilerArguments>
                </configuration>
            </plugin>
            <plugin>
                <groupId>org.apache.maven.plugins</groupId>
                <artifactId>maven-war-plugin</artifactId>
                <version>2.3</version>
                <configuration>
                    <failOnMissingWebXml>false</failOnMissingWebXml>
                </configuration>
            </plugin>
            <plugin>
                <groupId>org.apache.maven.plugins</groupId>
                <artifactId>maven-dependency-plugin</artifactId>
                <version>2.6</version>
                <executions>
                    <execution>
                        <phase>validate</phase>
                        <goals>
                            <goal>copy</goal>
                        </goals>
                        <configuration>
                            <outputDirectory>${endorsed.dir}</outputDirectory>
                            <silent>true</silent>
                            <artifactItems>
                                <artifactItem>
                                    <groupId>javax</groupId>
                                    <artifactId>javaee-endorsed-api</artifactId>
                                    <version>7.0</version>
                                    <type>jar</type>
                                </artifactItem>
                            </artifactItems>
                        </configuration>
                    </execution>
                </executions>
            </plugin>
```

```
            <plugin>
                <groupId>org.wildfly.plugins</groupId>
                <artifactId>wildfly-maven-plugin</artifactId>
                <version>1.0.1.Final</version>
            </plugin>
            <plugin>
                <groupId>org.apache.maven.plugins</groupId>
                <artifactId>maven-failsafe-plugin</artifactId>
                <version>2.17</version>
                <executions>
                    <execution>
                        <goals>
                            <goal>integration-test</goal>
                            <goal>verify</goal>
                        </goals>
                    </execution>
                </executions>
            </plugin>
        </plugins>
    </build>

    <profiles>
        <profile>
            <!-- When built in OpenShift the 'openshift' profile will be used
when invoking mvn. -->
            <!-- Use this profile for any OpenShift specific customization your
app will need. -->
            <!-- By default that is to put the resulting archive into the
'deployments' folder. -->
            <!-- http://maven.apache.org/guides/mini/guide-building-for-
different-environments.html -->
            <id>openshift</id>
            <build>
                <finalName>myaktion</finalName>
                <plugins>
                    <plugin>
                        <groupId>org.apache.maven.plugins</groupId>
                        <artifactId>maven-war-plugin</artifactId>
                        <version>2.3</version>
                        <configuration>
                            <failOnMissingWebXml>false</failOnMissingWebXml>
                            <outputDirectory>deployments</outputDirectory>
                            <warName>ROOT</warName>
                        </configuration>
                    </plugin>
                </plugins>
            </build>
        </profile>
    </profiles>
</project>
```

Listing 10–1   *Für OpenShift aktualisierte Maven-Konfiguration pom.xml*

Nach dem Kopieren unseres Beispielprojekts müssen wir die geänderten Dateien zunächst unter die Verwaltung von Git stellen, indem wir den folgenden Befehl ausführen:

```
git add .
```

Anschließend müssen die neuen Dateien noch in das lokale Repository übertragen werden. Hierzu müssen Sie den Befehl commit von Git ausführen:

```
git commit -m "Anwendung myaktion hinzugefügt"
```

Dadurch enthält das lokale Repository den aktuellen Stand unserer Beispielanwendung. Nun müssen wir, wie oben beschrieben, lediglich noch das Kommando push ausführen, um die Änderungen in das entfernte Repository zu übernehmen und dadurch einen Build-Prozess in OpenShift zu starten:

```
git push
```

> **Deployment in OpenShift**
>
> Um spätere Änderungen an der Anwendung in OpenShift zu deployen, müssen Sie immer diese Folge von Git-Kommandos ausführen: add, commit und push.

Nach einer Weile sollten Sie, wie bei einem lokalen Build, eine Erfolgsmeldung von Maven bekommen. Falls nicht, überprüfen Sie bitte noch einmal die Konfigurationsdatei pom.xml und führen Sie nach der Verbesserung ein erneutes Deployment durch.

Wenn Sie anschließend die URL unserer OpenShift-Anwendung (im Beispiel myaktion-testjee7.rhcloud.com) aufrufen, erscheint nun nicht mehr die Beispielseite von OpenShift. Es hat offensichtlich eine Änderung stattgefunden. Leider wird auch nicht die Startseite unserer Anwendung zurückgegeben. Dies liegt daran, dass die Anwendung ohne Änderungen nicht in OpenShift lauffähig ist. Diese Anpassungen werden wir im folgenden Abschnitt vornehmen.

10.3.5   Anpassungen für OpenShift vornehmen

Um unsere Anwendung auf OpenShift zum Laufen zu bekommen, müssen wir einige Änderungen vornehmen. Diese sind jedoch überschaubar und werden nachfolgend Schritt für Schritt beschrieben.

URL der Datenquelle anpassen

Jede OpenShift-Anwendung besitzt ein dediziertes Verzeichnis, in dem Sie eigene Dateien ablegen können. Der Inhalt dieses Verzeichnisses bleibt über mehrere Redeployments bestehen und ist daher ideal, um Daten der Anwendung abzuspeichern.

Es handelt sich dabei um das Verzeichnis ~/app-root/data, das innerhalb der OpenShift-Umgebung durch die Umgebungsvariable $OPENSHIFT_DATA_DIR[13] definiert ist. Das Verzeichnis wollen wir nun nutzen, um unsere H2-Datenbank in diesem abzulegen. Dies ist notwendig, da das aktuell konfigurierte Verzeichnis ~/data von OpenShift nicht beschreibbar ist.

Hierzu müssen wir in dem lokalen Git-Repository die Datei anpassen, die unsere Datenquelle definiert (src\main\webapp\WEB-INF\myaktion-ds.xml). In dieser setzen wir innerhalb des Tags connection-url die neue URL unserer Datenquelle, die nun jdbc:h2:file:~/app-root/data/myaktion lautet.

Dadurch ergibt sich Listing 10–2 als neuer Inhalt für diese Datei.

```
<?xml version="1.0" encoding="UTF-8"?>
<datasources xmlns="http://www.jboss.org/ironjacamar/schema"
   xmlns:xsi="http://www.w3.org/2001/XMLSchema-instance"
   xsi:schemaLocation="http://www.jboss.org/ironjacamar/schema
http://docs.jboss.org/ironjacamar/schema/datasources_1_0.xsd">
   <datasource jndi-name="java:jboss/datasources/MyAktionDS"
   pool-name="myaktion" enabled="true"
   use-java-context="true">
      <connection-url>
         jdbc:h2:file:~/app-root/data/myaktion
      </connection-url>
      <driver>h2</driver>
      <security>
         <user-name>sa</user-name>
         <password>sa</password>
      </security>
   </datasource>
</datasources>
```

Listing 10–2   *XML-Datei myaktion-ds.xml – geänderte Datenquelle für OpenShift*

Damit die Datenbank von OpenShift initialisiert wird, müssen wir ein Redeployment einleiten. Führen Sie daher nun, wie in Abschnitt 10.3.4 beschrieben, die Git-Befehlsfolge add, commit und push aus.

Datenbank mit Werten füllen

Die im vorherigen Abschnitt initialisierte Datenbank müssen wir nun mit den bekannten zwei Beispielorganisatoren füllen, um die Anwendung nutzen zu können.

Wir melden uns zunächst über die aus Abschnitt 10.3.3 bekannte SSH-URL[14] an der OpenShift-Umgebung an. Mit der Installation von Git wurde auch ein SSH-Programm (ssh.exe) installiert. Damit wir mit SSH die Verbindung auf-

---

13. Da OpenShift auf einer Linux-Umgebung aufbaut, beginnen Umgebungsvariablen in OpenShift mit einem $.

14. Falls Sie diese vergessen haben, können Sie sie jederzeit unter https://openshift.redhat.com/app/console nachschlagen.

bauen können, müssen wir die zuvor generierten Schlüssel für die Verbindung verfügbar machen. Dazu kopieren wir das Verzeichnis .ssh Ihres Home-Verzeichnisses in das Verzeichnis der Git-Installation (z. B. C:\Program Files (x86)\Git)[15].

Anschließend wechseln wir auf der Kommandozeile in das bin-Verzeichnis der Git-Installation. Dort rufen wir ssh.exe in der Eingabeaufforderung auf und geben als Parameter die SSH-URL ohne das Präfix ssh:// an:

```
ssh 0220c1d23ecb466593369ad90c04d8c3@myaktion-testjee7.rhcloud.com
```

Nach kurzer Zeit erscheint die Kommandozeile der OpenShift-Umgebung. Beachten Sie bitte, dass diese auf Linux basiert und sich daher deutlich von der gewohnten Windows-Eingabeaufforderung unterscheidet. Auf diese Unterschiede können wir hier jedoch nicht eingehen, was auch nicht notwendig ist, da für diesen Abschnitt nur wenige Befehle notwendig sind, die im Folgenden beschrieben werden.

Zunächst wechseln wir über folgendes Kommando in das Verzeichnis der H2-Datenbank:

```
cd wildfly/modules/system/layers/base/com/h2database/h2/main
```

Leider lässt sich nun die H2-Webkonsole nicht starten, da die benötigten Ports bereits von der OpenShift-Umgebung verwendet werden. Wir benutzen daher einen alternativen Ansatz, indem wir über folgenden Befehl die H2-Shell starten, über die direkt SQL-Befehle aufgerufen werden können:

```
java -cp h2-*.jar org.h2.tools.Shell -url jdbc:h2:file:~/app-root/data/
myaktion -user sa -password sa
```

In der nun erscheinenden Konsole führen Sie bitte die bereits bekannten SQL-Anweisungen aus, um die zwei Beispielorganisatoren anzulegen:

```
insert into Organizer (email, firstname, lastname, password) values
('max@mustermann.de', 'Max', 'Mustermann',
hash('SHA256',stringtoutf8('secret'), 1));
insert into Organizer (email, firstname, lastname, password) values
('martha@mustermann.de', 'Martha', 'Mustermann',
hash('SHA256',stringtoutf8('secret'), 1));
```

Anschließend beenden Sie die H2-SQL-Konsole mit der Eingabe von exit und verlassen danach mit demselben Befehl die SSH-Umgebung, wodurch Sie zur Windows-Eingabeaufforderung zurückkehren.

Security-Domain hinzufügen

In Abschnitt 8.2.2 hatten wir zu unserem lokalen WildFly eine eigene Security-Domain für unsere Anwendung hinzugefügt. Hierzu hatten wir die Konfigurationsdatei standalone.xml des Wildfly angepasst.

---

15. Dieses etwas umständliche Kopieren müssen Sie nur auf Windows-Rechnern ausführen.

Die gleiche Änderung müssen wir nun in der Konfigurationsdatei des WildFly der OpenShift-Umgebung vornehmen. Eine Kopie derselben befindet sich im Unterverzeichnis `.openshift\config` des lokalen Git-Repositorys.

Fügen Sie in diese Datei nun den Inhalt des Listing 8–3 innerhalb des XML-Tags `<security-domains>` ein.

Um nun die geänderte Konfigurationsdatei zu aktivieren, müssen Sie ein Redeployment durch die Git-Befehlsfolge `add`, `commit` und `push` durchführen.

Anschließend steht die Anwendung unter der von OpenShift vergebenen URL zur Verfügung. Beachten Sie dabei, dass die Weiterleitung von HTTP auf HTTPS unter OpenShift nicht funktioniert. Sie müssen daher für den Aufruf direkt HTTPS verwenden – in unserem Beispiel `https://myaktion-testjee7.rhcloud.com` anstatt `myaktion-testjee7.rhcloud.com`.

10.4   Literaturverzeichnis

Red Hat, Inc. (2014).
   OpenShift Getting Started. Abgerufen am 14. Juli 2014 von Getting Started with OpenShift Online: `https://www.openshift.com/get-started`

Red Hat, Inc. (2014).
   OpenShift User Guide. Abgerufen am 14. Juli 2014 von OpenShift Online User Guide: `https://access.redhat.com/documentation/en-US/OpenShift_Online/2.0/html/User_Guide/index.html`

A Anhang

A.1 Vom Servlet zu JSF mit CDI und EJB

A.1.1 Ein paar Hinweise vorweg

Die folgenden Codeausschnitte können Ihnen helfen, die verschiedenen Komponenten von Java EE besser zu verstehen. Manchmal fällt es einem leichter zu verstehen, was z. B. ein Servlet ist, wenn man eines gesehen hat. Man muss es dazu noch nicht einmal unbedingt programmiert und ausgeführt haben. Wenn Sie die folgenden Beispiele dennoch ausführen möchten, ist das sicher kein Fehler. Sie sollten vorher allerdings die Entwicklungsumgebung aus Kapitel 2 aufsetzen.

Nach dieser Vorarbeit erstellen wir ein neues Projekt mit dem in Kapitel 2 beschriebenen Maven-Archetype als Vorlage. Die `artifactId` des Projektes wird als Name der Webanwendung im Server und auch in der URL verwendet (auch *Context* genannt). Im Folgenden gehen wir davon aus, dass wir als `artifactId` den Namen `test` einsetzen. Die URL der Webanwendung wäre dann `localhost:8080/test` (zumindest wenn Client und Server auf dem gleichen Rechner laufen). Wir dürfen auch nicht vergessen, das Maven-Plugin für WildFly gemäß Abschnitt 2.3.2 in unser Projekt zu integrieren.

Beim Anlegen der Dateien und Klassen müssen wir uns innerhalb der Projektstruktur an die in Tabelle A–1 genannten Pfade halten und ggf. fehlende Verzeichnisse anlegen.

Pfad	Dateitypen
`src/main/java`	Alle Klassen (JavaBeans, Managed Beans, EJBs, CDI-Beans). Innerhalb des Verzeichnisses muss auch die Paketstruktur angelegt sein.
`src/main/webapp`	Alle Webseitenbeschreibungen (JSP, JSF)

Tab. A–1 *Speicherorte der Dateien und Klassen innerhalb der Maven-Projektstruktur*

A.1.2   Java Servlets

Die Java Servlets bilden die Basis für alle Webtechnologien des Java-EE-Standards. Bei den Java Servlets handelt es sich um Java-Klassen, die im Webcontainer eines Java-Applikationsservers ausgeführt werden und die auf Anfragen über ein gewähltes Protokoll (meist HTTP) mit einer Antwort reagieren. Die Servlet-API bietet dem Entwickler ein Framework, mit dem er durch Erweiterungen/Vererbung sehr einfach eigene Servlets mit entsprechender Verarbeitungslogik implementieren kann. Der Lebenszyklus eines Servlets wird vom Webcontainer verwaltet. Jedes Servlet stellt dazu drei Methoden (init, service und destroy) zur Verfügung. Bei Bedarf kann der Container Instanzen der Servlet-Klasse erstellen, initialisieren und die service-Methode aufrufen. Beschließt der Container, die Servlet-Instanzen freizugeben, ruft er zuvor die Methode destroy auf. Im Folgenden sehen wir ein einfaches HttpServlet, das dazu verwendet wird, auf eine Anfrage (HTTP-GET) eine HTML-Seite mit der aktuellen Uhrzeit zurückzugeben.

```
package time;

import java.io.IOException;
import javax.servlet.ServletException;
import javax.servlet.annotation.WebServlet;
import javax.servlet.http.*;
import java.io.PrintWriter;

@WebServlet(name = "TimeServlet", urlPatterns = {"/currentTime"})
public class TimeServlet extends HttpServlet {
    private static final long serialVersionUID = -4192601306923754501L;
    @Override
    protected void doGet(HttpServletRequest req, HttpServletResponse res)
        throws ServletException, IOException {
        res.setContentType("text/html;charset=UTF-8");
        PrintWriter out = res.getWriter();
        out.println("<!DOCTYPE HTML>");
        out.println("<HTML><HEAD><TITLE>Current Time</TITLE></HEAD>");
        out.println("<BODY><H1>"+new java.util.Date()+"</H1></BODY></HTML>");
        out.close();
    }
}
```

Listing A–1   *Klasse TimeServlet*

Vermutlich vermissen Sie im Listing A–1 die Implementierung der Lebenszyklusmethoden. Da es sich um ein sehr simples Servlet handelt, werden die Methoden init und destroy nicht benötigt. Die service-Methode wird von der Superklasse HttpServlet so überschrieben, dass in Abhängigkeit vom Typ der HTTP-Anfrage (GET, POST, PUT etc.) spezielle Methoden (doGet, doPost, doPut etc.) aufgerufen werden. Unser Servlet beantwortet also einfache HTTP-GET-Anfragen. Nach dem Deployment können wir das Servlet über die URL http://localhost:8080/test/currentTime aufrufen. Das Resultat sollte so ausse-

hen wie in Abbildung A–1 (natürlich bis auf die angezeigte Uhrzeit). Das grundsätzliche Aussehen der Seite wird sich auch durch die folgenden Abschnitte nicht
ändern, da sich die Änderungen auf die Komponenten hinter den Kulissen beziehen.

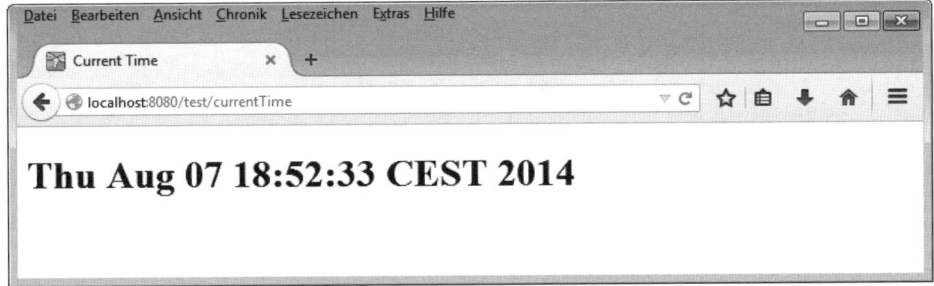

Abb. A–1   *Anzeige der aktuellen Zeit durch das Servlet TimeServlet*

A.1.3   JavaServer Pages und JavaBeans

Servlets sind ausschließlich für Programmierer, jedoch nicht für Webdesigner verständlich. Die Trennung zwischen Darstellung und Logik fällt hier schwer. Deshalb wurde mit JavaServer Pages (JSP) eine Technologie eingeführt, die die Seitenbeschreibung (also die Markup Language, hier HTML) in den Vordergrund stellt.
Innerhalb dieser Textdatei können dann einzelne Java-Statements, Java-Metho-
den oder ganze Java-Codeblöcke integriert werden, um dynamische Inhalte einzubetten. Um den Code innerhalb einer JSP nicht ausufern zu lassen, wird empfohlen, wiederkehrende Logik in JavaBeans zu kapseln, sodass innerhalb der JSP
nur diese deklariert und verwendet werden müssen. Die Deklaration und Verwendung geschieht über spezielle Tags. Dahinter steckt die Motivation, die JSP
übersichtlich zu halten und eine bessere Trennung zwischen Darstellung und
Logik zu erreichen.

Die grundsätzliche Idee der JSP-Technologie findet man auch in anderen
populären Programmiersprachen für Webanwendungen, wie z.B. bei PHP. Das
folgende Beispiel besteht aus einer JavaBean (Listing A–2), über die man die Uhrzeit abfragen kann, und einer JSP (Listing A–3). Durch die JSP und die JavaBean
wird das Gleiche realisiert wie mit dem Servlet aus Listing A–1.

```
package time;
import java.util.Date;

public class TimeBean {
    public String getTime() {
        return new Date().toString();
    }
}
```

Listing A–2   *Klasse TimeBean*

```
<%@page contentType="text/html" pageEncoding="UTF-8"%>
<!DOCTYPE HTML>
<jsp:useBean id="time" scope="request" class="time.TimeBean" />

<html>
  <head>
    <title>Current Time</title>
  </head>
  <body>
    <h1><jsp:getProperty name="time" property="time"/></h1>
  </body>
</html>
```

Listing A–3   *JSP time.jsp*

Sicherlich hätte man auch die Klasse `java.util.Date` direkt (also ohne eine extra JavaBean) in der JSP verwenden können (Syntax: `<%=new java.util.Date()%>`). Der hier verwendete Ansatz macht die Darstellung aber unabhängiger von dieser speziellen Klasse und zeigt das Zusammenspiel von JavaBeans und JSP ganz gut. Wie man in Listing A–3 klar erkennen kann, steht jetzt HTML im Mittelpunkt. Ergänzt wird es nur durch JSP-Direktiven (z. B. `<%@page%>`), die Verwendung von JavaBeans oder durch Java-Code.

Bei der Verwendung von JavaBeans mit JSP taucht zum ersten Mal der Begriff *Scope* (Gültigkeitsbereich oder Lebenszeitraum) auf. Bei dem vorliegenden Konzept steuert nicht mehr der Programmierer den Lebenszyklus der Bean, sondern der Applikationsserver. Im JSP binden wir eine JavaBean über die Direktive `<jsp:useBean/>` ein. Über das Attribut scope der Direktive können wir angeben, wie lange der Applikationsserver die Bean erhalten muss. In Listing A–3 wurde der Scope auf `request` gesetzt, womit der Applikationsserver angewiesen wird, die Bean nur während der Anfrage bereitzustellen. Anders gesagt erzeugt der Applikationsserver für jede Anfrage eine neue Bean. Weitere Scopes bei JSP sind `page`, `session` und `application`. Bei Ersterem steht die gleiche Bean zur Verfügung, solange die Anfragen sich auf die gleiche JSP beziehen. Bei Zweiterem kann die Bean während der ganzen Sitzung für alle JSPs genutzt werden. Bei Letzterem können Daten global für die Anwendung über alle Sitzungen und Seiten hinweg gespeichert werden. Damit wird ermöglicht, Daten nur so lange auf dem Server zu speichern, wie es für die Anwendung notwendig ist, womit die Ressourcen des Servers geschont werden. Das Konzept wurde bei JSF durch die Einführung zusätzlicher Scopes noch weiter verfeinert.

Bei der Betrachtung von Listing A–3 wird deutlich, dass das JSP-Konstrukt leicht in ein Servlet »übersetzt« werden kann. Genau dies passiert im Applikationsserver während des Deployment-Prozesses. Auf dem Server werden also de facto nur Servlets ausgeführt, JSPs sind nur eine Repräsentation für den Entwickler.

Nach dem Deployment können wir die JSP-Seite über die URL `localhost:8080/test/time.jsp` im Browser aufrufen.

A.1.4   JavaServer Faces und JSF Managed Beans

JavaServer Faces (JSF) ist aktuell die Java-EE-Standard-Technologie für die Web-schicht. Die Grundlage eines JSF-Facelets ist XHTML. Innerhalb der Seite können Tags aus verschiedenen Tag-Libraries verwendet werden. Die Funktion des Controllers im Sinne des MVC übernehmen die sogenannten JSF Managed Beans. Der Lebenszyklus und der Gültigkeitsbereich (Scope: `@ApplicationScoped`, `@SessionScoped` u.a.) dieser Beans werden vom Webcontainer verwaltet (daher der Name »managed«). Klassen können durch die Annotation `@ManagedBean` als solche definiert werden. Der Zugriff auf die Beans erfolgt innerhalb eines Facelets durch die Verwendung der Expression Language (EL). Wir realisieren unsere Webanwendung zur Zeitangabe nun mit JSF. Dazu wird eine JSF Managed Bean (Listing A–4) und ein Facelet (Listing A–5) erstellt.

```
package time;
import java.util.Date;

import javax.faces.bean.ManagedBean;
import javax.faces.bean.RequestScoped;

@ManagedBean(name = "clock")
@RequestScoped
public class TimeManagedBean {
    public String getTime() {
        return new Date().toString();
    }
}
```

Listing A–4   *Klasse TimeManagedBean*

```
<!DOCTYPE HTML>
<html xmlns="http://www.w3.org/1999/xhtml"
    xmlns:h="http://xmlns.jcp.org/jsf/html">
    <h:head>
        <title>Current Time</title>
    </h:head>
    <h:body>
        <h1>#{clock.time}</h1>
    </h:body>
</html>
```

Listing A–5   *Facelet time.xhtml*

Der EL-Ausdruck `#{clock.time}` fragt die Eigenschaft `time` (Methode `getTime()`) der Managed Bean `clock` (Klasse `time.TimeManagedBean`) ab. Neben den verwendeten (HTML-)Tags kann die XHTML-Datei eine Vielzahl anderer Tags aus den JSF-Tag-Bibliotheken verwenden. Der MVC-Gedanke erscheint im Beispiel nicht so offensichtlich. Die Managed Beans können jedoch als Controller eingesetzt werden, sodass sie explizit die Navigation zwischen den verschiedenen XHTML-Seiten der Facelets steuern. Als Modell im Sinne des Musters können ganz normale Java-Klassen verwendet werden. Die Klassen sind Entitäten, deren Attribute mithilfe der Java Persistence API (JPA) dauerhaft in Datenbanken gespeichert werden können. Die Managed Beans delegieren diese Aufgabe jedoch an die Businessschicht (EJBs) der Anwendung. Die Entitäten/Modelle nehmen somit auch die Rolle von Transferobjekten ein, das heißt, sie werden zur Speicherung in der Datenbank an die Businessschicht über das Netz transferiert und müssen daher serialisierbar sein.

Wie in Kapitel 2 beschrieben müssen wir noch die Konfigurationsdatei `faces-config.xml` gemäß Listing 2–3 dem Verzeichnis `test\src\main\webapp\WEB-INF` hinzufügen. Dadurch erkennt der Applikationsserver, dass es sich um eine JSF-Anwendung handelt. Sollten Verzeichnisse in Ihrem Projektordner noch nicht vorhanden sein, so müssen Sie diese ebenfalls anlegen.

```
<?xml version="1.0" encoding="UTF-8"?>
<faces-config version="2.2"
    xmlns="http://xmlns.jcp.org/xml/ns/javaee"
    xmlns:xsi="http://www.w3.org/2001/XMLSchema-instance"
    xsi:schemaLocation="http://xmlns.jcp.org/xml/ns/javaee
    http://xmlns.jcp.org/xml/ns/javaee/web-facesconfig_2_2.xsd">
</faces-config>
```

Listing A–6   *Konfigurationsdatei faces-config.xml*

Nach dem Deployment können wir die JSF-Seite im Browser mit der URL `http://localhost:8080/test/time.jsf` aufrufen.

A.1.5   JavaServer Faces und CDI

Anstelle der JSF Managed Beans können auch CDI-Beans als Controller verwendet werden. In unserer Zielarchitektur aus Kapitel 1 setzen wir ebenfalls auf CDI. Die Programmierung der CDI-Bean unterscheidet sich kaum von der der JSF Managed Bean. In der Klasse `time.TimeManagedBean` muss lediglich die Annotation `@Named` anstelle der Annotation `@ManagedBean` verwendet werden sowie ein geeigneter Scope des CDI-Frameworks (z. B. `javax.enterprise.context.RequestScoped`). Die Kontrolle über die Bean übernimmt damit zur Laufzeit der CDI-Container. Die Einbindung in das Facelet unter Verwendung der Expression Language bleibt bis auf den Namen des Beans (hier `cdi_clock`) unverändert. Listing A–7 zeigt den Aufbau der neuen CDI-Bean.

```
package time;

import javax.inject.Named;
import javax.enterprise.context.RequestScoped;
import java.util.Date;

@Named("cdi_clock")
@RequestScoped
public class TimeCDIBean {
   public String getTime() {
      return new Date().toString();
   }
}
```

Listing A–7   *Klasse TimeCDIBean*

Nach dem Deployment können wir die JSF-Seite erneut über `http://local-host:8080/test/time.jsf` aufrufen. An der Darstellung im Browser ändert sich natürlich nichts, im Hintergrund arbeitet jetzt aber die CDI-Bean.

A.1.6   JSF, CDI und Enterprise JavaBeans

Der Vollständigkeit halber zeigen wir noch kurz unser Beispiel unter Verwendung einer JSF Facelet View, einer CDI-Bean und einer EJB. Die CDI-Bean hat dabei die Aufgabe eines Controllers, die EJB stellt Dienste mit Businesslogik für den Controller bereit. In unserem Beispiel soll die Abfrage der aktuellen Zeit ein solcher Dienst einer EJB sein. Wir führen deshalb eine EJB (genauer gesagt eine zustandslose Session Bean – eine spezielle EJB) für die Businesslogik (Zeitabfrage) ein und greifen aus unserer CDI-Bean auf diese Session Bean zu. Zugegebenermaßen ist das für die Zeitabfrage etwas übertrieben, es stellt jedoch die Softwarearchitektur sehr gut dar. Zunächst schauen wir uns die Implementierung der Session Bean an. Die Session Bean ist eine einfache Java-Klasse (POJO), die durch Annotationen konfiguriert wird (vgl. Listing A–8). Wir legen durch `@Stateless` fest, dass keine feste Zuordnung der Bean zur Laufzeit an einen einzigen Client stattfindet.

```
package time;

import javax.ejb.Stateless;
import java.util.Date;

@Stateless
public class TimeEJB {
   public String getTime() {
      return new Date().toString();
   }
}
```

Listing A–8   *Klasse TimeEJB*

Die CDI-Bean (s. Listing A–9) verwaltet in ihrem Zustand eine Referenz auf die Session Bean. Die Referenz wird per DI (mittels der Annotation @Inject) durch den Applikationsserver zur Verfügung gestellt. Die Methode getTime() delegiert den Aufruf an die Session Bean.

```
package time;

import javax.inject.Named;
import javax.enterprise.context.RequestScoped;
import javax.inject.Inject;

@Named("cdi_clock")
@RequestScoped
public class TimeCDIBean {
   @Inject
   TimeEJB time;
   public String getTime() {
      return time.getTime();
   }
}
```

Listing A–9   *Klasse TimeCDIBean*

Nach dem Deployment können wir die Seite erneut über die URL http://localhost:8080/test/time.jsf aufrufen.

Damit hätten wir die Zeitanwendung gemäß unserer Zielarchitektur aus Abschnitt 1.3 realisiert. Betrachten Sie nochmals Abbildung 1–6 und überlegen Sie, welche Abschnitte des Sequenzdiagramms durch unsere Testanwendung abgedeckt werden.

A.2   My-Aktion und My-Aktion-Monitor auf GitHub

Sie finden den kompletten Sourcecode der im Workshop entwickelten Anwendungen My-Aktion und My-Aktion-Monitor auf der bei Entwicklern beliebten Kooperationsplattform GitHub (https://github.com/). In den folgenden Abschnitten beschreiben wir, was Git ist und wie Sie auf den Sourcecode unserer Projekte zugreifen können.

A.2.1   Git installieren

Bei Git handelt es sich um ein Versionskontrollsystem ähnlich zu SVN. Im Gegensatz zu SVN gibt es bei Git jedoch kein zentrales Repository, sodass Git bei dezentralen Entwicklungsprozessen, wie sie bei Open-Source-Projekten üblich sind, eine wichtige Rolle spielt. Nach und nach setzt sich Git wegen weiterer Vorteile gegenüber SVN auch bei der Entwicklung von Geschäftsanwendungen durch, sodass sich ein genauerer Blick lohnt. An dieser Stelle werden wir uns jedoch nicht näher mit diesem System beschäftigen, hierzu empfehlen wir (Preißel & Stachmann, 2014).

Zur Installation von Git für Windows laden Sie sich zunächst eine aktuelle Version unter msysgit.github.com herunter und starten anschließend die Installation mit einem Doppelklick auf die Datei.

Während des Installationsprozesses müssen Sie festlegen, dass Git zur PATH-Umgebungsvariable hinzugefügt werden soll. Wählen Sie hierzu, wie in Abbildung A–2 gezeigt, die Option »*Run Git from the Windows Command Prompt*« aus.

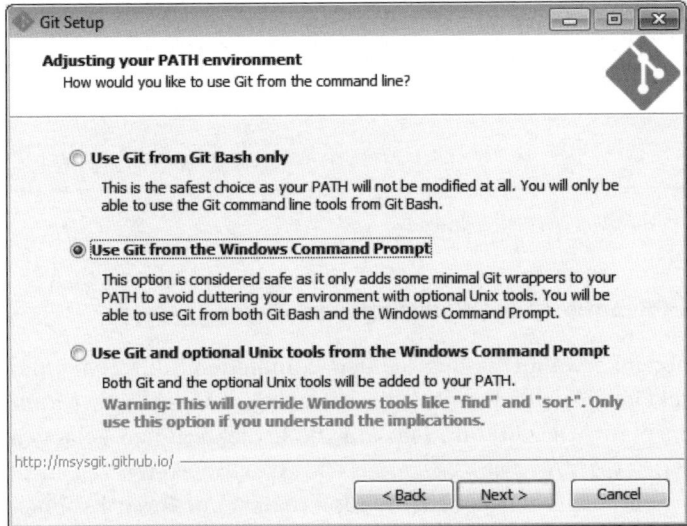

Abb. A–2   *Installation von Git – PATH-Umgebungsvariable setzen*

Anschließend werden Sie gefragt, ob Git eine Konvertierung des Zeilenende-Zeichens vornehmen soll. Wählen Sie dabei die Option »*Checkout Windows-style, commit Unix-style line endings*«, wie in Abbildung A–3 gezeigt. Dadurch werden vor einem Speichern der Dateien im Repository deren Zeilenenden in das Unix-Format konvertiert. Dies benötigen wir für die Verwendung von OpenShift (siehe Kap. 10), da es sich dabei um ein Unix-basiertes System handelt.

Nach Abschluss der Installation überprüfen Sie bitte den Erfolg durch Ausführung des folgenden Befehls in der Kommandozeile:

```
git --version
```

Dieser muss die Versionsnummer der installierten Git-Version zurückliefern.

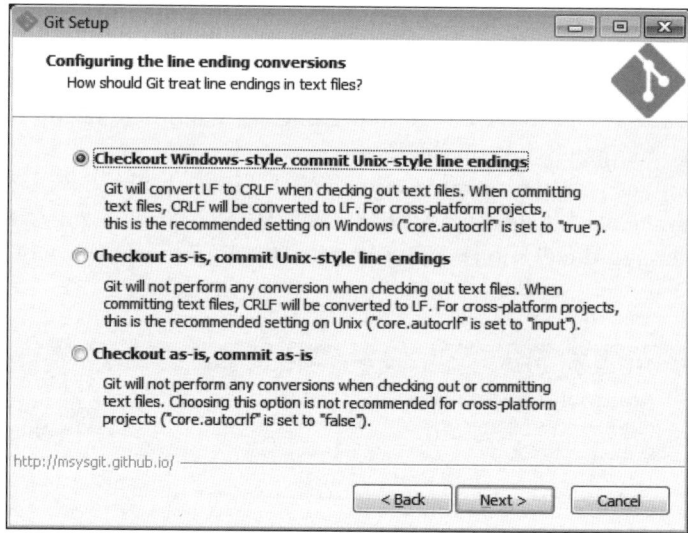

Abb. A–3   *Installation von Git – Zeilenende*

A.2.2   Git-Repository des Workshops verwenden

Wie oben bereits erwähnt, finden Sie den kompletten Sourcecode der im Workshop entwickelten Anwendungen My-Aktion und My-Aktion-Monitor auf der Kooperationsplattform GitHub. Um auf die Projektseite zu gelangen, rufen Sie bitte die URL `https://github.com/marcusschiesser/my-aktion-2nd` auf.

Das dort gespeicherte Repository kopieren Sie auf Ihren Rechner, indem Sie nach der Installation von Git (siehe Abschnitt A.2.1) folgenden Befehl aus einem frei wählbaren Installationsverzeichnis in der Eingabeaufforderung ausführen:

```
git clone https://github.com/marcusschiesser/my-aktion-2nd.git
```

Nach dem Herunterladen finden Sie auf Ihrer Festplatte das Verzeichnis `my-aktion-2nd` vor. In diesem sind der aktuelle Checkout sowie die eigentlichen Daten des Repositorys (Unterverzeichnis `.git`) enthalten.

Die Autoren haben in dem Repository für jede Iteration des Workshops einen eigenen Branch angelegt. Sie können daher über Git bequem die einzelnen Versionsstände einer Iteration aufrufen.

Um zunächst die verfügbaren Branches aufzulisten, führen Sie im ersten Schritt den folgenden Befehl im Verzeichnis `my-aktion-2nd` aus:

```
git branch --list -a
```

Als Ausgabe erscheint dann eine komplette Liste aller Branches des Repositorys:

```
* advanced
  remotes/origin/HEAD -> origin/advanced
  remotes/origin/advanced
  remotes/origin/cdi
  remotes/origin/ejb
  remotes/origin/jpa
  remotes/origin/jsf
  remotes/origin/jsf-primefaces
  remotes/origin/tests
```

Die Branches mit dem Präfix `remotes/origin/` befinden sich dabei noch auf dem entfernten Repository im GitHub. Dies hindert uns jedoch nicht daran, einen solchen Branch in unser lokales Repository auszuchecken. Über folgenden Befehl erledigen wir dies für den Branch `jpa`, der den Versionsstand nach dem JPA-Kapitel 7 repräsentiert:

```
git checkout jpa
```

Analog können Sie dies nun für weitere Branches durchführen. Tabelle A–2 zeigt zur Übersicht eine Zuordnung der Branches zu dem jeweiligen Zeitpunkt der Iteration.

Branch	Zeitpunkt der Iteration
jsf	Kapitel 4, vor dem Primefaces-Exkurs
jsf-primefaces	Ende Kapitel 4, nach dem Primefaces-Exkurs
tests	Ende Kapitel 5
cdi	Ende Kapitel 6
jpa	Ende Kapitel 7
ejb	Ende Kapitel 8
advanced	Ende Kapitel 9

Tab. A–2   *Zuordnung der Git-Branches zu dem Zeitpunkt der Iteration*

Der Quelltext steht komplett unter der sehr liberalen MIT-Lizenz. Sicherlich haben Sie nach dem Workshop die eine oder andere Idee, wie Sie die Anwendungen verbessern können. Warten Sie nicht, sondern setzen Sie diese um – die Autoren freuen sich über Ihre Verbesserungen und Fehlerbehebungen.

A.2.3   Literatur zu Git

Preißel, R. & Stachmann, B. (2014).
    Git – Dezentrale Versionsverwaltung im Team – Grundlagen und Workflows.
    Heidelberg: dpunkt.verlag.

Index